Jens Clausen
Frank Herrath (Hrsg.)

Sexualität leben ohne Behinderung

Das Menschenrecht auf sexuelle Selbstbestimmung

Verlag W. Kohlhammer

© 2013 W. Kohlhammer GmbH Stuttgart
Umschlag: Gestaltungskonzept Peter Horlacher
Gesamtherstellung:
W. Kohlhammer Druckerei GmbH + Co. KG, Stuttgart
Printed in Germany

ISBN 978-3-17-021906-9

Vorwort

Die UN-Konvention über die Rechte von Menschen mit Behinderungen ist ein Fanal: Selbstbestimmung in allen Lebensbereichen als Recht jedes Menschen, mit und ohne Behinderung und in der Konsequenz »Selbstbestimmte Sexualität als Menschenrecht«!

Die beiden Herausgeber verfolgen mit diesem Buch das lohnende Ziel, Sexualität und Behinderung im Kontext der UN-Behindertenrechtskonvention zu diskutieren und zu reflektieren. Sie stellen in ihrer Einleitung fest, dass von dieser UN-Konvention »ein ungeheurer Schwung aus(geht), die Teilhabe in allen Bereichen des gesellschaftlichen Lebens zu sichern, Barrieren und Restriktionen gegenüber Menschen mit Behinderung abzubauen«.

Das Buch greift diesen Schwung auf. Daraus ist ein facettenreiches Fach- und Lesebuch entstanden, das einen fundierten Überblick gibt. Die einzelnen Beiträge regen aus unterschiedlicher Perspektive und Erfahrung an, die Menschenwürde und Gleichberechtigung im Hinblick auf selbstbestimmte Sexualität der Menschen mit Handicap zu stärken und »sexuelle Selbstbestimmung nachhaltig zu ermöglichen« *(Einleitung)*.

Ein altes Anliegen – mit neuem Schwung vorgetragen, vertieft und hilfreich weitergeführt. Daraus ist ein lesenswerter Beitrag zum aktuellen Diskurs um Sexualität und Behinderung geworden. Denn vor dem Hintergrund der UN-Behindertenrechtskonvention führt kein Weg mehr vorbei am postulierten Menschenrecht auf selbstbestimmte Sexualität, auch für Menschen mit Behinderungen.

Eigentlich hätten alle mit einer besonderen Nähe zu Menschen mit Behinderungen schon seit dem »Normalisierungsprinzip« der 1980er Jahre begriffen und daraus gelernt haben können, dass sexuelle Wünsche und deren Verwirklichung auch bei Menschen mit einem Handicap ganz »normal« sind und weder dramatisiert, noch infantilisiert, weder verdrängt, noch verboten, sondern akzeptiert und unterstützt werden sollten.

Doch offensichtlich ist die Geschichte der Sexualität zugleich die Geschichte ihrer Unterdrückung *(van Ussel)*. Umso mehr macht es Sinn, wenn dieses Buch den emanzipatorischen Faden der Selbstbestimmung als Menschenrecht auf Sexualität neu aufnimmt und weiterspinnt. Weil es so schwer fällt, Menschen mit Handicap Sexualität selbstbestimmt zuzugestehen, zumal bei einer kognitiven Beeinträchtigung oder Lernschwierigkeit. Und weil Vorurteile, Ängste und Unsicherheiten, Tabus und Verbote, aber auch sexualfeindliche Rahmenbedingungen in Elternhaus, Schule, Werkstatt und Wohnstätte, in Offener Hilfe und Freizeitangeboten immer noch selbstbestimmte Sexualität behindern quasi als »sekundäre soziale Behinderung«.

Diesem Buch sind viele Leser und Leserinnnen zu wünschen, die sich anstecken lassen und mit neuem Schwung das Recht auf selbstbestimmte Sexualität für Menschen mit Handicap einfordern und realisieren helfen.

Freiburg, im November 2012   Prof. Dr. Joachim Walter

Inhalt

Einleitung

Jens Clausen / Frank Herrath

Sexualität zu leben nach den eigenen Vorstellungen – darin werden Menschen mit Behinderungen auch heute noch behindert. Das ist kein neuer Befund. Doch vor dem Hintergrund der Konvention über die Rechte von Menschen mit Behinderungen steht es nach geltendem Recht jedem Menschen frei, selbstbestimmt zu entscheiden, mit wem er oder sie zusammen leben möchte – und wo; niemand ist heute mehr verpflichtet, in besonderen Wohnformen zu leben. Und es muss sich auch niemand mehr Eingriffe in die Privatsphäre und Einflussnahmen auf die Gestaltung intimer Beziehungen gefallen lassen. Denn die Behindertenrechtskonvention verlangt, dass wir wirksame und geeignete Maßnahmen treffen, um die bestehenden Diskriminierungen gegenüber behinderten Menschen zu beseitigen und Gleichberechtigung in allen bedeutsamen Bereichen des Lebens herzustellen – also auch in Fragen der Sexualität und der Gestaltung von Beziehungen, von Ehe, Familie, Partnerschaft und Elternschaft.

Es geht um nichts mehr als um die Achtung der Menschenrechte, wenn wir uns mit Fragen der Sexualität beschäftigen – grundsätzlich und auch speziell mit den Vorurteilen, Einschränkungen und Eingriffen in den Bereich der Sexualität von Menschen mit Behinderungen.

Was Joachim Walter schon vor Jahrzehnten mit seinen Publikationen zu diesem Thema angestoßen hat, das hat viele Wellen geschlagen und zu neuen Ufern geführt. Dieses Buch steht für Kontinuität in diesem Wirken, im Bemühen um Gleichachtung als sexuelle Wesen. Und es zeigt auf, dass es noch immer notwendig ist, auf Sexualität bezogene Behinderungen kritisch zu beleuchten, den Tendenzen zur Fremdbestimmung und Einflussnahme entgegen zu wirken und Vorurteile abzubauen.

Denn, wie gesagt: Menschenrechte gelten für alle. Und genau das ist die Zielsetzung der UN-Behindertenrechtskonvention. Sie ist keine Sonderrechts-Deklaration (oder: -Reklamation), sondern sie betont die Notwendigkeit, sich hier und überall um Gleichachtung und Gleichberechtigung zu kümmern.

Leider fehlt der Begriff der Sexualität in der Konvention. Aber es geht von ihr ein ungeheurer Schwung aus, die Teilhabe in allen Bereichen des gesellschaftlichen Lebens zu sichern, Barrieren und Restriktionen gegenüber Menschen mit Behinderungen abzubauen. Diesen Schwung möchte unsere Publikation aufgreifen und deutlich machen, dass seit der Kairoer UN-Erklärung von 1994, die damals bereits das individuelle Menschenrecht auf sexuelle und reproduktive Gesundheit formulierte, in der Realität der Behindertenhilfe noch nicht genug geschehen ist. Bei der Kairo-Erklärung lag der Schwerpunkt auf der Sicherung von Gesundheit. Die UN-Behindertenrechtskonvention geht weiter, in ihr geht es um Würde, um Achtung, um Selbstwirksamkeit.

Das, was in den Papieren der Erklärungen stand und steht, muss endlich im Lebensalltag der Menschen ankommen, muss selbstverständlich werden – auch und gerade dort, wo dieser Alltag von institutionellen oder sonst wie »gestützten« oder »geschützten« Verhältnissen geprägt ist. »Nichts über uns ohne uns!« ist ein Leitspruch, der darauf hinweist, dass auch gut gemeinte Assistenz, Begleitung, Hilfe, Fürsorge und Fürsprache immer noch einen deutlichen Kern der Fremdbestimmung in sich tragen (können).

Um das Normale, das gar nicht so Besondere der Sexualität beeinträchtigter Menschen zu verstehen, sind Äußerungen von Menschen mit Behinderungen unverzichtbar. Doch sie sind schwer und selten zu finden. Als Herausgeber sind wir daher froh, dass das Medienprojekt Wuppertal sich bereit erklärt hat, einige Interviews zur Verfügung zu stellen, die im Rahmen des Filmprojekts »Behinderte Liebe« entstanden sind. Andreas von Hören erläutert, wie es dazu kam und was daraus wurde.

Manche Autorinnen und Autoren der Fachbeiträge des Buches gelten in der einen oder anderen Weise als »behindert«. Wir bedanken uns bei ihnen und allen anderen, die eine besondere Nähe zu Menschen mit Behinderungen haben – in ihrem familiären Umfeld und/oder durch ihre professionelle Fachlichkeit in den Handlungsfeldern der Behindertenhilfe – und die bereit waren, ihre Erfahrungen und Gedanken beizusteuern, um ein facettenreiches Fach- und Lesebuch entstehen zu lassen.

Das erste Kapitel entfaltet den Menschenrechtsgedanken, geht auf historische und aktuelle, auf juristisch bedeutsame und den Alltag von Menschen mit Handicaps stark beeinflussende Fragen und Probleme in Bezug auf Sexualität als Menschenrecht ein. Aktuelle Aspekte der Würde, der Gleichheit und der juristischen Absicherung dieser Grundsätze in Bezug auf Sexualität, Partnerschaft und Familienplanung werden erläutert und durch die Erklärung der sexuellen Menschenrechte der World Association for Sexual Health zum Thema der sexuellen Menschenrechte veranschaulicht.

Das zweite Kapitel gibt Einblicke in die Vielfalt gelebter, erträumter, mehr oder weniger behinderter Sexualitäten. Aber nicht nur das: Es schildert, wie Alltag im Kontext von Behinderung gelebt wird, auf welche Reaktionen Menschen mit Handicaps immer noch stoßen, welche Einstellungen zu überwinden sind, wenn Diskriminierung aufhören soll. Es bringt nahe, welches Spannungsfeld sich zwischen Menschen mit und ohne Behinderungen, aber auch zwischen Eltern und Fachkräften der Behindertenhilfe mitunter auftut, wenn es um die selbstbewusste und selbstbestimmte Gestaltung sexueller Wünsche geht.

In den folgenden Kapiteln 3 bis 5 finden sich Beiträge zu drei besonders intensiv diskutierten Themen, die für manchen Zündstoff in der Fachdiskussion um »Sexualität und Behinderung« gesorgt haben. Wir konnten hier Autorinnen und Autoren gewinnen, die in diesen Bereichen öffentlichkeitswirksam aktiv waren und/oder sind.

So zeigt das dritte Kapitel auf, dass Menschen mit Behinderungen sexuellen Grenzüberschreitungen leider unverändert besonders stark ausgesetzt sind oder durch die Schwere ihrer Behinderung besonders gehandicapt sind, auf ihre sexuelle Wünsche aufmerksam zu machen.

Das vierte Kapitel macht deutlich, dass sexuelle Begleitung und sexuelle Assistenz bedeutsam und riskant zugleich sind, denn sie können Selbstbestimmungsmöglichkeiten erweitern, aber auch Gefahren der Fremdbestimmung eröffnen. Daher lohnt eine sorgfältige Prüfung von sexualitätsbezogenen Hilfen und auch von Bildungsbemühungen, um ihre selbstbestimmungsförderliche Stützungsqualität zu sichern.

Das fünfte Kapitel widmet sich dem Recht auf Kinderwunsch und Elternschaft für Menschen mit Behinderungen. Hier gibt die Behindertenrechtskonvention den deutlichen Hinweis, dass gerade dieses Recht – auch in deutschsprachigen Räumen – keineswegs unbehindert ist, und zwar bei Menschen mit den unterschiedlichsten Handicaps, einschließlich psychischer Beeinträchtigungen. Hier sind eine Reihe von neuen Impulsen, Konzepten und Assistenzformen in verschiedenen Einrichtungen und Organisationen entstanden, die den Alltag der Behindertenhilfe deutlich verändern werden.

Das sechste Kapitel gibt einen Ausblick und fragt danach, ob es gelingen kann, zukünftig sexuelle Selbstbestimmung nachhaltig zu ermöglichen – auch und gerade für gehandicapte Menschen.

Die unterschiedlichen Beiträge des Buches sollen dazu anregen und auffordern, Behinderungen abzubauen, Achtung, Würde und Gleichberechtigung in Bezug auf sexuelles Leben zu stärken – durch Ausstrahlung, durch gute Argumente, durch Stellungnahmen und Diskussionsprozesse. Das sind alte Aufgaben und ebenso wichtige Themen für die nächste Zukunft.

Das Buch zeigt, dass manches noch zu erstreiten sein wird, dass es aber auch in diesem Themenfeld deutliche Fortschritte geben kann und gibt. Aufbrüche aus überkommenen Strukturen und Mustern gelingen durch nicht behindernde Begegnungen. Wenn solche Begegnungen durch dieses Buch und seine Beiträge Unterstützung erfahren, würde uns das freuen.

Im Andenken an eine Kämpferin für ein besseres und lustvolles Leben

Nachruf auf Aiha Zemp

Aiha Zemp starb am 14.12.2011 im Alter von 58 Jahren an den Spätfolgen ihrer Behinderung.

Ein Jahr zuvor hatte sie zugesagt, einen Beitrag für dieses Buch zu schreiben. Einige Wochen darauf musste sie jedoch von diesem Vorhaben in Erwartung ihres Todes zurücktreten.

Dr. Aiha Zemp war nicht nur die profilierteste Persönlichkeit im Einsatz gegen die Tabuisierung der Sexualität von Menschen mit einer Beeinträchtigung in der Schweiz.

Sie war auch für all diejenigen, die sich im deutschsprachigen Raum für die Verwirklichung der sexuellen Menschenrechte für Menschen mit Behinderung einsetzten und einsetzen, Stütze, Bezugsgröße, geachtete Mitstreiterin über Jahre.

Als Psychotherapeutin, Pädagogin, Journalistin, Forscherin und Künstlerin hat sie nachdrücklich für sexuelle Selbstbestimmung für alle gewirkt und Hilfe, Unterstützung, Stärkung für Menschen mit Handicap nicht nur reklamiert, sondern in vielfältigen Projekten verwirklicht.

Aiha Zemp war von ansteckender Lebenslust. Mit ihr bei Fachveranstaltungen zu sein und sich auszutauschen, war Freude und Gewinn. Ihre humanistische Standpunktklarheit war gepaart mit der ständigen Bereitschaft, auf Grund von neuen Erfahrungen ihre Haltung zu verändern.

Die von ihre gegründete Fachstelle Behinderung und Sexualität (fabs) war ein Wirkungszentrum im Kampf gegen sexuelle Gewalt. Vor allem Frauen mit Behinderungen hatten in Aiha Zemps Einsatz Rückhalt und Unterstützung.

Aiha Zemp fehlt. Sich auf sie zu beziehen und die Ergebnisse ihrer Arbeit zu nutzen, stützt und stärkt alle, die sich für ein selbstbestimmtes Leben von Menschen mit Behinderung einsetzen.

Wir empfehlen dies und hoffen, mit diesem Buch ein Beitrag dazu zu leisten: Mit Aiha Zemp in Beziehung zu sein und zu bleiben.

Frank Herrath

15

Kapitel 1

Das Menschenrecht auf Sexualität

Menschenrecht trifft Lebenswirklichkeit: Was behindert Sexualität?

Frank Herrath

»Ich bin genau der gleiche Mensch wie du oder wie andere Menschen auch, also hab ich auch in meinem Leben die gleichen Bedürfnisse und auch das gleiche Recht, mir diese Bedürfnisse zu erfüllen.« (Mario, 40)[1]

»Ichbinwiedu« – so lautete im Frühling des Jahres 2010 der Vorschlag einer Auszubildenden im Berufsbildungswerk der Evangelischen Stiftung Volmarstein für einen Leitsatz zum Prozess der Umsetzung der Behindertenrechts-

---

1 Dieses Zitat und alle weiteren mit Vornamen ausgewiesenen Zitate in diesem Beitrag, die den Textabschnitten vorangestellt sind, stammen aus den in diesem Buch zu lesenden Gesprächen, die mit Menschen mit Behinderung im Rahmen der Videoprojektarbeit „Behinderte Liebe" des Medienprojektes Wuppertal geführt wurden, oder von Mitarbeitenden der Behindertenhilfe – Celia und Susanne –, geäußert bei Bildungsveranstaltungen des Instituts für Sexualpädagogik.

konvention[2]. »Ich bin wie du«: So eigenartig und so gleich berechtigt; so überschwänglich, so energiegeladen und so desorientiert zuweilen, so (un)informiert und feinfühlig, so egozentrisch und (mit)leidend, so (un)erfüllt und sehnend, so zweifelnd, so kraftvoll, so leer und so – selten – glücklich. »Ich bin wie du« ist beides zugleich: Eine einfache Wahrheit und ein bittender, mahnender Appell. Menschen mit oder ohne Behinderung – nicht viele Menschen können von sich sagen, ohne Behinderung zu sein – sollten gleich berechtigt sein und werden, dies am besten als logische Folge einer kulturell fest verwurzelten Gleichachtung – selbstverständlich auch im bedeutenden Lebensbereich Sexualität.

Nur – selten ist es im Leben so, wie es sein sollte. Welche Behinderungen sind also abzubauen, um weitere Fortschritte zu machen auf dem Weg hin zu sexualitätsbezogener Gleichachtung und Gleichberechtigung?

Immer wieder noch: »Die« Behinderung und »die Sexualität Behinderter«

> »Ich bezeichne mich nicht als behindert, aber man stempelt mich dazu ab, als ob ich behindert wäre. Ich fühl mich dann natürlich auch so. Wenn man abgestempelt wird von vielen Leuten, fühlt man sich auch so, ne?« (Thomas, 26)

Normal ist es, verschieden zu sein. Was uns als (sexuelle) Persönlichkeit ausmacht, hat vielerlei Hintergründe: Die Erfahrungen unserer Lebensgeschichte, Mentalität, Begabung, körperlich Gegebenes, Körperentwicklungen. Was bedeutet es für sexuelles Leben, für das jeweilige Individuum mit seiner ganz besonderen Sozialisation, wenn »Spina bifida« oder »Schizophrenie« diagnostiziert wird, was, wenn es sich um eine Sehbehinderung handelt, was, wenn ein Rollstuhl zur Fortbewegung nötig ist, wenn der gehandicapte Mensch 16 oder 60 Jahre alt ist? Es bedeutet Verschiedenes.

Wir behindern schwerwiegend die Entfaltungsmöglichkeiten eines Menschen, wenn wir verkürzte Schlüsse ziehen: »Die« körperliche, »die« intellektuelle, »die« psychische Beeinträchtigung gibt es nicht – und schon gar nicht »die« allgemein daraus ableitbare Sexualität.

Ich habe zwangssterilisierte Menschen getroffen, die Sexualität für sich kaum denken konnten, oft noch nicht einmal fühlen. Ich habe selbstständige, lebensfrohe und lustvolle Paare erlebt, deren intellektuelle Beeinträchtigung

---

2 Die Dokumentation der Auftaktveranstaltung zur Umsetzung der Behindertenrechtskonvention in Wetter an der Ruhr mit dem Titel »Ichbinwiedu« findet sich auf der Homepage der Evangelischen Stiftung Volmarstein – www.esv.de – im Button »UN-behindert – und das Leben gewinnt...«

ich als beträchtlich gefühlt habe, beziehungsfähige Menschen mit sogenannter autistischer Störung, schwer mehrfach behinderte Menschen, die ein Ja
und ein Nein zu Körperberührungsangeboten sehr differenziert ausdrücken
konnten, obwohl sie über kaum mehr als die Augen als Kommunikationsträ-
ger verfügen konnten. Und auch diese Differenzierungen sind nur erste
Schritte zu einer individuell angemessenen Sexualitätsbegleitung – wenn sie
denn erwünscht ist. Wer in der sozialen, helfenden Arbeit nicht mit einigen
wenigen, sondern mit vielen Menschen zu tun hat, ist ständig versucht, die
komplizierten, variantenreichen Realitäten individueller Biografien durch Ver-
einfachung besser ordnen und handhaben zu können. Diese Versuchung verstärkt sich noch, wenn ein so komplexer und undurchsichtiger Lebensbereich
wie Sexualität professionell begleitet werden soll.

Bei aller Klärungsanstrengung: Was die sexuellen Interaktionen, die sexuellen Verhaltensweisen und Ansichten bedingt und prägt, bleibt uns häufig
verschlossen, bleibt unentdeckt – bei Menschen mit oder ohne sichtbare Behinderung. Oft gerät uns die Begrenzung unseres Vermögens aus dem Blick
– beim Helfen, beim Besser-Machen- und Gestalten-Wollen, beim Erkennen
können. Es macht Mühe, es ist schwierig, manchmal ist es nahezu aussichts-
los, dass wir je und immer jeweils alltagspassend das herausfinden, entdecken
und anbieten können, was den uns Anvertrauten helfen, wohl tun mag. Aber
diese Schwierigkeiten beim Herausfinden dessen, wie eine individuell angemessene Sexualitätsbegleitung jeweils zu gestalten sei, sollten uns nicht zu
klischeeartigen Vereinfachungen verleiten, die nur unseren Bildern von Behinderung und »Behindertensexualität« gerecht werden, nicht aber dem je
konkreten Menschen. Es gibt nicht *die* Behinderung, nicht die Sexualität, nur
immer konkrete Menschengeschichten.

Die Behinderungsarten unterscheiden sich voneinander, in ihrer Schwere
und von Individualgeschichte zu Individualgeschichte, wie sie auch innerhalb
der Individualgeschichten der Betroffenen variieren. Sexualität ist eine Lebensenergie, die allen Menschen innewohnt. Sie hat individuelle Gestalt und
wird gelernt. Wie und mit welchem Ergebnis, das ist bei Menschen mit oder
ohne sichtbare Beeinträchtigung sehr unterschiedlich. Deshalb sollten wir
endlich aufhören, von »Behindertensexualität« zu reden.

Wenn es denn schon Konzeptionen der Sexualitätsbegleitung braucht, dann
sollten sie helfen, Verschiedenartigkeit zu berechtigen.

Mehr Sexualitätsfreundlichkeit würde helfen

»Frage: Wonach sehnst du dich denn am meisten?
Ich will ja nichts sagen, aber grundsätzlich nach körperlicher Liebe. Dass man halt abends einfach ganz normal gemeinsam ins Bett geht und dass man dann morgens auch wieder zusammen aufsteht und dann auch noch ganz normal Geschlechtsverkehr miteinander hat. Einfach nur so. Denn für mich ist das normal: Liebe, zwischenmenschliche Liebe.« (Stefan, 27)

Die besondere Energie, Sexualität von Menschen mit Handicap eindämmen, reglementieren, verdrängen, ignorieren, verbieten oder sanktionieren zu wollen, hat sicherlich mit einer – nicht nur, aber auch besonders – in Deutschland gesamtkulturell ausgeprägten Feindlichkeit dem Fremden gegenüber zu tun, mit einem manchmal ins Phobische lappenden Distanzierungsbegehren gegenüber dem Unbekannten, dem Anderen, dem mir nicht Geläufigen, mit einer vitalen Aggressivität gegenüber dem Nichtnormalen, das die eigene innere Sicherheit zu gefährden droht. Das erklärt es aber nicht ganz, warum sexuelle Selbstbestimmung bei Menschen mit Handicap so wenig realisiert ist und augenscheinlich noch so wenig ertragen werden kann.

Es kommt noch etwas dazu – man könnte es als virulente Sexualitätsaversion bezeichnen. Denn gerade bei Menschen mit intellektuellem Handicap ist Sexualität oft unverstellt zu sehen – wenn sie denn nicht machtvoll ausgemerzt wurde. Und nicht nur direkt zu *sehen*, sondern auch nah zu *fühlen* – häufig nicht oder kaum kulturell domestiziert. Solche Erfahrungen überschreiten womöglich eigene ethische, ästhetische Grenzen des Berührt-werden-Wollens.

Wenn intellektuell gehandicaptes, vielleicht manchmal kulturell entgrenztes sexuelles Leben andere heftig berührt, ist es aber keineswegs schon prinzipiell gewalttätig, als Bedrohung inszeniert oder gar böse – es sind dies Erscheinungsformen sexueller Wirklichkeiten. Wieso wollen wir sie lieber nicht sehen? Warum identifizieren wir sie so oft als nicht statthaft, als Regelverstoß, als Ordnungswidrigkeit? Warum müssen wir sie gewalttätig normalisieren und verschwinden machen?

Um konkret zu werden: Es ist doppelmoralisch, inhuman und sexualitätsfeindlich, wenn wir rigoros und gnadenlos, unbegriffen und Verständnis verweigernd das Masturbieren von Menschen mit intellektuellem Handicap im halböffentlichen Raum wegherrschen. Sich selbst etwas schön zu machen, wenn es sonst eher frustrierend ist im Alltag, ist sicherlich nicht normfern. Wenn man sich die soziale Gesamtlage vieler Menschen mit sogenannter geistiger Behinderung ansieht, wäre dauernde Masturbation also verständlich motiviert. Wenn das bei Menschen mit einer intellektuellen Beeinträchtigung auch ohne Rücksicht auf die Öffentlichkeit geschieht, so ist das sicher kein Vergehen gegen die Menschlichkeit. Wenn ein Mensch in der Öffentlichkeit einer Institution masturbiert, vielleicht tut er das auch deshalb, weil er sich an diesem Ort aufgehoben und geschützt fühlt, dieser Ort für ihn oder sie vielmehr ein Intim- und kein öffentlicher Raum ist, ein vor Eingriffen behüteter Raum für mögliche intime Aktionen. Welches Lob wäre das für die Einrichtung...

Masturbation in der Öffentlichkeit – ist das die dunkle andere Seite der Sexualität, im wahrsten Sinne des Wortes gesellschaftlich verkörpert durch Menschen mit Behinderung? Und wir – angeblich Nichtbehinderten – stehen für die hellen Seiten des Sexuellen – mit u.a. unseren jährlich zigmillionenfachen Zugriffen auf Internetpornoseiten im geschützten Raum unser Privatwohnungen?

Menschen mit Behinderung haben das gleiche Recht auf Eigenartigkeit wie Menschen ohne sichtbares Handicap, das gleiche Recht auf wohltuenden Aufenthalt in ihren Feuchtgebieten, das gleiche Recht auf Anormalität, Skurrilität, Provokation und Beschädigungseffekte. Es ist eine aggressive Behinderung der Entfaltung von Persönlichkeiten, wenn jegliche Eigenartigkeit als Zumutung identifiziert wird, die rigoros zurückzuweisen sei.

Etwas mehr Sexualfreundlichkeit täte uns allen gut; ein Handeln, das in der Haltung wurzelte, dass Sexualität prinzipiell »eine gute Gabe Gottes« ist und gelassenes Einverständnis mit den »Charaktereigenschaften« des Sexuellen zeigt – nämlich ungebärdig zu sein, überbordend und oft störend. Eigentlich müsste es gelingen, das Menschenrecht auf Sexualität nicht nur auf geduldiges Erklärungspapier zu schreiben, sondern Nächstenliebe in freundlicher Sexualitätsbegleitung praktisch werden zu lassen. Denn eine große Zahl in helfenden Berufen tätiger Fachkräfte hat es ja auch gelernt, in so intimen, sensiblen Assistenzsituationen wie der Körperpflege, dem Füttern oder der Versorgung der Ausscheidungen gütegerecht und zugewandt zu agieren. Real existierende Sexualitäten – nicht nur die ideal gewünschten, theoretisch fein kultivierten und blickdicht intimraumgeschützten, sondern auch die beschädigten, versehrten, gekränkten, direkt und unvermittelt erscheinenden – könnten in den Systemen sozialer Hilfe verstehend und gelassen in Obhut genommen werden, prinzipiell.

Jedoch: Sexualitätsaversionen kann man nicht einfach wegwünschen. Es bräuchte zur Befreundung mit dem Wirklichen sexuellen Lebens gute Ausbildung und vor allem selbstreflexive Auseinandersetzung zum Umgang mit dem Nahegehenden. Beides findet sich bislang nur selten.[3]

---

3   Das Institut für Sexualpädagogik (ISP) – www.isp-dortmund.de – ist das führende Institut für sexualitätsbezogene Qualifizierung im deutschsprachigen Raum. Alljährlich können sich Fachkräfte der Behindertenhilfe beim ISP zum Handlungsfeld „Sexualität und Behinderung" grundqualifizieren lassen.

»Ich will doch nur dein Bestes!«: Sein lassen, Einmischung vermeiden

»Da hab ich vergessen, im Internat meine Zimmertür abzuschließen. Es kam dann ein Betreuer rein, hat uns erwischt und dann musste ich zur oberen Leiterin hin von diesem Internat. Ich hatte erstmal da ein langes Gespräch von vier Stunden und wäre beinahe geflogen.« (Thomas, 26)

Behindert werden die Sexualitäten von Menschen mit Behinderung in hohem Maße oft von dem, was eigentlich helfende Unterstützung sein wollte, im alltäglichen Zusammenleben dann aber in – sicher meist immer noch gut gemeinte – entmündigende Überbehütung und in Totalkontrolle endende Gefahrenabwehr umschlägt. Solche Behinderungen bieten elterliche oder vergleichbare soziale Nahraumsysteme und Einrichtungen der Behindertenhilfe gleichermaßen.

In der Fachdiskussion, wie denn unterstützungs- und schutzinteressierte Sexualitätsbegleitung von Menschen gelingen kann, ist es klar: Selbstbestimmung muss – so gut es geht – gelebt werden können; unter ständig interventionsbereite Aufsicht gezwungen können Menschen nur wenig nachhaltig lernen.

Aber praktisch neigen der sorgeberechtigte Verwandte oder die Behindertenhilfefachkraft dann schließlich doch dazu, den ihnen Anvertrauten (sexuelles) Risiko lieber zu ersparen. Die gesellschaftliche Wahrnehmung sexueller Gewaltrealitäten gerade im sozialen Nahraum und noch einmal quantitativ besonders verschärft gegenüber Menschen mit Behinderungen hat da nicht gerade zur größeren Risikobereitschaft beigetragen. Aus so mancher Konzeption – wenn dort denn überhaupt Sexualität thematisiert ist –, schreit vor allem das Verregelungsbedürfnis – manchmal durchaus aggressiv: Sexualität soll harmlos gezwungen werden.

Das aber ist nicht zu haben: Sexualität ohne Risiko, ohne Grenzgänge, ohne die Möglichkeit des Scheiterns. Sexualität ist nicht nur schön; solche Behauptungen zu verbreiten wäre romantischer Unsinn.

Sexualität nur im Falle geprüften Liebreizes unter kontrollierender Aufsicht zu gestatten, ist der Garaus für jede persönlichkeitsstärkende Erfahrung. Vor allem ist es Diskriminierung von Menschen mit Behinderung, denn ihnen wird verweigert, aus dem Ganzen sexueller Wirklichkeiten Erfahrungswissen zu schöpfen.

Aiha Zemp, die ihr Leben lang für die sexuelle Selbstbestimmung von Menschen mit Behinderung gewirkt hat, hat sich genau aus diesem Grunde von dem von ihr selbst konzeptionierten Unterstützungssystem besonders ausgebildeter sexualassistierender BerührerInnen verabschiedet und für eine qualitätsbewusste Zuwendung zu fairen Geschäftsbeziehungen mit AnbieterInnen aus dem Gewerbe allgemein zugänglicher sexueller Dienstleistungen ausgesprochen.

Wer das Recht auf sexuelles Risiko reklamiert, wird schnell der Fahrlässigkeit und der Verharmlosung der Möglichkeiten des Schadennehmens gezogen. Es ist sicher nicht leicht auszuhalten, die mir in Obhut gegebenen Menschen unkontrolliert und unbeaufsichtigt handeln und sein zu lassen. Es gibt aber keine Alternative, wenn die sexuelle Selbstbestimmung für Menschen mit Behinderung nicht nur eine substanzlose Schaufensterparole bleiben soll. Helfen kann auf dem Weg dorthin – neben der hartnäckigen offensiven Auseinandersetzung mit den Konsequenzen der Idee der sexuellen Selbstbestimmung – das Bemühen um die Überprüfung der eigenen Haltung als Helfender. Ziel dieser Haltungsprüfung könnte vielleicht sein, etwas mehr Vertrauen in die Selbstgestaltungskräfte der Menschen auszubilden, etwas weniger an die Bedeutung der eigenen Wirkungsmacht zu glauben und etwas weniger finster auf die Welt zu blicken, in der der Mensch nur des Menschen Wolf bzw. Sexualität ein Synonym von Gewalt sei.

Im Handlungsfeld Sexualitätsbegleitung weniger Angst verbreiten

»Ich arbeite jetzt seit 15 Jahren in der Behindertenhilfe. Natürlich achten wir immer darauf, was die Menschen wirklich wollen, für die wir da sind. Aber wenn es um sexuelle Bedürfnisse geht, da halten sich die meisten meiner Kollegen plötzlich voll zurück. Ich glaube, die haben echt Angst, was verkehrt zu machen und dass sie Ärger kriegen.« (Celia, 45)

Selbstverständlich hat Sexualitätsbegleitung von Menschen mit Handicap alle Gütekriterien aufzuweisen, die sich in jedem Handlungsfeld der Sozialen Arbeit finden lassen sollten: Respekt, Achtung, Sensibilität und Fachkenntnis. Nassforsche Drauflosbeglückung tut nicht gut.
Aber das gilt für alle Themen der Behindertenhilfe – nicht nur und auch nicht vor allem auf Sexualität bezogen.

Wenn der Lebensbereich »Sexualität« zur Begleitung ansteht, liegt oft eine gewisse Grundängstlichkeit in der Luft, die sich unter anderem aus einigen dunstigen, im Volksempfinden nistenden Behauptungen und Vorannahmen speist, beispielsweise:

• »Wenn Sexualität plötzlich zum Thema gemacht wird, wecken wir schlafende Hunde.«

25

- »Wenn Sexualität thematisiert wird, verschlimmert sich die Unruhe der Menschen mit Behinderung.« Oder, als Variante dieser Behauptung: »Das Rühren an das Thema Sexualität destabilisiert die Menschen psychisch.«
- »Wenn wir bei Sexualität unterstützend und fördernd agieren, stehen wir mit einem Bein im Knast.« Oder, quasi als antipodischer Zwilling dieser Aussage:
- »Wenn Menschen von uns keine Sexualitätsbegleitung erfahren, wird es für sie kein Lebensglück geben.«
- »Wenn wir ungeschickt helfen, ist das sofort eine schädigende Grenzüberschreitung.«

Diese und andere, ähnlich gelagerte Behauptungen führen dazu, dass das begrenzte sexualitätsbezogene Wissen und die geringe Praxiserfahrung übergroß problematisch erscheinen – schwerer Schaden drohe potenziell jederzeit, wenn Sexualität im Behindertenhilfealltag als Begleitungsthema auftauche. Die Wirkung solcher Botschaften ist Einschüchterung; eine Berührung mit dem Thema wird vermieden, wenn es eben geht.

Das ist das Schlechteste, was unterstützungsbedürftigen Menschen passieren kann.

Statt das mögliche Misslingen großzureden, wäre es angeraten, ressourcenorientiert Sexualitätsbegleitung zu qualifizieren und die Chancen gütegerechter Sexualitätsbegleitung herauszustellen. Erst durch die Beschäftigung mit dem Thema »Sexualität« – und nicht durch dessen Meidung – gelingt ein Verstehen von Übergriffsursachen und -wirkungen und in der Folge eine Verminderung des Übergriffsrisikos durch das Mitwirken an der Selbstschutzstärkung der zu Betreuenden. Wer sich gut und gerne mit dem Thema »Sexualität« befasst, wird Menschen nicht überfordern, wird ihnen weder sexuelles noch Liebesglück versprechen, sondern das von ihnen Gewünschte und das ihnen Mögliche herauszufinden helfen. Wer innere Sicherheit durch das Erlernen professioneller Sexualitätsbegleitung erlangt, wird das Menschenrecht auf Sexualität nicht mit Hinweis auf die Probleme bei seiner Verwirklichung verweigern; der oder die zur Behindertenhilfe Bestellte kann sich mit Recht selbst die Erlaubnis geben, Menschen probieren und einüben zu lassen, was ihnen sexuell gut tut. Er oder sie wird über eine solide Basis verfügen, die eigenen Assistenzgrenzen bei Bedarf weiten zu können.

Vor allem würde sich auch der Mut vergrößern, Sexualitätsunterdrückung zu widersprechen, wo sie sich manifestiert – in jeder einzelnen Sexualität ignorierende Heimordnung, in jeder ärztlichen Aktion, die sexuelle Auffälligkeiten prompt und wie selbstverständlich mit blockierender Medikation beizukommen sucht, in jeder aggressiv antisexuellen Pflegehandlung.

Sexualität ist und bleibt anarchisch. Sexualität regt auf. »Lebensenergie« – wenn man Sexualität so bezeichnen mag – ist nicht nur ein ruhiger Fluss (Sielert 2005). In Sexualitätsbegleitung kann natürlich auch etwas misslingen. Statt Verängstigung sollte deshalb für mehr offensive und interessierte Zuwendung zum Thema »Sexualität«, zu den Erscheinungsformen sexuellen Lebens gesorgt werden. Die ethische Sicherung dafür, dass das sensibel und menschengerecht geschieht, realisierte sich in der Haltung, dass wir uns des Menschen annehmen in seiner Vielfalt mit Gnade – eine gesamtgesellschaftliche Aufgabe fürwahr und keineswegs nur eine Spezialanforderung gegenüber der Behindertenhilfefachkraft. Etwas pointiert zugespitzt könnte man sagen, dass Sexualitätsbegleitung nicht vor allem Professionalisierung braucht – das natürlich auch –, sondern Humanisierung.

Die Scham ist nicht vorbei

> »Melanie: Er redet immer von verschiedenen Stellungen.
> Michael: Ja, die gibt's doch.
> Melanie: Da hat er zu mir gesagt: ›Wenn du mal alleine wohnst oder wenn ich mal
> alleine wohne, dann probieren wir die verschiedenen Stellungen.‹ Er kann
> das verstehen, dass mir das peinlich ist, dass ich mich schäme wegen den
> anderen Mitbewohnern. Er kann das gut verstehen.
> Michael: Ja, aber wenn wir unter uns sind, dann kriegt das doch keiner mit, dann
> sieht uns doch keiner.« (Melanie, 22, und Michael, 23)

Wo Sexualität ist, ist sehr oft Scham; wenn Sexualität begleitet wird, schon mal gar.

Aber das ist nicht »schlimm«, denn Scham ist, wenn sie nicht neurotisch ist, positiv bedeutsam. Sie hilft, jenseits von Kognition, Grenzen zu empfinden und zu (be)achten. Es darf daher in der Sexualitätsbegleitung von Menschen mit Behinderung nicht darum gehen, schamlos werden zu wollen. Vielmehr sind Beschämungen zu beachten – auf beiden Seiten eines körpernahen Betreuungsverhältnisses.

Wenn Beschämung Grenzen aufzeigt, dann ist das nicht nur sensibel wahrzunehmen, sondern dann ist es auch geboten, entsprechend sensibel zu agieren. Solche Sensibilität zeigt sich jedoch keineswegs durch hastigen Rückzug aus zufällig gestörten Intimräumen mit oder ohne Entschuldigung, sondern oft im Bemühen, mit Beschämung annehmend zu leben. Denn das Waschen der Genitalien, das ungewollte in der Nähe sein bei sexuellen Aktivitäten und, natürlich vor allem, aktive Sexualassistenz jedweder Schattierung ist ohne Gefühle der Scham kaum zu leben. Das ist schnell und logisch konstatiert – aber schwer ins Normale der Behindertenhilfe zu integrieren. Es braucht eine intensive selbstreflexive Befassung mit dem Sachthema und mit schamnahen Alltagssituationen, damit dies gelingt.

Es wäre sicher kontraproduktiv, würden die Fachkräfte der Behindertenhilfe in sie beschämende Interaktionen durch Anweisung hineingezwungen, denn das Ergebnis wäre vor allem Widerwille und Aggression. Andererseits erfordert es, wenn Einzelne aus einem Betreuungsteam sich zu Sexualassistenz grundsätzlich nicht der Lage sehen, eine teamgetragene Beantwortung der Frage, wer denn dann helfende Begleitung gibt, wenn es sie braucht. Der Lösung dieses Problems darf sich keine Fachkraft der Behindertenhilfe durch bloße Reklamation des Rechts auf eine innere Barriere entziehen. Das ist keine anmaßende Herausforderung. Unfreundlich ist es natürlich, wenn an eine Fachkraft nach 30 Jahren Behindertenhilfe ohne jede bildungsmotivierte Berührung mit dem Thema »Sexualität und Behinderung« plötzlich von heute auf morgen der Anspruch auf sexualpädagogische Kompetenz gestellt wird.

Wie sexualitätsbezogene Hilfestellungen konkret und genau beschaffen und begrenzt sein sollen, zum Wohle von BehindertenhelferInnen und deren Klientel, mit möglichst wenig Einmischung in innere Angelegenheiten anderer, in Vermeidung von Grenzüberschreitungen und Beschämung, darüber gibt es seit längerem eine intensive Fachdiskussion (Walter 2004). Klar ist bis heute, dass die bloße Proklamation des Rechts auf Sexualität nicht hinreicht, wenn die Möglichkeiten für sexuelles Leben massiv behindert bleiben. BehindertenhelferInnen sind zur Hilfestellung verpflichtet und zum Schutz der eigenen Intimität berechtigt. Sie sind verpflichtet zur Rollenklarheit im Begleitungs- bzw. Beratungsverhältnis wie zur Sexualaufklärung, die dem sexuellen Handeln hilft. Sie sind verpflichtet, die Intimität der ihnen Anvertrauten auch dadurch zu respektieren, dass sie nicht, von Aufklärungseuphorie ergriffen, mit Sendungsbewusstsein im Herzen und einem Kondom in der Hand ungeachtet ihrer Verarbeitungs- und Bewältigungsmöglichkeiten über sie herfallen. Sie sind verpflichtet, nach bestem Wissen und Gewissen, Körpererfahrungen zu ermöglichen und anzuregen, die zur selbstbestimmten Sexualität befähigen. Sie sind *nicht* berechtigt, sich rauszuhalten und auf andere zu verweisen, die ihrerseits nichts tun.

Sexualitätsbegleitung erfordert den Willen, sich Kenntnisse erwerben zu wollen, und das Herz, sich zuzuwenden – im Übrigen auch gerade denjenigen in der Behindertenhilfe Tätigen, die den Bemühungen um sexuelle Berechtigung von Menschen mit Behinderung distanziert-skeptisch gegenüber stehen.

Die nur relative Bedeutung der Behindertenrechtskonvention für eine selbstbestimmte Sexualität von Menschen mit Behinderung

> »Wir haben eine Konzeption, da steht auch was von Sexualität drin. Aber so wirklich normal ist es für unsere Bewohner nicht, Sex haben zu können. Man sollte sie einfach mal machen lassen und nicht immer nur Angst davor haben, dass da was schief gehen könnte. Bei uns ist eigentlich die unausgesprochene Norm, dass man mindestens alles wissen sollte, was unsere Bewohner so treiben; besser noch, möglichst unauffällig zu verhindern, dass sie es treiben...« (Susanne, 30)

Es ist gut für Menschen mit Behinderung, dass es die Behindertenrechtskonvention gibt. Sicherlich gibt sie Unterstützung für das gesellschaftliche Wirken, Teilhabe von Menschen mit Behinderung zu vermehren; bislang hat die Konvention gerade in Deutschland sogar unerwartet viel Rückenwind für die Verbesserungsanstrengungen hinsichtlich der Lebenslage von Menschen mit Behinderung entfacht. Genau dieses Engagement ist erforderlich, um nachhaltig nach vorne zu kommen bei der alltäglichen Verwirklichung von deklarierten Menschenrechten.

Das Menschenrecht auf Sexualität für Menschen mit Behinderung zu verwirklichen ist kein so prominentes Handlungsfeld im Gesamtkanon der zu entfaltenden Behindertenrechtsthemen. Und nicht umsonst enthält die Behindertenrechtskonvention selbst keine dezidierte Äußerung zu Sexualität – nicht nur islamistisch orientierte Regierungen sind da aversiv aufgestellt. Daher mögen die allgemeine Erklärung der Menschenrechte und ihre Deklination in der Konventionspräambel bzw. in ihren allgemeinen Grundsätzen indirekt auch für sexuelle Menschenrechte stützend wirken; auch könnte mit gutem Willen aus verschiedenen Artikeln der Konvention sexualitätsbezogene Berechtigung herausgelesen werden – z.B. aus den Konventionsabschnitten »Gleichberechtigung und Nichtdiskriminierung« (Art. 5), »Bewusstseinsbildung« (Art. 8), »Freiheit von Ausbeutung, Gewalt und Missbrauch« (Art. 16), »Schutz der Unversehrtheit der Person« (Art. 17), »Unabhängige Lebensführung und Einbeziehung in die Gemeinschaft« (Art. 19), »Achtung der Privatsphäre« (Art. 22) oder »Achtung der Wohnung und der Familie« (Art. 23). Aber hinsichtlich der Verwirklichung sexueller Menschenrechte große Hoffnung in die Konvention zu setzen, scheint nicht gut begründet; weil, wie gesagt, Sexualität in der Konvention keine Erwähnung findet, und, wichtiger, eine gute Erklärung, wie es zum Beispiel auch die Hongkonger Erklärung der sexuellen Menschenrechte der World Association for Sexual Health aus dem Jahr 1999 ist[4], noch lange keine Realität konstituiert.

Positiv gesprochen kommt es nun verstärkt darauf an, will man bei der Verwirklichung sexueller Menschenrechte für Menschen mit Behinderungen voran kommen, die Konvention als Unterstützungswerk nicht zu überschätzen und weiterhin ausdrücklich sexualitätsbezogene Rechte nicht nur zu reklamieren, sondern mit Geduld und Zähigkeit die kleine Lobby der hier Wirkenden zu stärken. Gewünschte Änderungen im Umgang mit »Sexualität und Behinderung« werden sich nur langfristig einstellen und nur bei nicht nachlassendem Engagement der Community[5].

Anzuraten wäre, den etwas im Allgemeinen von gewünschten Fernzielen verwolkten Aufgabenbereich der »Verwirklichung sexueller Menschenrechte« greifbarer, handfester, für Alltagshandeln verständlicher zu entfalten; etwas zu tun und nicht nur etwas zu erklären; etwas verbessernd umzugestalten statt die Größe und Macht des Widrigen zu beklagen.

Das könnte ganz gut gelingen, denn auf Grund des bisherigen Wirkens der Persönlichkeiten und Gruppen, die sich in den letzten Jahrzehnten engagiert gezeigt haben, bezweifelt kaum jemand mehr ernsthaft, dass Sexualität ein bedeutsames Lebensthema ist, das respektvolle Beachtung und unterstützende Begleitung verdient – gerade in der institutionellen Behindertenhilfe. Dass das Thema in der Themen- und Aufgabenfülle des Handlungsalltags im Bereich der Sozialen Arbeit nicht versickert – dazu sollten und können eigeninitiative Projekte beitragen wie die Kampagne von Pro Familia gegenüber den eigenen (!) Beratungsstellen, in einem relativ kurz terminierten Zeitraum alle eigenen Dienstleistungen barrierefrei zu machen. Pro Familia reagiert damit übrigens keineswegs generös auf eine internationale Erklärung mit geringer Verpflichtungsmacht, sondern verwirklicht damit u.a. das »Recht auf Aufklärung«, das im Familienhilfegesetz schon seit zwanzig Jahren für alle garantiert ist.

Die Behindertenrechtskonvention unterstreicht, verdeutlicht, konkretisiert Menschenrechte; sie ersterklärt sie aber nicht. Es ist nicht erst seit der Ratifizierung der Behindertenrechtskonvention durch die Bundesregierung illegitim, Menschen mit Behinderung gleiche Rechte zu verweigern. Es sind *einfache* Rechte, deren Verwirklichung Menschen mit Behinderung zustehen.

---

4   Die Erklärung ist auf Seite 72 ff. dieses Buches nachzulesen.
5   Das Institut für Sexualpädagogik (www.isp-dortmund.de) hat im März 2012 ein 2. Community-Treffen der zum Thema »Sexualität und Behinderung« engagierten Fachkräfte der Behindertenhilfe im deutschsprachigen Raum in Form einer Fachtagung in Basel organisiert, dem weitere folgen werden.

Es sind Rechte, deren Realisierung es lange Zeit vor dem Entstehen der Behindertenrechtskonvention zu sichern galt und die es immer noch zu sichern gilt: Die Verfügung über das eigene Zimmer, die freie Wahl der SexualpartnerInnen und die individuelle Gestaltung sexueller Vorlieben, wenn niemand anderem damit Gewalt angetan wird. Es ist ein Menschenrechtsverstoß nicht erst seit der Veröffentlichung der Behindertenrechtskonvention, Menschen mit Behinderung den Kinderwunsch auszutreiben; solches Bemühen entlastet bloß von der gesellschaftlichen und institutionskonkreten Aufgabe, Lebensmöglichkeiten für betreute Familien schaffen. Und auch das steht als Mahnung nicht nur und nicht erst in der Behindertenrechtskonvention: Nur dann zu helfen, wenn Hilfe gewollt ist.

Behinderte Sexualität ist nicht automatisch hilfebedürftig. Es ist die Gestaltungsmöglichkeiten der helfenden Zunft überschätzend und tendenziell fremdbestimmend, so zu tun und so zu reden, als könnte alles gut werden im sexuellen Leben von Menschen mit Behinderung, wenn nur genug Sexualassistenz da wäre. Auch dann, auch mit einer Behindertenrechtskonvention, auch mit einer Erklärung sexueller Menschenrechte bleibt das sexuelle Leben behinderter Menschen behindert.

»Menschen mit Behinderung haben kein sexuelles Interesse und brauchen sexuelle Aktivität auch nicht«

Es ist eine so uralt-hartnäckige wie hochmütig-ignorante Behauptung, eine der immer noch stärksten Behinderungen für das sexuelle Leben von Menschen mit Behinderung – dass sie auf Grund ihrer Behinderung gar keine sexuellen Wesen seien. Interessant zu untersuchen wäre der Untergrund dieser forschen Einschätzung. Ein Forschungsprojekt mit dem Ziel zu entdecken, aus welchen Quellen sich diese Leugnungsenergie speist, wäre lohnend und hilfreich für einen Humanisierungsschub in der professionellen Sozialen Arbeit.

Sicherlich kann sexualitätsfeindliche Sozialisation machen, dass Menschen mit Behinderung keine sexualitätsbezogenen Interessen zeigen. Das potentiell Energetische des Sexuellen ist dort verschüttet und vergraben, durch lebenslang erfahrene Intimitätsverletzungen konsequent abgeschlossen, das Böse des sexuellen Interesses erfolgreich in das Individuum hineingeredet worden.

Zweifellos ist es anmaßend und ebenfalls missachtend, wenn wir uns bemühen, Sexualität den uns Anvertrauten einzutherapieren; die sexualitätsbezogene Schädigung von Menschen mit Beeinträchtigungen, die bis zum offenkundigen Nichthaben sexuellen Interesses reichen kann, ist aber bei genauerem Hinsehen allermeist sekundär hergestellt, zu oft als primäres Handicap missverstanden.

Die Leugnung der Sexualität macht die Sexualität nicht weg. Sie verstärkt höchstens – wenn sie psychisch in die Menschen mit (geistiger) Behinderung hineinwirkt – Sublimierungen, erhöht Unglück und erzeugt und verstärkt Krankheiten, erzeugt bzw. potenziert Aggression und verdeckt schließlich womöglich Missbrauchsereignisse. Auf die Frage »Wer bin ich (sexuell)?« kann der Mensch mit Behinderung im Fall der Leugnung seiner bzw. ihrer Sexualität nur mit entweder »Ich bin nicht«, »Ich bin falsch« oder »Ich bin ganz böse« antworten. Die Folge ist in jedem Falle eine Zerreißprobe zwischen den eigenen – sexuellen – Gefühlen und den sexualitätsleugnenden Ansprüchen derjenigen, auf die man auf Gedeih und Verderb angewiesen ist…

Wer behindert wird im sexuellen Leben, reagiert; es sei denn, es hat sich auf Grund lebenslanger Unterdrückungserfahrung Resignation und Apathie eingestellt. Im sogenannten Nichtbehindertenleben zeigen sich – schauen wir genauer hin – ähnliche Reaktionen und Auswirkungen auf sexuelle Behinderungen wie bei den gesellschaftlich so schnell als Behinderte Kategorisierten. Da stimmt es dann wieder: Ich bin wie du – so wütend, so traurig, so gekränkt, so widerstandswillig, so unterdrückt. Und gleichzeitig stimmt es ganz und gar nicht: Welche Gnade für den, dem eine Anstalthospitalisierung erspart blieb, welcher Vorteil, wenn sexuelles Erleben nicht nur gekauft oder gnädig assistiert geschehen kann, wie fundamental beschwerend, wenn das Begehren, die Lust, die hautnahe Präsenz anderer Körper so wenige Orte bietet, um einfach bloß möglich zu sein.

Wir werden weiterhin damit leben lernen müssen – mit den Behinderungen sexuellen Lebens für uns alle wie mit dem großen Unterschied zwischen leicht behinderter Normalität und der Außergewöhnlichkeit schwer behinderter Sexualitäten. Wir werden weiterhin damit leben müssen, dass es (sexuelle) Selbstbestimmung nur sehr relativ gibt – und für schwer behinderte Menschen in einem deutlich geringerem Maße als für Menschen ohne solches Handicap. Wenn wir respektvoll miteinander leben wollen zukünftig, sollten wir uns alle als immer auch sexuelle Wesen wahrnehmen und achten.

Gibt es sexuelles Glück für »Behinderte«?

Das Wohltuende an der Behindertenrechtskonvention ist, dass sie keine Besonderung für gehandicapte Menschen will, sondern die Geltung der allgemeinen Menschenrechte für alle einklagt. Die Behindertenrechtskonvention verspricht nichts; ob und wie diskriminierende Realitäten verändert werden können, entscheidet sich im gesellschaftlichen Miteinander. Eine Prognose für die Zukunft der sexuellen Leben von Menschen mit Behinderung wäre so haltlos wie sinnlos.

Klaus Birnstiel, ein Mensch mit Behinderung – und sicher auch ein behinderter Mensch –, schreibt davon, dass Menschen mit Behinderung auf eine Klippe träfen, die unüberwindlich sei in modernen Gesellschaften, auf die »Klippe einer öffentlichen Sexualität, die auf Körper am liebsten ganz verzichten würde, wenn sie nicht ihren eigenen Wahnvorstellungen entsprechen« (Biernstiel 2011). Da der behinderte Körper nicht passe zum Konstrukt gelingender Sexualität in Glätte, Unversehrtheit, Kraft, Schönheit und eigentlich Entkörperung, konstatiert er: »Behinderte Menschen stoßen in ihrer Sexualität an gläserne Decken.« (ebd.). Das sei und bleibe auch bei allem Bemühen um Entdiskriminierung und Berechtigung so.

Dieser Hinweis ist nicht in Bitterkeit gegeben, sondern weist erfahrungsruhig darauf hin, dass sexuelles Glück immer nur individuell und relativ möglich ist; und behindert bleiben wird – für Menschen mit Behinderungen deutlich mehr als für diejenigen ohne solcherlei Handicaps.

Der ehemalige Sonderschulrektor Siegfried Schröder hat es sinnessatt und ungeschwafelt so beschrieben:

> »Wenn Sexualität zu tun hat mit Sehen, Licht, Farben, Durchsichtigkeit, Anmut und Schönheit, mit dem Bild im Spiegel, mit Angeschaut werden und Suchen, mit Gesichtern und der Sprache der Augen, dann muss man objektiv sagen, dass BLINDHEIT sicher Sexualität beeinflusst.
>
> Wenn Sexualität zu tun hat mit Hören, Flüstern und Lauschen, mit Hinhören und Gehören, mit Begriffen, Namen und gestammelten Erklärungen, mit dem Klang der Stimme, mit Musik und gesprochenen Worten, dann muss man objektiv sagen, dass GEHÖRLOSIGKEIT sicher Sexualität beeinflusst.
>
> Wenn Sexualität über ihre organische Bedingtheit hinaus zu tun hat mit Körperlichkeit, mit Streicheln, Wärme, mit Festhalten und Gehaltenwerden, mit Angenommen- und Getragenwerden, mit Tanzen, Bewegungen und Bewegt sein, mit Nähespüren, Berührungen und Behutsamkeit, dann muss man objektiv sagen, dass schwere KÖRPERBEHINDERUNGEN sicher Sexualität beeinflussen.
>
> Wenn Sexualität zu tun hat mit Gefühlen und Empfindungen, mit Traurigkeit, Schmerz und Verzweiflung, aber auch mit Lust und Freude, mit Unbewusstem und Träumen, Ahnungen und Sich verlieren, mit Staunen, unendlich viel Zärtlichkeit und einem roten Kopf, dann muss man objektiv sagen, dass SEELISCHE BEHINDERUNGEN sicher Sexualität beeinflussen.
>
> Wenn Sexualität zu tun hat mit Dialog, benötigt sie das Gegenüber, sucht Bestätigung, möchte sie vertraut und geborgen sein, braucht sie Gemeinsamkeit und Solidarität, ist voll Drängen und Sehnen, voll Dankbarkeit und Sorge, greift sie nach Verantwortung, kennt Eifersucht und wird gezeichnet durch die Einsamkeit und das Gefühl des Ver-

lassenseins, dann müssten, objektiv gesehen, SOZIALE BEHINDERUNGEN auch Sexualität beeinflussen.

Wenn Sexualität zu tun hat mit Gedanken, Vorstellungen und Ideen, Sprache und Erinnerung, Erfahrung und Bewusstsein, Hoffen und Wollen, Phantasie und Kreativität, Entdecken, Begreifen, Erkennen und Verstehen, dann muss man objektiv sagen, dass GEISTIGE BEHINDERUNGEN sicher Sexualität beeinflussen.

So allgemein gesehen jedoch wäre die Sexualität ein lebloser Begriff, nichts anderes als die Summe vieler Einzelphänomene, geteilt durch ihre Anzahl, bleibt sie statistisches Ergebnis, wird sie Formel, Durchschnitt...

Durch die Behinderung erhält sie lediglich eine weitere Facette an individueller Eigenart.

Durch jede situative oder personelle Veränderung ergibt sich zwangsläufig eine völlig andere Erscheinung, die im Vergleich zu dem vorherigen Zustand neu, anders, ihrerseits einmalig und unverwechselbar ist.« (Schröder 2002).

Natürlich können wir durch Menschenrechtsaktivismus Fortschritt erzielen in der Gleichachtung und Gleichberechtigung sexueller Leben. Wir sollten es auch. Wichtiger allerdings ist das Bemühen, zu verstehen. Um dann aus dem Weg zu gehen und, wenn's geht, Hinderndes dabei abzuräumen. Es wäre dann eine gute Begegnung, wenn Menschenrecht auf Lebenswirklichkeit träfe.

»Einfach machen! Mach einfach! Kopf ausschalten und machen. Das ist dein Leben. Keiner kann dir irgendwelche Vorschriften machen. Es geht nur darum, was du willst, das ist alles. Mach's einfach.« (Friedrich, 40)

Literatur

Birnstiel, K. (2011): FAZ-Blog http://faz-community.faz.net/blogs/digital/archive/2011/12/10/sex-und-behinderte-koerper-ein-existentielles-limit.aspx

Schröder, S. (2002): Sonderpädagogische Aspekte zur Sexualität geistigbehinderter Kinder und Jugendlicher. In: Walter, J. (Hrsg.): Sexualität und geistige Behinderung. 5. Aufl., Heidelberg, S. 128–147

Sielert, U. (2005): Einführung in die Sexualpädagogik. Weinheim und Basel

Walter, J. (Hrsg.) (2004): Sexualbegleitung und Sexualassistenz bei Menschen mit Behinderungen. 2. Aufl., Heidelberg

Sichtbarer denn je:
Würde und Chancengleichheit
Die Behindertenrechtskonvention und die
sexuelle Selbstbestimmung behinderter
Menschen

Sigrid Arnade

Im Dezember 2006 verabschiedete die Generalversammlung der Vereinten Nationen (UN) einstimmig das Übereinkommen der Vereinten Nationen über die Rechte von Menschen mit Behinderungen (Behindertenrechtskonvention, abgekürzt BRK). Weltweit wurde und wird die BRK von behinderten Menschen[1] als Meilenstein in der Behinderten- und Menschenrechtspolitik gefeiert. In Deutschland ist die Behindertenrechtskonvention seit dem 26. März 2009 geltendes Recht für Bund, Länder und Kommunen. Auch wenn sich die reale Lebenssituation von Menschen mit Behinderungen in Deutschland mit

---

1   Die Begriffe »behinderte Menschen« und »Menschen mit Behinderungen« werden synonym verwendet.

der BRK noch nicht spürbar verbessert hat, knüpfen Betroffene und andere Fachleute in der »Behindertenszene« nach wie vor große Hoffnungen an die Konvention und ihre Umsetzung.

In Bezug auf die sexuelle Selbstbestimmung hat sich die rechtliche Lage mit der Behindertenrechtskonvention nicht verändert: Auch vor dem In-Kraft-Treten der BRK galt in Deutschland das Recht auf sexuelle Selbstbestimmung für Menschen mit Behinderungen genauso wie für alle anderen Bürgerinnen und Bürger. Mit der BRK jedoch wird die Würde behinderter Menschen in einer zuvor unbekannten Eindeutigkeit und Stringenz für alle Lebensbereiche durchdekliniert, dass es sich lohnt, nach der Bedeutung der menschenrechtlichen Sichtweise von Behinderung für das sexuelle Selbstbestimmungsrecht von Menschen mit Behinderungen und den Konsequenzen zu fragen.

Zur Entstehung der Behindertenrechtskonvention

Weltweit, so auch in Deutschland, war und ist das Leben von Menschen mit Behinderungen vielfach von Fremdbestimmung und massiven Menschenrechtsverletzungen geprägt. Diese Tatsache wurde 1993 durch den Bericht »Human Rights and Disabled Persons« des UN-Sonderberichterstatters Leandro Despouys bestätigt. Darin benennt der Autor eine Vielzahl von Menschenrechtsverletzungen, die zum Alltag behinderter Menschen weltweit gehören. Genannt werden unter anderem das Verbot von Heirat und Familiengründung, Zwangssterilisation, sexualisierte Gewalt und zwangsweise Heimunterbringung.

Es war jedoch ein weiter Weg bis zu den Verhandlungen über eine Behindertenrechtskonvention. Zunächst verabschiedeten die Vereinten Nationen sozusagen ersatzweise 1993 die »Rahmenbestimmungen für die Herstellung der Chancengleichheit für Behinderte« (vielfach besser bekannt als »UN – Standard Rules on the Equalization of Opportunities for Persons with Disabilities«). Darin sind das »Recht auf freie Entfaltung sexueller Beziehungen« und der »Schutz vor Diskriminierung« (Bundesministerium für Arbeit und Sozialordnung 1995, S. 13) verankert. Aber während Menschenrechtskonventionen rechtlich verbindlich sind, haben die Rahmenbestimmungen nur einen empfehlenden Charakter.

Es gab immer wieder Initiativen für eine Behindertenrechtskonvention. Ein italienischer und ein schwedischer Vorstoß scheiterten. Erfolg hatte letztlich Mexiko. Unterstützt wurde die mexikanische Initiative durch die Studie »Human Rights and Disability« von 2002, die im Auftrag der Hohen Kommissarin für Menschenrechte erstellt wurde. Darin wurden die bis dahin existierenden Menschenrechtsverträge in ihren Auswirkungen und ihren Anwendungen auf Menschen mit Behinderungen mit dem Ergebnis untersucht, dass die Lebenslagen behinderter Menschen gar nicht oder nur unzureichend berücksichtigt werden.

Etwa zeitgleich setzte die UN-Generalversammlung schließlich einen Ad-Hoc-Ausschuss ein, um eine Behindertenrechtskonvention zu erarbeiten. Eine Arbeitsgruppe, bestehend aus Regierungsvertretungen, Nichtregierungsorganisationen (NGO) und nationalen Menschenrechtsinstitutionen, entwickelte im Januar 2004 einen ersten Konventionsentwurf, der als Grundlage für die weiteren Verhandlungen diente.

Die gesamten Verhandlungen standen unter dem Motto »Nichts über uns ohne uns«. Niemals zuvor wurde die Zivilgesellschaft bei den Verhandlungen zu einem Menschenrechtsübereinkommen so intensiv beteiligt. Viele Regierungen, so auch die deutsche, beriefen Menschen mit Behinderungen in ihre Delegationen. Als Mitglied der deutschen Regierungsdelegation nahm Theresa Degener (Juristin mit Behinderung) an den Verhandlungen in New York teil (Lachwitz 2007, S. 2).

Insgesamt gab es acht mehrwöchige Sitzungen des Ad-Hoc-Ausschusses. Am Ende der achten Sitzung wurden der verhandelte Konventionstext sowie das Fakultativprotokoll angenommen, das die Arbeitsweise des Ausschusses für die Rechte von Menschen mit Behinderungen regelt.

Einstimmig verabschiedete die UN-Generalversammlung am 13. Dezember 2006 die Behindertenrechtskonvention und das Fakultativprotokoll. Beides konnte vom 30. März 2007 an in New York unterzeichnet und ratifiziert werden. Deutschland gehörte zu den Erstunterzeichnern. Ende 2008 wurde das Gesetz zur Ratifikation des »Übereinkommens über die Rechte von Menschen mit Behinderungen« von Bundestag und Bundesrat verabschiedet, so dass die Behindertenrechtskonvention am 26. März 2009 für Deutschland in Kraft treten konnte.

Zur generellen Bedeutung der BRK

Mit der Behindertenrechtskonvention ist es gelungen, das erste internationale Dokument zu formulieren, das Behindertenpolitik konsequent aus einer Menschenrechtsperspektive betrachtet. In der Vergangenheit waren die Dokumente der Vereinten Nationen zu Behindertenthemen vor allem von dem Gedanken der öffentlichen Fürsorge geprägt (Häfner 2007, S. 45). In den meisten Staaten herrscht traditionell das medizinische Modell von Behinderung vor, demzufolge Behinderung unter einem medizinischen Blickwinkel als individuelles Defizit betrachtet wird, das für die mangelnde Teilhabe in allen gesellschaftlichen Bereichen verantwortlich ist. Als Weiterentwicklung haben viele Staaten Behinderung inzwischen unter einem sozialrechtlichen Paradigma begriffen mit dem Ziel, Menschen mit Behinderungen durch entsprechende Rehabilitationsmaßnahmen an die »normalen« gesellschaftlichen Bedingungen anzupassen.[2] Die emanzipatorische Behindertenbewegung hat dem medizinischen Modell von Behinderung in den 1970er Jahren das soziale Modell gegenübergestellt (Köbsell 2010, S. 18). Danach wird Behinderung als gesellschaftliche Konstruktion gesehen, als ein Prozess, der Menschen mit Beeinträchtigungen die volle gesellschaftliche Teilhabe, Anerkennung und den Respekt vorenthält. Behinderung entsteht beispielsweise durch die gesellschaftlichen Barrieren wie unzugängliche Verkehrsmittel, fehlende Gebärdensprachdolmetschung, zwangsweise Sonderbeschulung oder Websites, die für blinde Menschen nicht wahrnehmbar sind. »*Behindert ist man nicht, behindert wird man*«, fasste die »Aktion Grundgesetz« (eine Kampagne der »Aktion Mensch«, seinerzeit »Aktion Sorgenkind«) Ende der 1990er Jahre die soziale Sicht von Behinderung zusammen. Eine Synthese fand die Weltgesundheitsorganisation (WHO): Sie überarbeitete ihre Behinderungsdefinition von 1980 und veröffentlichte 2001 die sogenannte »International Classification of Functioning, Disability and Health«. Danach wird Behinderung gesehen als Wechselwirkung zwischen der (körperlichen) Funktionsfähigkeit einerseits und andererseits der Aktivität (Durchführung einer Aufgabe) sowie der Partizipation (Teilhabe am Leben in der Gesellschaft) (Bundesarbeitsgemeinschaft für Rehabilitation 2006, S. 9–15). In eine ähnliche Richtung geht der menschenrechtlich geprägte Ansatz der Behindertenrechtskonvention: Nach der BRK entsteht »Behinderung aus der Wechselwirkung zwischen Menschen mit Beeinträchtigungen und einstellungs- und umweltbedingten Barrieren« (BRK Präambel). Nach diesem Verständnis, das in der BRK konsequent auf alle Lebensbereiche angewandt wird, geht es nicht mehr um Fürsorge oder Rehabilitation behinderter Menschen, sondern um ihre gleichberechtigte, selbstbestimmte Teilhabe.[3]

Mit der Behindertenrechtskonvention konnte dieser Perspektivenwechsel realisiert werden: Menschen mit Behinderungen werden nicht länger als Patientinnen und Patienten betrachtet, sondern als Bürgerinnen und Bürger. Sie gelten nicht länger als Problemfälle, sondern werden auf allen Ebenen als Trägerinnen und Träger unveräußerlicher Menschenrechte begriffen. So wird

---

2   Vortrag von Horst Frehe (»Teilhabekonzepte: die Theorie der Anerkennung und die Belange behinderter Menschen – eine juristisch-politische Perspektive«) auf der Fachtagung der »Interessenvertretung Selbstbestimmt Leben in Deutschland e.V.« (ISL) in Berlin am 3. April 2009.

3   ebd.

behindertes Leben als normaler Bestandteil menschlichen Lebens und der menschlichen Gesellschaft bejaht.[4] Die Rede ist von dem »wertvollen Beitrag«, den Menschen mit Behinderungen zur Vielfalt ihrer Gemeinschaften leisten können (BRK Präambel). Gleichzeitig werden die Problemlagen behinderter Menschen nicht geleugnet, sondern benannt. Alle bestehenden Menschenrechte sind hinsichtlich der Lebenssituationen behinderter Frauen und Männer konkretisiert und auf diese zugeschnitten worden. So sind mit der Behindertenrechtskonvention zwar keine neuen Menschenrechte für Menschen mit Behinderungen geschaffen worden. Durch die BRK wird jedoch hervorgehoben, dass alle Menschenrechte für behinderte Menschen genauso gültig sind wie für alle anderen Menschen. So ziehen sich die Begriffe der Würde, der Selbstbestimmung und der Chancengleichheit wie ein roter Faden durch die Konvention. Für alle Lebensbereiche wird deutlich, dass diese Konzepte für Menschen mit Behinderung genauso gültig sind wie für alle anderen Menschen. Nie zuvor wurden die Würde, das Recht auf Selbstbestimmung und Chancengleichheit für behinderte Menschen so sichtbar wie mit der Behindertenrechtskonvention.

Zur Bedeutung der BRK für die sexuelle Selbstbestimmung

Die »sexuelle Selbstbestimmung« wird in Gesetzen selten ausdrücklich benannt. Auch in der Behindertenrechtskonvention findet sich nirgends die direkte Nennung dieses Begriffs. Dennoch ist die sexuelle Selbstbestimmung im deutschen, europäischen und internationalen Recht verankert, denn sie lässt sich aus anderen Regelungen ableiten. Dabei sind vor allem der Schutz der Würde, der Schutz der Privatsphäre und der Schutz vor Diskriminierung zu nennen (Arnade 2009, S. 236). Diese werden in rechtlichen Bestimmungen genannt, die weltweit[5], europaweit[6] oder in Deutschland[7] gelten, so auch in der Behindertenrechtskonvention.

> Die gesamte BRK handelt vom Schutz der Würde und vom Schutz vor Diskriminierung in Bezug auf Menschen mit Behinderungen. Gleichzeitig wird dem Schutz der Privatsphäre mit dem eigenen Artikel 22 (Achtung der Privatsphäre) ein besonderes

---

4   Heiner Bielefeldt, der ehemalige Leiter des Deutschen Instituts für Menschenrechte, bezeichnet diese Sicht als »diversity-Ansatz« (Bielefeldt 2009, S. 6/7).
5   Beispielsweise die »Allgemeine Erklärung der Menschenrechte« von 1948.
6   Beispielsweise die »Konvention zum Schutz der Menschenrechte und der Grundfreiheiten« des Europarates von 1950.
7   Beispielsweise das Grundgesetz oder das Neunte Buch Sozialgesetzbuch – Rehabilitation und Teilhabe behinderter Menschen (SGB IX).

Gewicht zuerkannt. Darin heißt es in Absatz 1: »Menschen mit Behinderungen dürfen unabhängig von ihrem Aufenthaltsort oder der Wohnform, in der sie leben, keinen willkürlichen oder rechtswidrigen Eingriffen in ihr Privatleben, ihre Familie, ihre Wohnung oder ihren Schriftverkehr oder andere Arten der Kommunikation oder rechtswidrigen Beeinträchtigungen ihrer Ehre oder ihres Rufes ausgesetzt werden. ...«

Im Zusammenhang mit der sexuellen Selbstbestimmung ist auch Artikel 23 (Achtung der Wohnung und der Familie) der Behindertenrechtskonvention zu nennen, insbesondere die Absätze 1 und 2:

»(1) Die Vertragsstaaten treffen wirksame und geeignete Maßnahmen zur Beseitigung der Diskriminierung von Menschen mit Behinderungen auf der Grundlage der Gleichberechtigung mit anderen in allen Fragen, die Ehe, Familie, Elternschaft und Partnerschaften betreffen, um zu gewährleisten, dass
das Recht aller Menschen mit Behinderungen im heiratsfähigen Alter, auf der Grundlage des freien und vollen Einverständnisses der künftigen Ehegatten eine Ehe zu schließen und eine Familie zu gründen, anerkannt wird;
das Recht von Menschen mit Behinderungen auf freie und verantwortungsbewusste Entscheidung über die Anzahl ihrer Kinder und die Geburtenabstände sowie auf Zugang zu altersgemäßer Information sowie Aufklärung über Fortpflanzung und Familienplanung anerkannt wird und ihnen die notwendigen Mittel zur Ausübung dieser Rechte zur Verfügung gestellt werden;
Menschen mit Behinderungen, einschließlich Kindern, gleichberechtigt mit anderen ihre Fruchtbarkeit behalten.
(2) Die Vertragsstaaten gewährleisten die Rechte und Pflichten von Menschen mit Behinderungen in Fragen der Vormundschaft, Pflegschaft, Personen- und Vermögenssorge, Adoption von Kindern oder ähnlichen Rechtsinstituten, soweit das innerstaatliche Recht solche kennt; in allen Fällen ist das Wohl des Kindes ausschlaggebend. Die Vertragsstaaten unterstützen Menschen mit Behinderungen in angemessener Weise bei der Wahrnehmung ihrer elterlichen Verantwortung.«

Diese Bestimmungen unterstreichen unmissverständlich das Recht aller Menschen mit Behinderungen auf sexuelle Selbstbestimmung.

Zur sexuellen Ausrichtung[8]

Menschen mit unterschiedlichen Behinderungen haben auch hinsichtlich der sexuellen Ausrichtung dieselben Rechte wie alle anderen. Von den Betroffenen selbst wird häufig das Problem der mehrfachen Außenseiterrolle beschrieben, die mit mehrfacher Diskriminierung verbunden sein kann (Teichert 2007,

---

8   In Artikel 19 im »Vertrag über die Arbeitsweise der Europäischen Union« (ehemals Art. 13 EGV) ist von »sexueller Ausrichtung« die Rede. Dieser Begriff wird im Folgenden synonym verwendet zu »sexueller Orientierung«.

S. 116). Lesben und Schwule mit Behinderungen machen die Erfahrung, dass sie in der Behindertenszene aufgrund ihrer sexuellen Ausrichtung eine Randgruppe bilden und innerhalb der Lesben- oder Schwulenszene aufgrund ihrer Behinderung nicht immer akzeptiert werden (Bazinger 2007, S. 114).

In der Behindertenrechtskonvention werden in der Präambel als Gründe für mehrfache oder verschärfte Diskriminierung die Merkmale Rasse[9], Hautfarbe, Geschlecht, Sprache, Religion, politische oder sonstige Anschauung, nationale, ethnische, indigene oder soziale Herkunft, Vermögen, Geburt, Alter und sonstiger Status genannt. Diese Aufzählung fand sich im Konventionsentwurf von 2004 nicht nur in der Präambel, sondern auch in einem Artikel des Konventionstextes, wo sie rechtsverbindlich gewesen wäre, wurde dort aber aufgrund der Intervention einiger Staaten gestrichen (Bundesministerium für Arbeit und Soziales 2004, S. 56). Die Europäische Union hat sich dafür eingesetzt, auch das Merkmal »sexuelle Orientierung« aufzunehmen, und wurde dabei unter anderem von Kanada und Neuseeland unterstützt (Schulze 2009, S. 23). Dieses Anliegen war aber nicht durchzusetzen, da »einige asiatische und insbesondere islamische Staaten damit Probleme hatten« (Bundesministerium für Arbeit und Soziales 2004, S. 60).

Auch wenn die sexuelle Orientierung nicht ausdrücklich in der BRK genannt wird, darf aufgrund der anderen Bestimmungen in der BRK und aufgrund deutscher Rechtsnormen niemand aufgrund seiner sexuellen Orientierung diskriminiert werden.

Zur Sterilisation

Zu einer selbstbestimmten Sexualität kann auch eine Sterilisation gehören. Behinderte Frauen und Männer haben meist keine Probleme, einen entsprechenden Wunsch zu realisieren. Viele Eltern – gerade von Töchtern – fürchten, dass ihre Tochter ein Kind bekommt und damit überfordert ist (Pro Familia 2006, S. 15). Frauen mit Lernschwierigkeiten wurden und werden deshalb häufig von Eltern oder Betreuungspersonen zu einer Sterilisation gedrängt.

Gesetzlich ist eine Sterilisation jedoch bis zur Vollendung des 18. Lebensjahres grundsätzlich verboten. Danach können die Betroffenen nach umfassender Aufklärung über die physischen und psychischen Folgen selbst entscheiden. Bei dauernd einwilligungsunfähigen Menschen darf eine

---

9 Das Deutsche Institut für Menschenrechte plädiert für die Entfernung des Begriffs der »Rasse« aus dem deutschen Grundgesetz (Cremer 2010).

Sterilisation nie gegen deren Willen und nur bei weiterer sehr strengen Voraussetzungen vorgenommen werden. Die Behindertenverbände, die im Deutschen Behindertenrat zusammenarbeiten, fordern dennoch, die entsprechenden gesetzlichen Bestimmungen zu überprüfen (DBR 2010, S. 15). Zu hinterfragen ist, ob die gesetzliche Norm und die praktische Anwendung das sexuelle Selbstbestimmungsrecht der Betroffenen gewährleisten.

Zu den praktischen Konsequenzen

Auch wenn mit der Behindertenrechtskonvention hinsichtlich des Rechts auf sexuelle Selbstbestimmung behinderter Menschen keine neuen gesetzlichen Fakten geschaffen worden sind, lohnt es sich, über die zahlreichen Konsequenzen der BRK und die damit verbundenen Verpflichtungen für die verschiedenen Akteurinnen und Akteure nachzudenken.

Stärkung der Betroffenen
Menschen mit Behinderungen müssen in die Lage versetzt werden, sich ihrer eigenen Würde und ihrer Rechte bewusst zu werden, um selbstbestimmt entscheiden zu können. Dazu gehört eine generelle Stärkung des Selbstbewusstseins beispielsweise durch Empowerment-Trainings genauso wie gezielte Information und Aufklärung. Letzteres gehört (wie oben ausgeführt) zu den staatlichen Verpflichtungen, aber auch Eltern, Verbände, Einrichtungsträger und Beschäftigte in Einrichtungen spielen eine wichtige Rolle, wenn es darum geht, behinderten Menschen selbstbestimmte Sexualität zu ermöglichen.

   Die Wünsche und Bedürfnisse von Menschen mit Behinderungen können genauso vielfältig und unterschiedlich sein wie die Wünsche und Bedürfnisse anderer Menschen. Deshalb kann es eventuell darum gehen, den Betroffenen Zugang zu den eigenen Gefühlen und Wünschen zu ermöglichen und sie ohne Wertung auf dem Weg zu ihrer individuellen Sexualität zu begleiten. Das kann bedeuten, dass Betreuungspersonen darüber informieren, welche Möglichkeiten es gibt, Sexualität zu leben, und mit den Betroffenen herauszufinden versuchen, was im Einzelfall gewünscht ist. Es kann auch bedeuten, dass für diese Suche nach der passenden individuellen Sexualität Professionelle von außen, vorzugsweise Professionelle mit Behinderungen, zugezogen werden. Das können beispielsweise Personen mit einer Beratungs- und/oder sexualpädagogischen Kompetenz sein. Dabei ist auch zu akzeptieren, wenn die behinderten Menschen, um die es geht, sich dem Thema verschließen und sich nicht öffnen wollen. Durch sensible Unterstützungsangebote, bei denen der Respekt vor dem Individuum im Vordergrund steht, können möglicherweise Modelle assistierter Selbstbestimmung verwirklicht werden.

Gefragt sind hier vor allem auch die Betroffenen und ihre Verbände. Durch Peer Counseling (Beratung Betroffener durch Betroffene) und Peer Support (Unterstützung Betroffener durch Betroffene) können behinderte Menschen am wirkungsvollsten gestärkt werden, um sich für die eigenen Rechte und Wünsche einzusetzen.

Maßnahmen der Qualitätssicherung
Um sich diesen Herausforderungen zu stellen, muss vor allem die Leitungsebene in Einrichtungen der Behindertenhilfe den Willen zur Veränderung ausstrahlen und verkörpern. Zur Qualitätssicherung sollten Aktionspläne zur Realisierung einer menschenrechtsbasierten Arbeitsweise in der Begleitung, Betreuung und Pflege von Menschen mit Behinderung entwickelt werden. Darin sollten konkrete Maßnahmen mit Fristen und Verantwortlichkeiten festgelegt werden. Zu solchen Maßnahmen gehören beispielsweise:

• Selbstverpflichtung zur Achtung der sexuellen Selbstbestimmung aller Bewohnerinnen und Bewohner
• Bestandsaufnahme mit Befragung der Betroffenen: Kann sexuelle Selbstbestimmung gelebt werden? Welche Hindernisse gibt es? Was müsste passieren, um mehr sexuelle Selbstbestimmung zu ermöglichen (zum Beispiel abschließbare Einzelzimmer für alle)?
• Auch auf Sexualität bezogene Menschenrechtsbildung der Mitarbeitenden als verpflichtende Fortbildungsmaßnahme
• Empowerment- und Peer Counseling-Angebote für die Betroffenen
• Konzeptentwicklung, -erprobung und -evaluation zur assistierten Selbstbestimmung
• Konzeptentwicklung, -erprobung und -evaluation zum Schutz vor sexualisierter Gewalt
• Öffentlichkeitsarbeit, um nach außen zu dokumentieren, dass das sexuelle Selbstbestimmungsrecht geachtet und geschützt wird.

Bewusstseinsbildung
Die Vertragsstaaten haben sich mit der Ratifikation der BRK unter anderem zu umfangreichen Maßnahmen der Bewusstseinsbildung verpflichtet. Wenn Bund, Länder und Kommunen diese Selbstverpflichtung realisieren und dabei die Würde und das Selbstbestimmungsrecht von Menschen mit Behinderungen herausstellen, kann es für die Betroffenen leichter werden, ihre Sexualität selbstbestimmt zu leben. Zur Bewusstseinsbildung können auch Verbände und andere Akteure der Zivilgesellschaft durch Kampagnen und andere Aktionen beitragen. Auch hier kommt den Betroffenen und Selbstvertretungs-

verbänden wieder eine besondere Bedeutung zu, denn nichts ist überzeugender als das gelebte Beispiel.

Achtung, Schutz, Gewährleistung
Diese drei Begriffe werden im Zusammenhang mit Menschenrechten als »Pflichtentrias« bezeichnet, zu der sich Deutschland mit der Ratifikation der BRK verpflichtet hat. Es wäre wünschenswert, wenn nicht nur der Staat, sondern alle gesellschaftlichen Akteurinnen und Akteure sowie alle Einzelpersonen diese drei Pflichten anerkennen würden. Dabei bedeutet »Achtung«, dass die Menschenrechte behinderter Menschen respektiert werden. »Schutz« bedeutet, Menschen mit Behinderungen vor Menschenrechtsverletzungen durch Dritte zu bewahren. »Gewährleistung« schließlich heißt, Schritte und Maßnahmen zu ergreifen, um die Menschenrechte behinderter Menschen sicherzustellen.

Jeder und jede ist in seinem oder ihrem Wirkungskreis dazu aufgefordert, die Achtung, den Schutz, die Gewährleistung der Menschenrechte von Menschen mit Behinderungen zu verbessern. Dann werden behinderte Menschen hoffentlich bald als gleichberechtigte Bürgerinnen und Bürger wahrgenommen und können selbstbestimmt ihre Sexualität leben. So können Würde und Chancengleichheit für alle nicht nur sichtbarer, sondern auch erfahrbarer werden.

Literatur

Arnade, Sigrid (2003): Zwischen Anerkennung und Abwertung. Behinderte Frauen und Männer im bioethischen Zeitalter. In: Bundeszentrale für politische Bildung: Aus Politik und Zeitgeschichte. B8. Das Parlament

Arnade, Sigrid (2007): Sexualität, Partnerschaft, Mutterschaft und Familienarbeit. In: Bundesministerium für Familie, Senioren, Frauen und Jugend (Hrsg.): Einmischen. Mitmischen. Informationsbroschüre für behinderte Mädchen und Frauen. Berlin: Bundesministerium für Familie, Senioren, Frauen und Jugend

Arnade, Sigrid (2009): Sexuelle Rechte behinderter Menschen. In: Deutsches Institut für Menschenrechte, Claudia Lohrenscheit: Sexuelle Selbstbestimmung als Menschenrecht. Baden-Baden: Nomos Verlagsgesellschaft

Arnade, Sigrid (2010): Von der Fremdbestimmung zur Selbstbestimmung. Die UN-Behindertenrechtskonvention und die sexuelle Selbstbestimmung behinderter Menschen. In: Bundeszentrale für gesundheitliche Aufklärung (Hrsg.): Sexualität und Behinderung. Köln: Bundeszentrale für gesundheitliche Aufklärung

Bazinger, Irene (2007): Liebe geht nicht nur durch den Magen. In: Bundesministerium für Familie, Senioren, Frauen und Jugend (Hrsg.): Einmischen. Mitmischen. Informationsbroschüre für behinderte Mädchen und Frauen. Berlin: Bundesministerium für Familie, Senioren, Frauen und Jugend

Bielefeldt, Heiner (2009): Zum Innovationspotenzial der UN-Behindertenrechtskonvention. Berlin: Deutsches Institut für Menschenrechte

Bundesarbeitsgemeinschaft für Rehabilitation – BAR (2006): ICF-Praxisleitfaden. Frankfurt am Main: BAR

Bundesministerium für Arbeit und Soziales (2004): Fachkonferenz: Menschenrechte und Behinderung. VN Konvention für die Rechte von Menschen mit Behinderungen. Berlin: Bundesministerium für Arbeit und Soziales

Bundesministerium für Arbeit und Sozialordnung (1995): Rahmenbestimmungen für die Herstellung der Chancengleichheit für Behinderte. Bonn: Bundesministerium für Arbeit und Sozialordnung

Cremer, Hendrik (2010): Ein Grundgesetz ohne »Rasse« – Vorschlag für eine Änderung von Artikel 3 Grundgesetz (PDF, 227 KB, nicht barrierefrei) Policy Paper No. 16. Berlin: Deutsches Institut für Menschenrechte

Despouy, Leandro (1993): Human Rights and Disabled Persons. Genf: United Nations publications, Sales No. E.92.XIV.4 (www.un.org/esa/socdev/enable/dispaperdes0.htm – aufgerufen 1.10.2011)

Deutscher Behindertenrat – DBR (2010): Forderungen des Deutschen Behindertenrates an einen Nationalen Aktionsplan zur Umsetzung der UN-Behindertenrechtskonvention. Berlin: DBR (http://www.deutscher-behindertenrat.de/mime/00060491D1274 941874.pdf – aufgerufen 1.10.2011)

Häfner, Sabine (2007): Folgen der Ratifizierung der UN-Konvention zu den Rechten der Menschen mit Behinderungen. In: Bündnis 90/Die Grünen Bundestagsfraktion: Leben ohne Barrieren!? Dokumentation der Anhörung vom 23.4.07. Berlin: Bündnis 90/Die Grünen Bundestagsfraktion

Heiden, Hans-Günter (1996): Die Fakten liegen auf dem Tisch – Benachteiligung und Diskriminierung behinderter Menschen in der Bundesrepublik Deutschland. In: Heiden, Hans-Günter: Niemand darf wegen seiner Behinderung benachteiligt werden. Grundrecht und Alltag – eine Bestandsaufnahme. Reinbek bei Hamburg: Rowohlt Taschenbuch Verlag

Köbsell, Swantje (2010): Gendering Disability: Behinderung, Geschlecht und Körper. In: Jacob, Jutta, Swantje Köbsell und Eske Wollrad (Hg.): Gendering Disability. Intersektionale Aspekte von Behinderung und Gesellschaft. Bielefeld: Transcript Verlag

Lachwitz, Klaus (2007): UNO-Generalversammlung verabschiedet Konvention zum Schutz der Rechte behinderter Menschen – Teil I. Auszug aus RdLh 1/2007. Marburg: Lebenshilfe (www.lebenshilfe.de/wDeutsch/aus_fachlicher_sicht/downloads/unogeneralversammlung1.pdf – aufgerufen 1.10.2011)

Mösler, Thomas (2002): Sexualität. Anmerkungen aus wissenschaftlicher und therapeutischer Sicht. In: Manuela Bannasch (Hrsg.): Behinderte Sexualität – verhinderte Lust? Zum Grundrecht auf Sexualität von Menschen mit Behinderung. Neu-Ulm: AG SPAK

Pro Familia (2006): Körper und Sexualität. Sexualität und geistige Behinderung. 3. Auflage, Frankfurt an Main: Pro Familia

Pro Familia (2006): Sexualität und geistige Behinderung. Frankfurt am Main: Pro Familia

Quinn, Gerard, Degener, Theresia (2002): Executive summary. In: OHCHR, United Nations: Human Rights and Disability. The current use and future potential of United

Nations human rights instruments in the context of disability. New York and Geneva: United Nations Publications

Schulze Marianne (2009): Understanding The UN Convention On The Rights Of Persons With Disabilities. Handicap International

Teichert, Gesa (2007): anders anders. Das Leben als Krüppel-Lesbe. In: Bundesministerium für Familie, Senioren, Frauen und Jugend (Hrsg.): Einmischen. Mitmischen. Informationsbroschüre für behinderte Mädchen und Frauen. Berlin: Bundesministerium für Familie, Senioren, Frauen und Jugend

Zinsmeister, Julia (2003): (Sexuelle) Selbstbestimmung, Familienplanung und Elternschaft – die Rechte von Frauen mit der Diagnose einer geistigen Behinderung. Expertise für ein Fachgespräch im Landtag NRW. Kassel

Zinsmeister, Julia (2005): Rechtliche Maßgaben und Grenzen der Sexualassistenz und Sexualbegleitung. In: Pro Familia: Expertise – Sexuelle Assistenz für Frauen und Männer mit Behinderungen. Frankfurt am Main: Pro Familia

Rechtsfragen der Sexualität, Partnerschaft und Familienplanung

Julia Zinsmeister

Das Recht auf (sexuelle) Selbstbestimmung

Das Recht auf Selbstbestimmung garantiert jedem Menschen die Möglichkeit, sein Leben frei von Zwang nach eigenem Willen und Vorstellungen zu gestalten und zwar ungeachtet dessen, ob der Einzelne von der ihm zustehenden Freiheit Gebrauch machen will oder kann.[1] Dieser Möglichkeit werden nur durch die Rechte Dritter normative Grenzen gesetzt.

Das Recht auf sexuelle Selbstbestimmung sichert dem Menschen zunächst die Freiheit der Entwicklung einer eigenen geschlechtlichen Identität und sexuellen Orientierung.[2] Um die Bedeutung dieses Rechts wissen vor allem jene, deren geschlechtliche Identität oder geschlechtliches Selbstverständnis

---

1 BVerfGE 39, 1 (41).
2 BVerfGE 121, 175–205.

sich jenseits der Pole von »männlich« und »weiblich« bewegt (Intersexualität, Transsexualität, Transgender) oder die sich anderweitig der heterosexuellen Normierung entziehen und darum rechtliche und soziale Diskriminierung erfahren.[3] Auf der Handlungsebene sichert das Recht auf sexuelle Selbstbestimmung einer Person die Freiheit, ihre Sexualität nach eigenen Wünschen und Vorstellungen alleine oder im Einvernehmen mit SexualpartnerInnen zu gestalten und nicht sexuell ausgebeutet oder belästigt zu werden. Das Recht der Einzelnen auf sexuelle Selbstbestimmung endet da, wo diese auf Kosten der geschützten Selbstbestimmung anderer gelebt werden soll. Sexueller Missbrauch, sexuelle Nötigung, Vergewaltigung, der Besitz von Kinderpornographie und ähnliche Handlungen werden darum in Deutschland als »Straftaten gegen die sexuelle Selbstbestimmung« bezeichnet und staatlich verfolgt. Kinder sollen ihre Sexualität alters- und entwicklungsgerecht und frei vom Einfluss erwachsener Menschen entwickeln können.

Mit der Sexualität eng verbunden – und damit zumindest im weiteren Sinne vom Recht auf sexuelle Selbstbestimmung umfasst – ist schließlich die Reproduktionsfreiheit, insbesondere die Freiheit von Frauen, sich für oder gegen eine Schwangerschaft zu entscheiden.[4] In Deutschland leitet sich das Recht auf Selbstbestimmung aus der Unantastbarkeit der menschlichen Würde, Art. 1 Abs. 1 Grundgesetz (GG) und dem Schutz der persönlichen Entwicklung und Freiheit in Art. 2 GG ab. Unter diese Artikel fällt auch der Schutz der Privat- und Intimsphäre, d.h. jener autonome Bereich privater Lebensgestaltung, in dem Menschen ihre Individualität entwickeln und wahren können.[5]

Damit sind alle wesentlichen Aspekte des Menschenrechts auf sexuelle und reproduktive Gesundheit angesprochen, das 1994 auf der Kairoer Konferenz für Bevölkerung und Entwicklung internationale Anerkennung gefunden hat. Die Vereinten Nationen sicherten dort allen Menschen die Möglichkeit eines befriedigenden und ungefährlichen Sexuallebens und ihre Möglichkeit zur Fortpflanzung zu und garantierten ihnen die freie Entscheidung, ob, wann und wie oft sie von dieser Möglichkeit Gebrauch machen wol-

---

3   Lohrenscheit, Claudia (Hrsg.): Sexuelle Selbstbestimmung als Menschenrecht, Baden-Baden: Nomos 2009

4   Baer, Susanne: »Sexuelle Selbstbestimmung«? Zur internationalen Rechtslage und denkbaren Konzeptionen von Recht gegen geschlechtsbezogene Diskriminierung. In: Lohrenscheit, Claudia (Hrsg.), a.a.O., S. 89–118 (93).

5   BVerfGE 79, 256 (268).

len.[6] Das Kairoer Aktionsprogramm trägt der besonderen Bedrohung der sexuellen und reproduktiven Gesundheit von Mädchen und Frauen Rechnung und will zugleich gezielt gegen die Diskriminierung von Menschen mit Behinderungen vorgehen, deren reproduktive Rechte und die Freiheit, einen eigenen Haushalt und eine Familie zu gründen, häufig missachtet und gezielt eingeschränkt werden.[7]

Diese und andere spezifische Unrechtserfahrungen behinderter Frauen und Männer veranlassten die Vereinten Nationen (UN) darüber hinaus zur Entwicklung und Annahme der UN-Behindertenrechtskonvention nebst Fakultativprotokoll. Die Konvention konkretisiert die universalen Menschenrechte und die sich hieraus ergebenden Pflichten der Mitgliedstaaten in Bezug auf die für behinderte Menschen besonders relevanten oder auch spezifischen Dimensionen, z. B. ihr Recht, ihre Wohn- und Lebensform frei wählen zu können und sich nicht wegen der Behinderung auf ein Heim oder ein Leben ohne Kinder verweisen lassen zu müssen.[8] Mit der Ratifizierung und Verbindlicherklärung der UN-Konvention haben sich Deutschland und viele andere Staaten zu weitreichenden Maßnahmen verpflichtet, die zum einen den Schutz behinderter Menschen vor Eingriffen in ihre Freiheit und andere Rechte umfassen (respect), sie vor Rechtseingriffen Dritter schützen (protect), aber auch faktisch in die Lage versetzen, ihre Menschenrechte zu verwirklichen (fulfill).[9] Das damit garantierte Schutzniveau liegt weiter über jenem, das bisher in Deutschland erreicht werden konnte, und stärkt und erweitert die Rechtsansprüche behinderter Menschen auf Teilhabe und soziale Unterstützung.

---

6   United Nation Programme of Action of the International Conference on Population and Development, Cairo 1994. Volltext (englische Fassung) online unter: http://www. unfpa.org/public/home/sitemap/icpd/International-Conference-on-Population-and-Development/ICPD-Programme (Recherche v. 22.12.2011).

7   wie vor. Zum Aktionsprogramm eingehend: Busch, Ulrike in: dies. (Hrsg.): Sexuelle und reproduktive Gesundheit und Rechte, Baden-Baden: Nomos 2010 S. 9–20.

8   Zur UN-Konvention eingehend: Degener, Theresia: Menschenrechtsschutz für behinderte Menschen, vom Enstehen einer neuen Menschenrechtskonvention der Vereinten Nationen. In: Vereinte Nationen 2006/3, S. 104–110; Bielefeld, Heiner: Das Innovationspotential der UN-Behindertenrechtskonvention. Berlin: Deutsches Institut für Menschenrechte 2007; Aichele, Valentin: Die UN-Behindertenrechtskonvention und ihr Fakultativprotokoll. Ein Beitrag zur Ratifikationsdebatte, Berlin: Deutsches Institut für Menschenrechte 2008.

9   Instruktiv Graumann, Sigrid: Assistierte Freiheit, Frankfurt/Main: Campus 2011.

Funktionen des Rechts auf sexuelle Selbstbestimmung

Das Recht auf sexuelle Selbstbestimmung hat drei Funktionen:

Als Abwehrrecht schützt es vor Fremdbestimmung der eigenen Sexualität. Hieraus resultiert die Pflicht aller staatlichen Gewalt, Eingriffe in die Privat- und Intimsphäre, in die körperliche und seelische Integrität und in die Freiheit der Bürger zu unterlassen oder auf das erforderliche Mindestmaß zu beschränken (respect). Menschenrechte sind nicht nur Abwehrrechte, sondern können auch die Funktion von Schutz-, Teilhabe- und Leistungsrechten entfalten. Dann begründen sie die Pflicht eines Staates, bestimmte Voraussetzungen zu schaffen, um Menschen faktisch in die Lage zu versetzen, von ihren Menschenrechten Gebrauch zu machen.

So hat der Staat den Einzelnen auch in ihrem Privat- und Familienleben ein wirksames Mindestmaß an Schutz vor Gewalt, Freiheitsberaubung und sexueller Ausbeutung zu gewähren (protect).[10]

Viele Menschen sind zu ihrer Freiheitsausübung auf den Abbau vorhandener Barrieren oder auf die finanzielle Sicherung ihrer persönlichen Assistenz – kurz: auf gesellschaftliche Solidarität und staatliche Maßnahmen zur Gewährleistung ihrer Rechte angewiesen (fulfill). Ob und in welchem Umfang Menschen, die nur mit Assistenz in den Genuss ihrer sexuellen und reproduktiven Rechte kommen können, Anspruch auf entsprechende staatliche Leistungen haben, wurde in Deutschland bislang vor allem mit Blick auf die Sexual- und Elternassistenz diskutiert.[11] In der Praxis scheitert die selbstbestimmte Sexualität vieler Menschen mit Assistenzbedarf jedoch nicht erst an

---

10 Vgl. nur Art. 16 UN-Behindertenrechtskonvention, Art. 4 (c) der Erklärung der UN zum Schutz von Frauen vor Gewalt (A/RES/48/104) vom 20.Dezember 1993; Ertürk, Yakin: Integration of the human rights of women and the gender perspective: violence against women. The due diligence standard as a tool for the Elimination of violence against women. E/CN.4/2006/61 vom 20.Januar 2006.

11 Hierzu eingehend Zinsmeister, Julia: »Rechtliche Maßgaben und Grenzen der Sexualassistenz und Sexualbegleitung«. In: pro familia (Hrsg.): Expertise: Sexuelle Assistenz für Frauen und Männer mit Behinderungen, Frankfurt am Main Eigenverlag 2005, Online unter: http://www.profamilia.de/shop/download/219.pdf; Zinsmeister, Julia: »Staatliche Unterstützung behinderter Mütter und Väter bei der Erfüllung ihres Erziehungsauftrages«. Rechtsgutachten im Auftrag des Netzwerks behinderter Frauen Berlin e.V., 2006 Onlinepublikation: http://www.kompre.org/elternassistenz/doku/rechtsgutachten.pdf

der fehlenden Sexual- oder Elternassistenz.[12] Sexuelle Selbstbestimmung setzt Autonomie im Alltag voraus und bereits diese wird vielen Menschen mit Unterstützungsbedarf nicht ermöglicht, sei es aus Mangel an Ressourcen oder aus wohlmeinender Fürsorge (Paternalismus) heraus.

Fremdbestimmung hat vielfältige Ausdrucksformen: Man kann den Willen eines Menschen durch Gewalt oder Drohung beugen (unmittelbarer Zwang) oder ihn subtil in die gewünschte Richtung lenken, in dem man Informationen über Entscheidungsoptionen vorenthält, verkürzt oder einseitig bewertet, den Menschen in einem Irrtum bestärkt, seine Abhängigkeit ausnutzt und ihm mit dem Entzug von Fürsorge oder Liebe droht (Manipulation). Man kann Menschen in ihrer Freiheit beschneiden, indem man für sie Entscheidungen trifft oder ihnen in anderer Form die Möglichkeit nimmt, die Situation nach eigenen Wünschen und Vorstellungen zu gestalten (Entmündigung).

Beispiele der (versuchten) Fremdbestimmung von Menschen mit Behinderungen im relevanten Themenkreis sind:

Festhalten eines pflegebedürftigen Mannes, der sich der Körperpflege zu entziehen versucht (unmittelbarer Zwang); Aussage gegenüber der Bewohnerin einer ambulant betreuten WG, wenn sie schwanger werde, müsse sie ausziehen, ohne ihr alternative betreute Wohnformen mit Kind aufzuzeigen (Drohung, Manipulation); bewusste Vorenthaltung von Informationen über Sexualität, um keine »schlafenden Hunde zu wecken« (Manipulation); einseitige oder gezielt fehlerhafte Beratung zu Fragen der Schwangerschaft und Verhütung (Manipulation); Heim- und Gruppenregeln, die das Recht erwachsener BewohnerInnen, über Nacht Besuch zu empfangen, von der Erlaubnis der diensthabenden MitarbeiterInnen abhängig machen (Entmündigung).

Die beschriebenen Handlungen stehen im Widerspruch zum gesetzlichen Auftrag der Behindertenhilfe, der sich im Wesentlichen aus § 1 SGB IX ergibt. Dort heißt es: »Behinderte und von Behinderung bedrohte Menschen erhalten Leistungen (...), um ihre Selbstbestimmung und gleichberechtigte Teilhabe am Leben in der Gesellschaft zu fördern, Benachteiligungen zu vermeiden und ihnen entgegen zu wirken.«

---

12 Zinsmeister, Julia: »Sexuelle Selbstbestimmung im Betreuten Wohnen?« Forum für Sexualaufklärung und Familienplanung der Bundeszentrale für gesundheitliche Aufklärung 1/2010, S. 13–18.

Diese Vorgabe definiert nicht nur das Ziel, sondern zugleich den Handlungsrahmen im professionellen Umgang mit der Sexualität behinderter Menschen:

Rechtlich zulässig sind grundsätzlich nur solche Unterstützungsmaßnahmen, die den AdressatInnen Entscheidungsfreiheit belassen oder erst ermöglichen, d.h. ihre Selbstbestimmung respektieren und bei Bedarf auch fördern. Hierzu zählen z. B. Informationsangebote über Sexualität, Partnerschaft und Familienplanung, Flirtkurse und Selbstbehauptungstrainings, die ergebnisoffene Beratung oder die Begleitung zu spezialisierten Beratungsstellen oder ÄrztInnen sowie tatsächliche Hilfestellungen im Alltag, die sich an Wünschen und Vorstellungen der AdressatInnen orientieren.

Hingegen steht es grundsätzlich nicht in der Macht von Fachkräften der Sozialen Arbeit und anderen Betreuungspersonen, KlientInnen aus wohlmeinender Fürsorge heraus in deren Freiheit zu beschränken, sei es durch Verbote oder Gebote, die Weitergabe persönlicher Informationen ohne Einwilligung der Betroffenen, durch stellvertretende Entscheidungen an Stelle der Betroffen, freiheitsbeschränkende Maßnahmen oder aufgezwungene Hilfe. Maßnahmen wie diese haben Eingriffscharakter und können nur mit Einwilligung der Betroffenen oder mit rechtlicher Ermächtigung und zur Abwehr eines konkret drohenden Schadens zulässig und geboten sein.

Dies mag überraschen, ist doch Paternalismus – die bevormundende Fürsorge für Menschen aus einer Position (mutmaßlich) besseren Wissens heraus – in der Behindertenhilfe noch weit verbreitet.

Doch dieser Paternalismus ist Ausdruck tradierter Machtverhältnisse und in den meisten Fällen weder rechtlich zulässig noch ethisch vertretbar. Dies wird nachfolgend eingehender zu erläutern sein.

Setzt das Recht auf Selbstbestimmung die Fähigkeit auf Selbstbestimmung voraus? Wann handeln Menschen selbstbestimmt?

Das Recht auf Selbstbestimmung steht auch denjenigen zu, die nicht oder nur teilweise in der Lage ist, selbstbestimmt zu entscheiden. Wer (noch) nicht selbstbestimmt entscheiden kann, dem verleiht das Selbstbestimmungsrecht den Anspruch, in seinen Möglichkeiten und Fähigkeiten zur Selbstbestimmung gefördert zu werden.

Unter Selbstbestimmung wird die *Möglichkeit* und *Fähigkeit* eines Menschen verstanden, aus freiem Willen heraus, d.h. ohne Zwang Entscheidungen zu treffen und sein Leben zu gestalten.[13]

Die besondere Diskriminierung von Menschen mit Lernschwierigkeiten[14] und psychischen Erkrankungen kennzeichnet, dass ihnen (wohlmeinend) die *Möglichkeit* zur Selbstbestimmung vorenthalten und sie so darin behindert werden, ihre *Fähigkeit* zur Selbstbestimmung (weiter-) zu entwickeln.

Selbstbestimmung ist *möglich*, wenn eine Person

- über Entscheidungsoptionen verfügt
- über diese Optionen sachgerecht informiert ist
- die Gelegenheit zur Entscheidung erhält.

Zur Selbstbestimmung *fähig* ist eine Person, wenn

- sie über Einsicht in die Sachlage, ihre Entscheidungsoptionen und die Bedeutung und Tragweite ihrer Entscheidung verfügt (Einsichtsfähigkeit);
- sie unterschiedliche Entscheidungsoptionen in ihren Vor- und Nachteilen (entsprechend ihren individuellen Auffassungen und Einstellungen) zu bewerten vermag und
- auf der Grundlage ihres Verständnisses der Situation und deren Bewertung einen Willen zu bilden und diesen nach außen hin wahrnehmbar zu artikulieren vermag.

Die Fähigkeit zur Selbstbestimmung muss ein Mensch im Laufe seines Lebens erst entwickeln. Solange Kinder nicht erkennen können, was ihrem Wohl entspricht, so lange sie die Bedeutung und Tragweite ihres Handelns nicht

---

13 Erfasst wird damit die situative Selbstbestimmung, d.h. die Willensbildung in konkreten Entscheidungssituationen. Andreas Lob-Hüdepohl ergänzt diese um weitere Konzepte wie z. B. die biographische Selbstbestimmung (ders./Lesch, Walter: Ethik der sozialen Arbeit, Paderborn, München, Wien, Zürich: Schöningh UTB 2007, S. 128).
Ich danke Carmen Kaminsky für instruktive Gespräche, die in die nachfolgenden Abschnitte eingeflossen sind.

14 Ich verwende aus Respekt vor der Selbstdefinition den Begriff »Menschen mit Lernschwierigkeiten« zur Bezeichnung der Bevölkerungsgruppe, die mit der Diagnose einer geistigen Behinderung lebt. Die Interessenvertretung »Mensch zuerst e.V.« lehnt die Bezeichnung »geistig behindert« als diskriminierend ab.

erfassen oder ihr Handeln nicht daran ausrichten können, sind sie zu ihrem (Über-)Leben und ihrer persönlichen Entwicklung auf die Fürsorge anderer angewiesen. In Deutschland werden Menschen darum rechtlich bis zu ihrem achtzehnten Lebensjahr dem Sorgerecht und der Sorgepflicht ihrer Eltern (oder ggf. eines Vormundes oder Pflegers) unterstellt.

Manche Menschen erwerben zeitlebens nicht oder nur begrenzt die Fähigkeit, einen freien Willen zu bilden oder zu artikulieren. Anderen geht diese Fähigkeit im Alter, z. B. im Zuge einer demenziellen Erkrankung, wieder ganz oder teilweise verloren.

Vom Recht auf Information und der Freiheit, unklug zu handeln

Unsere Rechtsordnung erklärt grundsätzlich alle Menschen – ungeachtet ihrer persönlichen Entwicklung und intellektuellen Fähigkeiten – mit dem achtzehnten Geburtstag zu mündigen Bürgerinnen und Bürgern.

Um mündig zu werden und selbstbestimmt entscheiden zu können, benötigen Menschen Zugang zu Bildung und Information. Menschen, deren Muttersprache nicht deutsch ist, die in Braille lesen und schreiben, gebärdend kommunizieren oder auf langsame und einfache Sprache angewiesen sind, wird dieser Zugang bislang nicht oder nur eingeschränkt gewährt. Ihre Bildungs- und Informationsbedarfe wurden lange ignoriert und vor allem Menschen mit Lernschwierigkeiten stattdessen die Fähigkeit zur Selbstbestimmung abgesprochen. Warum Menschen erst durch Zugang zu Informationen in die Lage versetzt werden, selbstbestimmt zu handeln, sollen die Fallbeispiele verdeutlichen:

Fallbeispiel 1:
Tina (35) lebt mit der Diagnose einer chronifizierten manischen Depression. Ihr wird nach einer ungewollten Schwangerschaft und Fehlgeburt von Angehörigen, dem rechtlichen Betreuer und der Ärztin nahe gelegt, sich sterilisieren zu lassen, weil dies angesichts ihrer Erkrankung doch das Beste sei und man ihr das Kind sowieso wegnehmen würde. Die Ärztin informiert sie weder über alternative Verhütungsmethoden, noch den Anspruch seelisch behinderter Eltern auf staatliche Unterstützung zur Versorgung und Erziehung ihrer Kinder. Tina entscheidet sich zur Sterilisation.

Fallbeispiel 2:
Holger (30) arbeitet in einer Werkstatt für behinderte Menschen und erhält zu Hause zweimal in der Woche Unterstützung von Sascha, einem Mitarbeiter des ambulanten Dienstes. Holger bessert sein geringes Einkommen auf, indem er sich gelegentlich am Bahnhof prostituiert. Nachdem Holger am Tripper erkrankte, befolgte er anschließend mehrere Wochen Saschas Rat und praktizierte nur noch geschützten Sex. Dann aber behauptete Holgers Stammfreier Erwin, gegen alle Geschlechtskrankheiten geimpft zu sein, sie bräuchten also kein Kondom zu benutzen. Holger ist verunsichert. Er beschließt, künftig alle Freier zu fragen, ob sie eine Geschlechtskrankheit haben. Sollten sie dies bejahen, will er auf geschützten Sex zu bestehen.

Fallbeispiel 3:
Olga, eine junge Frau mit Lernschwierigkeiten, wird von einer flüchtigen Urlaubsbekanntschaft ungewollt schwanger. Die Mitarbeiterinnen ihrer Wohngruppe organisieren eine Hilfekonferenz und erörtern mit Olga und ihrer rechtlichen Betreuerin ausführlich ihre Entscheidungsoptionen. Es wird deutlich, dass Olga zur Versorgung des Kleinkindes auf weitreichende Unterstützung angewiesen wäre, die in ihrer aktuellen Wohngruppe nicht geleistet werden kann. Olga müsste voraussichtlich in eine andere Stadt ziehen, in der soziale Dienstleistungen in Form der »begleiteten Elternschaft« angeboten werden. Die Mitarbeiterinnen klären Olga und ihre rechtliche Betreuerin auch über den Unterstützungs- und Schutzauftrag des Jugendamtes auf und darüber, dass das Familiengericht im Falle einer nicht anders abwendbaren Kindeswohlgefährdung zum Schutz der Kinder in das Sorgerecht der Eltern eingreifen kann und muss. Am Ende des Gesprächs wird allen erschreckend deutlich, dass es für Olga unter den gegebenen Umständen sehr schwer werden dürfte, das Kind selbst groß zu ziehen.
Olga schweigt eine Weile und sagt dann trotzig: »Das ist mir egal, ich will das Baby trotzdem haben!« Diese Position behält sie in Folge bei.

Ob im *Fallbeispiel 1* Tina in der Situation fähig gewesen wäre, in ihre Sterilisation einzuwilligen, kann nicht mehr geklärt werden, schließlich erhielt sie gar nicht die Möglichkeit, eine selbstbestimmte Entscheidung zu treffen. Sie wurde nicht über alle Entscheidungsoptionen informiert, sondern vielmehr von ihren Angehörigen und der Ärztin manipuliert. Ihre Einwilligung in eine Sterilisation ist aus diesem Grunde rechtlich unwirksam. Würde die Ärztin Tina auf der Grundlage ihrer unwirksamen Einwilligung sterilisieren, könnte sie sich wegen schwerer Körperverletzung strafbar (§ 226 StGB) machen. Den Angehörigen und dem rechtlichen Betreuer könnte eine strafbare Beihilfe zur Tat vorzuwerfen sein.

Im *Fallbeispiel 2* hat Holger widersprüchliche und unzureichende Informationen zur Verhütung sexuell übertragbarer Krankheiten erhalten. Er kann gegenwärtig nicht beurteilen, welcher Information er Glauben schenken kann. Er ist sich bislang offenbar (noch) nicht bewusst, dass Krankheitserreger auch unerkannt übertragen werden können oder seine Freier aus anderem Grund die Frage nach ihrer Erkrankung falsch beantworten könnten. Um festzustellen, ob Holger zur selbstbestimmten Verhütung fähig ist, muss er zunächst nach Möglichkeit mit Hilfe weiterer Informationen in die Lage gesetzt werden, die Situation erneut zu beurteilen. Erst wenn er ausreichend informiert ist, kann festgestellt werden, ob er auch intellektuell in der Lage ist, diese Informationen zu bewerten und auf der Grundlage dieser Bewertung über seinen künftigen Umgang mit Verhütung zu entscheiden. Saschas Kompetenz liegt darin, Holger durch Information zu mehr Selbstschutzkompetenz zu verhelfen. Er kann ihm hingegen nicht den Kontakt mit Freiern oder anderen Sexualpartnern verbieten.

In *Beispiel 3* entscheidet sich Olga selbstbestimmt für die Austragung ihrer Schwangerschaft. Sie hat verstanden, dass sie voraussichtlich mit einer Vielzahl von Problemen konfrontiert werden wird. An ihre Vorstellungen davon, wie sich die Situation konkreter weiter entwickelt wird, dürfen keine überhöhten Anforderungen gestellt werden, denn hier lassen sich allenfalls Prognosen anstellen. Dass Olgas Entscheidung für ein Kind in Anbetracht ihrer Situation unvernünftig erscheinen mag, ändert nichts an der Beachtlichkeit ihres Willens. Der Willensentschluss eines Menschen ist nicht nur dann beachtlich, wenn er für andere nachvollziehbar ist. Entscheidend ist alleine, ob er fehlerfrei zustande gekommen ist.

Zusammenfassend lässt sich feststellen:

Ob eine Person selbstbestimmt handelt, lässt sich nur anhand des Prozesses ihrer Willensbildung, nicht anhand des Ergebnisses beurteilen. Trifft eine Person eine Entscheidung frei von Zwang und im Bewusstsein ihrer Bedeutung und Tragweite, so handelt sie selbstbestimmt.

Das Recht auf Selbstbestimmung umfasst auch das Recht, unklug zu handeln und sich dabei gegebenenfalls selbst zu schädigen.

Wo immer ein erwachsener Mensch zur freien Willensbildung in der Lage ist und eine selbstbestimmte Entscheidung trifft, ist für stellvertretende Entscheidungen Dritter von vornherein kein Raum. Dies gilt auch für Menschen, die unter rechtlicher Betreuung stehen.[15]

Haben rechtliche BetreuerInnen Einfluss auf das Privat- und Sexualleben der Betreuten?

Menschen, die (noch) nicht oder nur teilweise selbstbestimmte Entscheidungen treffen können, sind darauf angewiesen, dass in bestimmten Situationen andere in ihrem Interesse, d.h. zu ihrem Wohl handeln. Für entscheidungsunfähige Minderjährige treffen ihre Sorgeberechtigten stellvertretende Entscheidungen, für Volljährige muss eine Person eigens zur StellvertreterIn bestellt werden. Hierzu können Volljährige für den Fall ihrer späteren Entscheidungsfähigkeit einer Person ihres Vertrauens Vorsorgevollmacht erteilen. Für Volljährige, die keine Vorsorgevollmacht erteilt haben und hierzu nicht (mehr) in der Lage sind, bestellt das Betreuungsgericht auf Antrag oder von Amts wegen einen Betreuer oder eine Betreuerin, wenn die/der Volljährige auf Grund einer psychischen Erkrankung oder Behinderung ihre oder seine Angelegenheiten nicht ganz oder teilweise nicht besorgen kann und die Betreuerstellung nicht dem freien Willen der/des Volljährigen widerspricht, § 1896 BGB.

Bis vor zwanzig Jahren konnten in Deutschland Erwachsene mit der Diagnose einer psychischen Erkrankung oder geistigen Behinderung entmündigt werden. 1992 wurden die Entmündigung, Vormundschaft und Gebrechlichkeitspflegschaft für Erwachsene abgeschafft und durch die »Rechtliche Betreuung« ersetzt. In den Gesetzesmaterialien wird dieser Schritt u. a. begründet wie folgt:

> »Die Entmündigung führt auch zu einer unnötigen Diskriminierung und Stigmatisierung der Betroffenen. Die Auswirkungen der Entmündigung auf die Ehefähigkeit und Testierfähigkeit setzen eine Reihe unnötiger Rechtseingriffe in besonders sensiblen Bereichen fort. (...) Unangemessen ist auch, dass Vorschläge und Wünsche des Betroffenen (...) kaum eine Rolle spielen.«[16]

Ziel der Reform war es darum, Rechtseingriffe nur noch dort zuzulassen, wo sie unausweichlich und zum Wohl der Betroffenen zwingend erforderlich sind.

---

15 Auf Bevollmächtigte als rechtliche StellvertreterInnen wird nachfolgend nicht eingehender eingegangen, da sie in der Praxis der Behindertenhilfe bislang kaum eine Rolle spielen.

16 BT-Drs. 11/4528

Dennoch werden heute, zwanzig Jahre später, viele Erwachsene mit Lernschwierigkeiten noch immer wie Unmündige behandelt.

Menschen, für die gerichtlich eine Betreuung bestellt wird, haben weiterhin das Recht, ihre Angelegenheiten selbst zu regeln und können hierzu in aller Regel auch rechtswirksame Erklärungen abgeben oder Verträge abschließen.[17]

Um sicher zu stellen, dass die Betreuten ihr Leben weiterhin möglichst selbstbestimmt und damit auch unabhängig von den BetreuerInnen gestalten können, hat der Gesetzgeber die gesamte rechtliche Betreuung dem Erforderlichkeitsgrundsatz unterworfen. Der Erforderlichkeitsgrundsatz besagt:

- Das Gericht darf eine rechtliche Betreuung nur anordnen, wenn diese zur Besorgung der Angelegenheiten des Betreuten erforderlich ist.
- Das Gericht hat die rechtliche Betreuung nach Möglichkeit auf bestimmte Aufgaben und Aufgabenkreise zu begrenzen (z. B. bestimmte Entscheidungen im Bereich der Gesundheits- oder Vermögenssorge, Vertretung gegenüber Ämtern und Behörden, Aufenthaltsbestimmung usw.).
- Das Gesetz spricht von der *rechtlichen* Betreuung: Die BetreuerInnen sind nur für solche Angelegenheiten der Betreuten zuständig, die *rechtlich* zu besorgen sind, §§ 1897 Abs. 1, 1901 Abs. 1 BGB.
- Innerhalb der ihnen zugewiesenen Aufgaben(kreise) haben rechtliche BetreuerInnen ihre Tätigkeit auf *erforderliche* Maß an rechtlicher Unterstützung zu beschränken. Dies bezieht sich sowohl auf den Umfang als auch auf die Art ihrer Tätigkeit: Sie sollen die Betreuten vorrangig mittels Aufklärung, Beratung oder anderweitiger Unterstützung in die Lage versetzen, ihre Angelegenheiten selbstbestimmt zu regeln. Nur soweit dies nicht möglich ist, dürfen rechtliche Betreuer anstelle der Betreuten entscheiden. Auch dann haben sie sich aber an deren Wünschen und Vorstellungen zu orientieren. Wichtige Entscheidungen haben die Betreuer grundsätzlich zuvor mit den Betreuten zu erörtern, § 1901 Abs. 3 S. 3 BGB.

---

17 Die Frage der Geschäftsunfähigkeit nach § 104 Nr. 2 BGB und des Einwilligungsvorbehalts nach § 1903 BGB kann an dieser Stelle nicht vertieft werden.

Fallbeispiel 4:
Mareike und Metin sind ein Paar mit Lernschwierigkeiten. Sie haben sich bei einer Beratungsstelle von pro familia zu Verhütungsmethoden beraten lassen und am Ende entschieden, dass sich Mareike eine Hormonspirale einsetzen lässt. Für Mareike ist ihre Mutter zu ihrer rechtlichen Betreuerin mit dem Aufgabenkreis »Gesundheitssorge« eingesetzt.
   Wer entscheidet über die Verhütung? Mareike oder ihre rechtliche Betreuerin?

Auftrag der rechtlichen Betreuerin mit dem Aufgabenkreis »Gesundheitssorge« ist es, dafür Sorge tragen, dass Mareikes Interessen in Angelegenheiten, die ihre Gesundheit betreffen und rechtlich zu besorgen sind, gewahrt werden. Eine Operation ist ein Eingriff in die körperliche Unversehrtheit. Die Einwilligung in eine Operation (Einsatz der Hormonspirale) ist eine rechtsgeschäftliche Erklärung, es handelt sich also um eine rechtlich zu besorgende Angelegenheit der Gesundheitssorge. Hierfür ist Mareikes Mutter zur rechtlichen Betreuerin bestellt und somit grundsätzlich zuständig.[18]

Als rechtliche Betreuerin hat sie jedoch nur tätig zu werden, soweit dies zur Interessenwahrung ihrer Tochter auch *erforderlich* ist (§ 1901 Abs. 1 BGB).

Mareike kann und soll nach Möglichkeit ihre Angelegenheit selbst regeln. Mareike hat sich bereits beraten lassen. Sollte sie den Zusammenhang zwischen Sexualität, Verhütung und Fortpflanzung und die Bedeutung und Tragweite der Operation verstanden haben und sich nach Bewertung der verschiedenen Verhütungsmethoden aus freien Stücken für die Hormonspirale entschieden haben, so wäre sie vorliegend als rechtlich einwilligungsfähig einzustufen. Ist ein Mensch in der Lage, eine selbstbestimmte Entscheidung zu treffen (hier: aus freien Willen heraus in eine Operation einzuwilligen), so ist für stellvertretende Entscheidungen Dritter kein Raum. Die Tätigkeit der rechtlichen Betreuerin wäre dann auf rein beratende und begleitende Funktionen beschränkt.

Ob ein Mensch einwilligungsfähig ist, ist immer individuell in der konkreten Situation zu prüfen. Die Feststellung wäre vorliegend letztlich von den behandelnden ÄrztInnen vorzunehmen, da diese die Operation nur mit recht-

---

18 Anders wäre der Fall zu beurteilen, wenn die rechtliche Betreuung nur für den Aufgabenkreis »Zustimmung zu Heilbehandlungsmaßnahmen« angeordnet wäre, da der Einsatz einer Hormonspirale keine Heilbehandlung darstellt. Vgl. hierzu auch Meier, Sybille zu § 1833 BGB Rz. 19 in Jurgeleit, Andreas (Hrsg.): Betreuungsrecht, 2.Aufl. Baden-Baden: Nomos 2010.

wirksamer Einwilligung der Patientin oder – im Falle ihrer Einwilligungsunfähigkeit – der ihrer rechtlichen Vertreterin vornehmen dürfen.

Ergebnis: Vorliegend haben die operierenden ÄrztInnen zu prüfen, ob Mareike ausreichend aufgeklärt und einwilligungsfähig ist. Wenn dies der Fall ist, entscheidet sie selbst über die Operation. Anderenfalls hat ihre rechtliche Betreuerin an ihrer Stelle eine Entscheidung zu treffen.

Rechtliche Betreuung ist keine Betreuung in der allgemeinen Lebensführung

In der gesetzliche Bezeichnung der *rechtlichen* Betreuung und dem Wortlaut des § 1901 Abs. 1 BGB kommt ein wichtiger Unterschied zwischen der Sorge für Minderjährige und der rechtlichen Betreuung von Erwachsenen zum Ausdruck:

Rechtlichen BetreuerInnen ist *nicht* die Betreuung von Menschen in ihrer Lebensführung übertragen. Sie haben keinen Erziehungsauftrag, sondern sollen die Interessen der Betreuten im Rechtsverkehr schützen. Das gilt selbst dann, wenn ihnen der umfassende Aufgabenkreis der »Personensorge« übertragen wurde.

Rechtliche BetreuerInnen dürfen daher grundsätzlich keinen Einfluss auf die private Lebensführung der Betreuten nehmen. Sie können den Betreuten nicht vorschreiben, wie diese ihre Freizeit gestalten, wo sie sich am Wochenende aufhalten oder mit wem sie zu welchem Zeitpunkt soziale bzw. sexuelle Kontakte pflegen.

Rechtlich zu besorgende Angelegenheiten im Rahmen der privaten Lebensführung

Im Rahmen ihrer privaten Lebensführung treffen Betreute aber vereinzelt Entscheidungen, die in den Aufgabenkreis ihrer rechtlichen BetreuerInnen fallen können. Beispiele bilden der Entschluss, zur Partnerin zu ziehen (Aufgabenkreise: »Aufenthaltsbestimmungsrecht«, »Wohnungsangelegenheiten«); die Entscheidung, eine Schwangerschaft auszutragen und das Kind mit Assistenz selbst großzuziehen (Aufgabenkreise: »Gesundheitssorge« in Bezug auf die Organisation der Geburtsvorbereitung, Entbindung und Nachsorge, »Behördenangelegenheiten«, »Beantragung von Sozialleistungen«); die Einwilligung in einen ärztlichen Eingriff zum Zwecke der Schwangerschaftsverhütung (Aufgabenkreise: Gesundheitssorge und Vermögenssorge, soweit die Patientin die Kosten selbst zu tragen hat); die Inanspruchnahme entgeltlicher sexueller Dienste einer Prostituierten (Aufgabenkreis: Vermögenssorge).

Bei diesen rechtlich relevanten Entscheidungen sollen rechtliche BetreuerInnen Sorge tragen, dass die schützenswerten Interessen der Betreuten (z. B.

deren Freiheit, Gesundheit) Beachtung finden. Ein rechtlicher Betreuer hat also die Entscheidung einer Betreuten, sich eine Sexualbegleiterin zu engagieren, zu respektieren und sich moralischer Bewertungen zu enthalten. Seine Aufgabe kann es aber sein, der Betreuten bei Bedarf zum Zwecke der Vermögenssorge die finanzielle Tragweite ihrer Entscheidung aufzuzeigen und sie zu beraten, wie sie die entstehenden Mehrausgaben wieder einsparen kann.

Fallbeispiel 5:
Caroline ist eine 32jährige Frau mit Lernschwierigkeiten. Ihre Schwester Marianne wurde zu ihrer rechtlichen Betreuerin für den Aufgabenkreis »Aufenthaltsbestimmung« bestellt. Caroline trifft sich seit geraumer Zeit mit dem verheirateten Manfred. Laut Caroline plant Manfred, seine Frau zu verlassen, um mit Caroline zusammen zu ziehen. Marianne ist überzeugt, dass Manfred ihre Schwester nur ausnutzt und sie am Ende schrecklich verletzen wird. Sie verbietet ihrer Schwester, sich weiter mit Manfred zu treffen. Darf sie das?

Mariannes Bestellung zur rechtlichen Betreuerin ihrer Schwester für den Aufgabenkreis »Aufenthaltsbestimmung« ermächtigt sie nicht, Caroline Vorschriften in deren persönlicher Lebensführung zu machen. Das Aufenthaltsbestimmungsrecht der rechtlichen Betreuerin umfasst gem. § 1901 Abs. 1 BGB nur Angelegenheiten, die rechtlich zu besorgen sind, z. B. die Kündigung und den Neuabschluss von Miet- oder Heimverträgen oder die Umzugsorganisation. Die Frage, ob ein betreuter Mann seinen Nachmittag im Café oder die Nacht bei seinem Freund verbringt, hat hingegen gewöhnlich keine rechtliche Relevanz und fällt dann auch nicht in die Zuständigkeit seines rechtlichen Betreuers.[19]

Darüber hinaus fällt die Reglementierung sozialer Kontakte gar nicht in den Aufgabenkreis »Aufenthaltsbestimmung«.[20] In dem Verbot, sich zukünftig mit Manfred zu treffen, handelt es sich vielmehr um eine Umgangsregelung. Carolines Betreuerin ist aber rechtlich nicht ermächtigt, den Umgang ihrer Schwester zu regeln. Das Gericht müsste Marianne hierzu explizit ein

---

19   Zum Aufenthaltsrecht bei Einwilligungsvorbehalt eingehend Brosey, Dagmar: Wunsch und Wille des Betreuten bei Einwilligungsvorbehalt und Aufenthaltsbestimmungsrecht. Hamburg: Kovac 2009.
20   BayObLG BtPrax 2003, 38.

entsprechendes Umgangsbestimmungsrecht einräumen (§§ 1908i Abs. 1 i.V.m. § 1632 BGB).

In Literatur und Rechtsprechung ist umstritten, ob der Aufgabenkreis der »Personensorge« auch den der Umgangsbestimmung umfasst[21] oder den BetreuerInnen hierfür vom Gericht ein gesondertes und konkret eingegrenztes Umgangsbestimmungsrecht eingeräumt werden muss.[22] Letzterer Auffassung ist der Vorzug zu geben, da Umgangsregelungen einen schwerwiegenden Eingriff in die Privat- und Intimsphäre der Betreuten darstellen und darum stets auf begründete Einzelfälle begrenzt und gerichtlich kontrolliert werden müssen. Die Rechtsprechung erlaubt Umgangsverbote und -beschränkungen unter sehr engen Voraussetzungen, wenn Betreute aufgrund ihrer Behinderung nicht in der Lage sind, ihren Umgang eigenverantwortlich zu bestimmen und konkrete Gefahren des Umgangs mit einer bestimmten Person zu erkennen und/oder abzuwehren. In der Rechtsprechung wurden Kontaktverbote für Besucher der Betreuten für zulässig erachtet, wenn sie erforderlich waren, um eine mit dem Kontakt verbundene erhebliche gesundheitliche Gefahr von der betreuten Person abzuwenden, der anders nicht wirksam begegnet werden konnte.[23]

Die genannten Voraussetzungen liegen im Beispielfall allesamt nicht vor. Mariannes Umgangsverbot verletzt Caroline daher in ihren Freiheitsrechten. Beschränken rechtliche BetreuerInnen die Betreuten widerrechtlich in ihrer Freiheit, ihre sozialen Kontakte nach eigenen Wünschen und Vorstellungen zu gestalten, ist das Betreuungsgericht zum Schutz der Betreuten aufgefordert, aufsichtlich gegen die BetreuerInnen vorzugehen.[24] Dies kann das Gericht jedoch nur, wenn es von den Pflichtverletzungen Kenntnis erhält.

Jede/r kann das Betreuungsgericht von entsprechenden Rechtsverletzungen (formlos) in Kenntnis setzen. Das Gericht hat selbst anonymen Anzeigen nachzugehen. Ohne einen Ansprechpartner wird es dem Gericht aber möglicherweise nicht gelingen, den Sachverhalt genauer zu ermitteln.

Eingetragene Lebenspartnerschaft, Ehe, Familienplanung und Elternschaft

Bei bestimmten höchstpersönlichen Rechtsgeschäften ist eine rechtliche Stellvertretung grundsätzlich ausgeschlossen. Hierzu zählen insbesondere das

---

21 So wohl Meier, Sybille zu § 1833 BGB Rz. 43 in Jurgeleit, Andreas (Hrsg.): Betreuungsrecht, 2.Aufl. Baden-Baden: Nomos, 2010.
22 BayObLG BtPrax 2003, 38.
23 BayObLG FamRZ 2000,1525 f.; BayObLGZ 2003, 33 (35); FamRZ 2004, 1670 (1671).
24 OLG München BtPrax 2008, 74 f.

Eingehen einer eingetragenen Lebenspartnerschaft und die Eheschließung sowie Verfügungen von Todes wegen (z. B. Testamente).

Die rechtliche Betreuung für Erwachsene umfasst darüber hinaus nicht die stellvertretende Sorge für deren Kinder. Sind die Eltern nicht oder nur eingeschränkt in der Lage, ihre Kinder rechtlich zu vertreten, greifen vielmehr die hierfür vorgesehenen Regelungen des Kindschaftsrechts. So könnte das Familiengericht z. B. zur Vertretung eines Kindes bei den Behörden eine Ergänzungspflegerin bestellen, wenn dessen Eltern nicht schreiben und lesen können.

Im Rahmen der Familienplanung fällt beim Vergleich der Verhütungspraxis behinderter Frauen mit jener der durchschnittlichen weiblichen Bevölkerung auf, dass behinderte Frauen in Wohneinrichtungen viel seltener eine Beziehung haben, aber exzessiv verhüten.[25]

Die Einrichtungsbewohnerinnen äußern ebenso wie andere Frauen Wünsche nach Partnerschaft und Familie, können diese aber unter den bestehenden Bedingungen offenbar kaum realisieren.

Es ist davon auszugehen, dass ihnen von einer eigenen Familie eher abgeraten wird und sie nicht über die Möglichkeit eines Lebens mit Kind und der ggf. hierzu erforderlichen Assistenz aufgeklärt werden. Äußern behinderte Frauen und Männer einen Kinderwunsch, so ist es nach Art. 23 Abs. 1 b der UN-Konvention und den Maßgaben des Betreuungsrechts jedoch Aufgabe ihrer rechtlichen BetreuerInnen und AlltagsbegleiterInnen, sie ergebnisoffen zu beraten und ihnen dabei insbesondere auch Möglichkeiten (z. B. staatliche Hilfen) für ein Leben mit Kindern aufzuzeigen.

Frauen in Einrichtungen verhüten häufiger ohne Rücksicht auf ein konkretes Schwangerschaftsrisiko und unter Verwendung von Kontrazeptiva, die bei nichtbehinderten Frauen aufgrund ihrer erheblichen Nebenwirkungen kaum zum Einsatz kommen.[26] Dies gilt insbesondere für Depotspritzen, die Frauen gesundheitlich vergleichsweise stark belasten und nachhaltig schädigen können, in ihrer Sicherheit laut Pearl-Index aber unterhalb verträglicherer Methoden rangieren. Innerhalb der Gesamtbevölkerung verhüten weniger als 1 % aller Frauen mit Depotspritzen, in Wohneinrichtungen kommen

---

25 Schröttle, Monika/Hornberg, Claudia/Glammeier, Sandra/Kavemann, Barbara/Puhe, Henry/Sellach, Brigitte/Zinsmeister, Julia: Lebenssituation und Belastungen von Frauen mit Behinderungen und Beeinträchtigungen in Deutschland. Studie im Auftrag des BMFSFJ, Kurzfassung unter http://www.uni-bielefeld.de/IFF/for/zentrale_ergebnisse_kurzfassung.pdf (Stand: 21.12.2011), Langfassung erscheint voraussichtlich 2012.

26 Schröttle et al, a.a.O.

sie hingegen unserer Studie zu den Lebenssituationen und Belastungen von Frauen mit Behinderungen in Deutschland zu Folge bei 40 % der verhütenden Einrichtungsbewohnerinnen zum Einsatz.[27] Dies legt die Vermutung nahe, dass bei der Auswahl der Verhütungsmethode für die Einrichtungsbewohnerinnen nicht das gesundheitliche Wohl der Frauen den Ausschlag gibt, sondern der Umstand, dass Depotspritzen Monatsblutungen verhindern und damit den Pflegekräften die Arbeit erleichtern.

Es bestehen erhebliche Zweifel, ob die Einrichtungsbewohnerinnen angemessen über die Alternativen aufgeklärt wurden. Sollte dies im Einzelfall nicht der Fall gewesen sein, hätten die behandelnden ÄrztInnen die Depotspritze ihren Patientinnen ohne wirksame Einwilligung verabreicht und sich hierdurch möglicherweise strafbar gemacht.

Dürfen rechtliche BetreuerInnen gegen den Wunsch und Willen der Betreuten handeln?

Rechtliche BetreuerInnen haben stets zum Wohl der Betreuten zu handeln, § 1901 Abs. 2 BGB.

»Zum Wohl des Betreuten«, heißt es in § 1901 Abs. 2 S. 2 BGB, »gehört auch die Möglichkeit, im Rahmen seiner Fähigkeiten sein Leben nach seinen eigenen Wünschen und Vorstellungen zu gestalten.«

Rechtliche BetreuerInnen sind also an die Wünsche und Vorstellungen der Betreuten gebunden.

Etwas anderes gilt nach dem Gesetz nur, wenn die Wünsche eines Betreuten seinem Wohl zuwider laufen oder dem Betreuer unzumutbar sind.

In Literatur und Rechtsprechung wird das ausnahmsweise Auseinanderfallen von Wunsch bzw. Wille und Wohl der Betreuten in Bezug auf selbstgefährdende und selbstschädigende Handlungen diskutiert. Diese Diskussion hat in jüngster Zeit an Brisanz und Schärfe gewonnen, da die UN-Behindertenrechtskonvention nach Auffassung verschiedener AutorInnen fürsorgliche Eingriffe in die Freiheitsrechte behinderter Menschen generell nicht, auch nicht zu deren Schutz vor Selbstgefährdung, vorsieht. Diese Diskussion kann im Rahmen dieses Beitrags jedoch nicht vertieft werden.

Die Rechtsprechung hat sich wiederholt damit auseinander gesetzt, welcher Stellenwert der Freiheit eines Menschen im Verhältnis zu anderen schützenswerten Rechtsgütern zukommt – z. B. seiner Gesundheit oder seines Vermögens. Was dem Wohl eines Menschen entspricht, richtet sich maßgeblich danach, wie man diese Rechtsgüter gegeneinander abwägt.

---

27 Schröttle et al, a.a.O.

Das Bundesverfassungsgericht betont in ständiger Rechtsprechung die besondere Bedeutung der Freiheit, weil sie Grundlage und Voraussetzung der Entfaltungsmöglichkeiten des Einzelnen ist.[28] Das Gericht räumt der Freiheit einen hohen Rang unter den Grundrechten ein. Präventive Eingriffe in das Freiheitsrecht sind danach nur zulässig, wenn der Schutz hochwertiger Rechtsgüter dies unter strikter Beachtung des Verhältnismäßigkeitsgrundsatzes zwingend erfordert.

Die BetreuerInnen müssen hinnehmen, dass sich Betreute im Rahmen ihrer möglichst selbstbestimmten Lebensgestaltung auch allgemeinen Lebensrisiken aussetzen, sei es einer Unfallgefahr oder dem Risiko, in Beziehungen menschlich enttäuscht oder übervorteilt zu werden. Zur Freiheit eines Menschen gehört auch die Freiheit, sich selbstgefährdend oder selbstschädigend zu verhalten, z. B. sich ungesund zu ernähren, zu rauchen, sich zu tätowieren oder sich beim ungeschützten Geschlechtsverkehr mit einer Geschlechtskrankheit zu infizieren.

Die BetreuerInnen sollen versuchen, die Betreuten durch Aufklärung, Beratung, Begleitung und Unterstützung Auswege aus den schädigenden Verhältnissen aufzuzeigen oder die Betreuten zu einem achtsameren Umgang mit der eigenen Person zu motivieren.

Sie können die Betreuten jedoch in aller Regel nicht zu einem gesünderen oder vernünftigeren Leben zwingen. Nur bei besonders schwerer Gefahr eröffnet das Gesetz den rechtlichen BetreuerInnen bestimmte Zwangsbefugnisse, z. B. die Möglichkeit, bei Gericht die Unterbringung der Betreuten zum Zwecke seiner medizinischen stationären Behandlung zu beantragen.

Die BetreuerInnen haben zwar das Recht der Betreuten zu selbstschädigendem Verhalten in bestimmten Grenzen zu respektieren, ihrerseits aber nicht die Pflicht, auf Wunsch der Betreuten aktiv zu deren Selbstgefährdung beizutragen.[29]

Wünsche der Betreuten sind grundsätzlich immer beachtlich, sofern ihre Erfüllung nicht höherrangige Rechtsgüter der Betreuten zu gefährden oder ihre gesamte Leben- und Versorgungssituation erheblich zu verschlechtern droht. Beachtlich sollen nach – durchweg diskussionsbedürftiger – Auffassung des Bundesgerichtshofs allerdings nur solche Wünsche sein, die nicht Ausdruck der Erkrankung der Betreuten sind und mit ausreichender Tatsachenkenntnis gefasst wurden.[30] Nicht beachtlich wäre demnach der Wunsch

---

28 BVerfG NJW 2011, 1931 Rz. 98 m.w.N.
29 Kieß, Peter zu § 1901 Rz. 49 in Jurgeleit, Andreas: Betreuungsrecht, 2.Aufl. Baden-Baden: Nomos 2010
30 BGH in BtPrax 2009, 290 f.

eines als paranoid schizophren diagnostizierten Betreuten, zwei Monatsrenten auf den Kauf von Überwachungskameras zu verwenden, um sich damit gegen Außerirdische zu schützen.

Sind Menschen nicht (mehr) in der Lage, ihre Wünsche und Vorstellungen zu artikulieren, so können sie vielleicht zumindest nonverbal bestimmte Neigungen und Präferenzen zum Ausdruck bringen. Bei stark dementen Menschen kann möglicherweise die Biographiearbeit Hinweise auf frühere Interessen und Neigungen und damit Anhaltspunkte für ihr mutmaßliches Wohl liefern.

Konsequenzen für die Alltagsbegleitung im Betreuten Wohnen und in Einrichtungen

Fachkräfte, die in der Beratung, Begleitung und Pflege von Menschen mit Behinderungen tätig sind, sind grundsätzlich gesetzlich nicht ermächtigt, ihre Hilfe unter Zwang auszuüben oder erwachsene Adressaten in anderer Weise in deren Handlungsfreiheit einzuschränken.

Rechtsirrtümlich gehen jedoch viele Fachkräfte davon aus, sie seien im Rahmen ihrer vertraglichen Aufsichtspflicht und nach §§ 823, 827, 832 BGB nicht nur berechtigt, sondern auch verpflichtet, laufend kontrollierend in die Freiheit behinderter KlientInnen einzugreifen, um sie vor Schäden zu bewahren oder zu verhindern, dass sie Dritte schädigen.

Ein erwachsener Mensch wird aber nicht bereits dadurch aufsichtsbedürftig, dass er behindert ist oder sich in einer Einrichtung für behinderte Menschen aufhält.

Eine vertragliche Aufsichtspflicht besteht allenfalls für jene NutzerInnen der eigenen Einrichtungen und Dienste, die behinderungsbedingt außerstande sind, Gefahren zu erkennen und sich risikoadäquat zu verhalten (Aufsichtsbedürftigkeit).[31]

Die Aufsichtspflicht kann zudem nur solche Aufsichtsmaßnahmen umfassen, zu denen die Fachkräfte auch legitimiert sind. Sie erschöpft sich mithin in aller Regel in der Aufklärung, Beratung, in Mobilitätstrainings, dem Angebot von Anti-Gewalt-Kursen, der Begleitung in besonders risikoreichen Situationen und ggf. der Überwachung. Eine lückenlose Kontrolle und Beaufsichtigung ließe sich hingegen mit dem berechtigten Anspruch behinderter Menschen auf eine möglichst unabhängige Lebensführung in keinster Weise vereinbaren und ist darum auch nicht geschuldet.

---

31 Dies setzt die (keineswegs unumstrittene) Annahme voraus, dass rechtliche BetreuerInnen eine Aufsichtspflicht haben, die sie auf die Einrichtungsträger delegieren können.

Eingriffe in die Freiheit der AdressatInnen, insbesondere in Form von unmittelbarem Zwang können allenfalls gerechtfertigt sein, wenn die AdressatInnen hiermit einverstanden sind oder diese Eingriffe zur Abwendung einer unmittelbaren Gefahr für ein geschütztes Rechtsgut legitim (z. B. im Rahmen der Nothilfe § 32 StGB) und erforderlich sind.

Rechtliche BetreuerInnen können in Rechtseingriffe durch die AlltagsbegleiterInnen allenfalls dann stellvertretend einwilligen, wenn die Betreuten einwilligungsunfähig sind und die BetreuerInnen gesetzlich selbst zum Eingriff berechtigt wären.

Zur Rechtswidrigkeit von Ausgangs- und Besuchsregelungen in betreuten Wohnformen

Es liegt es nicht in der Macht der Leitung oder gar einzelner MitarbeiterInnen einer Wohngemeinschaft oder Wohneinrichtung, erwachsenen Bewohnerinnen und Bewohnern vorzuschreiben, wann sie abends nach Hause zu kommen haben oder wann, wie lange oder gar von wem sie Besuch empfangen können.

Soweit Hausordnungen z. B. vorsehen, dass um 22 Uhr alle BewohnerInnen zu Hause zu sein haben und ihr Besuch das Haus zu verlassen hat, sind diese Regelungen unwirksam. Dies gilt selbst dann, wenn der BewohnerInnenbeirat ordnungsgemäß beteiligt wurde.[32] Das Hausrecht an den einzelnen Zimmern liegt bei den BewohnerInnen, nicht dem Einrichtungsträger. Teilen sich mehrere BewohnerInnen ein Gemeinschaftszimmer, üben sie das Hausrecht am Zimmer gemeinsam aus.

Der Einrichtungsträger hat sicher zu stellen, dass die BewohnerInnen und ihr Besuch freien Zugang zu den Zimmern haben.[33] Die BewohnerInnen eines Gemeinschaftszimmers oder einer Wohngruppe müssen sich bei Bedarf in-

---

32 Die Mitbestimmung der BewohnerInnen- bzw. Heimbeiräte bei der Regelung der Hausordnungen in Betreuungseinrichtungen ist landesrechtlich geregelt, z. B. § 6 Abs. 2 Wohn- und TeilhabeG NRW.

33 Höfling, Wolfram: Hausrecht in Heimen, Rechtsgutachten im Auftrag des Bundesministeriums für Familie, Senioren, Frauen und Jugend, Bonn/Berlin: Eigenverlag 2004; Online unter http://www.bmfsfj.de/RedaktionBMFSFJ/Abteilung3/Pdf-Anlagen/hausrecht-in-heimen,property=pdf,bereich=bmfsfj,sprache=de,rwb=true.pdf (21.12.2011), vgl. auch entsprechende landesrechtliche Regelungen, z. B. § 7 Abs. 3 WTG NRW, § 15 Abs. 1 Nr. 5 WTG RLP; auch die zum Schutz der BewohnerInnen tätige Landesaufsichtsbehörde darf die Zimmer nur deren Einwilligung betreten, vgl. z. B. § 11 Abs. 3 Nr. 1 LandesheimG Saarland.

tern auf den Umgang mit Besuch und dem Schutz der Privatsphäre verständigen. Gelingt ihnen dies alleine nicht, kann der Einrichtungsträger eine moderierende oder vermittelnde Rolle einnehmen. Das Recht und die Möglichkeit der BewohnerInnen, Besuch zu empfangen, darf vom Einrichtungsträger hingegen nur dann eingeschränkt werden, wenn dies sein letztmögliches Mittel ist, um eine unzumutbare Beeinträchtigung der Interessen der BewohnerInnen oder des Betriebes abzuwenden. Je nach Bundesland kann der Einrichtungsträger verpflichtet sein, eine Besuchsbeschränkung gegenüber den BewohnerInnen und betroffenen BesucherInnen schriftlich anzuzeigen und der zuständigen Aufsichtsbehörde zu melden (so zum Beispiel in Nordrhein-Westfalen: § 7 Abs. 3 Wohn- und TeilhabeG).

Sind die nachfolgenden Besuchsbeschränkungen zulässig?

Fallbeispiel 6:
Nachdem der Wohnheimbewohner Horst Knoppe trotz Abmahnung wiederholt seine Mitbewohnerinnen sexuell belästigt und in einem Fall auch sexuell genötigt hat, kündigt ihm die Wohneinrichtung den Heimvertrag. Horst zieht in einen nahegelegenen Stadtteil in eine betreute Wohngemeinschaft, lebt sich dort aber nur schwer ein. Nach Feierabend schaut er regelmäßig in seinem alten Wohnheim vorbei und dringt ohne Erlaubnis in die Zimmer seiner früheren Mitbewohnerinnen ein. Die Aufforderung, sich vorher anzumelden, missachtet er. Auf Wunsch einiger Bewohnerinnen bittet der Heimbeirat die Einrichtungsleitung, die Wohngemeinschaft wirksam vor weiteren Grenzverletzungen durch Horst zu schützen. Die Einrichtungsleitung schreibt Horst daraufhin, soweit er nicht ausdrücklich in die Wohneinrichtung eingeladen werde (z. B. zum Sommerfest), sei ihm ab sofort der Zutritt zum Gebäude verboten.

Fallbeispiel 7:
Melek Dogan lebt in einer Wohneinrichtung für Erwachsene mit der Diagnose einer geistigen Behinderung. In der WfbM hat sie Stefan kennengelernt, der in einer Außenwohngruppe desselben Einrichtungsträgers lebt. Stefan übernachtet nun oft bei Melek. Simone bewohnt das angrenzende Zimmer und fühlt sich von den nächtlichen Geräuschen des frischverliebten Paars sehr gestört. Sie will, dass Stefan künftig nur noch am Wochenende zu Besuch kommt. Um Simones Schlaf und das bisher friedliche

Zusammenleben der Wohngemeinschaft zu schützen, beschließt das Betreuerteam, Melek den Besuch ihres Freundes nur noch am Samstag zu gestatten.

In *Beispiel 6* ist das Hausverbot zulässig. Horst hat mehrmals (ehemalige) MitbewohnerInnen durch strafbares Verhalten (sexuelle Nötigung, Hausfriedensbruch) geschädigt. Mit der Kündigung des Heimvertrags endete Horsts Recht, die Wohneinrichtung zu nutzen. Es handelt sich aber um eine offene Einrichtung, die grundsätzlich jede und jeder betreten darf, um andere Personen zu besuchen. Horst kam aber nicht auf Einladung hin. Die BewohnerInnen wollen keinen Kontakt mehr zu ihm. Die Einrichtungsleitung ist verpflichtet, Vorsorge zu treffen, dass die BewohnerInnen in der Einrichtung möglichst sicher und ungestört leben können. Sie muss also aktiv werden, um sie vor weiteren Schäden zu bewahren. Das ausgesprochene Hausverbot ist hierfür ein geeignetes Mittel. Es wurde auch auf das erforderliche Maß begrenzt.

In *Beispiel 7* ist die Besuchsbeschränkung hingegen rechtswidrig. Die Regelung verletzt Melek in ihrem Hausrecht und ihrer Privatsphäre. Besuchsverbote sind allenfalls bedingt geeignet, die Nachtruhe der BewohnerInnen zu sichern, denn Melek und andere Bewohner könnten die Nachtruhe ebenso alleine (z. B. durch lautes Musikhören) stören. Zielgerichteter, aber weniger eingreifend können zum Schutz der Nachtruhe einheitliche Ruhezeiten vereinbart werden, die sowohl die BewohnerInnen als auch ihre BesucherInnen zu beachten haben.

Ein Eingriff in Meleks Hausrecht wäre allenfalls in Erwägung zu ziehen, wenn Melek und ihr Freund diese Ruhezeiten und entsprechende Ermahnungen hartnäckig missachten und hierdurch andere BewohnerInnen in erheblichem Umfang belästigen würden.

Die Pflicht der Einrichtungen und Dienste, Menschen mit Behinderungen vor sexueller Gewalt zu schützen

In Art. 16 UN-Behindertenrechtskonvention (»Freiheit vor Ausbeutung, Gewalt und Missbrauch«) hat sich die Bundesrepublik verpflichtet, alle Einrichtungen, Dienste und Programme, die für Menschen mit Behinderungen bestimmt sind, von unabhängigen Behörden überwachen zu lassen. Damit soll dem besonderen Risiko des Machtmissbrauchs in Institutionen begegnet werden.

Die hohe Gewaltprävalenz in Einrichtungen der Behindertenhilfe ist in Fachkreisen nicht erst seit der Medienberichterstattung über sexuellen Missbrauch in kirchlichen und anderen Einrichtungen bekannt und wird durch die neueste repräsentative Untersuchung zur Gewalt gegen behinderte Frauen nochmals eindrücklich belegt.[34]

In Einrichtungen gibt es strukturelle Faktoren, die das Risiko behinderter NutzerInnen, Opfer struktureller oder direkter Gewalt zu werden, signifikant erhöhen.

Einrichtungsleitungen haben diesen Risikofaktoren Rechnung zu tragen und Risikomanagement zu betreiben, d. h. die Gefahr von Machtmissbrauch und Übergriffen zu minimieren und den Schutz zu optimieren.

Dies erfordert gezielte Maßnahmen zur Organisationsentwicklung (z. B. Sicherung des Wahlrechts in Bezug auf Pflegepersonen des eigenen Geschlechts, Reflexion professioneller Nähe und Distanz; Einrichtung externer Beschwerdemanagementsysteme, Entwicklung einer »Fehlerkultur« in der Organisation, Interventionsleitfäden etc.), wie sie an anderer Stelle ausführlich beschrieben[35] und von einer wachsenden Zahl von Einrichtungsträgern auch praktiziert werden.

Wirkungsvoller Gewaltschutz und die Achtung der Menschenrechte sind Qualitätsmerkmale, die im Qualitätsmanagement der Einrichtungen und sozialen Dienste künftig verstärkt Berücksichtigung finden müssen.[36]

Auch bei der Entwicklung geeigneter Präventions- und Interventionskonzepte zur Verhinderung des Machtmissbrauchs in Institutionen gilt: »Maßnahmen zum Schutz potentieller Gewaltopfer dürfen diese nicht entmündigen, andererseits muss darauf geachtet werden, dass sich hinter den gängigen Floskeln von Selbstbestimmung nicht die Flucht aus der professionellen und

---

34 Schröttle, Monika/Hornberg, Claudia/Glammeier, Sandra et al: Lebenssituation und Belastungen von Frauen mit Behinderungen und Beeinträchtigungen in Deutschland. Studie im Auftrag des BMFSFJ, Kurzfassung unter http://www.uni-bielefeld. de/IFF/for/zentrale_ergebnisse_kurzfassung.pdf (Stand: 21.12.2011), Langfassung erscheint voraussichtlich 2012.

35 Zinsmeister, Julia (Hrsg.): Sexuelle Gewalt gegen behinderte Menschen und das Recht. Gewaltprävention und Opferschutz zwischen Behindertenhilfe und Strafjustiz, Opladen: Leske+Budrich 2003; dies.: Gewaltschutz in sozialen Einrichtungen für Frauen mit Behinderungen. In: Fachbereich Soziale Arbeit und Gesundheit der Fachhochschule Frankfurt am Main (Hrsg.), Grenzverletzungen. Institutionelle Mittäterschaft in Einrichtungen der Sozialen Arbeit. Frankfurt: FH-Verlag 2011, S. 125 ff.

36 Vgl. hierzu insbesondere die Beiträge von Bieritz-Harder, Renate und Degener, Theresia in Zinsmeister, Julia (Hrsg.): Sexuelle Gewalt gegen behinderte Menschen und das Recht, a.a.O.

institutionellen Verantwortung versteckt.«[37] Der hier von Kavemann beschriebene Grad zwischen Schutzbedürfnis und Selbstbestimmung ist oft sehr schmal – die Gefahr, Menschen mit Lernschwierigkeiten durch Schutz (weiter) zu entmündigen, daher sehr groß. Doch fremdbestimmte Hilfe, so wohlmeinend sie im Einzelfall gedacht sein mag, verstärkt bestehende Abhängigkeiten, wirkt der Ausprägung eines stabilen Selbstbewusstseins entgegen, macht Bevormundungen und Grenzverletzungen zu einer alltäglichen Erfahrungen und erleichtert es damit auch Täterinnen und Tätern, behinderte Menschen massiv zu verletzen, ohne mit ihrer Gegenwehr oder späteren Sanktionen rechnen zu müssen.

Wirkungsvolle Gewaltprävention ist darum nur über die Achtung und Förderung der Selbstbestimmung zu erzielen.

Fazit

Rechtliche BetreuerInnen und andere Fachkräfte der sozialen Arbeit bewegen sich oft in einem Spannungsfeld unterschiedlicher Erwartungen, sei es den Erwartungen ihrer KlientInnen oder der Institution, den Erwartungen von Angehörigen, der Nachbarschaft oder der Sozialleistungsträger. In der Abwägung dieser Interessen fanden die Freiheitsrechte von Menschen mit Behinderungen bislang oft keine angemessene Berücksichtigung, die Betroffenen wurden hierdurch massiv in ihren Rechten verletzt. Im Beitrag wurde eine Vielzahl alltäglicher Betreuungssituationen aufgezeigt, in denen Betreuungskräfte wohlmeinend, aber rechtswidrig in die sexuelle Selbstbestimmung und Reproduktionsfreiheit von Menschen mit Behinderungen eingriffen.

Um ihrem Verständnis als Menschenrechtsprofession gerecht zu werden, muss sich die Behindertenhilfe von tradierten Konzepten der paternalistischen Fürsorge lösen und sich die Perspektive der UN-Behindertenrechtskonvention auch im Umgang mit Sexualität, Partnerschaft und Familienplanung zu eigen machen.

---

37 Kavemann, Barbara: Einbandtext zu Zinsmeister, Julia (Hrsg.): Sexuelle Gewalt gegen behinderte Menschen und das Recht, a.a.O.

Erklärung der sexuellen Menschenrechte (Declaration of Sexual Rights)

World Association for Sexual Health

Verabschiedet von der Generalversammlung der World Association for Sexual Health (WAS) am 26.8.1999 in Hongkong

Sexualität ist integraler Bestandteil der Persönlichkeit jedes menschlichen Wesens. Ihre volle Entfaltung verlangt die Befriedigung menschlicher Grundbedürfnisse wie Sehnsucht nach Kontakt, nach Intimität, nach Ausdruck von Gefühlen, nach Lust, Zärtlichkeit und Liebe.

Sexualität konstruiert sich aus dem Zusammenwirken von individuellen und gesellschaftlichen Strukturen. Eine voll entwickelte, erfüllte Sexualität ist die Grundlage für individuelles, zwischenmenschliches und gesellschaftliches Wohlbefinden.

Sexuelle Rechte sind universale Menschenrechte auf der Grundlage von Freiheit, Würde und Gleichheit aller Menschen. So wie der Anspruch auf Erhalt und Wiederherstellung der Gesundheit ein menschliches Grundrecht ist, so gilt dies auch für die sexuelle Gesundheit. Damit Menschen und Gesellschaften eine gesunde Sexualität entwickeln können, müssen die folgenden Sexual-Rechte weltweit anerkannt und mit allen Mitteln gefördert und verteidigt werden. Sexuelle Gesundheit gedeiht nur in einer Umgebung, die diese sexuellen Grundrechte wahrnimmt, respektiert und ausübt.

1. Das Recht auf sexuelle Freiheit.
Sexuelle Freiheit als sexuelle Selbstbestimmung umfasst die Freiheit eines jeden Individuums, alle seine sexuellen Möglichkeiten zum Ausdruck zu bringen. Dies schließt jedoch zu jeder Zeit und in jedweden Lebenssituationen alle Formen sexuellen Zwangs, sexueller Ausbeutung und sexuellem Missbrauch aus.

2. Das Recht auf sexuelle Autonomie, sexuelle Integrität und körperliche Unversehrtheit.
Dieses Recht beinhaltet die Fähigkeit zu selbständigen Entscheidungen über das eigene Sexualleben im Rahmen der eigenen persönlichen und sozialen Ethik. Es umfasst auch das Recht auf Verfügung über und Lust am eigenen Körper, frei von jeder Art von Folter, Verstümmelung und Gewalt.

3. Das Recht auf eine sexuelle Privatsphäre.
Dies umfasst das Recht auf individuelle Entscheidungen und Verhaltensweisen in unserem Intimleben, solange diese nicht die Sexual-Rechte anderer beeinträchtigen.

4. Das Recht auf sexuelle Gleichwertigkeit.
Dies verlangt Freiheit von allen Formen der Diskriminierung aufgrund von Geschlecht, Geschlechtsrolle, sexueller Orientierung, Alter, Rasse, sozialer Schicht, Religion oder körperlicher und seelischer Behinderung.

5. Das Recht auf sexuelle Lust.
Sexuelle Lust einschließlich Selbstbefriedigung ist eine Quelle von körperlichem, seelischem, geistigem und spirituellem Wohlbefinden.

6. Das Recht auf Ausdruck sexueller Empfindungen.
Sexuelle Äußerungen beinhalten mehr als erotische Lust oder sexuelle Handlungen. Menschen haben das Recht, ihre Sexualität durch Kommunikation, Berührungen, Gefühle und Liebe auszudrücken.

7. Das Recht auf freie Partnerwahl.

Dies bedeutet das Recht zu heiraten oder auch nicht, sich scheiden zu lassen und andere Formen verantwortungsbewusster sexueller Beziehungen einzugehen.

8. Das Recht auf freie und verantwortungsbewusste Fortpflanzungsentscheidungen.

Dies schließt das Recht auf die Entscheidung ein, Kinder zu haben oder nicht; ihre Anzahl und die Abstände zwischen den Geburten zu bestimmen; und das Recht auf ungehinderten Zugang zu Mitteln der Fruchtbarkeits-Kontrolle.

9. Das Recht auf wissenschaftlich fundierte Sexualaufklärung.

Dieses Recht beinhaltet, dass sexuelles Wissen in einem Prozess unbehinderter Forschung und wissenschaftlicher Ethik gewonnen und in angemessener Weise auf allen gesellschaftlichen Ebenen verbreitet wird.

10. Das Recht auf umfassende Sexualerziehung.

Dies ist ein lebenslanger Prozess von der Geburt durch alle Lebensphasen und unter Einbeziehung aller sozialen Institutionen.

11. Das Recht auf sexuelle Gesundheitsfürsorge.

Zur Verhütung und Behandlung von allen sexuellen Fragen, Problemen und Störungen sollte allen eine angemessene Gesundheitsfürsorge zur Verfügung stehen.

Sexual-Rechte sind universale Grund- und Menschenrechte!

(Übersetzung: R. Gindorf)

Kapitel 2

Ich bin wie du!

»Im Grunde genommen werden doch Menschen mit Behinderung im Leben viel mehr behindert, als sie tatsächlich behindert sind!« Ein Interview

Dunja Fuhrmann

Frank Herrath: Manche meinen, körperliche Behinderungen würden auch das sexuelle Fühlen behindern. Sie sehen das sicher anders?

Dunja Fuhrmann: Natürlich! Flirts, erotische Begegnungen und sexuelle Wünsche spielen im Leben vieler Menschen mit Beeinträchtigungen eine ähnlich bedeutsame Rolle wie bei Menschen ohne Handicap. Die Barrieren beim Ausleben der eigenen Bedürfnisse und Phantasien liegen meiner Ansicht nach in ganz anderen Bereichen.

Frank Herrath: In welchen zum Beispiel?

Dunja Fuhrmann: Es ist schon nicht einfach, überhaupt erotische Begegnungen anzubahnen.

Im Zeitalter der virtuellen Treffpunkte wählen viele Menschen mit Behinderungen eher Internetforen wie Kontaktbörsen oder Flirtchats, um Kontakte zu Nichtbehinderten zu bekommen. Zumindest kann man über diese Foren flirten und »sich beschnuppern«, ohne jemanden direkt mit seinem Handicap zu konfrontieren.

Man kann natürlich andererseits sein Handicap auch direkt im Profil angeben, um ein späteres »Outen« zu vermeiden. Und Kontaktanzeigen in Behindertenzeitschriften werden von einigen Menschen gerne genutzt. Reha-Kliniken zählen ebenfalls häufig zu den Orten, wo sich Menschen kennen und lieben lernen.

Frank Herrath: Das sind dann also doch die »exklusiven« und nicht die inklusiven Räume?

Dunja Fuhrmann: Keineswegs! Es gibt viele Menschen mit Behinderungen, die, wie die Mehrheit der Bevölkerung, ihren Partner oder ihre Partnerin in der Disco, der Kneipe, am Arbeitsplatz, beim Sport oder über Bekannte kennen lernen. Dabei spielen aber häufig Art und Schwere der Behinderung und die Integration der Menschen mit Behinderungen in ihr soziales Umfeld eine Rolle.

Frank Herrath: »Gesellschaftliche Teilhabe« ist also das Schlüsselthema – Wie erleben Sie das selbst?

Dunja Fuhrmann: Ich bin querschnittgelähmt, habe ein Studium erfolgreich abgeschlossen, arbeite Vollzeit, führe einen eigenen Haushalt und bin durch das Führen eines eigenen PKWs sehr mobil. In meiner Freizeit beschäftige ich mich mit den gleichen Hobbys wie viele Nichtbehinderte: Sport, Kino, Kneipe, Disco. Zu meinem Freundes- und Bekanntenkreis zählen sowohl behinderte Menschen wie nicht behinderte. Erstere sind allerdings genauso selbstständig wie ich. Außer dass wir nicht laufen können, unterscheidet uns erst einmal nichts von anderen. Wir haben unsere Behinderung erst später durch einen Unfall oder eine Krankheit erworben, uns aber ansonsten komplett in die Gesellschaft integriert.

Frank Herrath: Spüren Sie dennoch Situationen der Diskriminierung?

Dunja Fuhrmann: Meine Behinderung ist zwar sichtbar, aber ich empfinde sie nicht als solche. Um mich in der Gesellschaft zu bewegen, habe ich mein Hilfsmittel Rollstuhl und mein Auto. Andere körperliche Beeinträchtigungen, die mit der Querschnittlähmung einhergehen, sind für den Umgang mit Mitmenschen erst einmal irrelevant. Daher bewege ich mich in meiner Umgebung auch ziemlich selbstsicher, was ich wohl auch nach außen hin ausstrahle.

Frank Herrath: Stimmt! Sie erleben also keine Probleme beim Knüpfen neuer Kontakte mit Menschen mit und ohne Behinderung?

Dunja Fuhrmann: Einige meiner Bekannten ohne Behinderung haben schon öfters geäußert, dass sie mich gar nicht als behindert wahrnehmen. Die Problematik »Behinderung« wird ihnen meistens nur dann klar, wenn ich ihnen von Kostenübernahmestreitereien zu Hilfsmitteln mit der Krankenkasse, Barrieren beim öffentlichen Nahverkehr oder ähnlichem erzähle. Doch um heute dort zu sein, wo ich bin, mit meinem Selbstwertgefühl und meinem Selbstbewusstsein, war es ein langer Weg mit dem ständigen Kampf um Selbstbestimmtheit und Selbstständigkeit.

Frank Herrath: Souverän und integriert also im Ergebnis?

Dunja Fuhrmann: Nicht immer! Ich bekomme mitunter mit, dass es durchaus Menschen gibt, die auf mich irritiert reagieren oder verunsichert sind, wie sie mit mir umgehen sollen. So kommt es häufig vor, wenn ich in Begleitung meines Mannes, der nicht behindert ist, einkaufen gehe, dass sich Kassiererinnen oder Mitarbeitende der Frischetheken an ihn statt an mich wenden, wie zur Vergewisserung, ob das auch alles rechtens ist. In der Disco sind die Reaktionen auf mich auch sehr verschieden. Da ich viel tanze, bekomme ich immer von fremden Menschen Komplimente gemacht. Hinzu kommen Bemerkungen wie »Find' das echt bewundernswert, dass du weg gehst« oder »Wenn ich dich so sehe, schäm' ich mich, dass ich mich oft hängen lasse«.

Frank Herrath: Nicht unbedingt die Reaktionen, die man sich wünscht?

Dunja Fuhrmann: Viele sind in der Tat recht behindert im Umgang mit Behinderten. Einige geben mir ein Bier aus oder wollen ihre eigene Probleme mit mir bequatschen. Dann gibt es auch noch diejenigen, die mir unbedingt mitteilen möchten, dass sie mal mit Behinderten gearbeitet haben oder immer noch mit ihnen arbeiten und unbedingt wissen möchten, warum und wieso ich im Rolli sitze. Aber es gibt auch die Menschen, die mich unabhängig von meiner Behinderung sehen und mich tatsächlich kennen lernen möchten und auch mit mir flirten. So habe ich übrigens meinen Mann kennen und lieben gelernt.

Frank Herrath: Das wünschen sich viele Menschen mit Handicap...

Dunja Fuhrmann: In gewisser Weise habe ich Glück mit meiner Behinderung: Es ist lediglich eine Querschnittlähmung. Dadurch, dass ich mit dem Rolli selbst sehr mobil und auch aufgrund meines PKWs sehr aktiv und unabhängig sein kann, fällt es mir leicht, mich in der Gesellschaft zu bewegen und meine Teilhabe auch einzufordern. Menschen, die schwerer körperlich eingeschränkt sind, haben es da schwerer. Ich kenne z. B. einen jungen Mann, der aufgrund starker Spastiken und einer schweren Körperbehinderung ständig auf die Hilfe anderer angewiesen ist. Zwar kann er sich mit seinem E-Rolli alleine bewegen, aber er hat einen hohen Pflegebedarf.

Frank Herrath: Was heute immer noch meist ein Leben in »Sonderwelten« bedeutet...

Dunja Fuhrmann: Ja, er ist in einer Werkstatt für Behinderte beschäftigt. Da dort viele Menschen mit einer geistigen Behinderung sind, fühlt er sich fehl am Platz, da er mit den wenigsten so kommunizieren kann, wie er es sich wünscht. Kontakt zu anderen jungen Leuten hat er, wenn, nur per Telefon oder Email. Da er bei Treffen immer auf einen Fahrdienst und eine Begleitung angewiesen ist, kann er nur bedingt Beziehungen knüpfen. All seine Hoffnungen auf Teilhabe und Selbstbestimmtheit liegen nun auf seinen Anträgen für ein persönliches Budget und einen Umzug in eine betreute WG.

Frank Herrath: Sie selbst erleben keine Irritationen oder Diskriminierungen?

Dunja Fuhrmann: Oh doch! Bezüglich meiner Beziehung zu meinem Mann, also einer intimen Beziehung mit einem Nichtbehinderten gab es schon aus unterschiedlichen Kreisen irritierte Äußerungen auf beiden Seiten. Diese waren allerdings eher allgemein auf die Behinderung bezogen, statt direkt auf das Sexuelle gerichtet zu sein; also so nach dem Motto »Kommt er mit deiner Behinderung klar?« oder »Ich könnte mir nicht vorstellen, mit einer Frau, die im Rollstuhl sitzt, zusammen zu sein«. Und es gibt auch Familienmitglieder, die nicht immer wissen, wie sie mit mir umgehen sollen und daher auf Familienfeiern über eine Begrüßung nicht hinauskommen.

Frank Herrath: Kommen wir zum Kernthema unseres Gesprächs – unser Buch beschreibt »Das Menschenrecht auf sexuelle Selbstbestimmung«. Wird Sexualität Behinderter behindert?

Dunja Fuhrmann: Eine körperliche Behinderung geht oft mit zahlreichen Beeinträchtigungen einher, die nicht gerade »sexy« sind. Sicherlich ist Sexualität dann effektiv und konkret behindert. Blasen- und Darmstörungen zum Beispiel hängen oft mit einer Körperbehinderung zusammen. Daher muss man wissen, wie man diese Körpersäfte unter Kontrolle bringt – also scheidet spontaner Sex bei den meisten Querschnittgelähmten quasi aus. Erst wenn Blase und Darm entleert sind, kann man sich halbwegs sicher sein, dass kein Missgeschick bei totaler Entspannung oder sexueller Erregung passiert. Auch Spastiken erschweren die Sexualität. Zum einen können sie das Liebesspiel unsanft unterbrechen, zum anderen können sie auch das Lustempfinden reduzieren, weil Spastiken durchaus schmerzhaft sein können. Der Partner oder die Partnerin kann ebenfalls verunsichert oder sogar verletzt werden, wenn während der Zärtlichkeiten eine Spastik ausgelöst wird.

Frank Herrath: Lassen sich diese Handicaps reduzieren?

Dunja Fuhrmann: Bezüglich Spastiken kann man mit Medikamenten etwas Abhilfe schaffen. Doch auch hier zeigt die Erfahrung, dass diese nicht kurz vor dem Liebesspiel eingenommen werden sollten, da man sonst Gefahr läuft, während des Liebesakts ganz müde zu werden oder gar einzuschlafen – orale Antispastika machen nämlich nach kurzer Zeit müde. Auch wirken sich solche Medikamente oft kontraproduktiv auf die Libido aus. Daher ist für das Ausleben von Sexualität bedeutsam, dass ein querschnittgelähmter Mensch seinen Körper kennt und auf alle Eventualitäten gefasst ist bzw. diesen vorher begegnet. Ebenfalls behindern Sensibilitätsstörungen die Sexualität und somit häufig den Lustgewinn. Auch hier bedarf es eines ausgeprägten Körperempfindens. Allgemein bekannte erogene Zonen können aufgrund der Sensibilitätsstörungen nicht mehr für einen Lustgewinn sorgen. Dafür wird man allerdings über andere Stellen erregt.

Frank Herrath: Welche Einstellung sollte der Partner oder die Partnerin mitbringen, wenn das Gegenüber eine Behinderung mitbringt?

Dunja Fuhrmann: Die Haltung des Partners spielt natürlich eine entscheidende Rolle. Er – oder sie – sollte ebenfalls von den möglichen Körperreaktionen wissen, die von einer Behinderung bedingt sind – und damit auch umgehen können. Um wirklich Sexualität zu zweit, gemeinsam erleben zu können, müssen neben persönlichem Lustempfinden häufig auch die erwähnten körperlichen Vorgänge besprochen werden, was nicht gerade Themen betörender und erregender Gespräche sind.

Vor allem sollte man das Kopfkino nicht unterschätzen. Sehr viel Erregung spielt sich im Kopf ab, aber man muss auch erst lernen, das für sich zu entdecken und zu aktivieren. Um beim Liebesspiel zu zweit auf eigene Kosten zu kommen, ist es wichtig, seine Empfindungen mit dem Partner zu teilen. Gerade für Frauen mit einer Querschnittlähmung ist dies besonders wichtig. Die meisten Frauen versuchen stets dem medial vermittelten Frauenbild zu entsprechen: durch Kleidung, Make Up, Frisuren, Sport und Diäten versuchen sie einem Ideal aus Modezeitschriften und Fernsehen näher zu kommen. Sie möchten für den Sexualpartner attraktiv sein und lassen sich dabei häufig unbewusst fremd bestimmen. Wenn nun eine Körperbehinderung hinzukommt, neigen Frauen häufiger als Männer dazu, ihr Selbstwertgefühl zu verlieren ...

Frank Herrath: ... während das männliche Bewusstsein ...

Dunja Fuhrmann: ... bei heterosexuellen Männern mit einer Querschnittlähmung hauptsächlich darum kreist, wie sie es schaffen können, eine Frau zu penetrieren, um als vollwertiger Sexualpartner zu gelten. Infos zu und die Versorgung mit Hilfsmitteln wie Penispumpen, Viagra und Erektionsspritzen reichen häufig aus, um einem Mann in seinem sexuellen Selbstwertgefühl zu stärken. Ansonsten kann er sich noch auf seine Zunge und seine Hände verlassen, um einer Frau Lust zu bereiten. Auch wenn der Mann selbst aufgrund von Sensibilitätsstörungen keinen unmittelbaren körperlichen Lustgewinn beim Sex hat, ist der kognitive Lustgewinn sehr stark ausgeprägt und schafft durchaus Befriedigung, wenn er sieht und hört, dass er seiner Sexualpartnerin Lust bereiten kann und sie sogar zum Orgasmus bringt.

Frank Herrath: Sie unterscheiden also zwischen dem männlichen und dem weiblichen Selbsterleben hier ganz deutlich?

Dunja Fuhrmann: Ja, bei Frauen mit einer Querschnittlähmung ist z. B. dieser kognitive Lustgewinn oft nicht so ausgeprägt. Ihr Selbstwertgefühl als vollwertige Frau und attraktive Sexualpartnerin leidet viel mehr unter der Körperbehinderung als bei männlichen »Leidensgenossen«. Sie entsprechen nicht mehr dem Bild Frau, das man aus den Hochglanzmedien kennt. Phantasien in Bezug auf Muttersein und Familienplanung werden zerstört bzw. gar nicht erst zugelassen. Denn welcher Mann bemüht sich um eine körperbehinderte Frau oder findet diese sexy?

Frank Herrath: Ganz unverändert geltende traditionelle Rollenbilder also?

Dunja Fuhrmann: Ja, leider. Wenn Sie sich bei Paaren umschauen, wo einer eine sichtbare Behinderung hat und der andere nicht, werden diejenigen mit Behinderung überwiegend männlichen Geschlechts sein. Als Frau fragen Sie sich, wie können Sie wieder Sex mit jemanden haben, wenn Sie doch rein gar nichts »da unten« fühlen. Zwar funktioniert durchaus noch Vaginalverkehr, allerdings wird meistens die Scheide nicht so feucht, so dass der Verkehr behindert sein kann. Eine Frau muss hierüber Bescheid wissen, Infos über die Verwendung von Gleitmitteln besitzen usw.

Frank Herrath: Und vertrauensvolle Beratung darüber ist nur selten zu finden?

Dunja Fuhrmann: Ja, viele Frauen bleiben mit ihren Sorgen und Ängsten allein. Beratungen zur Sexualität bei Frauen mit Behinderungen finden noch zu selten statt. Auch sind die meisten Beratungsstellen nicht barrierefrei zugänglich. Und wenn Sie jemanden finden, sind die Gespräche meistens rein medizinisch geprägt. Frauen müssen lernen, ihren Körper neu zu erkunden und ihre erogenen Zonen zu entdecken. Und dann müssen Sie das Glück haben, einen Partner oder eine Partnerin zu finden, der bzw. die sich auf ihre Empfindungen einlässt. Erst dann ist es möglich, Sexualität zu zweit zu genießen. Beim Gynäkologen haben Frauen ebenfalls oft Probleme. Sie brauchen eine barrierefreie Praxis, einen höhenverstellbaren Untersuchungsstuhl sowie eine verständnisvolle Ärztin bzw. einen Arzt, die oder der sich zusätzlich mit Spastiken auskennt, nicht in Zeitdruck bei der Sprechstunde steht und sich wirklich auf Fragen und Probleme einlässt.

Frank Herrath: In der institutionellen Behindertenhilfe wird das Thema »Sexualitätsbegleitung« nicht mehr so vernachlässigt wie noch vor einigen Jahren – zumindest auf Tagungen und Fortbildungen wird das so erklärt; aber ist Beratung und Unterstützung denn auch wirklich für die betreuten Menschen verwirklicht?

Dunja Fuhrmann: Dazu kann ich nicht viel sagen, da ich kaum über Erfahrungen mit Institutionen der Behindertenhilfe verfüge. Was ich hierzu berichten kann ist, dass sich z. B. in Saarbrücken seit etwa einem Jahr ein »Runder Tisch Sexualität für Menschen mit Behinderungen« trifft. Dies zeigt, dass mittlerweile Institutionen aufgeschlossener für die Thematik sind. Allerdings fehlt Mitarbeitenden der Behindertenhilfe häufig eine angemessene Ausbildung, um auf ihr Klientel beim Thema Sexualität angemessen einzugehen. Nur sehr wenige haben einmal eine Fortbildung zu Sexualpädagogik/Sexua-

litätsbegleitung besucht; vielleicht fehlt oft dafür auch der Finanzierungs-
wille. Ordentlich qualifizierte SexualpädagogInnen findet man in den Einrichtungen nur sehr selten. Die Saarbrücker Arbeitsgruppe jedenfalls
bemüht sich aktuell um Sponsoren, um eine Weiterbildung in diesem Bereich
saarlandweit anbieten zu können.

Frank Herrath: Fort- und Weiterbildungen zu »Sexualität und Behinderung«
haben immer auch zu thematisieren, dass selbstbestimmte Sexualität nicht
gelingen kann, wenn nicht die besonders ausgeprägte Realität sexueller Gewalterfahrungen von Frauen und Männern mit Behinderung im Blick ist.

Dunja Fuhrmann: Ob Menschen mit Handicap häufiger sexuellen Übergriffen ausgesetzt sind als Menschen ohne Handicap, vermag ich nicht zu sagen;
aber neuere Studien weisen ja deutlich darauf hin. Und ich kann mir vorstellen, dass es für Menschen mit Behinderungen oft schwerer ist, einen sexuellen Übergriff als solchen nachzuweisen. Auch kann ich mir vorstellen, dass
behinderte Frauen in Partnerschaften einen Missbrauch häufiger ertragen,
um »ihrem Liebsten zu gefallen« und ihn nicht an an nichtbehinderte Frau
zu verlieren, weil man vielleicht mal keinen Sex haben möchte. Wenn es um
die Gestaltung körpernaher Assistenz und Pflege geht, sollten Fachkräfte sich
immer vor Augen halten, dass sie vor sich einen Menschen haben, der ebenfalls ein Schamgefühl besitzt. Auch wenn Pflegekräfte routiniert in der Pfle-
getätigkeit sind und vielleicht durch ihr selbstverständliches Zupacken einem
Pflegebedürftigen die Scham nehmen möchten, ist dies dennoch immer eine
Gratwanderung und erfordert ein Höchstmaß an Einfühlungsvermögen.
Bevor man also bei jemandem Hand anlegt, sollten Pflegekräfte diese Handlung kommunizieren und sich während der Tätigkeit immer wieder bei dem
Pflegebedürftigen rückversichern, ob alles in Ordnung ist. Um persönliches
Schamempfinden nicht auszureizen, ist es angebracht, bei der Körperhygiene
nur die Stellen aufzudecken, die gerade gereinigt werden müssen. Wünschenswert wäre auch, die Vorlieben eines Pflegebedürftigen hinsichtlich des Geschlechts der Pflegekraft zu achten.

Frank Herrath: Das behinderte Menschenrecht auf Sexualität wird heute –
vor dem Hintergrund der Behindertenrechtskonvention – noch einmal intensiver reflektiert – hoffentlich. Zumindest gilt das für das Thema »Elternschaft und Behinderung«, einem nicht direkt sexualitätsbezogene Thema…

Dunja Fuhrmann: Meiner Einschätzung nach sind wir hier noch weit von den
Vorstellungen der UN-Konvention entfernt. Wenn ich sehe, wie viele Schwie-

rigkeiten nicht behinderte Paare haben, die ein behindertes Kind haben, um dessen Rechte durchzusetzen, möchte ich mir die Schwierigkeiten bei behinderten Paaren gar nicht erst vorstellen. Ich hatte mich selbst einmal vor Jahren beim Jugendamt erkundigt, wie es aussehen würde, wenn ich ein Kind adoptieren möchte. Solange ich meine Querschnittlähmung verschwieg, bekam ich umfangreiche Auskünfte über das Adoptionsverfahren – nach meinem »Outen« wurde ich mehr oder weniger abgewimmelt.

Frank Herrath: Von Gleichheit vor dem Gesetz als keine Spur?

Dunja Fuhrmann: Im Grunde genommen werden doch Menschen mit Behinderung im Leben viel mehr behindert, als sie tatsächlich behindert sind. Sie haben zwar Rechtsansprüche, aber sobald es um deren Durchsetzung geht, die ja meistens mit Kosten und daher mit einem Kostenträger zusammen hängen, wird es schwer. Bis man endlich den zuständigen Kostenträger gefunden hat, an den Sie Ihre Ansprüche richten, werden Sie hin und her geschickt – und meistens abgewimmelt. Sie werden häufig als unverschämter Bittsteller wahrgenommen und müssen sich für Ihre Rechtsansprüche ständig rechtfertigen. Viele geben irgendwann frustriert auf, was für mich nachvollziehbar ist. Denn wenn Sie ständig für ihre Rechte kämpfen müssen, zehrt das ziemlich an den Nerven. Ganz schwierig ist es vor allem für diejenigen, die diese bürokratischen Strukturen nicht durchschauen können und niemanden zur Seite haben, der sich für ihre Rechte stark macht und bei der Durchsetzung dieser unterstützt.

Frank Herrath: Auf welcher Ebene liegt dann vor allem der Handlungsbedarf?

Dunja Fuhrmann: Bei der Diskussion um »Inklusion« sollte vor allem das Wissen darüber erweitert werden, dass wirklich alle Menschen davon profitieren. Dass es Homogenität im gesellschaftlichen Miteinander gibt, ist ein Trugschluss. Auch in einer Klasse von SchülerInnen, wo kein einziges Kind behindert ist, herrscht keine Homogenität. Alle SchülerInnen unterscheiden sich – durch Alter, Geschlecht, soziales Herkunftsmilieu, Interessen, Begabungen, kulturelle Hintergründe. Wenn wir nun Kindergärten und Schulen haben, wo Kinder mit und ohne Behinderung zusammen aufwachsen und lernen können, wird diese natürliche Heterogenität noch deutlicher. Aber gerade dadurch können Kinder von einander lernen und die Vielfalt von Menschen wird für sie ebenfalls natürlich. Der Umgang mit Behinderung wird einfacher und selbstverständlicher. Ängste und Vorurteile können abgebaut werden. Bei inklusiven Kindergärten und anderen Institutionen der Sekundärsozialisation sind wir auf dem richtigen Weg.

Frank Herrath: Aber gesamtgesellschaftlich sieht es noch anders aus?

Dunja Fuhrmann: Um Teilhabe zu stärken – auch in Bezug auf Sexualität – und Diskriminierung zu verringern, bedarf es zunächst einmal anderer Faktoren: Mit der Bewusstseinsbildung muss endlich angefangen werden. Obwohl die UN-Behindertenrechtskonvention seit 2009 in Kraft ist, wissen nur wenige Akteure und Interessensvertretungen von Menschen mit Behinderungen davon. Die Politik hat bisher die Gesellschaft weitgehend außen vor gelassen. Auch von den Behindertenvertretungen wird die Konvention nur intern diskutiert. Besonders die Artikel der Konvention, die das Recht von Menschen auf Teilhabe an der Gesellschaft stärken, müssen mehr kommuniziert werden.

Frank Herrath: Barrierefreie Köpfe also braucht es in erster Linie?

Dunja Fuhrmann: Natürlich nicht nur. Auch Gebäude, Informationstechnik, Verkehrsmittel und Freizeitbereiche müssen für alle Menschen zugänglich sein. Bei der Umsetzung von Barrierefreiheit in all diesen Bereichen muss die Gesellschaft mitgenommen werden, es muss den Menschen die Bedeutung der gewollten Veränderungen klar gemacht werden. Von umfassender Barrierefreiheit profitieren alle Menschen und im Hinblick auf die demographische Entwicklung gewinnt eine barrierefreie Umwelt zusätzlich an Bedeutung. Barrierefreies Bauen kann durchaus als komfortables Bauen angesehen werden, barrierefreie Kommunikationstechnik dient sowohl Menschen, die der deutschen Sprache in Wort und Schrift nicht so mächtig sind, wie auch Menschen mit Sinnes- und kognitiver Behinderung. Passieren diese Entwicklungen, profitiert die gesamte Gesellschaft, denn die Möglichkeiten aller erweitern sich, am gesellschaftlichen Leben teilzuhaben. Wenn die Voraussetzungen geschaffen würden, dass sich Menschen mit Behinderung wie selbstverständlich in der Gesellschaft bewegen können, weil die äußeren Barrieren erst einmal abgebaut sind, würden sich generationsübergreifend auch langsam innere Barrieren abbauen.

Frank Herrath: Und ihre Forderung an die aktuelle Politik?

Dunja Fuhrmann: Die Politik hat Vorbildfunktion. Sie muss die Umsetzung der Konvention vom Bund bis zur kleinen Gemeinde tragen und die Behindertenverbände als Experten in eigener Sache ernst nehmen. Die Umsetzung kostet Geld. Es geht um Menschenrechte – hierbei darf nicht gespart werden. Behindertenverbände müssen die Interessen der Menschen mit Behinderung darstellen und öffentlich diskutieren. Sie sind ebenfalls gefragt, die Gesellschaft mitzunehmen. Gleichzeitig sollten sich ruhig auch Menschen mit Beeinträchtigen selbst für ihre Anliegen stark machen und nicht nur auf die Interessensvertretungen verlassen.

Frank Herrath: Und konkret bezogen auf das Thema Sexualität?

Dunja Fuhrmann: Wichtig finde ich, dass das Personal in Institutionen und Beratungsstellen auch sexualpädagogisch und -beraterisch angemessen geschult wird und dort SexualpädagogInnen beschäftigt werden, damit Menschen mit und ohne Behinderung die Möglichkeit erhalten, gut aufgeklärt zu werden. Denn das ist für jede und jeden wichtig, um eine sexuelle Identität auszubilden und selbstsicherer beim Knüpfen von intimen Beziehungen zu sein. Ebenfalls empfinde ich es als äußerst wichtig, dass sich in den Zentren für Menschen mit Querschnittlähmungen Mitarbeitende mit der Thematik »Sexualität und Behinderung« auskennen. Nicht nur Mobilitätstraining und Selbstkatheterisierung sind wichtig. Fragen des Selbstwertgefühls und der Sexualität mit Behinderung müssen dort ihren Platz haben, auch in Form der Beratung von »Betroffenen für Betroffene«.

Frank Herrath: Vielen Dank für das Gespräch, Frau Fuhrmann. Es ist also noch ein weiter Weg...

Dunja Fuhrmann: ... bis Begegnungen und Beziehungen zwischen Menschen mit und ohne Behinderung wirklich selbstverständlich sind, werden noch Jahre vergehen. Vor allem muss sich das Bewusstsein bei der Erwachsenengeneration ändern. Kinder haben von sich aus nicht solche Berührungsängste, wenn es um Andersartigkeit geht. Erst durch Zuschreibungen und das Verhalten von Erwachsenen werden sie in ihrem Handeln geprägt. Zum Beispiel erlebte ein Freund von mir, ein Rollstuhlfahrer, einmal die Situation, dass sein Patenkind im Alter von 6 Jahren ihn darauf aufmerksam machte, als er mit seinem PKW auf einem Behindertenparkplatz parkte, dass dies ein Platz nur für behinderte Menschen sei. Dem Kind war bis zu diesem Zeitpunkt gar nicht bewusst, dass sein Patenonkel behindert ist.

»Behinderte Liebe«
Bilder und Erzählungen von Menschen, deren Sexualität behindert ist bzw. wird

Andreas von Hören

Für die Filmreihe »Behinderte Liebe« produzierte das Medienprojekt Wuppertal in den Jahren 2008 und 2009 31 kürzere und längere Dokumentationen mit und über Menschen mit unterschiedlichen Behinderungen zum Thema »Liebe und Sexualität«. In den Filmen beschreiben die Menschen offen ihre positiven und negativen Erfahrungen, ihre Wünsche und Ängste in Bezug auf Liebe und Sexualität.

Die zehn- bis sechzigminütigen Dokumentationen werden vom Medienprojekt Wuppertal auf drei Doppel-DVDs als Bildungsmittel zur Aufklärung und Sensibilisierung für behinderte und nichtbehinderte Menschen vertrieben.

Die Themen der Filme sind u. a.: Kennenlernen, Leben als Paar, Das erste Mal, Partnersuche und Partnervermittlung, Verhältnis von Liebe und Sexualität, Lust und Selbstbefriedigung, Sexuelle Hilfen durch Sexualbegleitung und Prostitution, Geschlechtsrolle und sexuelle Identität, Homosexualität,

Beziehungslosigkeit und Einsamkeit, Vorurteile und Diskriminierungen, Verhütung und Kinderwunsch, geistig behinderte Eltern und ihre Kinder. Die Filme zeigen, wie ähnlich die Wünsche und Ängste zu denen von Nichtbehinderten sind – und wie unterschiedlich das sexuelle Erleben (auch) bei Behinderten ist. Hier bleibt die Frage, wie stark Menschen mit Behinderungen sexuell und beziehungsmäßig behindert sind, dadurch, dass sie behindert werden, nicht bloß theoretisch.

In echt

Die Filmreihe wurde in drei Filmpremieren in Wuppertaler Kinos präsentiert. Das große Interesse der Teilnehmenden an der Filmproduktion und der ZuschauerInnen zeigte, wie stark das Bedürfnis nach lebensrealistischer, offener Thematisierung von Sexualität ist – und nach medialer Partizipation von Menschen mit Behinderung, die in Fernsehen, Kino und Presse in der Regel kaum vorkommen; und wenn, dann entweder sensationalisiert, klischeehaft oder als Problem stigmatisiert.

Für alle nachhaltig – die Produzierenden, die Unterstützenden, das Publikum

Die Nachhaltigkeit der Filmarbeit bestand und besteht für die Teilnehmenden in der vieldimensionierten individuellen Erfahrung durch das Filmschaffen und durch die breite öffentliche Publizierung der dokumentierten Geschichten: Für die Teilnehmenden unterstützte die Filmarbeit – neben dem Erwerb von Medienkompetenz – die Reflexion der eigenen Geschlechtsrolle, der sexuellen Wünsche, Ängste und Erfahrungen und – durch die mediale Artikulation – ihre gesellschaftliche Partizipation.

Durch den integrativen Ansatz der Arbeit entstand eine Brücke von Verständnis, Empathie und Solidarität zwischen behinderten und nichtbehinderten Menschen. Besondere Nachhaltigkeit der Videoprojekte ist durch die langjährige Nutzung der Filme gegeben – im Durchschnitt erreichen die Filme durch deren sehr erfolgreichen Vertrieb mehr als 100.000 ZuschauerInnen.

Keine Behindertenfilme, keine behinderten Filme

Menschen mit Behinderungen wollen keine »behinderten« Filme – und solche auch nicht machen. Sie haben auf Grund ihrer rezeptiven Medienerfahrungen die gleichen Ansprüche an ihre Filme wie Menschen ohne Behinderung: Erfolgreich ist ihre Arbeit für sie (gewesen), wenn die ZuschauerInnen bei ihren Filmen lachen, wenn sie lachen sollen, nachdenken, wenn sie nachdenken sollen, weinen, wenn sie weinen sollen. Die FilmemacherInnen brauchen daher – egal für welche Leistung – keine »pädagogische« Bestätigung für ein »für Behinderte« erstaunlich gut gelungenes Arbeitsergebnis; sie brauchen vielmehr Unterstützung, die sie ernst nimmt, ihre Ansprüche und das Publikum.

Es braucht Unterstützung zur Selbstbestimmung – im Sexuellen wie im produzierenden Tun

Menschen mit Behinderungen wollen auch keine »behinderte« Sexualität. Sie haben die gleichen Lüste und Liebesinteressen wie Menschen ohne Behinderung.

In den Betreuungsverhältnissen bei Eltern, anderen Verwandten oder in Behinderteneinrichtungen werden ihre Sexualität, ihre Lust und ihre Liebesbedürfnisse oft nicht wahrgenommen oder beschnitten. Denen, die Unterstützung beim Ausleben ihrer Sexualität benötigen, wird diese oftmals nicht oder nicht ausreichend gegeben.

Menschen mit Behinderungen haben nicht nur die gleiche Lust auf Leben und Lieben und das gleiche Interesse an Liebe, Sex, (medialer) Artikulation und Partizipation wie Menschen ohne Einschränkungen – sie haben auf Grund ihrer persönlichen und gesellschaftlichen Diskriminierung und Ausgrenzung ein besonderes Interesse daran und ein besonderes Recht darauf. Gerade für diskriminierte Menschen ist die Möglichkeit, ihre Geschichten und ihre Themen selbstbestimmt medial zu publizieren, besonders wichtig – und Filme zu rezipieren, die ihr eigenes Leben und Erleben thematisieren – am besten an öffentlichen Orten. Für solche Filme und deren Publikation braucht es MedienpädagogInnen, die nach Bedarf unterstützen, und zwar mit demselben Anspruch wie bei Menschen ohne Behinderung: Für einen möglichst guten, möglichst – vor allem inhaltlich – selbstbestimmten Film für ein möglichst großes Publikum und das möglichst öffentlich.

Was bedeutete dieses Menschenbild und dieses Konzept konkret für die Produktion der Filmreihe? In der Projektreihe kamen zwei spannende Möglichkeiten zusammen: Sich medial zu artikulieren und sexuelle Geschichten zu erzählen. Beides ist interessant und spannend – besonders für unterdrückte Menschen.

Das Interesse von Menschen mit Behinderungen, ihre Liebeserfahrungen und Sehnsüchte mit allen ihren schönen und schwierigen Anteilen zu beschreiben, war also groß.

MedienpädagogInnen halfen ihnen, sich so angemessen und selbstbestimmt filmisch auszudrücken, dass es ihren eigenen inhaltlichen Bedürfnissen und filmischen Maßstäben entsprach. Diese sexuellen Reflexionen haben immer zwei Wirkungsebenen: Einmal – wie beschrieben – die Ebene der ProtagonistInnen, die sich im Film selber reflektieren, zum anderen die Ebene der anläßlich des Filmes reflektierenden RezipientInnen. Ob die ReziepientInnen Behinderungen haben oder nicht, ist gleichgültig, da die Themen universal sind und jedem Menschen Anlass und Gelegenheit zur Auseinandersetzung mit der eigenen Sexualität und Liebesgeschichte geben.

Das Wichtigste bei der Filmentwicklung war, die Interessen der behinderten TeilnehmerInnen und diese als komplexe Menschen ernst zu nehmen und dabei sensibel und dynamisch die komplexen Ansprüchen und die unterschiedlich notwendige filmische Unterstützung mit dem Ziel größtmöglicher Autonomie auszubalancieren. Hierbei waren die MedienpädagogInnen auch Lernende.

Nichts über uns ohne uns. Lieber direkt von uns

Das wichtigste Moment der Filme ist das Artikulative. Um nicht ein weiteres Mal nicht nur – oft bloß spekulativ und ideologisch – über behinderte Sexualitäten zu reden oder zu schreiben, werden in diesem Buch transkribierte O-Töne aus einigen Filmen der vom Medienprojekt Wuppertal produzierten Filmreihe »Behinderte Liebe« vorgestellt.

Es sind sicher wieder nicht »die« Behinderten, deren sexuelle Geschichten nun umfassend ergriffen und dargestellt sind, es sind einige sehr individuelle Äußerungen – jedenfalls authentisch und direkt.

Die Filmreihe zeigt mehr davon; sie ist zu bekommen über www.medien-projekt-wuppertal.de.

Oh mein Gott, du bist bi

Sabrina (16) und Phu (16) gehen beide in das letzte Schuljahr einer Schule für Körperbehinderte. Sabrina wohnt in einer Mädchenwohngruppe, Phu zuhause bei seiner Mutter.

Sabrina: Also mein Beuteschema war ja früher blond, ich mochte blonde Mädchen. Nach der zweiten Woche, wo wir [Sabrina und Phu] zusammen waren, ist das so gekommen: Alle in der Schule lachten ein bisschen und ich überlegte: »Wieso lachen die denn so?« Ich fragte dann die Jacqueline, und sie sagte: »Ja, besser fragst du den Phu schon selbst.« Und ich dann: »Phu, was ist denn hier los?« Und er so: »Ja, frag die Mädels.« Und ich dann: »Nein, ich möchte es von dir wissen.« Und er dann so: »Ich bin schwul!« Also das war schon ein hartes Stück für mich. Das war erstmal was, das ich verarbeiten musste. Aber später akzeptierte ich es dann. Weil – was kann man dafür? Und nun weiß ich, der Phu ist bi[sexuell] und damit hab ich kein Problem mehr. Nun sind wir auch beste Freunde.
Phu: Du bist auch bi.
Sabrina: Ja, ich bin auch bi.
Phu: Siehst du. Aber warst mit noch gar keinem Mädchen zusammen.
Sabrina: Doch!
Phu: Echt?
Sabrina: Ja.
Phu: Hast du mir gar nicht erzählt!

Sabrina: Am Anfang, als wir zusammen waren, war das zwar schön, aber nicht so schön wie jetzt, wo wir befreundet sind.

Phu: Wenn mich jetzt jemand fragt: »Hast du ne Freundin?« Dann sag ich »Ne, ich hab einen Freund, ich bin bi.«

Sabrina: Ich geh damit auch offen um, außer halt in der Schule. Weil in der Schule, ja, die sind da einfach noch nicht so weit.

Phu: Auch klar, am Anfang war es sehr schwierig für mich. Hast du ja selbst mitgekriegt. Ich wurde gehänselt und gedemütigt, aber ich hab mir den Respekt von den anderen erkämpft, weil die keinen Respekt vor mir hatten. Ich hab gesagt: »Wenn ihr das nicht akzeptiert, dann verpisst euch!« Ist ja deine Entscheidung, aber ich würde es in der Schule sagen. Weil du bist wirklich ne taffe Frau, sag ich mal, sehr taff. Du weißt doch was taff ist? Ne?

Sabrina: Ja!

Phu: Okay

Sabrina: Hör mal, bin ich ein Hinterwäldler?

Phu: Auf jeden Fall bist du sehr taff, und wenn die sagen: »Oh mein Gott, du bist bi«, dann kannst du dich gut wehren und sagst dann halt deine Meinung. Mit Sabrina ist das intensiver, weil hier auf der Schule hab ich ja keinen, mit dem ich darüber reden könnte. Weil die kennen das ja nicht, die wissen ja nichts, die sind halt nicht bi oder lesbisch, die sind hetero. Sabrina kennt dieses Gefühl und deswegen kann ich nur mit Sabrina, nur mit dieser einen Person über alles reden, was dieses Thema betrifft. Deswegen bedeutet mir Sabrina irgendwie sehr viel.

Sabrina: Weißt du, wie das ist, in einer Mädchen-WG zu wohnen und wenn du dann bi bist?

Phu: Na ja, das kann ich mir nicht vorstellen. Aber ich könnte mir vorstellen, dass die dann auf dir rumreiten oder dich ärgern.

Sabrina: Nö, die haben Schiss vor mir. Die haben ehrlich Schiss vor mir. Und dann sagte ich denen auch schon oft: »Hört mal Mädels, ihr seid alle nicht mein Typ und deswegen steh ich auf euch alle nicht.«

Phu: Also, was der eine eklig findet, was der andere gut findet, was der andere anziehend findet. Darüber reden wir.

Sabrina: Ja, wen der andere vielleicht anturnend findet.

Phu: Also, sie zum Beispiel findet es ekelhaft, wenn man einem Jungen einen bläst.

Sabrina: Genau!

Phu: Das würdest du auch nie machen.

Sabrina: Ne, bah! So 'ne dicke Wurst im Mund zu haben und die immer hin und her zu schieben. Ihh.

Phu: Na ja, man muss das nicht immer eklig finden, ne? Bei manchen findet man das ekelhaft, bei manchen nicht.

Sabrina: Als ich erfuhr, dass er HIV-infiziert ist, da kriegte ich natürlich auch Panik um den Phu.

Phu: »Du bist HIV-positiv!« Ich war damals sehr geschockt, musste das erst einmal verarbeiten. Und hab viel wirres Zeug geredet. Zum Beispiel: »Ich will nicht mehr leben«. Ich hab das Sabrina erzählt und sie war erst einmal geschockt, hat mich die ganze Zeit getröstet und mich umarmt.

Und weil sie immer zu mir gesagt hat: »Das tut mir so leid«, und so, hab ich gesagt: »Ich brauch kein Mitleid!«. Weil das ist wirklich das schlimmste, was ein Mensch jemals braucht, Mitleid.

Sabrina: Ja. Ich denk, du weißt jetzt, dass ich dir nicht das Gefühl vermitteln wollte, Mitleid zu haben.

(Aus dem Film »Nicht viel anders« von der DVD »Behinderte Liebe 2«)

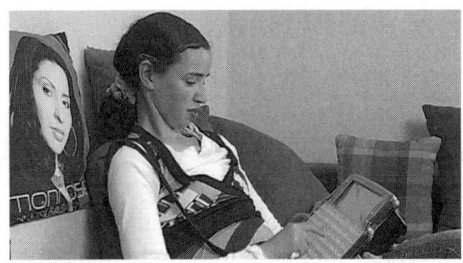

Ich schlafe nicht so gerne mit Männern

Die 24jährige Fikria stammt aus Marokko. Sie hat eine Sprachbehinderung und kommuniziert deswegen mit einem Talker. Fikria wohnt alleine.

Fikria: Ich finde, die Männer machen zu viele Probleme.
Frage: Bist du viel im Internet?
Fikria: Das schon und ich chatte auch gern.
Frage: Chatten? Mit was für Leuten?
Fikria: Normale und auch mit Behinderung. Ich habe mich schon mit sechs Männern so getroffen.
Frage: Also gab's da schon so richtige Dates übers Internet?
Fikria: Ja.
Frage: Und wie alt waren die so?
Fikria: Jedes Alter war dabei. Der Jüngste war so 18 und der Älteste so 46.
Frage: War bei den Männern, die du getroffen hast übers Internet, irgend jemand dabei, wo du sagst: »Ja, der war echt nett, der war super!«?
Fikria: Ja. Aber ich habe von meiner Schwester erfahren, dass der schon verheiratet ist mit einer Frau.
Frage: War der auch behindert?
Fikria: Ja, der hatte einen Autounfall. Und darum hatte der keine Finger. Ich dachte: »Der ist der Mann, den ich suche.« Aber wie man sieht, hat er mich von vorne bis hinten verarscht.
Frage: Habt ihr euch öfter getroffen?

Fikria: Ja, das schon. So drei Monate waren wir zusammen.

Frage: Und, warst du verliebt in den?

Fikria: Bisschen schon.

Frage: Habt ihr euch auch geküsst?

Fikria: Ich habe gesagt, dass ich viele Typen hatte, aber er war der erste, den ich zugelassen habe, dass der mich auf den Mund küsst.

Frage: Also die anderen gar nicht? Also da war gar keine körperliche Beziehung?

Fikria: Nur nicht küssen. Das wollte ich nicht so gerne wegen meiner Behinderung. Ich sabber' ja und das war mir nicht so recht.

Frage: Hast du denn mit diesen Männern auch Sex gehabt?

Fikria: Ich habe mit denen auch geschlafen, das schon. Ich habe aber bis jetzt noch keinen Orgasmus bekommen. Die Typen, mit denen ich geschlafen habe, aber schon.

Frage: Und warum meinst du war das so? Hast du dich unwohl gefühlt dabei?

Fikria: Ich schlafe nicht so gerne mit Männern. Ich liebe die nicht, darum wohl.

Frage: Aber du wolltest das schon, ja?

Fikria: Ja.

Frage: Also hat es dir nichts bedeutet?

Fikria: Nein. Ich habe einen Traum, der ist, ein Kind zu bekommen. Darum mache ich das ja nur. Ich stehe nicht auf so Schlafspiele.

Frage: Habt ihr denn verhütet?

Fikria: Nein, nicht immer. So zwei, drei Männer, die wollten mit Gummi was machen.

Frage: Aber wussten die denn, dass du ein Kind willst und du eigentlich nur deswegen mit denen ins Bett steigst?

Fikria: Das habe ich denen gesagt. Aber die so: »Nicht beim ersten Mal schon ohne Gummi. Wir müssen uns öfter treffen, dann erst ohne Gummi.«

Frage: Ja und wie war das für die? Also ich mein, du sagst so »Hey, ich will ein Kind!«, und die sagen »Ja, ist in Ordnung«, oder wie war das? Wollten die jetzt auch ein Kind mit dir, oder war denen das egal?

Fikria: Die wollten ja nur Spaß.

Frage: Und du hast keine Angst, dass da auch 'ne Konsequenz bei ist? Dass du irgendwann da stehst und sagst: »Hey, ich hab ein Kind von dir!«

Fikria: Bis jetzt habe ich ja leider noch kein Kind.

Frage: Und dir ist das auch egal, dass dann der Vater des Kindes vielleicht auch nicht da ist?

Fikria: Das will ich ja. Ein Kind ohne Mann ist mein großer Traum.

Frage: Und woran denkst du, wenn du mit 'nem Mann schläfst?

Fikria: Ehrlich, ich bin dann mit den Gedanken ganz woanders, nicht bei dem Mann.

Frage: Und wo bist du dann?

Fikria: Ich denke dann, was ich noch an dem Tag so mache und wann der endlich fertig wird.

Frage: Haben denn die Männer Spaß am Sex mit dir?

Fikria: Das ja. Sie bekommen alle einen Orgasmus, also ja.

Frage: Und wie fühlst du dich nach dem Sex mit 'nem Mann?

Fikria: Ich freu mich immer, wenn ich endlich duschen kann. Wenn ich das dann hinter mir lassen kann.

Frage: Also findest du das auch wirklich ekelig und willst das dann loswerden?

Fikria: Ja.

Frage: Was hast du für Wünsche im Bezug auf Sex und Liebe?

Fikria: Dass ich mal den richtigen Mann finde, den ich liebe.

Frage: Und was beim Sex? Was für Wünsche hast du da?

Fikria: Dass ich auch mal einen Orgasmus bekomme, um zu sehen, wie das so ist.

(Aus dem Film »Ich habe einen Traum« von der DVD »Behinderte Liebe 1«)

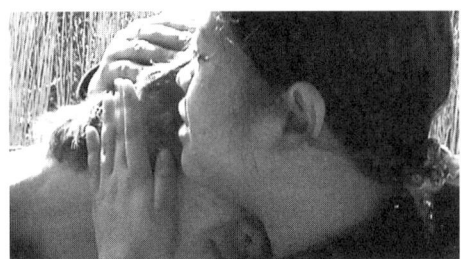

Neunundsechzig

Die 21jährige Anna und der 22jährige Tobias sind verlobt. Beide haben eine leichte geistige Behinderung und arbeiten in derselben WfbM. Er wohnt im BeWo, sie Zuhause bei ihrer Mutter.

Anna: Nach meinem Praktikum im Wohnheim war ich dann in der Troxlerwerkstatt (WfbM) in der Küche. Und dann hab ich diesen hier kennengelernt – wie denn noch mal? Weiß ich gar nicht mehr.
Tobias: Ich auch nicht.
Anna: So 'n Arbeitskollege von Tobias hat weiter erzählt, dass ich Praktikantin bin. Am Anfang fand ich ihn ziemlich nervig, weil er so dumme Sprüche losgelassen hat. Das war erstmal schrecklich.
Anna: Deshalb waren wir auch erstmal nur befreundet. Ich wollte unbedingt die Handynummer von ihm haben, um ihn näher kennenzulernen. Ich wurde echt neugierig...
Tobias: Es ging auf einmal von heut auf morgen. Von einer Stunde in die andere war es geschehen. Kann man gar nicht beschreiben.
Anna: Ja, das stimmt.
Tobias: Das geht einfach so (schnippt) und schon wird's heiß um einen.
Anna: Ja, dir wurde warm ums Herz.
Tobias: Hmm.
Anna: Mir wurd's warm ums Herz. (Lachen)

Tobias: Ja ja ja.

Anna: Du hast jetzt über zweihundert Briefe von mir. (Lachen)

Tobias: Dass sie mich ganz doll lieb hat und so.

Anna: (Lachen) Da hab ich mich schon verraten!

Tobias: Ja hast du, eindeutig.

Anna: Und dann hab ich ihm 'n Spitznamen gegeben.

Tobias: Nur, weil ich das mit dem Löffelchen gemacht hab.

Anna: Er hat von Neunundsechzig erzählt. Und da haben alle gefragt: »Was ist das?«

Tobias: Du warst das! Du wolltest das erklären und ich hab einfach gesagt ...

Anna: ... Da wollt ich das erklären und dann, was macht der? Sitzt neben mir und macht solche Teelöffel (zeigt in der Luft die Stellung) und erklärt das auch noch. Vor allen Leuten – die ganze Werkstatt musste lachen, das war so peinlich! Und seitdem nenn ich den »Neunundsechzig«.

Tobias: Und dann hat sie mich gefragt, als ich unter das Kissen gegangen bin.

Anna: Du hast dich geschämt.

Tobias: Nö.

Anna: Da hab ich ihn gefragt, ob wir zusammen sind, weil wir uns näher gekommen sind.

Tobias: Ich dachte, sie fragt mich jetzt, ob sie mit mir zusammenkommen will oder nicht. Aber dass sie direkt fragt, ob wir zusammen sind, das war schon komisch.

Anna: Das erste Mal war aber erst nach einer Woche, nachdem wir zusammen gekommen sind.

Tobias: Ja und?

Anna: Na, fand ich gar nicht toll. Das ging so schnell. Auf einmal, nachdem alles fertig war, zack bumm, setzt der sich hin, zieht sich an und geht raus. Boah, da hätte ich den...

Tobias: Ich wusste in dem Moment nicht, was ich machen sollte.

Anna: Geht der einfach raus!

Tobias: Ich wusste gar nicht, was mit mir geschieht.

Anna: Ich so: »Hallo?« Dann fragt der mich auch noch, ob ich sauer wär. Ich so: »Ja!«

Tobias: Ich wusste nicht, was mit mir geschieht in dem Moment.

Anna: Da war ich echt traurig drüber. Aber hinterher hat er das doch irgendwie 'ne Woche später ernst genommen. Da hat er mich wieder umarmt und geknutscht und dann hat er gesagt: »Ich will schmusen!« Und ich so: »Hä, was ist denn mit dem los?«

Tobias: In dem Moment war ich bereit.

Anna: Ja und bis heute nimmt er auch die Beziehung ernst!

Tobias: Bist du dir sicher, dass ich das tu?

Anna: Ich hau dich gleich.

Tobias: Ich mach doch nur Spaß mit dir.

Anna: Das ist aber kein Spaß!

Tobias: Ich hab noch gar nicht gesagt, wie das entstanden ist, dass wir miteinander geschlafen haben.

Anna: Kam einfach so!

Tobias: War ungeplant sogar, glaub ich.

Anna: Das plant man nicht. Weil wenn man das plant, dann ist das ja für beide unangenehm. Aber wir planen's nie, kommt einfach zufällig, vom Gefühl her, einfach! Und der zwingt mich auch nicht dazu. Wenn ich nicht will, dann will ich nicht.

Tobias: Hab ich dich gefragt, oder du mich?

Anna: Ich dich!

Tobias: Nein, ich dich!

Anna: Nee. (Lachen)

Tobias: Ich hab gefragt, ob ich mich jetzt drauf legen soll oder nicht.

Anna: Ja klar! »Wie soll ich das jetzt machen? Beine breit oder zu?«

Tobias: Hast du gefragt, ne?

Anna: Ja! (Lachen) Das war lustig. Und hinterher hat er mir gezeigt, wie das mit dem Ding geht. Ich so: »Hallo, was macht der denn da?« Das war total komisch am Anfang. Da hast du mir das gezeigt.

Tobias: Was denn?

Anna: Ja, wie man das beim Mann macht.

Tobias: Ach so!

Anna: Mit Petting.

Tobias: Ach so...

Anna: Da hast du mir das gezeigt. Ich hab gedacht: »Hä, was macht der da?« – »Nein, mach das so, das ist besser!« Das war für mich am Anfang ungewohnt, Petting.

Tobias: Sie möchte nie Petting, sie möchte direkt aufs Ganze.

Anna: Ja klar.

Tobias: Muss ja flutsch flutsch machen können.

Anna: Ja, das machen wir so mit küssen, kuscheln, streicheln. Da lassen wir uns beide immer Zeit. Ich zwing den nicht, er zwingt mich nicht. Da lassen wir uns beide immer Zeit. Ist auch ganz richtig.

Tobias: Wenn ich dich zwinge, dann ist das so ein liebes Zwingen, ne?

Anna: Ja, dann guckste mich so wie 'n Dackel an. Dann kuscheln wir immer am Ende. »Schmusen, ich will schmusen« Du bist zum Schmusetier in den letzten zwei Jahren geworden. Ist doch wahr!
Tobias: Und dann?
Anna: Dadurch wurde auch die Beziehung intensiver und vertrauter.

(Aus dem Film »Anna & Tobi« von der DVD »Behinderte Liebe 1«)

»Wer Sexualität erleben möchte, sollte dafür Raum zur Verfügung haben« Über sexuelle Stellvertretung und sexualbezogene Behindertenhilfe

Ein Interview mit Stefan Göthling und Anita Kühnel (people first)

Frank Herrath: Was behindert Ihrer Meinung nach selbstbestimmte Sexualität von Menschen mit Behinderung am meisten?

Stefan Göthling: Die Bedingungen und die Ansichten, unter denen Menschen mit Lernschwierigkeiten leben. Was passiert zum Beispiel, wenn sich ein Paar findet? Andere Menschen reden hinein oder werden als Aufpasser benutzt. Aber wer hat das Recht auf Einmischung? Erwachsene Menschen – ob nun mit Lernschwierigkeiten oder ohne – sollen so leben und lieben, wie sie es wollen. Niemand hat ihnen dabei Vorschriften zu machen. Wenn sich zwei Menschen am Arbeitsplatz kennen lernen und sich näher kommen, dann machen sie ein Date aus, treffen sich am Abend usw. Bei Menschen mit Lernschwierigkeiten ist das leider immer noch viel komplizierter, weil sie meist in Einrichtungen oder bei den Eltern leben, die dann reinreden. Vielleicht können sie sich auch nicht am Abend treffen, weil sie an unterschiedlichen Orten wohnen und nicht ohne weiteres zueinander kommen können. Also schmusen sie am Arbeitsplatz, was ihnen dann auch wieder untersagt wird. Andere Paare lernen sich heute über das Internet kennen. Aber welcher Mensch mit Lernschwierigkeiten hat schon Zugang zum Internet? Das muss alles viel normaler werden!

Jens Clausen: Ist es denn überhaupt in Ordnung, selbstbestimmte Sexualität von Menschen mit Behinderungen zu einem besonderen Thema zu machen, wie wir es hier tun?

Stefan Göthling: Jeder Mensch, ob er nun Lernschwierigkeiten hat oder nicht, sollte seine Form von Sexualität leben können. Es kommt darauf an, Erfahrungen zu ermöglichen, was einem gut tut! Und es ist natürlich immer noch ein notwendiges Thema, weil Menschen mit Behinderungen oft von wechselnden Menschen gepflegt werden. Damit sind sie dauernd auf »fremde Nähe« angewiesen! Also müssen sie darin bestärkt werden, »nein« zu sagen, wenn sie z. B. keine geschlechtsspezifische Pflege erhalten, obwohl sie das wünschen. Oder wenn dauernd neue Praktikanten die Pflege übernehmen. Menschen mit Lernschwierigkeiten bzw. mit körperlichen Handicaps oder Mehrfachbehinderungen sollen nicht Objekt von fremder Hand sein! Selbstbestimmung ist auch ein Schutz. Und selbstbestimmte Sexualität heißt, dass zwei Menschen sich intim begegnen, die beide damit einverstanden sind.

Anita Kühnel: In den Wohnheimen und Werkstätten sollten zu diesem Thema Schulungen stattfinden, damit eben Menschen mit Lernschwierigkeiten besser geschützt und unterstützt werden.

Frank Herrath: Welche Form von Unterstützung bzw. Assistenz halten Sie für sinnvoll?

Stefan Göthling: Das wichtigste ist ganz einfach die menschliche Unterstützung. Vertrauen ist wichtig! Ich bin für ein breit gefächertes Angebot an Unterstützung. Es geht darum, jedem Menschen, der Sexualität erfahren möchte, dafür Raum zu geben. Dazu können auch Seminare zur Körpererfahrung sinnvoll sein, im Grunde alles, was Menschen, die nicht als behindert angesehen werden, auch so tun. Sexualität ist Leben, ist Empfinden, und das gilt für jeden, natürlich auch für Menschen mit Lernschwierigkeiten.

103

Anita Kühnel: In den Einrichtungen könnte auch die Mitarbeiterinnen und Mitarbeiter mehr Mut haben, dass selbstbestimmte Sexualität möglich wird. Aber überall reden zu viele Leute rein, da sind wir von Selbstbestimmung noch weit entfernt.

Stefan Göthling: In den Wohnstätten gibt es immer noch sehr oft Mehrbettzimmer. Und selbst das Anklopfen, wenn man als Mitarbeiterin oder Mitarbeiter das Zimmer einer Bewohnerin oder eines Bewohners betritt, ist noch nicht überall gewährleistet. Wenn man jemanden besucht, benutzt man die Klingel, bevor man ein fremdes Zuhause betritt. Aber in Wohnstätten ist meist die Privatsphäre nicht ausreichend geschützt. Zur Selbstbestimmung gehört also unbedingt der Schutz der Privatsphäre, und das gilt natürlich besonders beim Thema Sexualität.

Jens Clausen: In der UN-Behindertenrechtskonvention ist der notwendige Schutz der Wohnung und der Privatsphäre, wie Sie ihn ansprechen, ja nun endlich formuliert worden. Auch das Recht auf Elternschaft und Familie ist klar angesprochen. Aussagen zur Sexualität werden in der UN-Konvention aber vermieden. Ist das ein Nachteil?

Stefan Göthling: Klar, es ist eben immer noch ein Tabu-Thema. Man fasst kein heißes Eisen an!

Jens Clausen: Vielleicht war es bei den ganz unterschiedlichen kulturellen und ethnischen Hintergründen der UN auch schwierig, beim Thema Sexualität auf einen gemeinsamen Nenner zu kommen. Sollte es offizielle Erklärungen zu diesem Thema geben?

Stefan Göthling: Wichtiger wäre, dass sich die menschliche Denkweise ändern würde. Denn die Barrieren fangen im Kopf an.

Frank Herrath: Wie steht es gesellschaftlich nach Ihrer Einschätzung mit den Themen Aufklärung und Verhütung? Gibt es genügend Angebote der Sexualinformation in leichter Sprache? Sind die Broschüren, Bücher und Filme jeweils dem Handicap angemessen?

Anita Kühnel: Es könnte noch mehr Aufklärung in leichter Sprache geben. Das muss an den Schulen beginnen und auch in Wohnheimen und Werkstätten zum Thema gemacht werden. Wir haben z. B. auch gute Erfahrungen in der Zusammenarbeit mit Frauenbeauftragten gemacht. Und Filme und Informationen, wie Ralf Specht sie anbietet, sind sehr sinnvoll.

Stefan Göthling: Sexualität ist in meinen Augen etwas ganz normales. Aufklärung ist wichtig, besonders im Jugendalter. Man darf das Thema nicht wegschieben, denn dadurch entstehen Unsicherheiten, Ängste, Blockaden. Aber bei Erwachsenen sollten die Schulungen nicht nur durch Profis erfolgen. Auch Menschen mit Lernschwierigkeiten selbst können ihr Wissen und ihre Erfahrungen weitergeben.

Jens Clausen: Kinderwunsch und Elternschaft ist ein weiterer Themenkomplex, der gegenwärtig intensiv und auch sehr kontrovers diskutiert wird.

Stefan Göthling: Diejenigen, die Kinder bekommen möchten, sollen auch Kinder bekommen können. Natürlich gehört auch dazu, dass man vorher miteinander redet: Was kommt da auf mich und auf uns zu? Wie viel Unterstützung wird notwendig sein?

Anita Kühnel: Auch Menschen mit Lernschwierigkeiten können gut für ein Kind sorgen und fürsorglich mit dem Kind umgehen.

Stefan Göthling: Mitunter mischen sich die Eltern von Menschen mit Lernschwierigkeiten ein und wollen ihrer Tochter oder ihrem Sohn das Recht auf Sexualität absprechen, weil sie Angst haben, dass es zu einer Schwangerschaft kommen könnte. Wenn aber erwachsene Menschen keine Erfahrungen von Zärtlichkeit, Geborgenheit und körperlicher Nähe machen können, entsteht oft so etwas wie eine zweite Behinderung. Natürlich sollte man immer auf das Wohlbefinden des anderen achten.

Jens Clausen: »Das Tun des einen muss zu dem Empfinden des anderen passen!« hat Winfried Mall einmal treffend formuliert. Das gilt ja eigentlich für alle Formen der Körpererfahrung und der Intimität.

Stefan Göthling: Genau! Der Schutz von Personen, die keine intime Nähe und auch gar keine Sexualität wollen, muss ebenso gewahrt werden.

Jens Clausen: Zum Thema »Elternschaft von Menschen mit Lernschwierigkeiten« sind die Ansichten in der Gesellschaft bisweilen aber noch weit von Ihren Vorstellungen entfernt. Häufig wird eine mögliche Gefährdung des Kindeswohls ins Feld geführt oder vermutet, dass die Kinder von ihren Eltern nicht ausreichend gefördert werden.

Stefan Göthling: Aber wo mischen sich sonst die Leute so ein? Wo machen sie sonst solche Einschränkungen? Sollte es einen Elternführerschein geben? Von mir aus gern, aber dann bitte für alle und nicht nur für Menschen mit Lernschwierigkeiten!

Anita Kühnel: Nicht überall gehen die Menschen so fürsorglich miteinander um, wie es häufig gerade unter Menschen mit Behinderungen geschieht.

Stefan Göthling: Und noch etwas ist wichtig: Für manche Menschen mit Lernschwierigkeiten ist der unerfüllte Kinderwunsch schwerer zu ertragen als ihre Behinderung selbst. Aber leider wird das in den Wohnstätten noch ganz anders gesehen. Da gibt es manchmal noch die »Pille für alle«, damit es ja nicht zu einer Schwangerschaft kommt. So etwas geht gar nicht. Denn das ist einerseits entmündigend und rechtlich auch nicht zulässig. Und zweitens wird mit der Pille für alle ein falsches Signal gesetzt, als wären Menschen mit Behinderungen Freiwild!

Frank Herrath: Was sind Ihrer Meinung nach die jetzt notwendigen Schritte oder die Forderungen, die »Mensch zuerst« stellt?

Stefan Göthling: Es sind – wie gesagt – die Barrieren im Kopf, die abgebaut werden müssen! Der Wunsch nach Nähe, nach Freundschaften und auch nach sexuellen Erfahrungen ist bei Menschen mit Lernschwierigkeiten groß. Und doch ist es oft für ein Paar noch schwierig, überhaupt zusammen zu kommen, einen Raum für sich allein zu haben. Immer meinen andere, sie dürften sich da einmischen. Aber ein Wohnheim ist ein Vermieter und Assistenzanbieter, kein Vorschriftengeber!

Anita Kühnel: Schulungen in Form von Wochenend-Seminaren sind hilfreich, um besser zu wissen, was man möchte und was man nicht möchte. Damit jeder selbst entscheiden kann, was ihr oder ihm gut tut.

Stefan Göthling: Und wenn jemand im Wohnheim den Bedarf hat, käufliche Liebe zu erwerben, dann muss man schauen, wie das machbar ist. Aber oft ist das ja gar nicht notwendig, weil sich zwei finden, die gern zueinander kommen würden und dennoch an den Barrieren im Kopf oder sonst wo scheitern. Ich kenne ein Paar, Frau und Mann, beides Menschen mit Lernschwierigkeiten, beide sitzen im Rollstuhl, und beide haben ein großes Bedürfnis nach Nähe und Sex. Es wäre so einfach, ihnen freundschaftliche Unterstützung zu geben, damit sie nur aus ihren Rollstühlen kommen, alles andere machen sie schon selbst! Aber bringen sie das mal den Mitarbeiterinnen und Mitarbeitern bei! Dabei sollte sich jeder vor Augen halten, dass auch ein so genannter Gesunder morgen schon behindert sein kann. Wird er dann von heute auf morgen auf diese Seite seines Lebens und seines Empfindens verzichten wollen?

Jens Clausen und Frank Herrath: Vielen Dank für das Gespräch!

Kapitel 3

Sexuelle Selbstbestimmung und Schutz vor sexueller Gewalt

Störfaktor Sexualität – Selbstbestimmung im Spannungsfeld zwischen Betroffenen, Eltern und Pädagogen

Ilse Achilles

1 Erfahrungen als Referentin

Vor 20 Jahren erschien mein Buch »Was macht Ihr Sohn denn da? Sexualität und geistige Behinderung«. Es ist seitdem immer wieder neu aufgelegt worden, und ich bin oft als Referentin zu diesem Thema unterwegs. Angefragt werde ich meist von Einrichtungen großer Träger und von Selbsthilfeverbänden.

Manche Einrichtungen, meist Schulen und Tagesstätten, laden mich ein, weil Eltern und Angehörige behinderter Menschen den Wunsch geäußert haben, mehr Informationen zu diesem heiklen Thema zu hören. Dahinter verbirgt sich meiner Erfahrung nach die Tatsache, dass es in den Familien größere Konflikte gibt, je älter die Kinder werden, und dass manche Eltern spüren, mit ihrem Konzept: »Sexualität? Das betrifft uns nicht« kurz vor dem Scheitern zu stehen. Sie möchten wissen, ob es in anderen Familien ähnliche Konflikte gibt und wie die damit umgehen. Aus eigenem Antrieb tauschen sich die besorgten Mütter – und erst recht die Väter – nicht aus. Dafür ist das Gebiet zu angst- und schambesetzt.

Mitunter gelingt es einer sensiblen Schulleitung, Eltern zur Bildung eines Gesprächskreises anzuregen. Ist der erst einmal etabliert und trifft sich regelmäßig, ist das eine hervorragende Basis für vertrauensvolle Zusammenarbeit zwischen Eltern und LehrerInnen, sobald es um die Themen Aufklärung und Sexualkunde im Unterricht geht. Manchmal aber braucht es jemanden wie mich, die betroffene Mutter, die die Ängste der Eltern selbst erlebt hat und noch erlebt und sie versteht, um das Gespräch in Gang zu setzen.

Behinderte Menschen sind bei den Referaten, die ich halte, nicht dabei. Das ist von mir auch nicht geplant. Aufklärung, so dringend sie auch ist, Gespräche über Freundschaft, Liebe, Partnerschaft mit behinderten Menschen sind nicht mein Gebiet. Dafür gibt es Spezialisten. In den Schulen wird Sexualkunde-Unterricht erteilt, höre ich – und ich sehe mir die zum Teil hervorragenden Lehrmaterialien dazu an. Wie viel sie den behinderten Menschen nützen, erfahre ich nicht. In manchen Einrichtungen arbeiten PsychologInnen, die sich einschalten, wenn es zu Problemen kommt. Ob und wie oft und wie spontan behinderte Menschen sie aus eigenem Antrieb, also selbstbestimmt, zu Rate ziehen können, z. B. bei Liebeskummer oder bei sexuellen Übergriffen – das weiß ich nicht, aber ich schätze, es kommt nur sehr selten vor.

Oft schlecht besucht: Elternabende zum Thema »Sexualität«

Die meisten Einrichtungen geben sich größte Mühe, meinen Auftritt bekannt zu machen. Sie entwerfen und verteilen Flyer, sie sorgen dafür, dass ein entsprechender Artikel in der Lokalpresse auf die Veranstaltung hinweist. Sie sind dann sehr enttäuscht, wenn nur wenige Eltern kommen. »Gerade die, die es am nötigsten hätten, waren nicht da...«, klagt eine Schulleiterin in Bayern. Ein Werkstattleiter in Sachsen hatte in der Mensa 120 Stühle in Reih' und Glied stellen lassen. Er ist heute noch empört, dass nur die ersten drei Reihen besetzt waren – hauptsächlich mit Mitarbeitern der Einrichtung.

Es ist also klar, Eltern, die bei meinen Referaten vor mir sitzen, sind diejenigen, die zumindest bereit sind, sich mit dem Thema Sexualität zu beschäftigen. Die anderen, die Restriktiven und Verdränger, kommen gar nicht. So bedauernswert und katastrophal es ist: Wir erreichen sie nicht.

Andere Einrichtungen, hauptsächlich Wohnheimleitungen, erwarten von mir eine Art Schlichtung. Solche Veranstaltungen sind bestens besucht. Da gab es oder gibt es in den Wohnheimen große Meinungsverschiedenheiten zwischen Fachpersonal und Angehörigen im Umgang mit der Sexualität der BewohnerInnen. Ich soll die Lösung bringen, was mich meist total überfordert. Ein Beispiel[1]: In einem Wohnheim im Schwäbischen spielen die erwachsenen Bewohner gern »Arzt«. Ein Mann zieht einen weißen Kittel an, nimmt ein Köfferchen und »untersucht« die Frauen. Die Frauen haben das gern und fragen: »Gell, Karl (Name geändert), heute spielen wir wieder Arzt?« Der Vater einer Bewohnerin hat von diesen Spielen erfahren, droht damit, an die Presse zu gehen, wenn diese Machenschaften nicht augenblicklich verboten werden. Außerdem fordert er personelle Konsequenzen. Dem Wohngruppenleiter soll gekündigt werden.

Die BetreuerInnen haben sich solidarisiert. Ihr Standpunkt: Die BewohnerInnen hätten ein Recht auf ihre selbstbestimmte Freizeitgestaltung. Hier würden vermutlich Doktorspiele nachgeholt werden, die in der Kindheit nicht gespielt worden sind, entweder weil sie verboten waren oder weil die Kinder keine Gelegenheit dazu hatten. Außerdem käme keiner zu Schaden. Das Spiel würde allen Beteiligten gefallen.

Kaum bekannt: die Meinung der behinderten Menschen

Die Befindlichkeiten der Bewohnerinnen? Kennt keiner so genau. Dem Vater sagt die eingeschüchterte Tochter wohl: »Nein, der Karl soll das nicht machen«, denn sie spürt vermutlich, dass dies die Aussage ist, die er hören will, auch wenn es ihr schwer fällt, auf ihr Freizeitvergnügen zu verzichten. Der Gruppenleiterin im Wohnheim antwortet sie vielleicht, es sei ihr schon recht, wenn Karl als Doktor zu ihr und den anderen Bewohnerinnen käme.

Wer mit geistig behinderten Menschen zu tun hat, weiß, dass es häufig nur auf die »richtige« Fragestellung ankommt, um die erwartete Antwort zu erhalten. Was die Befragten von sich aus meinen oder wollen, erfahren wir daher oft nicht.

---

1 Alle Beispiele beruhen auf wahren Begebenheiten, sind aber verfremdet.

Schwierig einzuschätzen: Übergriffe von Behinderten auf Behinderte

Das macht es auch so schwierig, die Sachlage richtig einzuschätzen, wenn (angebliche) Übergriffe von Behinderten auf Behinderte erfolgt sind. Beispiel: In der Mittagspause treffen sich Thomas und Marie, die ganz offensichtlich ineinander verliebt sind, küssen sich heftig und verschwinden im Park hinter einer Hecke, bei schlechtem Wetter auch in den Toilettenräumen. Ist das, was da vor sich geht, übergriffiges Petting oder einverständliches Schmusen? Schwer zu sagen. Die Werkstatt-Mitarbeiter zeigen Verständnis: »Die beiden sehen sich nur hier in den Pausen. Klar, dass sie sich gleich in die Arme fallen. Wo sonst können sie sich nahe sein?« Die Eltern der Tochter sehen das anders. »Thomas erpresst Marie. Das hat sie uns erzählt. Er sagt zu ihr: ›Wenn du meine Freundin sein willst, musst du mit mir auch Sex machen.‹ Unsere Tochter will das gar nicht, aber sie will auch ihren Freund nicht verlieren. Also macht sie, was er will.«

Ich habe allergrößte Hochachtung vor den Fachleuten, die in solchen Situationen abwägen müssen: Einschreiten oder gewähren lassen? Mein Rat an die Beschwerde führenden Eltern ist meist: Sorgen Sie dafür, dass die beiden jungen Menschen außerhalb der Werkstatt Möglichkeiten haben, sich zu treffen. Wohlgemerkt, sich *allein* zu treffen, entweder in seinem Zimmer oder in ihrem Zimmer, ohne dass die Mutter ständig mit dem Angebot von Tee und Keksen in der Tür steht. Heranwachsende haben die Aufgabe, ihre Wirkung auf das andere Geschlecht zu erproben. Dazu müssen sie ungestört sein können. Die meisten Eltern scheinen dieser Aussage zuzustimmen. Aber ob sie sie umsetzen?

Besonders kooperativ: die Mitglieder von Selbsthilfegruppen

Selbsthilfegruppen sind mir das liebste Publikum. Auch wenn sich die Mitglieder untereinander kaum kennen, bei Bundesverbandstreffen zum Beispiel, eint sie die dieselbe Behinderung ihrer Kinder. Das ist eine Basis, auf der sie sich vorbehaltlos treffen und kommunizieren. Gerade weil die Kinder unterschiedlichen Alters sind, kommen die Zuhörer meiner Referate in der anschließenden Diskussion meist schnell untereinander ins Gespräch, machen einander Lösungsvorschläge und geben sich Ratschläge, die alltagstauglich sind und sich bewährt haben.

Immer wieder heißt diskutiert: die Sterilisation

»Es wäre schrecklich für uns und besonders für unsere Tochter, wenn sie schwanger werden würde. Sie wäre total überfordert und wir könnten das auch nicht mehr packen und ihr helfen«, diese Aussagen höre ich von vielen.

Manche Eltern, gerade von Töchtern, können oder wollen nicht verstehen, warum sie ihre Mädchen nicht sterilisieren lassen dürfen, sobald sie geschlechtsreif sind. Die strikten Regeln, festgeschrieben im Betreuungsrecht seit 1992, halten sie für weltfremd. Mein eindringlicher Hinweis darauf, dass das Recht auf Familie ein Grundrecht ist, das im Grundgesetz der Bundesrepublik Deutschland steht, und dass es ja auch noch andere Verhütungsmittel gebe, macht keinen Eindruck. »Die Pille? Über Jahrzehnte? Das soll gesund sein?« empört sich eine Mutter. Eine andere gibt zu bedenken: »Wer garantiert mir, dass unsere Tochter die Pille auch täglich pünktlich nimmt?« und vergisst, dass viele behinderte Menschen regelmäßig Medikamente nehmen müssen und dass das meist auch hervorragend klappt.

Hier fällt mir auf: Je jünger die Eltern und ihre Kinder sind, umso vehementer setzen sie sich für die Möglichkeit der frühen Sterilisation ein. Ältere Eltern sind da gemäßigter. Die »Hardliner« unter ihnen fordern nicht wie die Jungen die Sterilisation – sie bemühen sich stattdessen, unbeaufsichtigte Begegnungsmöglichkeiten ihrer »Kinder« mit Menschen anderen Geschlechts zu vermeiden, wo es irgend geht.

Viele Fachleute stehen dieser Haltung ratlos gegenüber. Der Mitarbeiter einer Organisation für behinderte Menschen in Nordrhein-Westfalen fasste es so zusammen: »Die jüngeren Eltern wollen ihren Kindern Sex durchaus ermöglichen, aber folgenlos soll er sein. Im Gegensatz dazu haben die alten Eltern häufig eingesehen, dass eine Sterilisation juristisch nicht durchsetzbar ist, geben sich damit zufrieden, passen aber auf wie Luchse, damit ihre Kinder, die zwischen 30 und 40 Jahre alt sind, ja keine Gelegenheit finden, sich näher kennen zu lernen. Ich habe solche Eltern im Vorstand unseres Trägers«, sagt der Mitarbeiter, »ich nenne sie die ›Mauerfraktion‹. Diese Menschen haben vor Jahrzehnten die ersten Eltern-Vereine gegründet, sie haben Fördermöglichkeiten erstritten. Sie haben schützende Mauern um ihre damals kleinen Kinder errichtet und diese Mauern wollen sie unbedingt erhalten.«

Sie kämen nie auf die Idee, ihr »Kind« selbstbestimmt entscheiden zu lassen, z. B. ob es mit in die Gruppenfreizeit fährt. »Wie soll unsere Tochter das denn entscheiden?« poltert ein Vater, »Sie weiß doch überhaupt nicht, worum es geht.« Also wird die herangewachsene Tochter nicht für die Reise angemeldet, damit sie bloß nicht in Gefahr kommt, in Kontakt zu Männern zu geraten.

Natürlich gibt es auch verständnisvolle, kooperative Eltern. Da sagt mir ein Vater zum Thema Verhütung: »Wir haben es mit unserer Tochter besprochen, meine Frau war mit ihr bei der Frauenärztin. Nächste Woche gehen wir in die Praxis und dann bekommt sie die Dreimonatsspritze. Damit ist sie einverstanden.« Immerhin wurde hier die junge Frau, wenn auch nicht selbstbestimmt, so doch informiert in die Entscheidungsfindung einbezogen.

Die große Angst: sexueller Missbrauch

Alle Eltern, egal ob sie Töchter oder Söhne haben und egal wie alt die sind, fürchten, dass ihre Kinder Opfer sexueller Übergriffe werden könnten. Die Presse-Berichte über Missbrauchsfälle in renommierten Internaten, Kirchenchören und Sportvereinen alarmieren die Eltern zusätzlich.

Panisch reagieren die meisten von ihnen, wenn es einen Vorfall gibt, der auf einen sexuellen Übergriff hindeutet. Eine Mutter berichtete: »Da hat mir meine Tochter, sie ist 13, erzählt, ihr Freund habe ihr die Hose ausgezogen und sich auf sie gelegt und so komische Töne gemacht. Ich bin gleich mit ihr ins nächste Krankenhaus und habe sie untersuchen lassen.« Spuren von Manipulationen wurden gefunden, eine Penetration hatte nicht stattgefunden. Auch als die Tochter das nächste Mal von einem ähnlichen Vorfall mit einem anderen Freund berichtete, eilte die Mutter sofort mit ihr ins Krankenhaus und ließ sie untersuchen – mit dem selben Ergebnis. Beide Male handelte die Mutter überstürzt und sicherlich zum Schaden ihrer Tochter. Ob das Mädchen je guten Gewissens Sexualität erleben kann, erscheint mir fraglich.

Natürlich will die Mutter sie so schnell wie möglich sterilisieren lassen. Auch beim Thema sexuelle Gewalt höre ich immer wieder die Forderung nach einer Sterilisation: »Damit sie nach einer Vergewaltigung nicht auch noch schwanger wird…« Mein Hinweis, dass die Täter zu über 90 Prozent aus dem Umfeld des Opfers stammen, vermutlich von der Sterilisation erführen und das als Freibrief für ihr Tun empfinden könnten, beeindruckt zumeist. Eltern sehen in diesem Zusammenhang auch ein, wie unverzichtbar eine umfassende, allgegenwärtige Aufklärung ist. Der Satz: »Überbehütete, unaufgeklärte Menschen werden am häufigsten Opfer sexueller Übergriffe« leuchtet den meisten ein.

Gern gehört: das Thema »Aufklärung«

Aufklärung ist ein aufmerksam und gern gehörter Teil meiner Ausführungen. Den Eltern gefällt es, wenn ich berichte, wie durch Spiele (Pizza, Autowaschanlage) die Körperwahrnehmung und das Selbstbestimmungsrecht ihrer Kinder gestärkt werden. Beim Pizzaspiel zum Beispiel stellt der Rücken des einen Kindes den Boden einer Pizza dar. Ein anderes Kind belegt diesen Boden nun mit Zutaten, die – das ist wichtig – allein das Pizzabodenkind bestimmt: Streukäse (leichtes Krabbeln), Tomatensoße (Reiben), Tomatenscheiben (Draufpatschen), Oliven (leichtes Drücken hier und da).

Ich weise zudem immer auf Selbstbehauptungskurse hin, die zwar leider noch nicht flächendeckend, aber immer öfter angeboten werden. Außerdem können behinderte Heranwachsende in Rollenspielen lernen, wie man aufeinander zugeht und miteinander umgeht.

Bei den meisten Veranstaltungen gibt es einen Tisch mit unterschiedlichsten Büchern zum Aufklären von Kindern, Jugendlichen und Erwachsenen. In den Pausen ist der Tisch umlagert von interessierten Eltern. Einige lesen sich fest, schreiben die Titel ab, andere blättern kurz durch, wirken schockiert und legen das Buch schnell zurück. Sexualität von behinderten Menschen ist durch die immer häufigere Thematisierung in TV-Filmen und im Kino ein wenig aus der Tabuzone herausgerückt; scham- und schuldbesetzt bleibt sie für viele Eltern dennoch.

Total verschwiegen: Homosexualität

Während der Pausen oder nach dem Referat kommen Eltern zu mir, um mir unter vier Augen von ihren Sorgen zu berichten. Seltsamerweise ist dabei Homosexualität nie ein Thema. Einen behinderten Sohn zu haben, der obendrein auch noch schwul sein könnte – die Anzeichen dafür nehmen Eltern einfach nicht wahr. »Er interessiert sich nicht für Mädchen? Ja, er ist eben ein Einzelgänger«, so interpretieren Eltern sein Verhalten und sind ganz froh darüber. Eine lesbische Tochter? Eltern lächeln, wenn die junge Frau ihre Betreuerin anhimmelt oder von der Wohngruppenleiterin am liebsten immer in den Arm genommen werden würde: »Sie hat schon immer gern Freundinnen gehabt.« Zu einem »Coming-out« kommt es selten, und wenn, dann meist auf unerfreuliche Weise, zum Erleben selbstbestimmter Sexualität schon gleich gar nicht, meiner Meinung nach.

Andere Verhaltensweisen bedrücken Eltern viel mehr. »Unser Sohn hat ein Handy bekommen. Er kann damit gut umgehen. Jetzt haben uns seine Betreuer erzählt, er fotografiere sein Geschlechtsteil und versende die Fotos per SMS. Was sollen wir tun?«

Ganz ohne Frage, man muss den jungen Mann stoppen, weil er sonst mit dem Gesetz in Konflikt kommt. Aber diese »Zeigelust« ist kein Nebenprodukt der Behinderung, sie ist eine Spielart der Sexualität, die auch Nichtbehinderte betrifft, wie im Sommer 2011 der Fall eines frisch und angeblich glücklich verheirateten US-Abgeordneten zeigte. Die Presse berichtete darüber. Der Abgeordnete macht mittlerweile eine Psychotherapie. Die braucht der Sohn der besorgten Eltern auch. Leider gibt es zu wenige PsychotherapeutInnen, die Menschen mit Behinderungen behandeln. Und leider gibt es zu wenige Eltern und Betreuer, die diese Möglichkeit nachfragen.

Für sexuelles Verhalten, das den Eltern unerklärlich ist, wird immer die Behinderung als Ursache gesehen. Unter Nichtbehinderten gibt es Voyeure, Spanner, Fetischisten, Masochisten, was auch immer – warum soll es die nicht unter behinderten Menschen auch geben?

Eine Mutter erzählte, ihr Sohn liebe und brauche BHs zur Selbstbefriedigung und er stehle sie seinen Schwestern. Die ließen sich das nicht gefallen und schlossen ihre Wäsche weg. Daraufhin stahl er welche in verschiedenen Geschäften und wurde prompt erwischt. Die Mutter ging mit ihm ins Kaufhaus, als es dort BHs im Sonderangebot gab, trat mit ihm an den Krabbeltisch und forderte ihn auf, sich fünf Stück auszusuchen. Die kaufte sie ihm dann, »damit à Ruh is«, wie sie im schönsten Schwäbisch erzählte.

Leider sind so beherzte Mütter selten. Die sexuelle Besonderheit ihres Sohnes hat alle Zutaten, um in einem Wohnheim einen Skandal auszulösen: Mann stiehlt Bewohnerinnen BHs, die Frauen beschweren sich, deren Eltern sind empört, es kommt zum Eklat und zur Forderung, dass der Mann mit seinem Verhalten untragbar sei und deswegen ausziehen müsse.

Große Nachfrage, wenige Angebote: Sexualassistenz

Vor etwa einem Jahrzehnt redeten sich Fachleute die Köpfe heiß zum Thema »Sexualbegleitung« oder »Sexualassistenz«. Aus den Niederlanden kamen Berichte, dass dort ganz selbstverständlich behinderte Menschen[2] Dienste von Prostituierten in Anspruch nehmen konnten. In Hessen etablierte sich ein Körperkontaktservice, der Hoffnung machte.

Auch in München begannen wir, einen solchen Service zu diskutieren. Unser Arbeitskreis bestand aus VertreterInnen der großen Träger, aus sehr selbst bewussten körperbehinderten Frauen und Männern und aus Psychologen, in deren Beratungsstelle der Service angesiedelt werden sollte. Wir kamen sehr weit mit unserem Konzept, hatten per Anzeige auch ein paar handverlesene Frauen und Männer gefunden, die die Dienstleistungen nach vorherigen Schulungen im Umgang mit körperlichen und geistigen Behinde-

---

2 Eigentlich ging es immer um Männer. »Call-Boys« für Frauen konnte sich keiner so recht vorstellen.

rung übernehmen konnten. Aber dann gab es einen Streitpunkt: Informieren wir die Presse über unser Vorhaben, damit wir nicht später Schlagzeilen wie »Sex-Orgien im Behindertenheim« lesen müssten? Keine Einigung. Noch fataler für unseren AK aber war die Frage der Finanzierung. Training, Supervision, Verwaltung würden einiges kosten. Wer zahlte? Die großen Träger waren gefordert, aber die winkten ab. Das Unternehmen scheiterte, bevor es richtig auf die Füße kommen konnte.

Immerhin gab es damals bei uns erste, sehr positive Erfahrungen und ich schrieb einen Artikel darüber in der »Lebenshilfe-Zeitung«. Danach erreichten mich immer wieder Anrufe von Heimleitungen, aber auch von Eltern, die sich nach so einem Körperkontaktservice erkundigten.

Auch wenn ich jetzt auf Elternabenden von den Möglichkeiten der Sexualbegleitung erzähle, sind viele Eltern sehr interessiert. Sie würden ihrem Sohn, meist geht es um Söhne, diese Erfahrung gönnen, finden aber nicht die akzeptierten Möglichkeiten, die sie sich wünschen. Meiner Meinung nach ist hier das Feld bereitet. Es wartet darauf, bestellt zu werden!

2   Gedanken einer Mutter

Wir Eltern sind skeptisch, wenn es um groß angekündigte »Paradigmenwechsel« in der Behindertenpolitik geht. *Integration*, seit Jahren fester Bestandteil in jedem Konzept, sehen wir im Alltag unserer erwachsenen Kinder nicht annähernd verwirklicht. Vom *Hilfsbedürftigen* zum *Betreuten* und schließlich zum *Kunden*, der seine Helfer selbst engagiert und per *Persönlichem Budget* entlohnt? Ich meine, das sind Schreibtisch-Ideen, vielleicht auch versteckte Sparmaßnahmen. Für Menschen mit einer Körperbehinderung sicher interessant, aber ganz und gar nicht geeignet für Menschen, die mit einer geistigen Behinderung leben.

Menschenverachtender Begriff: Case-Management

Einen geradezu körperlich spürbaren Widerwillen habe ich gegen einen Begriff entwickelt, der in diesem Zusammenhang immer wieder genannt und gepriesen wird: das *Case-Management*. Ich frage mich: Wohin steuert die Behindertenpolitik in unserem Land, wenn ein behinderter Mensch mit seinen

Hilfe-Bedürfnissen als *Case* bezeichnet werden darf?[3] Und was ist davon zu halten, wenn ein großer Träger eine neue Wohn- und Pflegestätte speziell für schwer behinderte Menschen baut und dorthin auch die Bewohner umsiedelt, die bis dahin in »normalen« Wohnheimen gut integriert waren? Das ist Separation, durchgeführt in einer Organisation, die ständig von der Gesellschaft »Integration« fordert! Begründet wird das Vorgehen mit Personalschlüssel, Pflegestufen etc., mit bürokratischen Argumenten also. Übersehen wird dabei, wie sehr unterschiedlich behinderte Menschen auch vom Umgang miteinander profitieren. Mein Sohn hat sich gern und gut um einen schwer behinderten Rollstuhlfahrer in seiner Gruppe gekümmert. Es half seinem Selbstbewusstsein, dass er das so gut konnte. *Integration?* Nicht einmal in den Behinderten-Wohnstätten!

Genau so wenig können viele Eltern mit dem Begriff *Selbstbestimmung* anfangen. Wer von uns Nichtbehinderten lebt selbstbestimmt? Wir alle sind bestimmten Zwängen ausgesetzt. Wenn Selbstbestimmung im Leben eines geistig behinderten Menschen die Wahl zwischen einem roten und einem blauen Pullover meint – nun gut. Geht es aber um wirklich wichtige Dinge wie die Wahl eines Wohnheimes, eines Arbeitsplatzes, eines Partners, reden viele Leute mit. Daran wird sich leider nicht viel ändern, da bin ich pessimistisch. Aber sicher: Man muss eine Handvoll fordern, um eine Prise zu bekommen.

Das Schulsystem kommt auf den Prüfstand: Inklusion

Nun also *Inklusion*. Menschen mit Behinderung haben Anspruch darauf, gleichberechtigt mit anderen in der Gemeinschaft zu leben und zu lernen. Kein Aussortieren mehr in Sonderschulen oder – wie sie jetzt schönfärberisch heißen – in »Förderzentren mit dem Schwerpunkt geistige Entwicklung«. Grundschule, sogar Sekundarschule für alle. Das Konzept gefällt mir, weil hier das ganze Schulsystem auf den Prüfstand kommt und sicher viele seiner Schwächen aufgedeckt werden.

---

3   Schon unter einem »Bezugsbetreuer« konnte sich mein Sohn wenig vorstellen. Er bildete schließlich aus dem, was er hörte, aber nicht verstand, den für ihn viel plausibleren Begriff »Schutzbetreuer«.
→ Wir bemühen uns, Texte in einfacher Sprache zu schreiben, damit Menschen mit geistiger Behinderung sie besser verstehen können – und dann werden mit so einem unverständlichen »Case-Management« alle unsere Anstrengungen konterkariert.
→ Besser, aber immer noch nicht gut genug, ist der Begriff: »Unterstützungs-Management«, den nachdenkliche Menschen immer öfter gebrauchen.

Abgesehen von Umstrukturierung, baulichen Veränderungen, Kosten könnten allerdings Eltern aller Art ein Hemmschuh bei der Umsetzung sein. Eltern behinderter Kinder fürchten, ihr Kind könne in einer Regelschule nicht ausreichend gefördert werden, die Anwesenheit von Assistenzlehrern würde sie wieder in eine Sonderrolle drängen, andere Kinder könnten sie hänseln. Eltern nichtbehinderter Kinder sorgen sich, ihre Kinder würden weniger gut und schnell lernen, weil sie durch behinderte Mitschüler gebremst werden. Die Diskussion ist nicht neu. Spannend daran ist nun aber, dass Eltern und ihre behinderten Kinder ein gesetzlich festgeschriebenes Recht auf die Regelschule haben, und die Schulbehörden müssen sich schnell darauf einstellen.

Ja, ich setze meine Hoffnung auf Inklusion, auch wenn sie wahrscheinlich erst in der übernächsten Generation verwirklicht sein kann. Ein kleines Erlebnis dazu: Neulich besuchte ich eine Wohngruppe geistig behinderter Menschen. Sie lebten zu zehnt im Erdgeschoss eines großen Miethauses und kamen mit ihren vielen Nachbarn ganz gut klar. Nur ein behindert aussehender junger Mann hatte Probleme. Er fürchtete sich, aus dem Haus zu gehen und auch der Heimweg machte ihm Angst, denn die kleine Straße führte an einem Spielplatz vorbei, auf dem immer Jugendliche herumhingen. Die hänselten ihn, riefen ihm Schimpfwörter nach. Als ich davon hörte, verstärkte sich – wie eine Vision – mein großes Hoffen auf Inklusion. Wären die Jugendlichen mit den behinderten Mann gemeinsam in die Schule gegangen – vielleicht hätten sie ihn so gut kennengelernt, dass sie ihm eher helfen statt hänselten? Vielleicht hätten sich auch Freundschaften entwickeln können? Vielleicht wären sie in dieselbe Disco gegangen? Vielleicht hätte der behinderte Mann sogar eine nicht behinderte Freundin finden können? Vielleicht hätten die Eltern des Mädchens dann auch weniger Vorbehalte gegen eine solche Beziehung, weil sie den Mann schon als Mitschüler ihrer Tochter erlebt haben. Viele Vielleichts – aber durch die Einführung der Inklusion könnte langfristig aus meiner Vision Realität werden.

Die große Hürde: Immer noch zu viele Missverständnisse

Umdenken ist also angesagt, bei allen Beteiligten. Worauf wir vor allem drängen müssen, um unseren Herangewachsenen ein selbstbestimmtes sexuelles Erleben zu ermöglichen, ist gute Zusammenarbeit und Abstimmung zwischen Eltern und Pädagogen. Doch leider ist das Verhältnis zwischen Eltern und Profis eben nicht halb so vertrauensvoll, wie es eigentlich sein sollte. Die Gründe dafür liegen meiner Meinung nach in einer Vielzahl von Missverständnissen:

Unterschiedliche Erziehungsstile. Eltern haben oft eine ganz andere Vorstellung davon, wie ihr Kind behandelt und erzogen werden soll als die Fachleute (Sozialpädagogen, Lehrer), auch wenn die das jahrelang studiert haben. Das geht im Kindergarten los, bleibt in der Schule so und ist in Werkstatt und Wohnheim nicht anders. Eltern meinen eben, sie seien die eigentlichen Spezialisten für ihr Kind, schließlich haben sie es lebenslang und kennen es am besten. Fachleute halten Eltern für überbehütend, überängstlich, altmodisch und manchmal auch für verbohrt. Die Spezialisten seien schließlich sie – mit Diplom!

Als eine Erklärung für das »überbehütende« Verhalten mancher Eltern mag gelten: Viele von uns haben mit Fachleuten schlechte Erfahrungen gemacht. Die meisten Eltern können schlimme Geschichten erzählen von Fehldiagnosen, sinnlosen Therapien, arrogantem Verhalten von Ärzten und Therapeuten.

Unterschiedliche Beziehungen zum behinderten Menschen. Wir Eltern haben oft mit viel Schmerz und Mühe eine enttäuschte Erwartung verarbeiten müssen. Unsere Vergangenheit ist zum Teil mit großen Schmerzen und persönlichem Leid verbunden. Manche haben sich neun Monate auf ein gesundes Baby gefreut, haben Pläne geschmiedet und alles für die Ankunft des Babys vorbereitet. Dann erleben sie eine bestürzte Hebamme, einen schweigenden Arzt, eine mühsam freundliche Krankenschwester. In den meisten Fällen erfahren die Eltern erst nach und nach, dass mit ihrem Neugeborenen aufgrund eines genetischen Schadens, einer Erkrankung während der Schwangerschaft, einer Komplikation bei der Geburt »etwas nicht stimmt«.

Ein behindertes oder chronisch krankes Kind zu bekommen, erschüttert die Eltern lebenslang. Kaum einer, der diese Erfahrung nicht gemacht hat, kann das nachempfinden. Eltern brauchen viel Extra-Mut und Extra-Lebenskraft, um ihr Schicksal annehmen und meistern zu können.

Ganz anders geht es den Fachleuten. Sie haben Leben und Arbeit mit behinderten Menschen nicht vom Schicksal aufgebrummt bekommen, sondern als Berufsziel aussuchen können, Eltern hatten nicht die Wahl. Wir sind in das Leben mit unserem behinderten Kind hineingewachsen und nun vielleicht darin zu verwachsen. Niemand hilft uns aus dieser Verstrickung, während sich Fachleute durch Supervision und Fortbildungen Rat und Unterstützung holen können.

Unterschiedliche Perspektiven. Manche Eltern können nicht gut mit den heutigen freieren sexuellen Auffassungen umgehen. Sie sind in einer Zeit aufgewachsen, in der Sexualität mit Heiraten und Angst vor dem Schwangerwerden verbunden war. BetreuerInnen dagegen sind oft im selben Alter wie ihre Betreuten, oft sogar jünger. Natürlich ist ihre Einstellung zur Sexualität – meist jedenfalls– offener und unverkrampfter.

Eltern wollen ihr Kind schützen, am liebsten lebenslang. Manche wollen es auch vor der Liebe schützen, denn sie denken – oder haben schon erlebt –, dass ihre Tochter heute glücklich verliebt ist, morgen aber tot unglücklich, weil ihr Freund einer anderen schöne Augen macht. Deshalb versuchen manche, dafür zu sorgen, dass ihr »Kind« gar nicht in die Versuchung kommen kann, sich zu verlieben.

Für die Profis aber ist es ein wichtiger Schritt in der Entwicklung ihres Betreuten, wenn er/sie sich verliebt und versucht, sich dem anderen Geschlecht zu nähern, zu flirten, zu schmusen. Und sie sind frustriert, wenn Eltern sich da querstellen.

Dazu kommt, dass manche Eltern sich als einzige Konstante im Leben ihres Kindes sehen. BetreuerInnen wechseln ihrer Meinung nach ja ständig. In den Augen mancher Eltern sind die Fachleute auch viel zu jung und unerfahren; die im Leben noch nichts mitgemacht haben.

Unterschiedliches Verständnis. Der Rat, ein Kind endlich loszulassen, wird von Fachleuten oft und gern gegeben. Ein Kind loszulassen, ein behindertes noch dazu, fällt Eltern unendlich schwer. Die Profis können uns, die wir auf unsere Art Profis sind, helfen, unser Kind selbständig werden zu lassen.

Vertrauen ist die Antwort. Wir Eltern mit unserem Erfahrungsschatz, die Profis mit ihrer Kompetenz müssen gemeinsam die Lebensform finden, die unserem Kind, ihrem Betreuten, entspricht. Das geht am besten, wenn wir Vertrauen zueinander haben und offen aufeinander zugehen – zum Wohle des behinderten Menschen. Dann kann sie/er sicher hier und da selbstbestimmt entscheiden und hat hoffentlich auch die Möglichkeit, sexuelle Erfahrungen zu machen.

Sex – (K)ein Thema?
Über die Schwierigkeiten politisch engagierter behinderter Frauen und Männer, das Begehren zu thematisieren

Swantje Köbsell

»Sexuality is often the source of our deepest oppression; it is also often the source of our deepest pain. It's easier for us to talk about – and formulate strategies for changing – discrimination in employment, education, and housing than to talk about our exclusion from sexuality and reproduction.« (Finger 1992)

Sieht man sich die inzwischen recht umfängliche Literatur aus den Disability Studies, aber auch aus den Behindertenbewegungen Deutschlands und anderer Länder an, so fällt auf, dass zum Thema Sexualität behinderter Menschen verschwindend wenig publiziert wurde – eine Lücke, die immer wieder festgestellt wird (z. B. Radtke 1998, Shakespeare et al. 1996, Sandfort 2003, Zander 2007). Wird auch von behinderten Menschen selbst wenig zu diesem Thema geschrieben, hat sich doch hinsichtlich der Wahrnehmung und der

Rechte behinderter Frauen und Männer seit dem Aufbruch der Behindertenbewegungen viel getan – auch im Hinblick auf Sexualität.

Die deutsche Behindertenbewegung entstand Ende der 1970er Jahre. Behinderte Menschen waren zu dieser Zeit nicht nur von der Teilhabe am gesellschaftlichen Leben in vielen Bereichen ausgeschlossen, sie galten auch als
geschlechtslos. Ansonsten in einer auf Zwangszweigeschlechtlichkeit aufge-
bauten Gesellschaft unabdingbar, spielte Geschlecht im Leben behinderter
Menschen keine Rolle, sie waren »die geschlechtslose Minderheit« (Klee 1980,
162). Diese Geschlechtslosigkeit durchzog alle Lebensbereiche und schlug
sich natürlich auch im Sprachgebrauch nieder. Im Plural wurde von »den Behinderten« geredet, im Singular jedoch war es immer »der Behinderte«. Zwar
war dies die Zeit vor der Verbreitung der geschlechtergerechten Sprache, es
fällt aber doch auf, dass mit »der Behinderte« und »er« dann in der Regel auch
wirklich die männliche Form und nicht das generische Maskulinum gemeint
war, so dass der Eindruck entstand: »Behinderte sind eine eigene Spezies –
aber selbstverständlich männlich.« (Schatz 1996, 18)

Für diese maskulinisierende Neutralisierung des Geschlechts behinderter
Menschen lassen sich in der zeitgenössischen »Behindertenliteratur« zahl-
lose Beispiele finden. Besonders entlarvend ist dieser Sprachgebrauch in
Schriften, in denen es um die Sexualität behinderter Menschen geht. Dies erscheint zunächst als Widerspruch; denn wessen Geschlecht nicht existiert,
über dessen Sexualität muss auch nicht gesprochen oder geschrieben werden.
Die Auswirkungen der »sexuellen Revolution« hatten jedoch auch den Behin-
dertenbereich insofern erreicht, dass *über* die sexuellen Bedürfnisse behinderter Menschen immerhin gesprochen wurde – wenn auch nicht *mit* ihnen
selbst. Die Art und Weise, wie dies geschah, zeigt noch einmal deutlich die
Haltung, mit der behinderten Menschen in den 1970er Jahren begegnet wurde.
In dem 1977 erschienenen Buch »Sollen, können, dürfen Behinderte heiraten« wird im Vorwort festgestellt, dass behinderte Menschen

> »nach eigenen Aussagen Menschen (sind S. K.), die Partnerschaft suchen und gern in
> engen sozial-emotionalen Beziehungen mit anderen leben möchten. [...] ›sollen – kön-
> nen – dürfen‹ Behinderte diesen Anspruch erheben und ›sollen – können – dürfen‹
> sie diesen Anspruch verwirklichen? [...] Es besteht zur Beantwortung dieser Frage zur-
> zeit noch ein Vakuum. Weder Sexualwissenschaftler noch Moraltheologen, weder Re-
> habilitationsmediziner noch -pädagogen haben hinreichend oder überzeugend darzu-
> stellen versucht, daß behinderte Mitmenschen befähigt wären und zu Recht ihre
> Sexualität praktizieren dürften«. (Kluge/Sparty, 5; Hervorhebungen: S. K.)

Es musste also erst noch »hinreichend oder überzeugend« bewiesen werden,
dass behinderte Menschen hier nicht nur allzu gerechtfertigte Wünsche äu-

ßerten, sondern dass sie tatsächlich zu Sexualität fähig waren und man ihnen dann diese auch zugestehen konnte. In den Beiträgen des Sammelbandes, in denen die Titelfrage für verschiedenste »Behinderungsarten« beantwortet wird, finden sich viele Beispiele des oben genannten Sprachgebrauchs gepaart mit einer paternalistischen Grundhaltung, von der aus den einen etwas mehr Sexualität als den anderen zugestanden wird. Dabei ermöglichen die VerfasserInnen tiefe Einblicke in ihre »Wohltäter«mentalität. So schreibt der Orthopäde Matthiaß: »Ich war der Meinung, dass ein Spastiker so sehr mit anderen Problemen seiner menschlichen Existenz beschäftigt sei, daß die Sexualität für ihn keine Bedeutung haben könnte« (1977, 94).

Und seine Kollegin Knape befindet für den Personenkreis der »Gliedmaßengeschädigten«: »Eine Ehe unter Schwerbehinderten, gezielt ohne Kinder, kann durchaus sinnvoll und empfehlenswert sein« (1977, 103).

Geschlechtlichkeit und gelebte Sexualität waren hier für behinderte Menschen nicht ein selbstverständlicher Teil ihres Menschseins, sondern wurden in bestimmten Fällen von den Fachleuten und der nichtbehinderten Umwelt zugestanden, wenn auch meist an die Bedingung der Kinderlosigkeit geknüpft. Auffällig ist auch, dass es in den »Fachdebatten« zur Sexualität behinderter Menschen tatsächlich oft nur um die Sexualität körperbehinderter Männer ging; die Sexualität der Frauen wurde in der Regel gar nicht erwähnt (Kockott 1988).

Auch behinderte Frauen und Männer selbst hatten sich diesen neutralisierenden Sprachgebrauch zu eigen gemacht, wie z. B. der Anfangsatz von Christa Schletts Autobiographie zeigt: »Wenn ich mein Leben betrachte, so sind es bald 24 Jahre, die ich damit verbrachte, erst Behinderter zu sein und dann erst Mensch« (Schlett 1970, 24).

Und selbst die Protagonisten der Behindertenbewegung waren davor nicht gefeit: In der ersten Ausgabe der »Krüppelzeitung« wird bedauert, dass man behinderte Frauen nicht berücksichtigt habe, um anschließend der Hoffung Ausdruck zu verleihen, »daß sich welche (behinderte Frauen, S.K.) finden, die mit uns Behinderten im Redaktionskollektiv zusammenarbeiten wollen« (Horst/Franz[1] 1979, 52).

Auch hier war »der Behinderte an sich« zunächst einmal männlich. Die Männer in der Bewegung thematisierten die »besondere Unterdrückung, als geschlechtslos eingestuft zu sein« (Udo 1981, 39), äußerst selten und »der Behinderte« wurde in der Bewegungsliteratur oftmals zum nicht weniger männlich konnotierten »Krüppel«.

---

1   In der Krüppelzeitung wurden fast alle AutorInnen nur mit dem Vornamen genannt.

Trotz aller Veränderungen hin zu mehr Selbstbestimmung – auch im Hinblick auf Sexualität – gibt es nach wie vor viele behinderte Frauen und Männer, die keine Sexualität, geschweige denn Elternschaft (er)leben können. Dies betrifft in besonderem Maße diejenigen, die als »ewiges Kind« auch im Erwachsenenalter noch im Elternhaus leben, sowie diejenigen, die in stationären Einrichtungen leben (Hermes 2004, 32). Hier gibt es oftmals noch die Haltung, dass Sexualität nichts für behinderte Menschen sei; außerdem verhindern häufig schon strukturelle Bedingungen wie das Fehlen von Privatsphäre in Mehrbettzimmern oder wenig rücksichtsvolles Personal das Ausleben von Sexualität.

Dennoch: Dass Sexualität zum Leben behinderter Frauen und Männer dazu gehört, wird heute kaum noch infrage gestellt – jedenfalls nicht öffentlich. Auch die Erwartung, dass sexuelle Beziehungen behinderter Menschen folgenlos bleiben sollen, wird kaum mehr öffentlich geäußert.

Jedoch ist auch heute noch zu beobachten, dass das Vorliegen des Merkmals »behindert« das Merkmal Geschlecht neutralisiert, wie der relativ »frisch« beeinträchtigte Maximilian Dorner feststellt: »Auch die Geschlechtertrennung, auf die sonst so viel Wert gelegt wird, ist aufgehoben. Behindert ist behindert, unisex« (2009, 18). Das ist insofern bemerkenswert, als sowohl die Sozialisation behinderter Mädchen und Jungen wie auch das Leben behinderter Frauen und Männer in den gleichen geschlechtstrukturierten gesellschaftlichen Feldern stattfindet wie das ihrer nichtbehinderten Peers. Anders ist bei ihnen allerdings, dass ihr Leben nicht nur von den Geschlechtsrollenstereotypen[2], sondern auch von den mit Behinderung verbundenen klischeehaften Zuschreibungen[3] bestimmt wird. Dabei fällt auf, dass die Zuschreibungen zu »weiblich« und »behindert« fast deckungsgleich sind, wohingegen es bei denen zu »männlich« und »behindert« überhaupt keine Übereinstimmung gibt. Das Zusammenwirken dieser unterschiedlichen »Anforderungsprofile« beeinflusst die Wahrnehmung der Geschlechtlichkeit von Mädchen und Jungen bzw. Frauen und Männer mit »besonderen« Körpern in erheblichem Maße. Es waren sowohl in Deutschland wie auch in den USA und in Großbritannien behinderte Frauen, die darauf hinwiesen, dass Behinderung kein geschlechtsneutrales Phänomen ist, sondern vielmehr auf den unterschiedlichsten Ebenen »gegendert« erfahren wird. Für die Seite der be-

---

2   Männer gelten als stark, aktiv, mutig, selbständig, unabhängig, als »hart« und potent, Frauen dagegen als schwach, passiv, abhängig, unselbständig, »weich« und machtlos (Krell, 2003).

3   Behinderte Menschen werden als schwach, passiv, abhängig, unselbständig, machtlos und unattraktiv angesehen (vgl. auch Finger 1994, 127).

hinderten Frauen wurde diese Erfahrung lange unter dem Schlagwort der »doppelten Diskriminierung« problematisiert und diskutiert.

Bereits beim »Krüppeltribunal« 1981 zeigten behinderte Frauen anhand der Themenbereiche »Schönheitsideal«, »Reproduktion« und »Sexualisierte Gewalt« auf, dass sich ihre Lebenssituation in einigen Bereichen deutlich von der behinderter Männer unterscheidet (Daniels 1983). Das Buch »Geschlecht behindert. Besonderes Merkmal: Frau«, das 1985 von behinderten Frauen herausgebracht wurde, erweiterte den Themenkanon noch um die Bereiche »Bildung«, »Ausbildung« und »Beruf«. Seitdem hat es zahlreiche Untersuchungen zur Lebenssituation behinderter Frauen gegeben und als Konsequenz ist es inzwischen (fast) selbstverständlich, dass die besondere Lebenslagen behinderter Frauen, bzw. deren Berücksichtigung, in neue Gesetze aufgenommen werden. So besagt § 33, Abs. 2 des SBG IX: »Behinderten Frauen werden gleiche Chancen im Erwerbsleben gesichert, insbesondere durch in der beruflichen Zielsetzung geeignete, wohnortnahe und auch in Teilzeit nutzbare Angebote.« Damit wird der Kritik behinderter Frauen an den an männlichen Erwerbsbiographien ausgerichteten und dadurch Frauen ausgrenzenden Angeboten der beruflichen Rehabilitation Rechnung getragen. Jüngstes Beispiel ist die UN-Behindertenrechtskonvention (BRK), in die – nach energischem Einsatz behinderter Frauen bei der Erstellung (Arnade 2010) – der Artikel »Frauen mit Behinderungen« aufgenommen wurde (Artikel 6). In diesem wird festgehalten, dass dieser Personenkreis mehrfacher Diskriminierung ausgesetzt ist und die Unterzeichnerstaaten sich verpflichten »zu garantieren, dass sie (die behinderten Frauen, S.K.) die in diesem Übereinkommen genannten Menschenrechte und Grundfreiheiten ausüben und genießen können«.

Das Recht darauf, Sexualität zu leben, wird in der BRK nicht ausdrücklich erwähnt. Implizit ist das Recht auf selbstbestimmte Sexualität in Artikel 23 beschrieben, der das Recht auf Partnerschaft, Fortpflanzung und Familiengründung enthält.

Was jedoch die Situation behinderter Jungen und Männer angeht, kann weiterhin nur spekuliert werden – belastbare Daten gibt es so gut wie keine. Zwar steigt seit einiger Zeit das Interesse für die »Sorgen und Nöte« von Jungen insbesondere im Bildungssystem; im Zusammenspiel mit Behinderung interessieren sich nach wie vor weder die Betroffenen noch ForscherInnen dafür. Mögliche Gründe für diese »weißen Flecken auf der Forschungslandkarte« könnten sein, dass es keine mit der Frauenbewegung vergleichbare Männerbewegung gegeben hat, die die Beschäftigung mit der eigenen Lebenssituation – mit dem »Privaten« – für wichtig erachtete. Auch war der »Leidensdruck« nicht so groß wie bei den behinderten Frauen, denn in den meisten Bereichen, in denen die »doppelte Diskriminierung« behinderter

Frauen zum Tragen kam, hatten behinderte Männer weniger auszustehen: Sie waren nicht in gleichem Maße den Anforderungen des Schönheitsideals unterworfen und konnten im Bereich der PartnerInnenwahl von Geschlechtsrollenstereotypen – der »fürsorglichen« Frau in diesem Fall – eher profitieren. Wie bereits beschrieben, war das System der beruflichen Rehabilitation auf männliche Berufsbilder und Lebensentwürfe zugeschnitten, so dass behinderte Männer durchaus die Rolle des Ernährers einnehmen konnten, auch wenn sie stärker von Erwerbslosigkeit betroffen waren als nichtbehinderte Frauen und Männer.

Im Hinblick auf die Vaterrolle waren die gesellschaftlichen Erwartungen niedriger als die an Mütter; solange eine nichtbehinderte Partnerin vorhanden war, die sich um die Kinder kümmern konnte, wurde die Vaterschaft behinderter Männer weit weniger in Zweifel gezogen als die Mutterschaft behinderter Frauen. Zwar gab es auch hier eugenisch geprägte Bedenken; da Männer aber die Kinder nicht austragen, sind sie in diesem Bereich auch nicht der medizinischen Kontrolle unterworfen. Themen wie »Gynäkologie«, »Abtreibung«, »Sterilisation« und »Vergewaltigung« betrafen bzw. betreffen sie überwiegend nur mittelbar. Weiter kann vermutet werden, dass behinderte Männer insofern »echte« Männer sind, als sie sich über private Befindlichkeiten öffentlich nicht austauschen wollen: »Es gehört nicht zu unserer Rolle, Gefühlen allzu viel Raum zu lassen. [...] Männer haben kein Interesse an Reflektion und dürfen es nicht haben« (Sandfort 1995, 14).

Und so nimmt es nicht wunder, dass eine bewegungsinterne Auseinandersetzung mit dem Thema »Behinderung und männliches Geschlecht« so gut wie gar nicht stattgefunden hat. Zahlreiche Aufsätze und Bücher sind von und über behinderte Frauen geschrieben worden; bis auf wenige Ausnahmen (z. B. Exner 1995 und 1997, Sandfort 1995 und 2007) ist von Seiten der Männer nichts über ihren Umgang mit den Anforderungen der männlichen Geschlechtsrolle zu lesen. In der männlich dominierten Behindertenbewegung wurde geschlechtsspezifische Arbeitsteilung praktiziert: Man(n) konzentrierte sich auf die Bekämpfung der gesellschaftlichen Diskriminierung und plante politische Aktionen – und die behinderten Frauen thematisierten die Dinge, die dort nicht angesprochen wurden, wie z. B. Erfahrungen, die sie mit ihren »besonderen« Körpern machten.

Diese Nichtauseinandersetzung setzt sich in den Disability Studies fort. Die Disability Studies entstanden zunächst in den USA und Großbritannien aus den dortigen Behindertenbewegungen. Behinderung wird in den Disability Studies als das Ergebnis eines sozialen Konstruktionsprozesses begriffen, zentrales Anliegen ist das Erforschen der verschiedenen Komponenten dieses Konstruktionsprozesses, also der gesellschaftlichen und wissenschaftlichen Diskurse, die aus Menschen mit »besonderen« Körpern Behinderte machen. Tom Shakespeare – prominenter Vertreter der britischen Disability Studies und langjähriger Verfechter eines sozialen Modells von Behinderung, das Behinderung als Ergebnis der Ausgrenzung und Unterdrückung von Menschen mit Beeinträchtigungen sieht – führte 1994/95 die bis heute einzige größere Studie zum Thema »Sexualität und Behinderung« in den Disability Studies durch (Shakespeare et al. 1996).

Auch er musste feststellen, dass Sexualität sowohl in der Behindertenbewegung als auch in den Disability Studies ein wenig bearbeitetes Thema war, was zum einen daran liege, dass eine Trennung zwischen »privaten« und »öffentlichen« Themen erfolgt sei und den öffentlichen Themen mehr Gewicht beigemessen würde. Es sei um die Bekämpfung von Armut und gesellschaftlichem Ausschluss gegangen, »male, instrumental, public, rational and material concerns were seen as more real and more pressing than domestic issues« (Shakespeare 2006, 167). Außerdem sei das Thema »Sexualität« für behinderte Menschen oft mit leidvollen Erfahrungen verbunden, weshalb es einfacher sei, es nicht zu berücksichtigen: »Talking about sex and love relates to acceptance on a very basic level – both acceptance of oneself, and acceptance by significant others – and forces people to confront things which are very threatening (…)« (ebd., 168).

Wenn auch behinderten Menschen Sexualität inzwischen nicht mehr abgesprochen wird, so sehen sie sich doch mit einigen sehr spezifischen Problemstellungen konfrontiert, zumindest wenn es darum geht, eine nichtbehinderte Partnerin oder einen nichtbehinderten Partner zu finden. Zunächst einmal sind viele behinderte Menschen immer noch benachteiligt im Hinblick auf Mobilität, finanzielle Mittel und zahlreiche Barrieren in der Umwelt, was zur Folge hat, dass sie viele Orte der Begegnung nicht erreichen oder sich nicht leisten können. Darüber hinaus gibt es immer noch Berührungsängste und die Vorstellung, behinderte Frauen und Männer könnten aufgrund ihrer körperlichen Einschränkungen keine Sexualität leben; oder wenn, sei es eine besondere, »minderwertige« Sexualität. In der Konsequenz werden behinderte Frauen und Männer oftmals gar nicht als potentielle PartnerInnen wahrgenommen, so dass sich Flirtsituationen gar nicht ergeben. Zentral ist in diesem Geschehen der »besondere« Körper: In einer Zeit, in der der Körper zu einem Projekt der Selbstdarstellung und -gestaltung, zum »Aushängeschild« eines Menschen geworden ist, für das viel Geld ausgegeben und viel Zeit eingesetzt wird, wirken die »besonderen« Körper, die viele Menschen mit Beeinträchtigungen mitbringen, wie ein Affront und lösen mitunter heftige Reaktionen bis hin zum Ekel aus – Reaktionen, die behinderte Menschen verinnerlicht haben bzw. antizipieren. Das Thema »Sexualität« ist nicht zu trennen von den sonstigen Erfahrungen, die behinderte Menschen mit ihren Körpern machen. Zu diesen Erfahrungen gehört oftmals die Botschaft, dass der Körper nicht wertfrei anders, besonders, sondern falsch und korrekturbedürftig ist. Die Korrekturversuche wiederum tragen auch nicht zum Aufbau eines positiven Selbstbildes oder Körperbewusstsein bei: Der Körper ist etwas, über den andere verfügen, dem andere Schmerzen zufügen, von dem andere sagen, dass man ihn verstecken muss, dass er nicht begehrenswert, sondern vielmehr hässlich sei.

Dinah Radtke beschreibt die daraus resultierende Entfremdung vom eigenen Körper, den Selbsthass, das gespaltene Körperbewusstsein und resümiert: »Es wird uns sehr schwer gemacht, uns selbst zu lieben und uns anzunehmen« (Radtke 1998, 105). Mit einer solchen Ausgangslage ist die Entwicklung eines positiven erotischen Selbstwertgefühls (Vernaldi 2003, 98) und selbstbewusstes Agieren bei der PartnerInnensuche kaum möglich.

Beim Thema »Sexualität« geht es um sehr persönliche Erfahrungen mit den »besonderen« Körpern, um intime Erfahrungen, aber auch um tiefe Verletzungen. Eine bewegungsinterne Kultur, über Wünsche, Ängste, Enttäuschungen etc. im Hinblick auf sexuelle Beziehungen und Partnerschaften zu sprechen, hat sich weder bei uns, noch in den USA oder Großbritannien entwickelt. Zu groß ist das Unbehagen, sich über dieses sehr persönliche Thema öffentlich auseinanderzusetzen, aber auch die Angst, entweder voyeuristische Tendenzen bei LeserInnen zu bedienen oder eine Sichtweise zu bestätigen, die Behinderung mit Leid und verminderter Lebensqualität gleichsetzt.

Es gibt jedoch immer wieder Stimmen, die darauf hinweisen, dass die Unmöglichkeit der Ausübung des Rechtes auf sexuelle Selbstbestimmung ein Politikum ist und die fordern, das Recht auf sexuelle Selbstbestimmung auf die Agenda der Behindertenbewegungen zu setzen (z. B. Waxman 1991, Vernaldi 2003). Allerdings: »Begehren, Leidenschaft und Zärtlichkeit lassen sich nicht einfordern wie Rampen an öffentlichen Gebäuden und Aufzüge in Bahnhöfen« (Vernaldi 2003, 98). Und so muss nach nun mehr als 30 Jahren des Kampfes behinderter Menschen für ihre Rechte festgestellt werden, dass bei allen sonstigen Fortschritten sich im Hinblick auf ihre sexuelle Gleichstellung noch relativ wenig verändert hat. Zwar wird kaum noch in Frage gestellt, dass sie ein Recht auf selbstbestimmte Sexualität haben. Offen bleiben aber oftmals die Frage, wie sie unter den jeweiligen Lebensbedingungen gelebt werden kann; und die entscheidendste Frage von allen – »Mit wem?« – bleibt unbeantwortet (Shakespeare 2006, 176).

Diese Fragen bilden auch den Hintergrund für ein Thema, das in Behindertenbewegung und Disability Studies ein äußerst randständiges Dasein führt: Sexualassistenz. Es gibt einige wenige aus der Behindertenbewegung entstandene Initiativen, die sich mit dieser Thematik beschäftigen[4], deren Existenz jedoch nicht dazu geführt hat, dass das Thema »Sexualität« breit diskutiert wird. Festzuhalten ist, dass das Angebot der Sexualassistenz bzw. -begleitung lediglich eine bezahlte (»Sonder-«)Dienstleistung ist, die vor allem von Männern genutzt wird und vielleicht punktuelle Befriedigung verschafft. Den meisten Menschen – behinderten wie nichtbehinderten – geht es jedoch nicht um »reinen Sex«, sondern um den Wunsch nach einer vertrauten, liebevollen Partnerschaft, den diese Dienste nicht erfüllen können.

Um hier eine Veränderung zu erzielen, reicht es nicht, das Recht auf selbstbestimmte Sexualität zu fordern – auf der formalen Ebene existiert es bereits. Um es wirklich leben zu können, bedarf es vielfältiger Veränderungen: Barrierefreiheit und ausreichend persönliche Assistenz sind wichtige Voraussetzungen, damit immer mehr behinderte Frauen und Männer an die Orte kommen können, an denen Begegnung stattfindet. Grundlegend ist jedoch ein anderer, unbelasteter und unbefangener Kontakt zwischen behinderten und nichtbehinderten Menschen. Hierzu bedarf es eines gesellschaftlichen Diskurses, der die derzeit gängigen Vorstellungen von Normalität und Attraktivität gerade auch im Hinblick auf Körperlichkeit und Sexualität kritisch hinterfragt. Wichtig wäre es, diese Reflexion in die Debatten um die gesellschaftliche und insbesondere schulische Inklusion einzubeziehen, um hier bereits bei den Kindern eine Basis für einen veränderten Umgang zu legen. Die Disability Studies können diesen Diskurs unterstützen, indem sie u. a. erforschen, welche Bedingungen einen solchen normüberschreitenden Umgang unterstützen. Shakespeare fordert darüber hinaus bzw. als Grundlage die Entwicklung einer Soziologie der Akzeptanz (2006, 183) sowie die Erforschung der Rolle, die Nichtbehinderte als PartnerInnen und UnterstützerInnen im Leben behinderter Menschen spielen (ebd., 186).

Eine entscheidende Rolle spielt hierbei die wertfreie kulturelle Repräsentation behinderter Frauen und Männer, die Vernaldi »ästhetische Integration« nennt:

»Der Moderator im Rollstuhl, der keine Behindertensendung moderiert, sondern ein Quiz, das Model mit Skoliose, der Seriendarsteller mit Down-Syndrom – eine Gesellschaft, in der Menschen, nur weil sie amputiert oder spastisch gelähmt sind, nicht weniger Sex haben und nicht weniger Liebesbeziehungen als andere Leute auch« (Vernaldi 2003, 102).

---

4   Insb. »Sexibilities« in Berlin, eine Gruppe, die Peerberatung zu Fragen um die Sexualität anbietet, und das Institut zum selbstbestimmten Leben Behinderter in Trebel, das neben Beratung auch Seminare mit Sexualbegleiter/innen anbietet.

Literatur

Arnade, Sigrid (2007): Selbstbestimmte Sexualität. In: Bundesministerium für Familie, Senioren, Frauen und Jugend (Hg.): Einmischen – Mitmischen. Informationsbroschüre für behinderte Mädchen und Frauen, http://www.einmischen-mitmischen.de/index. php?view=article&catid=41:Sexualit%EF%BF%BDt,%20Partnerschaft,%20Muttersch aft%20%20und%20Familienarbeit&id=93:Selbstbestimmt&Itemid=55&option=com_ content (20.10.2011)

Arnade, Sigrid (2010): »Wir waren viele und wir waren überall«. Ein persönlicher Rückblick zur Einbeziehung von Frauen in die Behindertenrechtskonvention. In: Jacob, Jutta, Köbsell, Swantje, Wollrad, Eske (Hg.): Gendering Disability. Intersektionale Aspekte von Behinderung und Geschlecht. Bielefeld, S. 223–229

Daniels, Susanne von, Degener, Theresia, Jürgens, Andreas, Krick, Frajo, Mand, Peter, Mayer, Anneliese, Rothenberg, Birgit, Steiner, Gusti, Tolmein, Oliver (Hg.) (1983): Krüppel-Tribunal. Menschenrechtsverletzungen im Sozialstaat. Köln

Dorner, Maximilian (2009): Mein Dämon ist ein Stubenhocker. Aus dem Tagebuch eines Behinderten. Reinbek bei Hamburg

Ewinkel, Carola, Hermes, Gisela, Boll, Silke, Degener, Theresia (1985): Geschlecht: Behindert – Besonderes Merkmal: Frau. Ein Buch von behinderten Frauen. München

Exner, Karsten (1995): Zum Rollenverständnis behinderter Männer. In: die randschau. Zeitschrift für Behindertenpolitik, Nr. 4/95, S. 9–13

Exner, Karsten (1997): Deformierte Identität behinderter Männer und deren emanzipatorische Überwindung. In: Warzecha, Birgit: Geschlechterdifferenz in der Sonderpädagogik: Forschung – Praxis – Perspektiven. Hamburg, S. 67–87

Finger, Anne (1992): Forbidden Fruit. Why shouldn't disabled people have sex or become parents? In: new internationalist, No. 223, July 1992, http://www.newint.org/features/1992/07/05/fruit/

Finger, Anne (1994): Bone Truth. Minneapolis (MN)

Hermes, Gisela (2004): Behinderung und Elternschaft leben – kein Widerspruch! Eine Studie zum Unterstützungsbedarf körper- und sinnesbehinderter Eltern. Neu-Ulm

Horst & Franz (1979): »Wir Elitebehinderte?«. In: Krüppelzeitung. Zeitung von Krüppel für Krüppel, Heft 1, S. 52

Klee, Ernst (1980b): Behindert. Ein kritisches Handbuch, Frankfurt/Main

Kluge, K.-J., Sparty, Leo (1977): Einleitung. In: Kluge, K.-J., Sparty, Leo (Hg.): »Sollen, können, dürfen Behinderte heiraten?«. Bonn-Bad Godesberg, S. 5–6

Knape, Agnes (1977): Sollen, können, Gliedmaßengeschädigte, Dysmelie, Peromelie, Amelie, auch Amputierte heiraten? In: Kluge, K.-J., Sparty, Leo (Hg.): »Sollen, können, dürfen Behinderte heiraten?«. Bonn-Bad Godesberg, S. 193–106

Kockott, Götz (1988): Sexuelle Variationen. Anhang: Sexualität Behinderter. Stuttgart

Krell, Gertraude (2003): Die Polarisierung der »Geschlechtscharaktere« – eine unendliche Geschichte? In: Duden, Barbara, Hagemann, Karen, Schulte, Regina, Weckel, Ulrike (Hg.): Geschichte in Geschichten. Ein historisches Lesebuch. Frankfurt/New York, S. 58–61

Matthiaß, H. H. (1977): Dürfen Spastiker heiraten? In: Kluge, K.-J., Sparty, Leo (Hg.): »Sollen, können, dürfen Behinderte heiraten?«. Bonn-Bad Godesberg, S. 93–102

133

Radtke, Dinah (1998): Unsere Normalität ist anders – Behinderte Frauen und Sexualität. In: Färber, Hans-Peter, Lipps, Wolfgang, Seyfarth, Thomas: Sexualität und Behinderung. Umgang mit einem Tabu. Tübingen, S. 104–111

Sandfort, Lothar (2003): Die Behindertenbewegung und der Sex In: Hermes, Gisela, Köbsell, Swantje (Hg.): Disability Studies in Deutschland – Behinderung neu denken! Dokumentation der Sommeruni 2003. Kassel, S. 213–216

Schatz, Andrea (1996): Unbeschreiblich weiblich. Zur Lebenssituation behinderter Frauen. In: Warzecha, Birgit (Hg.), Geschlechterdifferenz in der Sonderpädagogik – Eine erste Annäherung. Bielefeld, S. 11–27

Schlett, Christa (1970): Krüppel sein dagegen sehr. Lebensbericht einer spastisch Gelähmten. Wuppertal

Shakespeare, Tom, Gillespie-Sells, Kath, Davies, Dominic (1996): The Sexual Politics of Disability. Untold Desires. London/New York

Shakespeare, Tom (1999): The Sexual Politics of Disabled Masculinity. In: Sexuality and Disability, Vol. 17, No. 1, S. 53–64

Shakespeare, Tom (2006): Disability Rights and Wrongs. London/New York

Udo (1981): Contra – Antwort zur Stellungnahme. In: Krüppelzeitung. Zeitung von Krüppel für Krüppel, Nr. 1/81, S. 36–41

Vernaldi, Matthias (2003): Vom Grundrecht auf Sexualität und die (Un)Möglichkeit, es einzufordern. Erfahrungshintergrund der Initiative Sexybilities, Sexualität und Behinderung. In: Hermes, Gisela, Köbsell, Swantje (Hg.): Disability Studies in Deutschland – Behinderung neu denken! Dokumentation der Sommeruni 2003. Kassel, S. 97–102

Waxman, Barbara Faye (1991): It's time to Politicize Our Sexual Oppression. In: Shaw, Barrett (Hg.) (1994): The Ragged Edge. The Disability Experience from the Pages of the First Fifteen Years of the Disability Rag. Louisville (KY), S. 82–87

Waxman Fiduccia, Barbara (2000): Current Issues in Sexuality and the Disability Movement. In: Sexuality and Disability, Vol. 18, No. 3, S. 167–174

Zander, Michael (2003): Kommt zusammen! Über Sexualität mit und ohne Behinderung. In: Forum kritische Psychologie 44, S. 42–53

Zander, Michael (2007): Selbstbestimmung, Behinderung und persönliche Assitenz – politische und psychologische Fragen. In: Forum Kritische Psychologie 51, S. 38–52

Schutz vor sexualisierter Gewalt gegen Menschen mit Behinderung: Nichts weniger als ein Menschenrecht

Martina Puschke

Eine Vielzahl von Menschen mit Behinderung erleben im Laufe ihres Lebens Gewalt, sei es im Kindes- und Jugendalter oder als erwachsener Mensch. Besonders häufig gehören Formen struktureller Gewalt und sexualisierter Gewalt zu ihrer Lebensrealität. Bislang vorliegende Studien zeigen, dass sie häufiger mit Gewalt konfrontiert sind als nichtbehinderte Menschen, wobei die meisten Erkenntnisse für Mädchen und Frauen mit Behinderung vorliegen.

Die Zahl der Publikationen insbesondere zur sexualisierten Gewalt gegen Frauen und Mädchen mit Behinderung ist immens. Als eine der Vertreterinnen der Interessenvertretung behinderter Frauen beleuchte ich in diesem Beitrag vorwiegend die Sichtweise von Frauen mit Behinderung auf das Thema und beziehe weitere Erkenntnisse ein. Es wird um das Vorkommen von sexualisierter Gewalt bei Menschen mit Behinderung gehen, um die besonderen Risikofaktoren, um die Forderungen von Frauen mit Behinderung, politische

Rahmenhandlungen und aktuelle Herausforderungen, um sexualisierter Gewalt zu begegnen.

»Ich kenne das auch, dass mir jemand sehr weh getan hat…«

Wann immer Frauen mit Lernschwierigkeiten[1] in einer angeleiteten Frauengruppe zusammen kommen, berichten meist mehrere von ihnen, sexualisierte oder häusliche Gewalt erlebt zu haben. Eine österreichische Studie von Aiha Zemp u. a. aus dem Jahr 1996 belegt diese Erfahrung, indem sie aufzeigt, dass 60 % der Frauen, die in Einrichtungen leben, Gewalterfahrungen haben (Bundeskanzleramt 1996).

Unabhängig von der Art der Beeinträchtigung ist Gewalt eine bittere Realität im Leben von Frauen mit Behinderung. Das EU-Parlament geht sogar davon aus, dass 80 % der Frauen mit Behinderung bereits Gewalt erlebt haben und damit etwa doppelt so häufig von Gewalt betroffen sind wie nichtbehinderte Frauen (EU-Parlament 2007).

Valide Daten für Deutschland werden derzeit von Wissenschaftlerinnen des Interdisziplinären Zentrums für Frauen- und Geschlechterforschung (IFF) der Universität Bielefeld in Zusammenarbeit mit weiteren Kolleginnen erhoben. In einer vom Bundesministerium für Familie, Senioren, Frauen und Jugend in Auftrag gegebenen Studie werden erstmals repräsentative Ergebnisse für das Ausmaß von Gewalt gegenüber Frauen mit unterschiedlichen Behinderungen dargestellt.

Auch wenn sich die meisten Studien und Projekte der Zielgruppe von Mädchen und Frauen widmen, erfahren auch Jungen und Männer mit Behinderung Gewalt. Die bisherigen Untersuchungsergebnisse dazu schwanken sehr stark: Während eine Dunkelfeldstudie aus dem Jahr 1997 von einer Rate der ausgebeuteten Männer zwischen 4–14 % ausgeht (vgl. Zemp/Pircher/Schoibl 1997), geht eine Studie aus dem Jahr 2007 von 30–45 % der behinderten Männer aus, die bereits sexualisierte Gewalt erfahren haben – meistens in Einrichtungen der Behindertenhilfe (vgl. Jungnitz/Lenz/Puchert/Puhe/Walter 2007).

---

1 Ich verwende den Begriff »Lernschwierigkeiten« statt »geistiger Behinderung« und folge hiermit einer Forderung der Selbstvertretungsorganisation Mensch zuerst – Netzwerk People First Deutschland e.V., die den Begriff »geistige Behinderung« stigmatisierend findet: http://www.people1.de/umfrage.php

Risikofaktoren

Gewalt gegen Frauen/Mädchen und Männer/Jungen mit Behinderung geht überwiegend von Männern aus dem nahen Umfeld aus: Verwandte, Bekannte, (Pflege-) Personal, aber auch behinderte Mitschüler, Mitbewohner oder Kollegen üben Macht in Form von sexualisierter oder häuslicher Gewalt aus. Die Risikofaktoren, als Mensch mit Behinderung Gewalt zu erfahren, sind in hohem Maß gesellschaftlich angelegt. Vor allem drei Problembereiche sind zu nennen:

Risikofaktor Sondereinrichtungen

Sowohl aus Alltagserfahrungen als auch aus Studien wissen wir: Sexualisierte Gewalt ist ein großes Problem in Einrichtungen der Behindertenhilfe (vgl. Wawrok/Klein/Fegert 2002). Ein kurzer Blick in die Geschichte verdeutlicht die Bedeutung von Einrichtungen der Behindertenhilfe in Deutschland und deren strukturelles Gewaltausübungspotential.

In der Bundesrepublik Deutschland wurde rund um die 1960er Jahre ein flächendeckendes, lebensphasenübergreifendes Sondersystem für Menschen mit Behinderung geschaffen. Neben Sonderkindergärten wurden u. a. Sonderschulen, Sonderausbildungsstätten, Wohnheime, Werkstätten für behinderte Menschen mit Arbeitsplätzen unter besonderen Bedingungen eingerichtet. Entsprechend war es über Jahrzehnte hinweg für eine Vielzahl von Frauen und Männern mit Behinderung völlig üblich, sich einen Großteil des Lebens in ausgrenzenden Einrichtungen zu bewegen. Insbesondere für Menschen mit einem hohen Unterstützungs- und/oder Pflegebedarf im Alltag gilt dies bis heute.

Allen Einrichtungen ist gemein, Strukturen vorzugeben, die strukturelle Gewalt produzieren oder ihr Vorschub leisten. Denn in der Regel können weder die Person, die bei der Intimpflege hilft, noch die Zeit und Zubereitung des Essens oder gruppeninterne Tagesabläufe etc. von den Nutzerinnen und Nutzern bestimmt werden. Auch Mehrbettzimmer sind immer noch vorhanden (Göbel/Miles-Paul 2003). In einigen Einrichtungen sind die Toiletten oder Duschen so offen zugänglich und unabschließbar, dass die Intimsphäre nicht gewahrt werden kann (Hessisches Koordinationsbüro für behinderte Frauen 2001). Infolge dieser Bedingungen sind die Möglichkeiten der Selbstbestimmung sowie der Abgrenzung nach außen stark eingeschränkt.

Die fehlenden Möglichkeiten, die eigene Grenze zu wahren, leistet sexualisierter und/oder häuslicher Gewalt Vorschub. Denn wenn es im Alltag üblich ist, in der Intimsphäre verletzt zu werden, ist die Grenzziehung bei sexualisierten Gewalthandlungen schwer zu realisieren.

137

Risikofaktor Pflege

Immer mehr Menschen – nicht nur Menschen mit Behinderung, sondern auch ältere und alte Menschen, Menschen mit chronischer Erkrankung etc. – benötigen Pflege. Es wurden Ausbildungsgänge für Pflegerinnen und Pfleger geschaffen, Pflegeheime, mobile Pflegeangebote für die Pflege zuhause und Unterstützungskreise für pflegende Angehörige. Ein richtiger »Pflegemarkt« entwickelte sich, ambulante Pflegedienste boomen seit Jahren. Gewalt in der Pflege und Pflegenotstände werden zwar thematisiert, jedoch kaum bekämpft – zum Teil aus Kostengründen, aber auch strukturelle Gründe werden angeführt. Zum Beispiel wurde erst nach langjährigem Einsatz von Frauen mit Behinderung für die Möglichkeit, Person/Geschlecht der Pflegeperson wählen zu können, in § 2 Sozialgesetzbuch XI der Satz aufgenommen: »Wünsche der Pflegebedürftigen nach gleichgeschlechtlicher Pflege haben nach Möglichkeit Berücksichtigung zu finden.«

Lange schon aber wissen wir, dass Frauen mit Behinderung noch einmal besonders von sexueller Gewalt bedroht werden bzw. sexuelle Gewalt erfahren haben. Begünstigend dafür sind Pflegebedingungen, die den zu pflegenden Menschen bloß ausliefern und die Möglichkeiten von Grenzüberschreitungen im Pflegehandeln nicht thematisieren.

Risikofaktor: Gesundheitssystem

In Folge der Etablierung von Sondersystemen für Menschen mit Behinderung werden in vielen Fachdisziplinen die Belange von Menschen mit Behinderung ausgeblendet. Zum Beispiel werden Ärztinnen und Ärzte zwar geschult, um Missbrauch und sexualisierte Gewalt zu erkennen – ausgeblendet wird aber meist die besondere Lebenssituation von Menschen mit Behinderung. Häufig wird bei Menschen mit Behinderung den Signalen nach erlebter Gewalt nicht nachgegangen. Einnässen, aggressives Verhalten etc. werden stattdessen ohne Nachfrage als behinderungsbedingtes Verhalten eingestuft. Auch Psychotherapeutinnen und -therapeuten fühlen sich häufig nicht in der Lage, mit behinderten Klientinnen und Klienten zu arbeiten (vgl. Psychotherapeutinnen-Kartei des Hessischen Koordinationsbüros für behinderte Frauen).

Was ist zu tun und was ist auf dem Weg?

Frauen mit Behinderung fordern seit 30 Jahren Präventions- und Interventionsmaßnahmen zum Thema Gewalt. Bereits 1981 im Rahmen des »Krüppeltribunals« anlässlich des »UNO-Jahres der Behinderten« war sexualisierte Gewalt gegen Frauen mit Behinderung einer der wichtigsten Anklagepunkte, die in der ersten von behinderten Menschen organisierten Protestveranstaltung aufgeführt wurden. Theresia Degener, damalige Mitorganisatorin des Krüppeltribunals, erinnert sich:

>»Unser Anklagepunkt war ein echtes Novum in der Behindertenpolitik, aber auch für die Frauenbewegung. (...) Wir sagten (...) aus, dass jede Frau und erst recht behinderte Frauen und Mädchen davon betroffen sind. Und das war damals eine Provokation (...).« (Faber/Puschke 2007, S. 5)

Das Thema der sexualisierten Gewalt zieht sich seitdem wie ein roter Faden durch die Arbeit der Netzwerke behinderter Frauen. Im Laufe der Jahre entwickelten die Interessensvertretungen behinderter Frauen auf Landes- und Bundesebene eine Reihe von konkreten Maßnahmevorschlägen, um sowohl die Prävention als auch die Intervention zu verbessern. Zu den wichtigsten Forderungen von Frauen mit Behinderung zählen:

- Flächendeckende Einrichtung und Finanzierung von Selbstbehauptungs- und Selbstverteidigungskursen, Empowermentseminaren etc.
- Verankerung eines Rechtsanspruchs auf gleichgeschlechtliche Pflege (nicht nur »nach Möglichkeit«, wie derzeit im SGB XI geregelt)
- Bestellung und Verankerung von Frauen- oder Gleichstellungsbeauftragten in Einrichtungen der Behindertenhilfe
- Überarbeitung des Gewaltschutzgesetzes unter Einbeziehung der Situation von Frauen mit Behinderung
- Fortbildung von Lehrkräften, medizinischem und Pflegepersonal, Polizei, Justiz etc. zum Zusammenhang von Sexualität, Behinderung und Gewaltverankerung der Prävention von sexualisierter Gewalt in den Unterrichtsplänen aller Schulen
- Verpflichtende Leitlinien für das Handeln im Falle sexueller Grenzüberschreitung als Qualitätssicherung im Bereich der Intervention und Prävention von Gewalt in Einrichtungen der Behindertenhilfe, psychiatrischen Einrichtungen, Krankenhäusern, ambulanten Pflegediensten, Pflegeheimen etc.
- Barrierefreier Zugang zu Beratungsstellen, Frauenhäusern, Notruftelefonen, therapeutischen Angeboten etc.
- Barrierefreie zielgruppenspezifische Informationen – auch in leichter Sprache – zum Thema ›Sexualisierte Gewalt‹.
- Einbeziehung von Expertinnen mit Behinderung bei der Erarbeitung von Maßnahmen zum Schutz vor sexualisierter Gewalt.

In der Aufzählung sind Regelungen und Maßnahmen, die zwischenzeitlich umgesetzt wurden, nicht erneut aufgeführt; diverse rechtliche Regelungen,

Projekte und Studien zum Thema der sexualisierten Gewalt wurden in den letzten Jahren auf Grund politischer Initiative verwirklicht. Durch die Bewegung behinderter Frauen konnten inzwischen an vielen Orten folgende Maßnahmen realisiert werden:

- Fortbildungskonzepte für Selbstverteidigungstrainings für Frauen und Mädchen mit Behinderung
- Ausbildung von Frauenbeauftragten in Wohnheimen und Werkstätten für behinderte Menschen im Rahmen von Projektförderungen
- Qualifizierende Seminare für Beraterinnen für ein kenntnisreicheres Agieren im Kontext von Gewalt gegen Frauen und Mädchen mit Behinderung
- Sensibilisierung für den Zusammenhang von Sexualität, Behinderung und Gewalt durch Artikel, Seminare, Fortbildungen, Gremienarbeit, Runde Tische, etc.

Männer mit Behinderung brauchen ähnliches wie die Frauen. Viele Maßnahmen, die auf sexuelle Gewaltrealitäten bei Menschen mit Behinderung reagieren, kommen Frauen und Männern gleichermaßen zugute. Vor allem muss jedoch zukünftig verstärkt dafür sensibilisiert werden, dass auch Jungen und Männer sexualisierte Gewalt erfahren. Nicht erst die Erkenntnisse einer österreichischen Projektstudie machen darauf aufmerksam, dass Männer mit Behinderung ebenfalls von sexualisierter Gewalt betroffen sind, auch wenn es geschlechtsspezifische Unterschiede gibt; zum Beispiel werden Männer gegen ihren Willen zwar intim berührt oder werden gezwungen, andere zu berühren oder bei sexuellen Handlungen zuzusehen, aber Vergewaltigungen kommen bei ihnen weniger häufig vor (vgl. Zemp/Pircher/Schoibl 1997).

Politischer Handlungsbedarf erkannt

Der Handlungsbedarf zum Themenbereich »Sexualität, Behinderung und Gewalt« ist groß und bedarf einer breiten politischen und finanziellen Unterstützung. Denn nicht erst seit In-Kraft-Treten der Behindertenrechtskonvention im März 2009 ist der Schutz vor Gewalt keine Kür, sondern ein Menschenrecht, welches es einzulösen gilt.

Während das Thema »Sexualisierte Gewalt gegen Frauen und Mädchen mit Behinderung« in der Frauenbewegung bereits in den 1980er Jahren ankam, hat es bis in die Mitte der 1990er Jahre gedauert, dass es die politische Öffentlichkeit erreichte. Als erste Bundestagsfraktion führte »Bündnis 90/Die Grünen« 1996 einen Kongress zum Thema mit dem Titel »Das Tabu im Tabu« durch. Die SPD-Bundestagsfraktion folgte im September 1996 mit einer öffentlichen Anhörung, in der das Thema Raum bekam. Mit diversen Veröffentlichungen, ersten Studien und den Drucksachen einiger Bundestagsfraktionen erhielt das Thema der sexualisierten Gewalt gegen Frauen und Mädchen mit Behinderung Ende der 1990er Jahre dann einen enormen Schub. Politischer Handlungsbedarf wurde gesehen und formuliert. Es dauerte jedoch noch einige Jahre, bis konkrete Gesetzesänderungen und weitere Maßnahmen sichtbar wurden.

Folgende herausragende Beispiele aus dem Bereich der Bundespolitik der letzten 10 Jahre seien erwähnt:

- 2001: In-Kraft-Treten des Sozialgesetzbuchs IX mit dem Rechtsanspruch auf »Übungen zur Stärkung des Selbstbewusstseins« für behinderte und von Behinderung bedrohte Mädchen und Frauen
- 2003: Strafrahmenanpassung im § 179 StGB bei Vergewaltigung widerstandsunfähiger Personen
- 2003: Verlängerung der Verjährungsfrist von Strafanzeigen wegen sexuellem Missbrauch oder Vergewaltigung gegen Täter aus stationären und teilstationären Einrichtungen im § 78b StGB
- 2007: Aktionsplan II der Bundesregierung zur Bekämpfung von Gewalt gegen Frauen mit diversen Maßnahmen zum Schutz von Frauen und Mädchen mit Behinderung
- 2008: Berücksichtigung der Wahl gleichgeschlechtlicher Pflege nach Möglichkeit in § 2 SGB XI
- 2009: Fraktionsübergreifender Bundestags-Antrag »Frauen und Mädchen mit Behinderung wirksam vor Gewalt schützen und Hilfsangebote verbessern«[2]
- 2009: Auftrag des Bundesministeriums für Familie, Senioren, Frauen und Jugend zur Erstellung einer Studie »Ausmaß und Umfang von Gewalt gegen behinderte Frauen«
- 2009: In-Kraft-Treten der Behindertenrechtskonvention mit Artikel 16 zum Schutz vor Gewalt
- 2010: Runder Tisch gegen Kindesmissbrauch (mit Beteiligung von Verbänden behinderter Menschen) und Bestellung einer unabhängigen Beauftragten zur Aufarbeitung des sexuellen Kindesmissbrauchs.

In dieser Aufzählung sind Förderungen diverser (Modell-)Projekte nicht berücksichtigt.

---

2   BT-Drucksache 16/11775 vom 28.1.2009

Weitere Herausforderungen und Perspektiven

Es gibt viele gute Ansätze und Maßnahmen zum Schutz von Menschen mit Handicap vor sexuellen Grenzverletzungen, die jedoch zum Teil auf halber Strecke stecken bleiben oder nicht hinreichend miteinander verzahnt sind. Worauf kommt es zukünftig an?

- *Die Handlungsempfehlungen der unabhängigen Beauftragten zur Aufarbeitung des sexuellen Kindesmissbrauchs umsetzen!*
Die unabhängige Beauftragte zur Aufarbeitung des sexuellen Kindesmissbrauchs Christine Bergmann hat in ihrem Abschlussbericht diverse Handlungsempfehlungen zum Thema der sexualisierten Gewalt gegen Menschen mit Behinderung ausgesprochen, darunter u. a. die Durchführung von Längsschnittstudien und Analysen, die Entwicklung geeigneter Präventionsmaßnahmen, gesicherte sexuelle Aufklärung von Menschen mit Behinderung, sexualitätsbezogene Aus-, Fort- und Weiterbildung von Menschen, die in der Versorgung tätig sind, die Entwicklung diagnostischer Konzepte und die Realisierung von adäquaten Hilfen für Kinder und Jugendliche mit Behinderung, die sich sprachlich nicht so gut ausdrücken können (vgl. Geschäftsstelle der unabhängigen Beauftragten zur Aufarbeitung des sexuellen Kindesmissbrauchs 2011). Diese Empfehlungen sollten kein »Papiertiger« bleiben.

- *Bundestags-Anträge realisieren!*
Der Bundestag hat sich zuletzt 2009 mit dem Thema der sexualisierten Gewalt beschäftigt. In dem bereits erwähnten fraktionsübergreifenden Bundestags-Antrag wurde die Bundesregierung aufgefordert, u. a. folgende Maßnahmen zu ergreifen: Aufklärung von Menschen mit Behinderung über sexualisierte Gewalt, Sensibilisierung der Öffentlichkeit zu diesem Thema, entsprechende Fortbildung von (Betreuungs-)Personal, Prüfung erforderlicher Interventionsmaßnahmen, Ausbau psychotherapeutischer Hilfen (vgl. BT-Drucksache 2009). Solche Anträge müssen von der Bundesregierung berücksichtigt werden.

- *Gesetzliche Rahmenbedingungen umsetzen!*
Recht haben und Recht bekommen sind zwei verschiedene Dinge – oft gibt es bei der Umsetzung von Gesetzen Probleme:

Die »Übungen für behinderte oder von Behinderung bedrohte Frauen und Mädchen, die der Stärkung des Selbstbewusstseins dienen«[3], wurden 2001

---

3 Siehe SGB IX § 44 Abs. 1 Nr. 3

im Sozialgesetzbuch IX verankert; sie lehnen sich an das Format der Selbst-behauptungs- und Selbstverteidigungskurse an, sind jedoch im Rehabilitati-onssport verankert und sollen demnach von Landesbehindertensportverbän-den angeboten werden. Jedoch warten Frauen und Mädchen seit 10 Jahren vergeblich auf dieses Angebot in den Behindertensportverbänden. Nach einer erfolgreichen Klage gelang es 2006 einer Frau mit Lernschwierigkeiten (bzw. ihrem Vater als Kläger), die Kosten für ein Selbstbehauptungs- und Selbst-verteidigungstraining einer freien Trainerin – quasi als Ersatz für diese Übun-gen – von der Krankenkasse erstattet zu bekommen, weil es im Wohnumfeld an entsprechenden Angeboten bei einem Rehasport-Anbieter fehlte[4] (vgl. Puschke 2010). Damit Frauen und Mädchen ihren Rechtsanspruch wahrneh-men können, müssen die Angebote geschaffen werden – und zwar flächen-deckend.

• *Barrierefreie Beratungsstrukturen schaffen!*
Wenngleich die Frauenbewegung seit den 1980er Jahren um das Problem der sexualisierten und häuslichen Gewalt gegen Mädchen und Frauen mit Behin-derung weiß, sind die meisten Frauenberatungsstellen und -notrufe sowie Frauenhäuser immer noch nicht barrierefrei zugänglich. Bis in den Anfang des neuen Jahrtausends konnten nur ca. 10 % der Beratungs- und Zuflucht-sorte von sich sagen, eingeschränkt barrierefrei zu sein, wobei zumeist finan-zielle Hürden oder andere Schwerpunktthemen als Begründung für diesen Mangelzustand angeführt wurden.

Seit 2005 hat sich jedoch viel bewegt: Immer mehr Beratungsstellen und Frauenhäuser öffnen sich für einzelne Gruppierungen von Mädchen und Frauen mit Behinderung – sei es, dass Beratungsstellen Angebote in leichter Sprache für Frauen mit Lernschwierigkeiten machen, andere rollstuhlzugäng-lich werden, wiederum andere ihre Materialien in Braille-Schrift drucken las-sen oder Beraterinnen Gebärdensprache lernen.

Der Motor für diesen Schub ist zum einen die Behindertenrechtskonven-tion mit dem explizit benannten Schutz vor Gewalt in Artikel 16. Zum ande-ren hat die Institutionalisierung der bundesweiten politischen Interessenver-tretung behinderter Frauen sicherlich dazu beigetragen, dass in diesem Bereich

---

4   Siehe Sozialgericht Konstanz, AZ.: S 8 KR 1641/05, Urteil vom 29.6.2006

eine Trendwende zu verzeichnen ist. Die Interessenvertretung kann seit 2003[5] sowohl verstärkt mit den Bundesverbänden der Frauenberatungsstellen und Frauenhäuser kooperieren als auch politisch arbeiten. Unter anderem hat sie Forderungen zur Berücksichtigung von Frauen mit Behinderung im Aktionsplan der Bundesregierung zur Bekämpfung von Gewalt gegen Frauen eingebracht.

Um ein wirklich flächendeckendes barrierefreies Beratungsnetz – unter Verwendung vorhandener Strukturen – zu schaffen, bedarf es jedoch finanzieller Förderungen.

• *Gewalt in Einrichtungen verhindern!*
Wie dargestellt ist die Verwirklichung des Rechts auf selbstbestimmte, also unbehinderter Sexualität in Einrichtungen sowohl der Behindertenhilfe als auch in psychiatrischen Einrichtungen eine große Herausforderung. In diversen Studien wird die strukturelle Gewalt als großes Problem benannt, weil sie Selbstbestimmung entgegen steht und (sexualisierter) Gewalt Vorschub leistet. Eine wichtige Bedingung für Veränderung ist sicher die Abschaffung großer Wohneinheiten zugunsten gemeindenaher Angebote mit Unterstützung in Wohngemeinschaften oder von eigenen Wohnungen, wie es die Behindertenrechtskonvention vorsieht.

Zudem müssen Einrichtungen verpflichtet werden, präventive Angebote und Leitlinien zum Umgang mit Gewalt vorzuhalten. Im letzten Jahrzehnt haben hier zwar viele Einrichtungen aufgeholt und nehmen Gewaltprävention und -intervention als wichtige Aufgabe wahr; sie wird jedoch noch nicht flächendeckend als gesellschaftlich notwendige Menschenrechtsschutzmaßnahme gesehen. Dies muss sich ändern.

• *Gute Angebote verzahnen!*
Die notwendigen Maßnahmen gegen sexualisierte Gewalt sind vielschichtig, haben verschiedene AdressatInnen und müssen Hand in Hand erfolgen, damit sie zielgenau ankommen.

Wenn Einrichtungen der Behindertenhilfe sich auf dem Weg zu einer verstärkten Gewaltprävention machen und gleichzeitig Frauenberatungsstellen in den Kommunen sich für Frauen mit Behinderung öffnen, wird daraus je-

---

5   Seit 2003 wird die bundesweite Politische Interessenvertretung behinderter Frauen im Weibernetz e.V. im Rahmen von Projektförderungen mit unterschiedlichen Projektzielen (derzeit u. a. zur Umsetzung der Behindertenrechtskonvention und zum Schutz vor Gewalt gegen Frauen mit Behinderung) durch das Bundesministerium für Familie, Senioren, Frauen und Jugend gefördert

doch erst dann ein Erfolgsrezept, wenn Bewohnerinnen des Heims oder ambulant betreut wohnende Frauen auch von dem Angebot der Frauenberatungsstellen wissen und die Möglichkeit erhalten, sie besuchen zu können.

- *Disability Mainstreaming einführen!*
Es gibt viele Maßnahmen gegen sexualisierte Gewalt; häufig wird jedoch die Situation von Menschen mit Behinderung ausgeblendet. Zum Beispiel wurde nach Bekanntwerden der Missbrauchsskandale in Internaten und Heimen in der BRD der Runde Tisch gegen Kindesmissbrauch zunächst ohne Einbeziehung von Behindertenorganisationen eingerichtet; erst nach zähen politischen Ringen änderte sich das. Ein zweites Beispiel: Bei Informationsmaterialien, Broschüren, Fortbildungen oder Studien zum Thema »Sexualisierte Gewalt« fehlt es meist an Hinweisen zur Gewalt gegenüber Menschen mit Behinderung; gesonderte Broschüren, Fortbildungen, Studien holen dies dann nach. Im Sinne der Inklusion ist solche getrennte, nachgängige Betrachtung aufzuheben.

- *Behindertenrechtskonvention umsetzen!*
Die Behindertenrechtskonvention stellt unmissverständlich klar, dass die unterzeichnenden Staaten verpflichtet sind, Recht auf Selbstbestimmung, Schutz vor Gewalt, diskriminierungsfreie Teilhabe in allen Bereichen gesellschaftlichen Lebens zu garantieren.

Es bleibt noch einiges zu tun, um Menschen mit Behinderung wirksam vor Gewalt zu schützen und ihnen nach Gewalterfahrungen zu helfen. Diese gesamtgesellschaftliche Aufgabe geht uns alle an, denn es handelt sich hierbei um ein Menschenrecht – nicht mehr und nicht weniger!

Literatur

Bundeskanzleramt Abt. I/10 (Hg.) (1996): Weil das alles weh tut mit Gewalt. Sexuelle Ausbeutung von Mädchen und Frauen mit Behinderung. Wien

Bundesministerium für Familie, Senioren, Frauen und Jugend (Hg.) (2007): Aktionsplan II der Bundesregierung zur Bekämpfung von Gewalt gegen Frauen. Berlin

Bundestagsfraktion Bündnis 90/Die Grünen (1996): Das Tabu im Tabu. Sexualisierte Gewalt gegen Frauen und Mädchen mit Behinderung. Bonn

Deutscher Bundestag (2009): Fraktionsübergreifender Antrag »Frauen und Mädchen mit Behinderung wirksam vor Gewalt schützen und Hilfsangebote verbessern«, BT-Drucksache 17/11775, 28.1.2009

Europäisches Parlament (2007): Entschließung des Europäischen Parlaments vom 26. April 2007 zur Lage der Frauen mit Behinderungen in der Europäischen Union (2006/2277(INI)

Faber, Brigitte/Puschke, Martina (Hg.) (2007): 25 Jahre Bewegung behinderter Frauen. Erfahrungen, Anekdoten und Blitzlichter aus den Jahren 1981–2006. Kassel

Fraktion der SPD im Bundestag (1996): Lebenssituation von Frauen mit Behinderungen – Öffentliche Anhörung der SPD-Bundestagsfraktion am 23.9.1996. Bonn

Geschäftsstelle der Unabhängigen Beauftragten zur Aufarbeitung des sexuellen Kindesmissbrauchs (2011): Abschlussbericht der Unabhängigen Beauftragten zur Aufarbeitung des sexuellen Kindesmissbrauchs, Dr. Christine Bergmann. Berlin

Göbel, Susanne/Miles-Paul, Ottmar (2003): Wohnen, wo ich will! Expertise im Auftrag des Ministeriums für Arbeit, Soziales, Familie und Gesundheit des Landes Rheinland-Pfalz

Hessisches Koordinationsbüro für behinderte Frauen (2001): Situation von Frauen mit Behinderungen in hessischen Wohneinrichtungen der Behindertenhilfe, Kassel

Hessisches Koordinationsbüro für behinderte Frauen (2002): Psychotherapeutinnen-Kartei für behinderte Frauen aus: http://www.fab-kassel.de/hkbf/psychotherapeutinnen.html

Jungnitz/Lenz/Puchert/Puhe/Walter (Hrsg.) (2007): Gewalt gegen Männer. Personale Gewaltwiderfahrnisse von Männern in Deutschland. Opladen

Puschke, Martina (2010): Gelebte und behinderte Sexualität. Aktuelle Diskussionen und Projekte aus Sicht von Frauen mit Behinderung. In: BZgA FORUM Sexualaufklärung und Familienplanung 1–2010, Sexualität und Behinderung. Köln

Wawrok, Silke/Klein, Susanne/Fegert Jörg M. (2002): Forschungsergebnisse zur Problematik der sexualisierten Gewalt in Wohneinrichtungen der Behindertenhilfe und Anlage eines Modellprojekts. In: Fegert/Wolff (Hg.) (2002): Sexueller Missbrauch durch Professionelle in Institutionen. Münster

Zemp, Aiha/Pircher, Erika/Schoibl, Heinz (1997): Sexualisierte Gewalt im behinderten Alltag. Jungen und Männer mit Behinderung als Opfer und Täter. Wien

Sexuelle Selbstbestimmung bei schwerer Behinderung

Martin Rothaug

Jeder Mensch hat das Recht, seine Sexualität zu leben und auszuleben, solange er andere dabei nicht herabwürdigt, missbraucht oder verletzt. Das gilt für alle Menschen, also auch für Menschen mit schweren und mehrfachen Behinderungen.

Menschen mit schweren Behinderungen sind in ihrer Sozialisation und Lebensgestaltung jedoch vielfältigen Bedingungen ausgesetzt, die es erschweren, ihr Recht auf Sexualität wahrzunehmen. Zum einen werden sie mit gesellschaftlichen Vorurteilen oder falschen Vorstellungen konfrontiert, z. B. mit der Behauptung, Menschen mit schweren Behinderungen hätten keine Sexualität oder dass sie im Gegenteil sexuell enthemmt seien. Zum anderen sind Menschen mit schweren Behinderungen von Beginn ihres Lebens an erheblich höheren gesundheitlichen, sozialen und psychischen Risiken ausgesetzt als Menschen ohne Behinderung. Sie bedürfen oft sehr früh auch medizinischer Unterstützung; ständige Untersuchungen, Medikamenteneinnahme, vielfältige Therapien begleiten sie in ihrer Entwicklung und Reifung. Dies kann dazu führen, dass sich junge Menschen mit Behinderung als defizitär erleben. Die Eltern, meist die Mütter, tragen diese Mühen und Maßnahmen mitsamt den Folgen für die Identitätsentwicklung ihrer Kinder mit, und werden mit diesen Belastungen oft allein gelassen. Hieraus ergeben sich oft lebenslange wechselseitige Abhängigkeiten. Es erscheint für Eltern mit dieser Anforderungsfülle und -dichte schwer, auch noch sexuelle Regungen und Bedürfnisse wahrzunehmen und sie zugewandt zu begleiten. Notwendige Ablösung, vielleicht sogar Rebellion gegen die Eltern ist mit der oft nötigen und gut gemeinten lang dauernden Fürsorge der Eltern schwer zu vereinbaren (Stichwort »lebenslange Elternschaft«). Auch sexuelle Identitätsentwicklung ist so erschwert.

Dazu ein Beispiel:

> Ein 21-jähriger schwer behinderter Mann im Rollstuhl zieht aus dem Elternhaus in eine Wohneinrichtung. Seine Mutter sagt, auf das Thema Sexualität angesprochen: »Nein, bei uns zu Hause gab es das nicht, wir wollten ja keine schlafenden Hunde wecken.« Der junge Mann zog in ein Einzelzimmer einer geschlechts-, alters- und behindertengemischten Wohngruppe und zeigte sich recht bald interessiert am anderen Geschlecht. Er flirtete mit Hilfe seiner verbalen und mimischen Ausdrucksmöglichkeiten, zeigte sexuelle Regungen, ließ sich gerne von Frauen pflegen und genoss den Körperkontakt. Sein Selbstbewusstsein stieg, eine Freundin zu finden gelang ihm allerdings nicht. Die MitarbeiterInnen, nach intensiver Reflexion und fachlicher Begleitung, unterstützten seine Bedürfnisäußerungen, indem sie z. B. angenehme Pflegesituationen herstellten oder die Inkontinenzvorlage im Bett wegließen, wenn sie den Eindruck hatten, er wollte sich selbst erkunden und sich schöne Gefühle verschaffen. Dieses Bedürfnis kann er inzwischen gut selbst äußern. Er besucht regelmäßig eine Körpererfahrungsgruppe seines Trägers. Begleitend dazu wurden mit dem nötigen Respekt Gespräche mit den Angehörigen über die Entwicklung ihres Sohnes geführt.

Ähnlich wie bei Menschen ohne Behinderung hat die (sexuelle) Biographie von Menschen mit schweren Behinderungen individuell unterschiedliche Schwerpunkte und Verläufe, jedoch sind einige biografische Ereignisse für Heranwachsende mit und ohne Behinderung möglicherweise gleich bedeutsam: Das Ausprobieren im frühen Jugendalter, das erste Verliebtsein, die körperlichen Erfahrungen im Heranwachsen, der Bedarf nach Kontakten auf Partys, die Zweisamkeit einer Freundschaft.

Für Menschen mit schweren Behinderungen vollziehen sich diese Entwicklungsschritte meist in Sonderinstitutionen. Wie sie sich gestalten ist oft abhängig vom Engagement der begleitenden und fördernden Fachleute. Pädagogische Fachkräfte und LehrerInnen, die Heranwachsende mit schwerer Behinderung begleiten, tun sich mit der Sexualaufklärung, der angemessenen Begleitung und Unterstützung der sexuellen Sozialisation ihrer Klientel oft noch schwer. Das ist deshalb fatal, weil Menschen mit schweren Behinderungen besonders stark von der Haltung und dem Engagement ihrer Begleitpersonen abhängig sind.

Menschen mit schweren Behinderungen brauchen Teilhabemöglichkeiten von Anfang an, auch als sexuelle Wesen. Es braucht Aufklärung, Gemeinschaft in der Peer-group, sexualitätsbezogene Unterstützung aller Art, Förderung der individuellen sexuellen Identität. Wenn solcherlei sexuelle Bildungsanstrengungen z. B. auch in den Lehrplänen von Schulen aufzufinden sind, die von Menschen mit und ohne Behinderung besucht werden, dann ist das für Heranwachsende mit schwerer Behinderung bedeutsam. Es ist zu hoffen, dass durch inklusiven Unterricht entsprechend den Vorgaben der Behindertenrechtskonvention die Problematik eines unaufgeklärten erwachsenen Menschen mit Behinderung – mit allen seinen Folgen wie z. B. der unaufgeklärten Bedürfniswahrnehmung, wie sie leider noch häufig in den Wohneinrichtungen für Erwachsene anzutreffen ist – zukünftig entfällt, weil das Thema im Lehrplan für alle festgeschrieben ist.

Bedingungen für ein sexuelles Leben mit schwerer Behinderung

Menschen mit Behinderung erkämpfen sich weiter ihre Grundrechte auf Teilhabe in allen Lebensbereichen. Der Paradigmenwechsel in der Assistenz für erwachsene Menschen auch mit schwerer Behinderung ist theoretisch vollzogen: Der Mensch mit (schwerer) Behinderung kann nicht mehr Förderobjekt sein, sondern muss als eine Person akzeptiert werden, die in der Gemeinde leben will, viele Bereiche des eigenen Lebens selbst bestimmen kann, Handelnde ihres Lebens ist, und dazu in einigen, eventuell vielen Bereichen Assistenz benötigt. Dies stellt an Betreuende gerade von Menschen mit schweren Behinderungen einen hohen Anspruch an interaktiver, kommunikativer Kompetenz und Einfühlungsvermögen zur Klärung, welche Unterstützung in welcher Form der gehandicapte Mensch wann und wie benötigt. Denn es geht nicht nur um pflegerische Unterstützung, sondern auch darum, Bedürfnisse zu erfassen, die der Mensch mit schwerer Behinderung äußert, oder die er erst erfahren, also kennenlernen will, worauf die Betreuungsperson die Hilfestellung ausrichten muss.

Als Erwachsene leben Menschen mit schweren Behinderungen bislang aufgrund der Schwere ihres Handicaps meist in Einrichtungen der kommunalen oder trägergebundenen Behindertenhilfe mit Rund-um-die-Uhr-Betreuung und pflegerischer Assistenz – also in hoher Abhängigkeit, in der dennoch ein Rahmen für Selbstbestimmung geschaffen werden muss.

So gilt es, auch im Sexuellen die gesellschaftliche Normalität in ihrer ganzen Bandbreite im Leben der Menschen mit Schwerbehinderung erlebbar zu machen, zu verwirklichen und den Menschen die Unterstützung anzubieten und zu geben, die sie dafür benötigen.

In der sexualitätsbezogenen Assistenz braucht es vor allem Kontakt und Beziehung:

> »Diese integrierte Sexualpädagogik geht von der personalen Beziehung zwischen behinderten Menschen und Betreuungspersonen aus, die von sehr nahen körperlichen Kontakten und häufigen Berührungen gekennzeichnet ist«. (Bader, 2002, S. 156)

Das Menschenrecht auf Sexualität realisiert sich in den Wohneinrichtungen allerdings auch im Nachholen von Aufklärung, Beratung und direkter Unterstützung in den vielen Bereichen der Sexualität mit erwachsenen Menschen mit ihren vielfältigen sexuellen Bedürfnissen. Diese Bedürfnisse zeigen sich je nach Persönlichkeitsentwicklung körperlich, sozial, emotional oder kognitiv auf verschiedenen Entwicklungsstufen, so dass sie manchmal (noch) nicht verstanden oder eingeordnet werden können. Hier braucht es Unterstützung durch aufgeklärte, offene, gut fortgebildete engagierte MitarbeiterInnen oder durch externe BeraterInnen. Gesprächskreise, themenzentrierte Fortbildungen für BewohnerInnen der Wohneinrichtungen sind dazu ein gutes, erprobtes Mittel. Wird Sexualität hingegen tabuisiert oder inadäquat kommuniziert, dann kann sie »verkümmern«, und mit ihr die Person selbst – sie kann sich aus dem gesellschaftlichen Leben zurückziehen oder wird möglicherweise »verhaltensauffällig«. So sollte der sexuelle Hintergrund eines auffälligen Verhaltens eines schwerbehinderten Menschen immer mit bedacht werden, wenn dies seinen BetreuerInnen unverständlich erscheint. Zwei Beispiele:

> Eine junge Frau masturbiert auf dem Flur und im Wohnzimmer einer Einrichtung. Lange wissen die Betreuenden mit diesem Verhalten nicht umzugehen; sie schreiben es der Behinderung zu und pathologisieren es. Mit Hilfe der Umsetzung eines neuen sexualpädagogischen Konzepts wird der Frau durch eine sexualpädagogisch geschulte Betreuerin in ihrem Zimmer gezeigt, wie sie sich selbst befriedigen kann. Von da an ist sie viel entspannter und zeigt sich offen für andere Angebote der Betreuenden.

> Ein junger Mann wehrt sich heftig gegen sonst alltägliche Pflegehandlungen seiner Betreuenden und bekommt, wie die Betreuenden es beschreiben, einen »irren« Blick, reagiert auf viele Angebote auch körperlich aggressiv. Seit die Inkontinenzvorlage abends oder auch schon bei der Nachmittagsruhe im Bett weggelassen wird, kann der junge Mann sich durch Selbstbefriedigung selbst Freude und Entspannung verschaffen und ist auch im Allgemeinen deutlich umgänglicher und zufrieden.

Bisweilen können auch Sexualassistenzangebote durch externe Sexualbegleitungsfachkräfte sinnvoll und hilfreich sein. Eine Sexualbegleiterin, die Menschen mit schweren Behinderungen unterstützt, berichtet:

»Viele Menschen, die ich betreue, erleben eine intensive Sexualität. Ein Orgasmus verschafft ihnen für Tage und Wochen Wohlbefinden, Entspannung und Lebensfreude. Das stellen auch die Betreuer der Menschen in den Wohneinrichtungen immer wieder fest und geben mir häufig diese Rückmeldung«. (Rothaug, eigene Aufzeichnungen, 2011)

In einer (auch sexuellen) Partnerschaft zu leben ist für Menschen mit schweren Behinderungen ein zwar oft schwer erreichbares, aber dennoch stark gewünschtes Bedürfnis, das oft bis ins hohe Alter bestehen bleibt. Es klärt sich erst nach einem schmerzhaften Prozess des Anerkennens der Realität, dass es schwierig ist und selten gelingt, als schwerbehinderter Mensch eine Partnerin bzw. einen Partner zu finden. So bleiben viele schwerbehinderte Menschen oft Single und ihre sexuelle Befriedigung bezieht sich auf den eigenen Körper.

Wie gelingt es dem unterstützenden Umfeld, Menschen mit schwerer Behinderung sexuelle Selbstbestimmung zu ermöglichen?

Damit Menschen mit schweren und mehrfachen Behinderungen in Einrichtungen der Behindertenhilfe ihre Sexualität leben können, brauchen sie die Unterstützung der sie betreuenden Fachkräfte bzw. ihrer AssistentInnen. Dafür wiederum sind klare konzeptionelle Aussagen als Grundlage sexualitätsfreundlicher Hilfen notwendig, die von den Leitungen der Einrichtungen bis zur Geschäftsführung mitgetragen und auf deren Umsetzung geachtet wird, verankert in den Standards und Qualitätssicherungssystemen der Einrichtungen. Die Betreuerinnen und Betreuer vor Ort sind die Personen, die in einer Wohneinrichtung oft jahrelang die engsten Bezugspersonen für Menschen mit schweren und mehrfachen Behinderungen sind. An ihnen liegt es, festzustellen, ob der Mensch mit Behinderung Befriedigung erfährt, seine Gefühle äußern und sie leben kann, ob die Angebote richtig ankommen und welche jeweils individuellen Hilfen erforderlich sind. Die Betreuerinnen und Betreuer müssen sensibel die Bedürfnisse erspüren und auf sie reagieren. Und sie müssen den Mut haben, sich für die Bedürfnisse der zu begleitenden Menschen einzusetzen. Das ist nicht immer selbstverständlich, denn in ihren Ausbildungen der Heilpädagogik, Heilerziehungspflege oder der Sozialen Arbeit sind viele von ihnen mit Fragen zur sexuellen Selbstbestimmung oder sexuellen Begleitung nicht in Kontakt gekommen. So begegnen sie dem Thema oft erst in der Praxis – konkret, direkt und überraschend. Dann hängt es nicht nur von den konzeptionellen Vorgaben der Einrichtung, sondern auch von dem Grad der gegenseitigen Offenheit und Toleranz ab, wie man dort konkret mit Liebe, Lust und Wohlbefinden umgeht. Wenn das Ernstnehmen der

Bedürfnisse der Menschen, die Assistenz bekommen, im Vordergrund steht, kann dem Thema Sexualität nicht aus dem Weg gegangen werden, wie folgende Erfahrung beschreibt:

> »In einer neu eröffneten Wohneinrichtung vertraut sich eine schwer körperbehinderte Frau (Ende 30), die mit BLISS-Symbolsprache kommuniziert, einer Betreuerin an und wünscht sich eine sexuelle Befriedigung, die sie sich aufgrund ihrer Spastik nicht selbst geben kann. Die Betreuerin bekommt durch intensives Nach- und Abfragen noch heraus, dass die Bewohnerin diese Hilfestellung bisweilen schon in ihrem Elternhaus durch ihre dort lebende Schwester bekommen habe, ›die wisse, was einer Frau gut tue‹. Für die Betreuerin und ihr Team kam das Thema überraschend, sie waren nicht vorbereitet. Sie fragten in anderen Wohngruppen des Trägers nach und erlebten eine ziemliche Konfusion und unklare Aussagen zu Fragen des Umgangs mit Sexualität. Auch durch das Drängen der Bewohnerin wurde ihnen das Thema so wichtig, dass sich einige MitarbeiterInnen besonders engagierten und dazu eine Arbeitsgruppe innerhalb des Trägers einrichteten. Diese erarbeitete eine Konzeption zum Thema ›Sexualität‹ für die Arbeit mit Menschen mit schweren Behinderungen in den Wohneinrichtungen. Sie wurde von allen Entscheidungsgremien befürwortet und daraufhin in allen Einrichtungen des Trägers umgesetzt. Für die Bewohnerin wurde eine Kontaktanzeige erstellt, sie besuchte Singlepartys, lernte Männer kennen und bekam auch das Angebot einer Sexualassistenz«. (vgl. Spastikerhilfe Berlin eG, 2009)

Das Ernstnehmen der Bedürfnisse der zu betreuenden Menschen verlangt den Betreuerinnen und Betreuern differenzierte Reflexion ab. Zur Beratung und Begleitung der Sexualität von Menschen mit schwerer Behinderung gehört, dass der Umgang mit Sexualität im Betreuungsalltag als etwas Normales empfunden wird. Günstig ist eine möglichst heterogene Zusammensetzung des Teams hinsichtlich Geschlecht und Alter, um die Unterschiedlichkeit der zu betreuenden Menschen wahrzunehmen und adäquat darauf eingehen zu können.

Dazu ein Beispiel:

> Ein Bewohner, der seine Arme nicht bewegen konnte und in Pflegesituationen in der Badewanne eine Erektion bekam, bat eine bestimmte Betreuerin häufig um sexuelle Hilfestellung. Hier galt es für die Betreuerin zu verstehen, dass er sich nicht »an ihr« befriedigen wollte – was sie anfangs so verstand –, sondern seine grundlegenden Bedürfnisse zu erkennen. Das Team musste auch verstehen, dass der Bewohner wenig Möglichkeiten hatte, seine sexuellen Bedürfnissen anderen gegenüber oder auf andere Weise zu äußern. Im Ergebnis von Gesprächen des Fachdienstes mit ihr, von Beratung des Teams und mit ihm wurde professionelle Hilfe von einer Sexualassistentin bzw. Prostituierten ermöglicht, was sich der Betroffene auch so gewünscht hatte.

So geht es bei Menschen mit schweren und mehrfachen Behinderungen im Zusammenhang mit der täglichen Pflege immer auch um das Wissen von und den Umgang mit sexuellen Regungen, um die Erfahrung der eigenen Grenzen und um das Zulassenkönnen von Nähe. Im Ergebnis solcher Beschäftigung mit dem Handlungsfeld »Sexualität(-sbegleitung)« sollten die BetreuerInnen ein Gespür für die Wahrnehmung von Sexualität in allen ihren Schattierungen besitzen. Sie sollten respektvoll und intimitätsachtend handeln und gleichzeitig angenehme Gefühle bei der Pflege entstehen lassen, Körperkontakt zulassen und solchen Kontakt auch zwischen BewohnerInnen spüren und eventuell herstellen können. Sie sollten relativ sicher erspüren können, wann sexuelle Aktivität gewünscht ist. Wichtig ist hierbei die Unterscheidung zwischen passiver und aktiver Assistenz. Während passive Assistenz das Bereitstellen von Hilfsmitteln, eine schöne Umgebung schaffen, das Weglassen der Inkontinzeinlage oder vieles mehr sein kann, ist aktive Assistenz den von außen kommenden SexualassistentInnen vorbehalten.

Sexualität ereignet sich im und am Körper. Sexualitätsbegleitung braucht daher Körperverstehen, Körperfreundlichkeit und Körpernähe

Ganzheitliche Körperpflege schließt zärtliche Berührungen und Streicheln des Körpers ein; bei diesen Berührungen müssen die Empfindungen und Gefühle des Menschen mit Behinderung sensibel berücksichtigt werden. Es ist ein Prozess des gegenseitigen Kennenlernens, der viel Mut von den Betreuenden verlangt, jedoch im Fall des Gelingens zu Lebensfreude, höherer Zufriedenheit und Entspannung führen kann – auf beiden Seiten des Betreuungsverhältnisses. Immer sollte die Handlungsgrundlage in der körpernahen Betreuung die Achtung der Persönlichkeitsrechte, vor allem der Intimsphäre der zu Betreuenden sein (s.a. Bader, a.a.O.).

Die Fachkräfte der Behindertenhilfe, die schwer behinderte Menschen pflegen, sollten zudem ihre eigene (Körper-)Geschichte sexualitätsbezogen reflektiert haben. Im Pflegealltag entstehende Gefühle aller Art einschließlich daraus eventuell erwachsender Abwehrhaltungen müssen ernstgenommen und im Austausch mit den KollegInnen und den Fachdiensten besprochen werden. Durch Fortbildung und Reflexion können sich Bewusstsein und Haltung zum Thema so entwickeln, dass das Pflegehandeln professioneller wird. Themen solcher Fortbildungen könnten u. a. sein:

* (Wie) gelingt es mir, die Intimsphäre der mir Anvertrauten zu achten und Beschämungen zu vermeiden?
* Weiß ich um den Unterschied zwischen passiver und aktiver Sexualassistenz und (wie) kann ich beurteilen und entscheiden, wann aktive Sexualassistenz sinnvoll sein kann?

153

Bei Menschen mit schweren und mehrfachen Behinderungen geht es auch um Wissen über und Umgang mit sexuellen Regungen im Zusammenhang der täglichen Pflege, und damit um die Erfahrung der eigenen Grenzen und das Zulassenkönnen von Nähe. Im Ergebnis solcher Beschäftigung mit dem Handlungsfeld »Sexualität(-sbegleitung)« sollten die BetreuerInnen ein Gespür für die Wahrnehmung von Sexualität in allen ihren Facetten besitzen, sie sollten respektvoll und intimitätsachtend handeln und gleichzeitig angenehme Gefühle bei der Pflege entstehen lassen können.

Wenn es gelingt, durch sexualitätsbezogene Bildungsanstrengungen die Gesprächskultur der Teams der Behindertenhilfeeinrichtungen zu öffnen, und gelebte Sexualität ein »normales« Begleitungsthema wird, dann wirkt dies auch möglichen Grenzüberschreitungen entgegen, die sich ja gerade dort unentdeckt und über längere Strecke ereignen können, wo das Thema »Sexualität« unbesprochen bleibt, tabuisiert wird (s. a. Commandeur, Krott, 2008, und: Leitfaden sexueller Missbrauch, Spastikerhilfe 2007).

Wie wichtig ein sensibler Umgang mit Bedürfnissen ist, zeigt folgendes Beispiel:

In einer gemischten Wohneinrichtung war den BetreuerInnen nur ungefähr klar, dass ein leicht geistig behinderter 40jähriger Mann, körperlich eingeschränkt und im Rollstuhl sitzend, mit einem geistig behinderten 50jährigen Mann eine sexuelle Beziehung hatte. An manchen Tagen geriet der Ältere in sehr schlechte Stimmung, zog sich selbst und andere an den Haaren, schrie laut und schlug seinen Kopf gegen die Wand. Der Jüngere versuchte ihn dann zu beruhigen und beide verschwanden mitunter im Zimmer des Älteren. Dabei hatten sie auch sexuellen Kontakt miteinander, was einige BetreuerInnen wussten.

Nach vielen Jahren des Zusammenlebens verstarb der Jüngere an einer schweren Krankheit. Den Älteren schien dies zunächst nicht besonders zu bewegen, aber bald traten bei ihm schwere Verhaltensstörungen auf. Eine Betreuerin stellte den Zusammenhang zu seiner (nun wieder) unerfüllten Sexualität her und organisierte den Besuch einer erfahrenen Sexualbegleiterin. Dieser Kontakt führte tatsächlich zu einer deutlichen Besserung des herausfordernden Verhaltens. Die gerade auch sexuelle Bedeutung der engen Beziehung dieser beiden Männer in der Wohngruppe, so kann im Nachhinein festgestellt werden, war für das Lebensgefühl wahrscheinlich beider, sicher aber für den zurück gebliebenen Partner immens, was die Betreuenden so deutlich nicht wahrgenommen hatten.

Wie einige andere Einrichtungen der Behindertenhilfe auch – z. B. das Annastift in Hannover – hat die Spastikerhilfe Berlin eG eine Körpererfahrungsgruppe für nichtsprechende Menschen mit schweren Behinderungen ins Leben gerufen.

Ein weiteres Angebot der Spastikerhilfe sind Singlepartys, zu denen viele Menschen aus unterschiedlichen Einrichtungen der Behindertenhilfe Berlins und Umgebung kommen. Den ganzen Abend können sich Männer und Frauen flirtend und tanzend in einer angenehmen Discoatmosphäre auf PartnerInnensuche begeben. Die MacherInnen unterstützen dies durch Kontakt- und Kennenlernspiele (›Herzblatt‹), Karaoke, Erstellung von Kontaktanzeigen u. a. Hauptaufgabe der begleitenden AssistentInnen dabei ist es, wahrzunehmen, wenn zwei sich kennenlernen möchten und dabei Unterstützung benötigen – z. B. durch Hilfe beim Adressentausch und Verabreden von gegenseitigen Besuchen. Denn ohne solche Hilfestellung würden weitere Kontakte und ein weiteres Kennenlernen häufig scheitern.

In letzter Zeit wird dem Thema »Sexualität und Behinderung« mehr Beachtung zuteil und natürlich hat das auch positive Wirkungen für die sexuellen Rechte von Menschen mit sogenannter schwerer Behinderung. In Berlin wirkt seit vielen Jahren ein Arbeitskreis von freien Trägern und Beratungsstellen zum Thema ›Liebe und Sexualität für Menschen mit Behinderung‹. Es finden bundesweit Fachtagungen zum Thema ›Behinderung und Sexualität‹ statt, es gibt Fortbildungsangebote für Mitarbeitende und für Menschen mit Behinderung, noch zu selten allerdings für Menschen mit schwerer Behinderung. Die Vernetzung der in dem Bereich Tätigen ist verbesserungswürdig, es fehlen stützende Leitaussagen zum Thema ›Sexualassistenz‹ und es könnten mehr Forschungsinitiativen auf den Weg gebracht werden; schließlich gehört das Thema »Sexualität und Sexualbegleitung« in die grundständigen Ausbildungen der zukünftigen Fachkräfte der Behindertenhilfe. Denn zur Verwirklichung des Grundrechts auf Sexualität braucht es engagierte, mutige, gut gebildete PraktikerInnen – je schwerer die Behinderung, desto nötiger solche Assistenz.

Schwer behindert und sexuell aktiv – Herr K. erzählt von sich

Herr K. kommuniziert ohne Lautsprache mit Hilfe von BLISS-Kommunikationstafeln:

>»Ich kann nur nonverbal kommunizieren. Meine wichtigsten Kommunikationsmittel sind mein Kopf, denn er ist das einzige Körperteil, welches ich gezielt steuern kann, und meine Augen, denn wer mich gut kennt, kann das, was ich will, von ihnen ablesen. Ich besitze eine Kommunikationsmappe. Ich bin, wie wohl die meisten von uns, ob behindert oder nichtbehindert, voller Sehnsucht nach menschlicher Wärme, einem festen Halt, verlässlichen Beziehungen.
>Sexualität war ein Tabuthema. Es wurde einfach nicht darüber gesprochen, weder in meinem Elternhaus, noch in meiner gesamten Schulzeit. Ich wurde nicht aufgeklärt. Als ich in die Pubertät kam, spürte ich natürlich die Veränderungen in meinem Körper und in meinem Gefühlsleben, konnte sie aber nicht definieren. Ich hatte sexuelle

Gedanken, ohne das Wort Sexualität zu kennen. Ich hätte schon in meiner Schulzeit gerne eine Freundin gehabt, aber ich war zu behindert, um Eigeninitiative zu ergreifen. 1990 zog ich in ein neu eröffnetes Wohnheim der Spastikerhilfe in Berlin. 1992 wurde dort die Arbeitsgruppe ›Behinderung und Sexualität‹ gegründet. In meinem neuen Heim wurde plötzlich ganz offen über ein Tabuthema gesprochen. Dass ich mit behinderten Menschen zusammenlebe, die auch Freunde, Geliebte, Verlobte haben, die sich in aller Öffentlichkeit küssen, die Sex miteinander haben, wurde für mich schnell ganz normal.

So erscheint es mir jetzt, obwohl die Mitglieder der Arbeitsgruppe immer sagen, dass es ein langer Weg dorthin war. Ich nahm alles mit, was diese Arbeitsgruppe anzubieten hatte: Gesprächskreise, Singletreffs, Sex-Picknicks, einfach alles, denn ich war durstig nach diesen verbotenen, anrüchigen Dingen, die einem das Leben versüßen, und ich war neugierig und wissbegierig. Und während dieser spannenden Zeit wurde mir klar, dass auch ich ein Recht auf Sexualität habe, und auch ich ein Recht darauf habe, ganz offen darüber zu sprechen. (...) 1993 hatte ich die Gelegenheit, an einer Gruppenreise nach Polen teilzunehmen. Auf dieser Reise habe ich meine erste Freundin kennen gelernt. Meine Freundin war auch schwer behindert, etwa so wie ich. Die Kommunikation zwischen uns verlief überhaupt nur, wenn wir Hilfe von außen bekamen und ein Betreuer anwesend war. Irgendwann reichte uns das Austauschen von Zärtlichkeiten nicht mehr aus und wir wollten mehr; wir wollten miteinander schlafen. Dass wir das nicht ohne Hilfe schaffen würden, war uns völlig klar. Und so nahmen wir eine aktive Hilfe in Form von sexueller Assistenz in Anspruch, die uns von Mitgliedern der Arbeitsgruppe angeboten wurde. Wir bekamen Hilfe beim Praktizieren unserer Sexualität. Das klingt für Menschen, die selbst Sexualität leben können, sicherlich sehr steril, theoretisch und wenig erotisch. Aber das war es nicht. Es war wohl einer meiner wichtigsten Erfahrungen, was das Erleben meiner eigenen Sexualität angeht. (...) Wir hatten zweimal die Gelegenheit, miteinander zu schlafen, dann ging unsere Beziehung in die Brüche. (...) An den Gesprächskreisen der Arbeitsgruppe nehme ich nach wie vor teil. Vor etwa zehn Jahren hörte ich während eines Gesprächskreises das erste Mal etwas über Sexualbegleitung. Ich begann, mich dafür zu interessieren. Für mich hörte sich diese Form des Erlebens von Sexualität sehr gut an. Ich bat meine BetreuerInnen, Kontakt zu einer Sexualbegleiterin herzustellen, um ihre Dienste in Anspruch zu nehmen. Die Erfahrung war für mich großartig. Ich nehme die Form der Sexualbegleitung, obwohl sie nicht ganz preiswert ist, immer noch regelmäßig in Anspruch. Regelmäßig heißt: zweimal im Jahr. Sie verschafft mir ein unglaubliches Gefühl von Nähe und Lust.... Ich habe jetzt wieder eine Freundin. Wir haben uns auf der Arbeit kennengelernt. Nur selten können wir uns außerhalb der Arbeit treffen. Liebe, Nähe und das Gefühl, zu einem Menschen zu gehören, sind die wichtigsten Dinge in meinem Leben. Ich möchte diese nicht mehr missen, denn ich könnte ohne sie nicht mehr leben« (Knorr, Blume, 2011).

Menschen mit schwerer Behinderung brauchen Selbstbestimmung und Teilhabe wie alle anderen auch

Die Lebensbedingungen von Menschen mit schweren Behinderungen bestimmen, wie sie ihre Sexualität leben können, d.h. sie sollten so normal sein, wie andere Menschen in der Gesellschaft auch leben. Die adäquate Unterstützung durch AssistentInnen ist wichtig, der Wohnort ebenfalls. Wenn der Wohnort nicht mitten in der Gemeinde ist, sondern am Stadtrand oder auf dem Land, dann sind Kontakte mit anderen erschwert.

Wer in einer Einrichtung der Behindertenhilfe lebt, für den oder die ist die Zusammensetzung der Wohngruppe bedeutend: Ist sie vielfältig zusammengesetzt – in Bezug auf Geschlecht, Alter, Behinderungsart? Ist die Wohnung bzw. die Wohngruppe insgesamt so gestaltet, dass Wahrnehmung und gegenseitiges Lernen vom jeweils Anderen stattfinden kann? Auch auf dem Gebiet der Sexualität ist die Bandbreite der Erfahrungen der Menschen (auch mit Behinderung) groß und der Austausch miteinander, auch wenn er vielleicht nur einseitig erscheint, sollte gegeben sein.

Ist das unmittelbare Lebensumfeld anregungsreich beschaffen, bietet es genügend differenzierte, z. B. auch basale Angebote?

Hat die Einrichtung Einzelzimmer zur Verfügung, um Intimsphäre zu sichern, in der auch ungestörte Zweisamkeit genossen werden kann? (vgl. Fegert et al. 2007).

Können Menschen mit schweren Behinderungen bei Entscheidungen, die für ihr Leben bedeutsam sind, Verantwortung für sich und andere übernehmen?

Selbstbestimmung setzt Angebote voraus, über deren Auswahl ein Mensch selbst bestimmen kann. Darf der Mensch mit schwerer Behinderung, der um seine Abhängigkeit weiß, auch rebellieren und sich beschweren? Gibt es speziell auf seine Kommunikationsformen und Bedürfnisse zugeschnittene Beschwerdestellen? Kann er auch Angebote einfordern, die bisher nicht zum Repertoire der Einrichtung gehörten – und werden diese Bedarfe auch gehört?

Inklusion gelingt, wenn immer wieder Kontakte außerhalb der Einrichtungen wie z. B. zu Nachbarn und Bekannten gesucht werden, der Sozialraum erschlossen, dabei Fremdheit abgebaut wird und Bekanntschaften aufgebaut werden.

Entscheidend hierfür ist, Kommunikation sehr intensiv zu fördern und zu unterstützen, um über die Wahrnehmung als Betreuungsperson eine hinreichend sichere Aussage bei einer Entscheidungssituation zu erhalten und unterstützend beim Kontaktaufbau mitzuhelfen.

Viele Einrichtungen der Behindertenhilfe haben verbindliche Leitbilder, aber die Unterstützung der Sexualität ist oft nicht erwähnt. In den Hilfebedarfskategorien nach Metzler (sog. Metzler-Verfahren, 2001), das in vielen Bundesländern zur Bestimmung des individuellen Hilfebedarfs eingesetzt wird, ist das Thema nur mit spitzen Fingern angefasst worden: »...Ebenso ist im Jugendalter (wie auch im Erwachsenenalter) der Umgang mit Fragen der Sexualität zu bedenken« (Metzler, 2001, S. 7). Daher sind für Sexualitätsbegleitung oft die Zeit und das Personal knapp. Es ist daher in Zukunft unerlässlich, bei Hilfeplanungen auch den Bereich der Sexualität stärker mit einzubeziehen.

In der Region Linz in Österreich wird in einer Beratungsstelle darüber nachgedacht, zur Unterstützung der Sexualität behinderter Menschen einen TÜV für Einrichtungen der Behindertenhilfe (speziell zu den Angeboten zur Unterstützung von Sexualität) einzurichten (vgl. www.senia.at). Und es gibt – von Skandinavien ausgehend – mit dem Normalisierungsprinzip schon lange klare Vorgaben, dass für Menschen mit Behinderung die gleichen Bedingungen und Rechte gelten wie für die Gesellschaft allgemein (Nirje, 1969, Wolfensberger 1972). So sollte es normal sein, dass in den Lebensformen von Menschen mit Behinderung die gleiche Bandbreite an Sexualität gelebt werden kann und gelebt wird wie gesamtgesellschaftlich.

Durch die UN-Behindertenrechtskonvention ist ein weiterer weltweit verbindlicher Rahmen der sozialen und rechtlichen Teilhabe und Inklusion für die Staaten und deren Gesellschaften gesetzt worden. Die Konvention schafft auch einen rechtlichen Rahmen, Nachteile finanzieller Art auszugleichen und Finanzierung notfalls einzuklagen. So sollte der Sozialhilfeträger gefordert werden, die Kosten für Sexualassistenz, aber auch für die allgemeine Unterstützung zur selbstbestimmten Sexualität, die von den Betroffenen selbst nicht getragen werden können, im Rahmen der Hilfebedarfsermittlung zu übernehmen. Selbstbestimmung, gerade von Menschen mit schwerer Behinderung, erfüllt sich nicht nur in der Bereitstellung von finanziellen Unterstützungen, aber man kann auch nicht einfach von ihnen absehen.

Wer das Grundrecht auf Sexualität für alle verwirklichen will und also unter anderem für Menschen mit schwerer Behinderung sexualitätsbezogene Diskriminierungsfreiheit will – und dazu verpflichtet die Behindertenrechtskonvention die deutsche Gesellschaft –, muss die Ressourcen dafür bereitstellen.

Literatur

Annastift Hannover (o.J.): Sexualberatungsteam, Angebot »Mit Allen Sinnen«, Flyer

Bader, J. (2002): Körperlichkeit und Sexualität geistig schwerbehinderter Menschen. In: Walter, J. (Hrsg.): Sexualität und geistige Behinderung. 5. Auflage. Heidelberg, S. 148–158.

Bundesministerium für Arbeit und Soziales (Hg.) (2010): Übereinkommen der Vereinten Nationen über die Rechte von Menschen mit Behinderung. Bonn

Commandeur, W., Krott, K. (2008): Zur Frage der sexuellen Assistenz durch BetreuerInnen in Wohneinrichtungen für behinderte Menschen. In: Walter, Joachim (Hg.): Sexualbegleitung und Sexualassistenz bei Menschen mit Behinderungen. Heidelberg

Familienplanungszentrum balance (2011): »Der Liebesführerschein – wie geht das mit der Liebe und dem Sex?« www.fpz-berlin.de

Fegert J. M. et. al (Hg.) (2007): »Ich bestimme mein Leben und Sex gehört dazu«. Geschichten zu Selbstbestimmung, Sexualität und sexueller Gewalt für junge Menschen mit Behinderung. Ulm

Institut für Sexualpädagogik (o. J): Weiterbildung Sexualität und Behinderung 2012, flyer, Dortmund

Kerr, J. (2011): Eine gefährliche Methode. Reinbeck

Knorr S., Blume U. (2011): »Sexualität – Auch ich habe ein Recht darauf!« In: Leben pur – Liebe, Nähe, Sexualität, Düsseldorf, S. 172–178

Metzler, H. (2001): HMBW-Verfahren, Version 5/2001, Universität Tübingen

Nirje B. (1969): The Normalization Principle and its Human Management Implication. In: Kugel, R. B., Wolfensberger, W. (Eds.): Changing Patterns in Residental Services for the Mentally Retarded. Washington DC., S. 179–195

Senia, Gütesiegel »Sexualität und Beeinträchtigung«, www.senia.at

Spastikerhilfe Berlin eG (2007): AG Behinderung & Sexualität: »Leitfaden sexueller Missbrauch«. Interne Arbeitsvorlage

Spastikerhilfe Berlin eG (Hg) (2009): Konzeption Behinderung & Sexualität. Berlin

Stiftung Leben pur (2011): Tagungsband Liebe, Nähe, Sexualität. Düsseldorf

Walter, J. (Hg.) (1992): Sexualität und geistige Behinderung. Heidelberg

Wolfensberger, W. (1972): The Principle of Normalization in Human Services. Toronto

Traumfrau: nicht-behindert

Der 27jährige Stefan hat durch einen schweren Autounfall eine halbseitige Lähmung und stottert stark. Er wohnt allein in einer Wohnung und benutzt einen Rollstuhl.

Frage: Was glaubst du, könnte Frauen an dir abschrecken?
Stefan: Also abschreckend wirkt bestimmt auf jede Frau mein sogenanntes sprachliches Handicap, mein ständiges Stottern, was sich in meinem Wiederholen äußert. Mir haben schon so viel andere Leute erzählt, dass sie meine sprachlichen Probleme eigentlich überhaupt nicht stören. Aber mich stört es.
Frage: Meinst du, das könnte auch die Frauen irgendwie abschrecken?
Stefan: Erstens abschrecken und zweitens total abturnen, würde ich jetzt einfach mal so beschreiben.

Frage: Wonach sehnst du dich denn am meisten?
Stefan: Ich will ja nichts sagen, aber grundsätzlich nach körperlicher Liebe. Dass man halt abends einfach ganz normal gemeinsam ins Bett geht und dass man dann morgens auch wieder zusammen aufsteht und dann auch noch ganz normal Geschlechtsverkehr miteinander hat. Einfach nur so. Denn für mich ist das normal: Liebe, zwischenmenschliche Liebe.
Frage: Hattest du überhaupt schon mal eine feste Freundin?

Stefan: Nein! Definitiv nicht. Die Frauen, die wollten mich nicht. Ich bin mal ganz normal in Kneipen gegangen und da haben mich auch Frauen sämtlichen Alters angesprochen, so wie ich sie auch ganz normal angesprochen habe. Da kommt man auch schon auf interessante Themen. Das ist schön, aber wenn es dann darum geht, Telefonnummern auszutauschen – das machen so gut wie alle Frauen. Aber wenn man dann mal anruft, sagen sie: »Nö, keine Lust, keine Zeit. Bitte lösche meine Telefonnummer.« Das wurde mir schon oft gesagt am Telefon: »Ich möchte nicht mehr, dass du mich anrufst.«
Frage: Wie oft ist dir das schon passiert?
Stefan: Mindestens drei oder vier mal.
Frage: Und was glaubst du, warum wollen die Frauen nicht?
Stefan: Also, darauf habe ich definitiv keine Antwort. Ich weiß nicht, was Liebe ist. Aber wenn's irgendwann mal passieren sollte, dann passiert's.

Frage: Wenn du noch keine Freundin hattest, dann hast du wahrscheinlich auch noch nie mit jemandem Sex gehabt?
Stefan: Richtig!
Frage: Und du bist jetzt 27?
Stefan: Ich bin 27 1/2.
Frage: Wie sehr vermisst du das denn? Wie sehr fehlt dir das denn?
Stefan: Fehlen tut mir das grundsätzlich eigentlich schon mal sehr, da ich ja auch meine sexuellen Fantasien habe oder auch meine ganz normalen Bedürfnisse, als dass man sich selbst befriedigt. Das ist für mich eigentlich schon mehr oder weniger ganz normal. Nur irgendwann macht das halt auch keinen Spaß mehr.
Frage: Aber bei dir funktioniert alles unten herum?
Stefan: Alles ganz normal.
Frage: Das heißt, du hast eine ganz normale Sexualität?
Stefan: Ja, eine ganz normale Sexualität, Erektion auch ganz normal, mein Verlangen danach, das ist eigentlich schon zu 100 Prozent vertreten.

Frage: Wo gehst du denn hin, um Frauen kennenzulernen?
Stefan: Nirgendwo. Außer das Internet bleibt mir halt nichts. Ich bin 100-prozentiger Nichtraucher und ich meide Kneipen, Bars, Bistros oder sämtliche Orte, wo geraucht werden darf.
Frage: Und wo im Internet lernst du Frauen kennen?
Stefan: Unterschiedlich, auf Single-Foren sowie auch auf ganz normalen Kontaktbörsen, also wo sich Menschen auch über irgendwelche Spiele oder mit sämtlichen Kram auseinandersetzen können. Da lernt man halt Personen kennen und dann unterhält man sich ab und an.

Frage: Worüber redest du denn mit den Frauen im Internet?

Stefan: Ach, das ist unterschiedlich. Also bei manchen merkt man auch, dass dieser Typ von Frau mich direkt ausnutzen will. Das ist normal in Deutschland, die will sich dann direkt einschmeicheln mit »Och Gott, ich liebe dich« und blabiblub.

Frage: Ist denn schon mal so ein Treffen mit einer Frau aus dem Internet zustande gekommen?

Stefan: Also ich hab schon mal Frauen, die ich auf Singleforen im Internet kennengelernt habe, auch schon getroffen. Aber wir haben uns noch nicht über irgendwelche sexuelle Vorlieben oder ähnliche Sachen ausgefragt.

Frage: Also ist noch kein sexueller Kontakt entstanden durch das Internet?

Stefan: Nein, definitiv nicht.

Frage: Möchtest du denn gerne, dass deine Freundin auch gehandicapt ist oder wie stehst du dazu?

Stefan: Das möchte ich eher nicht, da ich mit gehandicapten Frauen in meiner Ausbildung und meiner Schulzeit nur schlechte Erfahrungen gemacht habe. Dass die so was von eingebildet sind oder voll zurückhaltend und überhaupt nichts erzählen von sich. In deren Welt kann man schlecht eintauchen.

Frage: Hast du denn jemals schon mal in der realen Welt eine Frau kennengelernt, die dich interessiert hat?

Stefan: Ja schon. Es war mal eine gewisse Anfangskennenlernphase da, aber diese Phase war viel zu kurz und nachher hat sich dann rausgestellt, dass ich das dann doch nicht will. Ich muss dazu sagen, dass ich für mich eine Partnerin ohne Behinderung wünsche. Ich wünsche mir eine Freundin ohne Handicap, da ich finde, Menschen ohne Handicap, die sind irgendwie stressfreier. Die handeln einfach freier.

Frage: Was hättest du denn am liebsten, wenn du nach Frauen suchst im Internet? Suchst du eher nach einer Frau, bei der du dich sexuell ausleben kannst, oder eher eine, bei der du dich anlehnen kannst?

Stefan: Sowohl als auch. Ich muss dazu sagen, dass ich halt die Frau fürs Leben suche. Aber so was passiert halt nicht von jetzt auf gleich, das ist mir klar. Aber nun gut, ich möchte schon ganz gerne, dass es darauf hinausläuft.

(Aus dem Film »Ewig Single« von der DVD »Behinderte Liebe 2«)

Kapitel 4

Sexuelle Bildung –
Begleitung – Assistenz

Professionelle Sexualitätsbegleitung von Menschen mit Behinderung

Ralf Specht

Was ist schon bewegt und worum geht es zukünftig?

Die gesellschaftliche Beschäftigung in Deutschland mit dem Begriffspaar »Sexualität und Behinderung« hat Geschichte. Nun gibt es das Übereinkommen über die Rechte von Menschen mit Behinderungen durch die Vereinten Nationen, und es ist seit der Annahme im Jahr 2009 auch für die Bundesrepublik Deutschland verbindlich. Ein Meilenstein sicher für die Bemühung um diskriminierungsfreie Teilhabe von Menschen mit Behinderung[1] am gesell-

---

1   Der Artikel handelt von Menschen mit Behinderung. Die Unterschiedlichkeiten der Art und der Ausprägung eines Handicaps wie auch die Varianz und Vielschichtigkeit der Lebensverhältnisse behinderter Menschen erfordern eine Eingrenzung. Im Mittelpunkt der folgenden Ausführungen stehen selbstständig lebende als auch ambulant oder stationär betreute Erwachsene, für die viele heute das Attribut ›lernbeeinträchtig‹, ›lernbehindert‹ oder ›geistig behindert‹ verwenden.

schaftlichen Leben – nur ohne jede Erwähnung des Lebensbereichs Sexualität. Ob sich durch die Behindertenrechtskonvention auch etwas für das sexuelle Leben von Menschen mit Behinderung verbessert oder verbessern könnte, kommt darauf an, welche Konsequenzen aus der Betrachtung des bisherigen Umgangs mit den sexuellen Rechten von Menschen mit Behinderung gezogen werden – und zwar nicht nur in Form wohlklingender Erklärungen, sondern durch verändernde Tat.

Eine Chronologie in drei Etappen: Ausgrenzung, Normalisierung, Inklusion

1. Ausgrenzung: Nicht sehen, nicht hören, nicht reden
Noch vor 40 Jahren waren die Lebensbedingungen vieler Menschen mit Behinderung in bundesdeutschen Einrichtungen erschreckend: Riesige Schlafsäle und die physische, oft pharmakologische Ruhigstellung gehörten genauso zum Alltag wie die strikte Getrenntunterbringung von Männern und Frauen. Gewalterfahrungen, sowohl struktureller als auch persönlicher Art, waren nicht die Ausnahme und ein gleichförmiger, anregungsloser Alltag die Regel. Leugnung, Verdrängung und Verbot jedweder Form von Sexualität waren wesentliche Kennzeichen der restriktiven Strukturen, die den Alltag in den Einrichtungen bestimmten. Bis in die 1970er und 1980er Jahre war das zentrale Ziel der Sexualpädagogik, sexuelle Wünsche von Menschen mit Behinderung zu ignorieren und zu unterbinden.

Dieser Umgang mit Sexualität wird durch zahlreiche Zeugnisse aus dieser Zeit belegt[2]: 1979 schrieben Weitbrecht & Glatzelin »Psychiatrie im Grundriss«:

»Besondere Schwierigkeiten bereitet die oft sehr starke sexuelle Triebhaftigkeit, die nicht selten dazu führt, dass tieferstehende Schwachsinnige von der Zeit der Geschlechtsreife ab wegen inzestuöser Tendenzen oder sexueller Attacken auf Kinder ... nicht mehr zu Hause gehalten werden können.«

Sexuelle Wünsche wurden schnell als auffällig und unnormal gewertet und nicht selten medikamentös gedämpft. Das Mittel der Wahl hieß Androcur und wurde oft pauschal verordnet. Eltern sorgten sich um die Zukunft ihrer Kinder und suchten Rat – wie im folgenden Beispiel die Mutter eines 24-Jährigen, die sich in einem Leserbrief an die »Lebenshilfe« wandte:

---

2   Die Beispiele werden mit freundlicher Genehmigung von Prof. Dr. Joachim Walter wiedergegeben, der sie ›ausgegraben‹ und publiziert hat (Walter 2005).

»Unser behinderter Sohn ... wird mit seinen Problemen nicht mehr fertig. Er möchte auch eine Freundin, er möchte heiraten und ein Baby haben wie seine Schwester ... Ich versuche immer wieder, es ihm auszureden ... Wie könnte man ihm helfen? ... Gibt es ein Mittel, das die sexuellen Wünsche etwas dämpfen kann?«. (1975, S. 25)

Auch der erste Inhaber eines Lehrstuhls für Geistigbehindertenpädagogik Professor Heinz Bach schlägt 1971 vor:

»Wenn der geistig Behinderte 8, 14 und 20 Jahre alt ist, sollten ihn die Eltern nicht mehr auf den Mund küssen oder auf den Schoß nehmen ... und ihn nicht zu zärtlich streicheln. ... Auch mit dem Aufblitzen der Augen kann man einem geistig Behinderten deutlich machen, dass man ihn mag, auch indem man ihm auf die Schulter klopft. ... Neben vernünftiger Ernährung, Auslastung in Arbeit und Spiel, ausgedehntem Schlaf ist daran zu denken, dass der geistig Behinderte regelmäßig und namentlich abends seine Blase leert, dass seine Kleidung zweckmäßig und nicht zu eng ist, um zu vermeiden, dass rein physische Reize die Genitalität steigern.«

Nach und nach kamen die Missstände der Sexualitätsunterdrückung ans Licht der Öffentlichkeit. Dafür waren neben den Medien und der Fachpresse vor allem die Selbsthilfegruppen und Interessensverbände verantwortlich. Sie lenkten die Aufmerksamkeit auf die inhumanen Lebensbedingungen von Menschen mit Behinderung und sorgten in einem zweiten Schritt auch dafür, dass das Tabu von Sexualität bei Menschen mit Behinderung aufgebrochen wurde.

2. Normalisierung: Gleiche Bedürfnisse – beschränkte Möglichkeiten
Parallel zu dieser Entwicklung kam es in den 1980er und 1990er Jahren zu einer elementaren Verbesserung der Lebensumstände behinderter Menschen. Mit dem »Normalisierungsprinzip« (Thimm 2008) gewann eine neue Sichtweise auf Menschen mit Behinderung und deren Begleitung an Einfluss. Im Mittelpunkt stand dabei die Erkenntnis, dass sich behinderte Menschen in ihren Bedürfnissen nicht von nicht behinderten Menschen unterscheiden, sehr wohl aber in ihren Möglichkeiten, ihre Bedürfnisse umzusetzen. Dieser Paradigmenwechsel hatte auch handfeste Auswirkungen auf die Unterbringung von Menschen mit Behinderung: Die Zeit der geschlechtshomogenen Schlafsäle und der Heime mit hoher Bettenzahl war endlich vorbei – aus Schlafsälen und Sechsbettzimmern wurden Doppelzimmer und die PatientInnen wurden zu KlientInnen. Auch der Begriff der Förderung setze sich mehr und mehr im spezifischen Wortschatz derjenigen durch, die mit Menschen mit Behinderung arbeiteten, und ersetzte den Terminus der »medizinisch-pflegerischen Versorgung«, der bis dahin vorherrschend war.

In diesem neuen Kontext wurde es möglich – dem Normalisierungsprinzip sei Dank –, sich mit dem Thema der Sexualität behinderter Menschen zu beschäftigten. Dies ist vor allem der konsequenten Arbeit von Joachim Walter zu verdanken, der nicht nur zum Thema forschte, sondern auch die vorhandenen sexualpädagogischen Erfahrungen im deutschsprachigen Raum bündelte. Auf diese Weise machte er sie erstmalig einer breiteren Fachöffentlichkeit zugänglich (Walter 2005, Erstausgabe 1983). Studien, die ab Mitte der 1990er Jahre für Aufsehen sorgten, belegten zudem die bis dahin fast völlig ignorierte Tatsache, dass Menschen mit Behinderung häufiger als nichtbehinderte Menschen von sexuellen Übergriffen betroffen waren – und sind (Zemp 1996, 1997). Zudem wurde festgestellt, dass Menschen mit Behinderung deutlich häufiger als bis dato angenommen Eltern werden (Pixa-Kettner 1996). Das Gros der Schwangerschaften war dabei allerdings nicht das Resultat eines Kinderwunsches, sondern meist schlicht die Folge fehlender Sexualaufklärung und zum Teil auch die Folge sexueller Übergriffe.

Die kurz skizzierten Schritte von der Ausgrenzung zur Normalisierung sind in den meisten Einrichtungen und Diensten der Behindertenhilfe inzwischen vollzogen. Die strukturellen Verbesserungen führten allerdings nicht automatisch zu einer Normalisierung im Umgang mit Sexualität. Hier werfen die Versäumnisse der Vergangenheit und die lang anhaltende Tabuisierung des Themas überaus lange Schatten. Es hat sich gezeigt, dass die Hürden bei der Etablierung eines »normalen« oder »normalisierten« Umgangs mit Sexualität sehr hoch sind.

Trotz des skizzierten Paradigmenwechsels wird auch heute noch vielen ambulant und institutionell betreuten Menschen mit Behinderung das Recht auf Sexualität zumindest teilweise vorenthalten. Zwischen den Einrichtungen und Diensten gibt es große Unterschiede im Umgang mit der Sexualität der von ihnen unterstützten Menschen. Standards zeitgemäßer Sexualitätsbegleitung sind weder flächendeckend noch umfassend umgesetzt. So haben einige Institutionen erst vor kurzem damit begonnen, Sexualität als professionelle Aufgabe zu begreifen und sexualpädagogisch zu arbeiten; bei einigen wenigen sind sexualpädagogische Inhalte seit vielen Jahren wesentlicher Bestandteil des pädagogischen Konzepts.

Die Verbesserungen der letzten Jahrzehnte machen deutlich, dass das Paradigma der Normalisierung auch für das Thema »Sexualität« in der Umbruchphase der Enttabuisierung und Etablierung ein fruchtbarer normativer Rahmen war. Für die anstehenden Aufgaben, die spätestens in der UN-Behindertenrechtskonvention ausformuliert worden sind, sind andere, inklusive und kompetenzorientierte Konzepte gefragt, um die noch bestehenden Barrieren überwinden zu können.

3. Inklusion: Von Selbstbestimmung und Chancengleichheit

Der Leitgedanke der unterstützenden Arbeit in der Phase der Normalisierung war das Helfen und Fördern hin zur »Norm«. Allerdings resultierte dieser Ansatz aus einem Defizitblick, der bis weit in die 1990er Jahre die Sonderpädagogik prägte. Dabei lag der Fokus auf den eingeschränkten kognitiven Fähigkeiten von Menschen mit Lernschwierigkeiten und den begrenzten motorischen Kompetenzen körperbehinderter Menschen. Dieser Ansatz hat den großen Haken, dass das Handicap letztendlich die Erklärung dafür liefert, dass Menschen mit Behinderung nur begrenzt am gesellschaftlichen Leben teilhaben können.

Mittlerweile setzt sich eine kompetenzorientierte Sichtweise von Behinderung durch, die die gesellschaftliche Verantwortlichkeit für das Ausmaß einer Behinderung betont (Arnade 2009). Demnach wirkt das individuelle Handicap vor allem in einer Gesellschaft als begrenzend, die nicht auf Integration ausgerichtet ist. Folglich liegt der Schwerpunkt der unterstützenden Arbeit darauf, physikalische und soziale Barrieren zu beseitigen und Menschen mit Behinderung gleiche Chancen und Möglichkeiten einzuräumen, selbstbestimmte Lebensentwürfe zu realisieren – auch in ihrer Sexualität.

Dieser allgemeine Umdenkprozess hin zu mehr Selbstbestimmung in allen Bereichen behinderten Lebens hat mittlerweile auch eine rechtliche Basis. So stärkt das im Jahr 2001 in Kraft getretene Sozialgesetzbuch IX zur Rehabilitation und Teilhabe behinderter Menschen explizit die Selbstbestimmung und die Teilhabe von Menschen mit Behinderung. Diese Zielsetzung wird durch das 2006 erlassene Allgemeine Gleichstellungsgesetz (AGG), durch den Rechtsanspruch auf das sogenannte »Persönliche Budget« (seit 2007) und vor allem durch die im März 2009 in Deutschland in Kraft getretene UN-Behindertenrechtskonvention (BRK) weiter gestärkt. In der Konvention sind es insbesondere die Artikel 1 (Zweck), Artikel 19 (Unabhängige Lebensführung und Einbeziehung in die Gemeinschaft), Artikel 22 (Achtung der Privatsphäre) und Artikel 23 (Achtung der Wohnung und der Familie), die der Folgerung eine gute Basis geben, dass auch selbstbestimmtes sexuelles Leben für Menschen mit Behinderung ein Menschenrecht ist. Mit dem Inkrafttreten der Konvention ist nunmehr die Bundesregierung dazu verpflichtet, regelmäßig offenzulegen, welche Maßnahmen sie zur Überwindung bestehender Barrieren eingeleitet hat. Beachtliche Fortschritte sind dabei seit einigen Jahren insbesondere bei den ambulanten und stationären Einrichtungen und Diensten der Behindertenhilfe feststellbar, in denen es – auch schon vor der Wirkung der Behindertenrechtskonvention – zu einem Professionalisierungs- und Modernisierungsschub kam (Specht 2008).

Der Veränderungsdruck in der professionellen Behindertenhilfe ist jedoch nicht allein den veränderten rechtlichen Vorgaben geschuldet, sondern auch neuen fachwissenschaftlichen Erkenntnissen und Konzepten. »Diversity Managing« (Pauser/Pinetz 2009) und »Inklusion« (Hinz 2004, 2008; Sander 2004) stehen dabei exemplarisch als Leitbegriffe für ein Gesellschaftsverständnis, welches darauf basiert, dass moderne Gesellschaften erst dann alle ihre Ressourcen nutzen, wenn niemand ausgrenzt wird. Diese Ansätze verfolgen sozialpolitisch das Ziel, strukturelle und soziale Diskriminierungen von Minderheiten zu verhindern und die Chancengleichheit zu verbessern. Dabei stehen die gesellschaftlichen Verhältnisse im Fokus und nicht die Minderheiten, wie es in der Normalisierungsphase der Fall war. Sexuelle Diskriminierung von Menschen mit Behinderung wäre dann dort aufgespürt, wo sie wirkt und bekämpft werden muss – in der Mitte der Gesellschaft.

Das Konzept des »Empowerment« bietet für die konkrete Unterstützung von erwachsenen Menschen mit Behinderung bei der Realisierung selbstbestimmter (sexueller) Lebensentwürfe einen geeigneten Orientierungsrahmen. Empowerment hat die »Ermächtigung« bisher marginalisierter Bevölkerungsgruppen hin zu mehr Selbstbestimmung und Teilhabe zum Ziel und steht für eine »neue Kultur des Helfens« (Theunissen/Plaute 2002). Die zentrale Herausforderung für die Behindertenhilfe wie auch für alle anderen sozialpolitischen Akteure besteht darin, dass Empowerment nicht einfach von den professionell Tätigen vermittelt oder verordnet werden kann, darf und soll. Die pädagogisch-beratend ausgerichteten Unterstützungssettings und ihre Akteure müssen umdenken. Die professionell Tätigen müssen lernen zu erkennen und zu identifizieren, welche ungenutzten Ressourcen es bei einzelnen Menschen und bei Personengruppen gibt. Auf der Basis dieses Wissens müssen Lernräume angeboten und Lernprozesse angestiftet werden. Auf diese Weise wird es Menschen mit Behinderung ermöglicht, ihre Ressourcen zu erkennen, zu erleben und für die eigene Selbstbestimmung – auch für den Lebensbereich der Sexualität – zu nutzen.

Die spezifischen Charakteristika der beschriebenen ›ausgrenzenden‹, ›normalisierten‹ und ›inklusiven‹ Phase werden in der folgenden Abbildung illustriert.

Ausgrenzung	Normalisierung	Inklusion
• Separierung in Großeinrichtungen	• Verkleinerung und Differenzierung der Einrichtungen	• Differenzierung der Angebote/Öffnung aller Regeleinrichtungen
• Medizinisch-pflegerische Versorgung	• Pädagogische Förderung hin zur Normalität	• Unterstützung in der Umsetzung eigener Lebenspläne
• Patientin und Patient	• Klientin und Klient	• Bürgerin und Bürger
• Grundversorgung	• Anpassung an den Standard	• Größtmögliche Selbstbestimmung
↓	↓	↓
Sexualität	Sexualität	Sexualität
• Tabu	• Enttabuisierung	• Etablierung
• Sexualität als Problem	• Sexualität als Aufgabe	• Sexualität als Recht
• Verleugnung der sexuellen Bedürfnisse	• Anerkennung der sexuellen Bedürfnisse	• Individualisierung der sexuellen Bedürfnisse

Abbildung 1: Von der Ausgrenzung zur Inklusion

Selbstbestimmung und Empowerment: Eckpunkte einer zukunftsweisenden sexualitätsbezogenen Unterstützung

Wie könnte sich der skizzierte Modernisierungsschub und die »neue Kultur des Helfens« in der sexualitätsbezogenen Unterstützung von Menschen mit Behinderung auswirken? Welche sexualitätsbezogenen Angebote können dazu beitragen, die verbrieften Rechte von Menschen mit Behinderung zu verwirklichen, und zur Umsetzung der fundamentalen Ansprüche der UN-Behindertenkonvention für den Lebensbereich der Sexualität führen?

Im Folgenden steht die Beantwortung dieser beiden Fragen im Mittelpunkt. Dabei wird es zunächst darum gehen, grundlegende Prinzipien einer auf Selbstbestimmung und Empowerment ausgerichteten sexualitätsbezogenen Unterstützung zu formulieren. Davon ausgehend werden dann konkrete Ideen und Ableitungen für die Praxis in Form eines Forderungskataloges vorgeschlagen.

171

Beteiligung und Bildung!

Gemäß dem Motto »Nichts über uns ohne uns« werden Menschen mit Behinderung in steigendem Maße an Entscheidungsprozessen beteiligt. So sind in den letzten Jahren z. B. viele neue Heim- und Werkstattbeiräte gegründet worden und auch Hilfeplankonferenzen haben zu mehr Partizipation geführt. Allerdings hinken auch hier – wie auch schon in der Phase der Normalisierung festgestellt – die Verbesserungen im Lebensbereich Sexualität hinterher. Über wichtige Fragen ihrer eigenen Sexualität werden Menschen mit Behinderung häufig nicht aufgeklärt und von Entscheidungsprozessen weiterhin ausgeschlossen. Zum Beispiel wird in der Körperpflege längst nicht immer gefragt, ob die oft notwendige Assistenz von einem Mann oder einer Frau ausgeführt werden soll. Auch bei der Wahl der Verhütungsmethode werden die Frauen ebenfalls selten wirklich einbezogen. Eine Aufklärung über verschiedene Verhütungsmethoden und über die gesundheitlichen Nebenwirkungen bestimmter Verhütungsmittel, wie z. B. der Dreimonatsspritze, findet nur sehr selten statt. Die Dreimonatsspritze oder andere Formen der Empfängnisverhütung werden sogar manchmal unabhängig davon angewendet, ob die Frauen in einer Partnerschaft leben oder der Wunsch nach Geschlechtsverkehr besteht. Unter anderem nach Artikel 23 der BRK ist diese Praxis mit dem Recht nicht vereinbar.

Die grundlegenden Prinzipien einer auf Selbstbestimmung und Empowerment ausgerichteten sexualitätsbezogenen Unterstützung sind Beteiligung und Bildung. Denn größtmögliche Selbstbestimmung ist nur realisierbar, wenn die Menschen lernen, in allen Lebensbereichen mitzubestimmen, und Chancen zum lebenslangen Lernen erhalten. Gerade bei dem umfassenden und sehr persönlichen Thema der Sexualität ist es nicht zu akzeptieren, wenn Menschen mit Behinderung von Entscheidungs- und Planungsprozessen ausgeschlossen werden und andere für sie bestimmen. Auch ist es nicht hinzunehmen, dass ihnen Lern- und Bildungsprozesse in ihrer Sexualität vielfach immer noch vorenthalten werden. Es ist unabdingbar, Menschen mit Behinderung auch beim Thema Sexualität als ExpertInnen in eigener Sache zu betrachten und ihnen ›Lernräume‹ anzubieten. Ohne grundlegende Kenntnisse von der Entwicklung des eigenen Körpers und der Körperfunktionen ist eine selbstbestimmte Sexualität nur schwer umzusetzen – ob behindert oder nicht. Sexualität als soziale Kompetenz wird gesellschaftlich vermittelt und erlernt. Dieses Lernen benötigt Raum und Zeit, was die meisten Menschen in ihrer Kindheit und Jugend im Spiel mit anderen, in den Interaktionen mit Erwachsenen, durch Fragen und Antworten oder durch selbsttätige Beschäftigung in geschützten Räumen wie dem eigenen Zimmer mehr oder weniger gehabt haben dürften. Diese Möglichkeiten besitzen Menschen mit Behinderung meist nicht in gleichem Maße. So kann das Handicap selbst Lernerfahrungen erschweren, da sich einige Menschen nicht ohne Hilfe an- und ausziehen können. Auch machen Menschen mit Behinderung oft weniger Erfahrungen mit Gleichaltrigen, da sie seltener ohne Beteiligung und Aufsicht von Erwachsenen miteinander Zeit verbringen und spielen (können). Fehlende Lernräume und Erfahrungen zeigen sich bei vielen erwachsenen Menschen mit Behinderung in mangelhaftem Körperbewusstsein und fehlendem Wissen über eigene Bedürfnisse und Wünsche. Das mangelhafte Körperbewusstsein und -wissen kann sich dann möglicherweise in einem »auffälligen« Sexualverhalten niederschlagen. Aber weitaus häufiger sorgt die Unwissenheit bei Männern und Frauen mit Behinderung im Erwachsenenalter dafür, dass sexuelle oder körperliche Vorgänge als bedrohlich empfunden werden. Nicht zuletzt kann deshalb nur unzureichend gelernt werden, was in unterschiedlichen Situationen gesellschaftlich erlaubt ist und was nicht.

Worum es zukünftig geht. Ein Forderungskatalog

Die folgenden Ableitungen stellen eine Auswahl von Forderungen dar, wie eine zukunftsweisende sexualitätsbezogene Unterstützung und damit das Recht auf eine selbstbestimmte Sexualität für Menschen mit Behinderung realisiert werden kann. Zur besseren Einordnung wird zwischen thematischen und institutionell-sozialpolitischen Ansatzpunkten unterschieden. Die institutionell-sozialpolitischen Ansatzpunkte beziehen sich auf die Meso- und Makroebene, d.h. auf die pädagogisch-beratenden Unterstützungssettings und die Sozialpolitik.

Die Adressaten dieser Forderungen und Vorschläge sind die institutionellen und politischen Entscheidungsträger. Die thematischen Ansatzpunkte beziehen sich auf die konkrete Unterstützungsarbeit mit Menschen mit Behinderung, d.h. auf die Mikroebene. Die Adressaten dieser Forderungen und Vorschläge sind die professionell Tätigen (zur Systematik vgl. auch Bronfenbrenner 1981; Schnell/Sander 2004).

Institutionell-sozialpolitische Ansatzpunkte	Thematische Ansatzpunkte
• Professionalisierung der UnterstützerInnen	• Schaffung von »Lern- und Erfahrungsräumen«
• Konzeptionelle Verankerung und Teamarbeit	• Sexualaufklärung und sexuelle Bildung
• Schaffung sozialraumorientierter Netzwerke und inklusiver Strukturen	• Sexualassistenz
• Weiterentwicklung der vorhandenen Angebote	• Beziehung/Partnerschaften
• Nachholbedarf in der allgemeinen und spezifischen Forschung	• Kinderwunsch/Elternschaft
• Entwicklung und Verbreitung geeigneter Informationsmaterialien	• Verhütung
	• Sexualisierte Gewalt

Abbildung 2: Der Forderungskatalog im Überblick

1. Institutionell-sozialpolitische Ansatzpunkte – die Makro- und Mesoebene

Professionalisierung der UnterstützerInnen

Das Thema »Sexualität und Behinderung« hat in den letzten Jahren an Stellenwert in der fachlichen Auseinandersetzung gewonnen. Mit der Etablierung des Themas erwachsen, wie aufgezeigt, zahlreiche neue Herausforderungen im Hinblick auf die UnterstützerInnen. Professionelles Handeln erfordert fundiertes Wissen (Fachkompetenz) und zielgruppenspezifische methodisch-didaktische Fähigkeiten (Methodenkompetenz). Insbesondere ist auch die Überprüfung der eigenen Standpunkte und Wertvorstellungen (Selbstkompetenz) wichtig, um nicht unreflektiert zu handeln und um Selbstbestimmungsprozesse kompetent und angemessen begleiten zu können.

Durch ihre Ausbildung werden pädagogisch Tätige allerdings immer noch nicht regelhaft und umfassend auf sexualpädagogisches Arbeiten vorbereitet. Deshalb bedarf es einer Erweiterung der pädagogischen Erstausbildung um sexualpädagogische Elemente. Ebenso sind verstärkte Anstrengungen bei der Initiierung, Finanzierung und Umsetzung von kurz- und langfristig angelegten Fortbildungsmaßnahmen notwendig, um interessierte und schon engagierte (Fach)-Personen zu unterstützen und Angehörige für dieses wichtige Thema zu gewinnen.

Um Sexualität möglichst natürlich und situativ angemessen in den alltäglichen Dialog aufzunehmen und eine oft vorhandene Sprachlosigkeit nicht noch zu verstärken, sollten UnterstützerInnen möglichst angstarm und verständlich über Sexualität zu reden lernen. Menschen mit (intellektueller) Behinderung sind in ihrem sprachlichen Vermögen manchmal eingeschränkt und können Bedürfnisse und Gefühle häufig nur bedingt und zum Teil auch gar nicht verbal äußern. Nonverbale und körpersprachliche Signale spielen deshalb bei der Verständigung oft eine übergeordnet wichtige Rolle. Gerade schwerer behinderte Menschen sind maßgeblich darauf angewiesen, dass ihre Gegenüber sich auf ihre Ausdrucks- und Verständigungsmöglichkeiten einstellen können. Dies verlangt von den Betreuenden gerade im sexuellen Kontext ein ausgeprägtes Wahrnehmungsvermögen sowie ein fundiertes Wissen über sexuelle Zusammenhänge und ein sensibles Vorgehen. Nur so lässt sich verhindern, dass nicht intimitätsverletzend gehandelt wird, Wünsche und Bedürfnisse falsch gedeutet oder abhängig von den eigenen Moralvorstellungen interpretiert werden. Die UnterstützerInnen sollten zudem erlernen, sich ihrer Machtposition bewusst zu werden und eigene Anschauungen, Themen und Probleme nicht unreflektiert in die sexualitätsbezogene Begleitung einfließen zu lassen. Auch hierfür sind Weiterbildungen sowie begleitende Supervision hilfreich und tragen zur Professionalisierung bei.

Konzeptionelle Verankerung und Teamarbeit
Mitentscheidend für den Erfolg der sexualitätsbezogenen Unterstützung in Einrichtungen und Diensten sind ein offenes Klima, Transparenz sowie die Abstimmung der sexualpädagogischen Prinzipien der professionell Tätigen. Sexualität und Sexualpädagogik sollten in einem entsprechenden Konzept oder in der Hausordnung zu integralen Bestandteilen der professionellen Arbeit gemacht werden. Gerade angesichts des komplexen Interessengemenges von Angehörigen, gesetzlichen BetreuerInnen, pädagogischen MitarbeiterInnen, Institution, Gesellschaft und behinderten Menschen gibt ein explizit formulierter, gemeinsamer Ansatz oftmals erst Handlungssicherheit, um geschützt und begründet sexualpädagogisch tätig zu werden. Auch wenn häufig nur einzelne UnterstützerInnen in Einrichtungen sexualpädagogisch tätig werden, steht und fällt die Sexualbegleitung damit, dass sexualpädagogische Prinzipien und sexualitätsbezogene Unterstützung abgestimmt und akzeptiert sind.

Schaffung sozialraumorientierter Netzwerke und inklusiver Strukturen
Die Integration und Inklusion von Menschen mit Behinderung erfordert eine Öffnung und Professionalisierung aller gesellschaftlichen Unterstützungssysteme. Dies kann und darf nicht allein Sache der traditionellen behinderungsspezifischen Dienste sein. Viele Menschen mit Behinderung leben heute allein oder als Paar im eigenen Wohnraum. In den meisten Lebensbereichen entscheiden sie weitgehend eigenständig, was sie tun und ob sie Hilfe oder Unterstützung in Anspruch nehmen möchten. Sie finden dafür immer häufiger gemeindenahe, sozialraumorientierte Unterstützungsangebote, die offen für alle Menschen und damit inklusiv ausgerichtet sind.

Für den Lebensbereich der Sexualität gilt dies jedoch meist nicht. In vielen Regionen sind geeignete öffentliche Beratungsangebote zu Sexualität, Verhütung, sexuellem Missbrauch und zu den Themen Kinderwunsch und Elternschaft nicht oder nur partiell vorhanden. Viele Beratungsstellen sind fachlich nicht auf die besondere Situation von Menschen mit Behinderung und deren Unterstützungspersonen vorbereitet. Meist sind sie noch nicht einmal barrierefrei zugänglich. Die Beseitigung dieser grundlegenden Defizite fällt vor allem in die Verantwortung von Bund und Ländern. Zudem ist es notwendig, dass sich die Anbieter und Dienstleister in einer Region besser als bisher vernetzen und koordinieren, um die vorhandenen Angebote miteinander abzustimmen und sie Menschen mit Behinderung bekannt zu machen.

Weiterentwicklung der vorhandenen Angebote
Vielerorts geht es heute nicht mehr um die Frage, ob Menschen mit einer Behinderung Sexualität haben dürfen, sondern wie dieser Anspruch möglichst selbstbestimmt umgesetzt werden kann. Dafür bedarf es differenzierter und zielgruppenbezogener Angebote, die entwickelt oder ausgebaut werden müssen.

Bei bereits etablierten Themen wie Körper- und Sexualaufklärung, Beziehungsgestaltung und Prävention sexualisierter Gewalt müssen gelungene Ansätze für unterschiedliche Zielgruppen und Lebensphasen (weiter)entwickelt und verbreitet werden. Bisher geschieht dies eher zufällig und wenig koordiniert. Gleichzeitig ist es dringend notwendig, bisher ausgeblendete Aspekte in die vorhandenen Angebote zu integrieren sowie neue themenbezogene Medien und Angebote zu schaffen und bekannt zu machen.

Zu den bisher vernachlässigten Themen gehören:

• die Gleichberechtigung unterschiedlicher sexueller Orientierungen,
• die Reflexion von Geschlechterrollen und -identitäten,

- die Möglichkeiten der Empfängnisverhütung jenseits der Dreimonats-spritze,
- die Ansteckung mit sexuell übertragbaren Krankheiten,
- der Umgang mit Opfern und Tätern sexueller Gewalt,
- der Einsatz von Sexualbegleitung und aktiver Sexualassistenz sowie
- die Auseinandersetzung mit Kinderwunsch und Elternschaft.

Nachholbedarf in der allgemeinen und spezifischen Forschung

Zu allen oben aufgeführten Themenaspekten ist ein Forschungsdefizit fest-zustellen. Lediglich die Themen »Sexuelle Gewalt«, »Sexualassistenz« und »Elternschaft« sind genauer untersucht worden (u. a. Fegert 2006, Zinsmeis-ter 2005, Pixa-Kettner 2006). Allerdings ist auch hier die Datenlage insge-samt immer noch dürftig, momentan laufende Studien sind noch nicht ver-öffentlicht.[3]

Neben dem themenbezogenen Forschungsbedarf kann auch ein zielgrup-penbezogener Wissensmangel ausgemacht werden. Es gibt insgesamt nur we-nige Untersuchungen zum Thema »Sexualität von Menschen mit Behinde-rung« (z. B. Rittberger 2000, Leue-Käding 2004).[4] Noch dürftiger sind die Erkenntnisse über die sexuellen Bedürfnisse und sexualitätsbezogenen Wün-sche spezieller Zielgruppen, zum Beispiel Menschen mit hohem Unterstüt-zungsbedarf oder Menschen aus dem Autismus-Spektrum.

Entwicklung und Verbreitung geeigneter Informationsmaterialien

Es existiert ein Mangel an passenden Informationsmaterialien zu sexuellen Themen. Die wenigen vorhandenen Medien sind in vielen Einrichtungen und Diensten unbekannt oder nicht zugänglich. Speziell für Menschen mit intel-lektueller Behinderung sind aber gerade in letzter Zeit Materialien in leich-ter Sprache und unter Beteiligung von Betroffenen erschienen, die offensiv beworben werden sollten.

Neue, geeignete Informationsmaterialien sollten entwickelt werden. Denn bisher fehlt es noch an Materialien und Medien, die z. B. auch die Gender-

---

3   Um einen Überblick über Ausmaß und Umfang von Gewalt gegen behinderte Frauen zu erhalten, wurde im Februar 2009 vom Bundesministerium für Familie, Senioren, Frauen und Jugend eine repräsentative wissenschaftliche Studie in Auftrag gegeben. Durch das Projekt sollen repräsentative Daten erhoben und ersichtlich gewordene Problemfelder sowie Unterstützungs- und Handlungsbedarf herausgearbeitet wer-den.

4   Ein Überblick samt Vergleich von Untersuchungsergebnissen findet sich in Ortland 2008.

Perspektive berücksichtigten. Hier herrscht genauso Nachholbedarf wie bei der Aufbereitung vorhandener Materialien für Menschen mit spezifischen Behinderungen – auch in Brailleschrift und als auditives Medium sollten solche Materialien alsbald vorliegen, ganz im Sinne der Forderung nach umfassender Barrierefreiheit.

2. Thematische Ansatzpunkte – die Mikroebene

Schaffung von »Lern- und Erfahrungsräumen«

Sexualitätsbezogene Unterstützung sollte auf die vorhandenen Bedürfnisse der betreuten Menschen und an deren wachsender Selbstbefähigung ausgerichtet sein. Es geht um die Bereitstellung von Lern- und Erfahrungsräumen, in denen behinderte Menschen nach Maßgabe ihrer individuellen Möglichkeiten und Bedürfnisse so weit wie möglich selbstbestimmt und autonom Sexualität (er)leben und (er)lernen können.

Gerade institutionell versorgte behinderte Menschen mit ihren vielfältigen Abhängigkeitserfahrungen fehlen in der Regel Möglichkeiten, eine lust- und verantwortungsvolle Sexualität einzuüben, und sie sind auf die reflektierte Unterstützung ihres sozialen Nahraumes angewiesen. Zentral dabei ist die Bereitschaft, Bedürfnisse zu achten und ungewöhnliches sexuelles Verhalten nicht abzuwerten, sondern genau wahrzunehmen. Das bedeutet, dass nicht jede unpassende oder auffällig erscheinende Verhaltensweise, wie zum Beispiel das ständige Reden über Sexualität, der geäußerte Wunsch nach Aktpostern oder nach sexueller Assistenz, übermäßiges Schminken oder häufiges Masturbieren sofort unterbunden werden darf.

Sexualaufklärung und sexuelle Bildung

Körper- und Sexualaufklärung ist ein Grundrecht, das in der Unterstützungsarbeit von Menschen mit Behinderung oft viel zu kurz kommt. Zu den sexualitätsbezogenen Bildungsthemen gehören Informationen über die Gender-Thematik, die Gleichwertigkeit von unterschiedlicher sexueller Orientierung und über das Recht auf Fortpflanzung. Auch über sexuelle Gewalt sollten Menschen mit Behinderung in allen Lebensphasen informiert und aufgeklärt werden.

Sexuelle Bildung sollte je nach Gruppe oder Person angemessen erfolgen – zum Beispiel in Form von Einzelgesprächen oder durch geplante Aktivitäten wie ein gemeinsamer Filmabend in der Frauengruppe oder im Rahmen von Seminaren und durch die Bereitstellung von Büchern und anderen Medien. Inhalte und Form der Vermittlung sollten sich an den Erfahrungen der unterstützen Personen orientieren. Ebenso müssen wie stets Art und Ausprägung der Behinderung bedacht werden.

Sexualaufklärung bei Menschen mit Behinderung ist eine lebensbegleitende Aufgabe und nicht nur beschränkt auf das Kinder- und Jugendalter. Die Erfahrungen aus der sexualpädagogischen Bildungsarbeit mit erwachsenen Männern und Frauen bestätigen, dass – entgegen landläufiger Befürchtungen – durch einen Einstieg in das Thema Sexualität keine »schlafenden Hunde« geweckt werden. Eine Sensibilisierung in der Wahrnehmung von Wünschen und Bedürfnissen hingegen hilft, zwischen eigenen und fremden Bedürfnissen zu differenzieren und schafft die Grundlage, realisierbare von utopischen Wünschen zu unterscheiden. Sexualaufklärung ist in diesem Sinne zudem wirksamer Bestandteil in der Prävention von sexueller Gewalt. Wichtig ist, dass sexualpädagogische Angebote selbstbestimmt bleiben, nicht aufgezwungen werden und die grundsätzliche Möglichkeit für die Teilnehmenden besteht, aus einer Übung oder einer Veranstaltung jederzeit auszusteigen.

Sexualassistenz

Das Thema »Sexualassistenz« verunsichert viele Akteure und Personen im System der Behindertenhilfe, auch weil nicht immer klar ist, was damit gemeint ist.

Von Sexualassistenz wird dann gesprochen, wenn Menschen für die direkte Umsetzung und Erfüllung ihrer sexuellen Bedürfnisse professionelle Unterstützung durch andere bedürfen. Unterschieden wird dabei zwischen aktiver und passiver Sexualassistenz. Unter passiven Hilfen fallen dabei alle Maßnahmen, die konkrete Voraussetzungen für Sexualität schaffen; dazu gehören zum Beispiel das Besorgen von Hilfsmitteln und Aufklärungs- oder Beratungsgespräche.

Mit aktiver Sexualassistenz, manchmal auch als Sexualbegleitung bezeichnet, sind Hilfen gemeint, bei denen eine externe Person handelnd in eine sexuelle Situation einbezogen ist, etwa im Falle erotischer Massagen oder durch aktive Anleitung zur Selbstbefriedigung.

In Einrichtungen der Behindertenhilfe sollte das Handeln zum Thema Sexualassistenz transparent gemacht und abgesprochen werden. Individuelle Grenzen von UnterstützerInnen sind hinzunehmen – für die eine Person ist es unproblematisch, Kondome oder einen Vibrator in einem Sexshop zu besorgen, für eine andere wäre dies eine Zumutung. Beides darf ausgedrückt und in die Diskussion eingebracht werden.

Im professionellen Unterstützungssetting sollten passive Hilfen den Vorrang vor aktiver Unterstützung haben. Aktive Dienstleistungen sollten nicht von den UnterstützerInnen selbst geleistet werden, da das bestehende Machtungleichgewicht dies verbietet. Besteht der Wunsch nach aktiver Sexualassistenz, sollten entsprechende Körperkontaktstellen oder Serviceagenturen einbezogen werden.

Beziehung/Partnerschaft

Die unterstützende Begleitung bei der Suche, Aufnahme und Gestaltung von Beziehungen und Partnerschaften ist ebenfalls eine wesentliche Aufgabe einer umfassenden, umsichtigen Sexualitätsbegleitung. Auch der Aufbau von Beziehungen und Partnerschaften ist etwas, das Menschen erlernen. Beispiele dafür, wie Menschen mit Behinderung bei der Suche nach und dem Aufbau von Beziehungen praktisch unterstützt werden können, sind die Bereitstellung von Angeboten wie der Besuch einer Tanzveranstaltung, regelmäßige Treffen fester oder offener Gruppen, die Nutzung spezieller Kontaktbörsen bzw. von Kontaktanzeigen.

Schwierig wird es für pädagogisch Tätige in Beziehungsfragen vor allem dann, wenn das Verhalten der behinderten Menschen sich von ihrem eigenen deutlich unterscheidet oder sie eine andere Beziehungsform als geeigneter ansehen. Gleichgeschlechtliche Kontakte oder Beziehungswünsche werden manchmal »nur« als Ersatz aus Mangel an gegengeschlechtlichen Kontakten angesehen und damit nicht als ernstzunehmender Beziehungswunsch.

Kinderwunsch/Elternschaft

In dem Maße, wie die Normalisierung der Lebensbedingungen bei behinderten Menschen voranschreitet, wird der Wunsch nach langfristigen Beziehungen und nach eigenen Kindern geäußert und auch gelebt. Wenn auch schon immer existent, ist die »Kinderfrage« heute mehr denn je ein heißes Eisen und wird kontrovers diskutiert.

Zunächst ist der Kinderwunsch eines Menschen mit Behinderung in jedem Fall ernst zu nehmen. Eine Auseinandersetzung mit der Möglichkeit, Eltern zu werden, ist »normal« und sollte dies auch für Menschen mit Behinderung sein – eine Sichtweise übrigens, die die BRK teilt. Es gilt, den Menschen ergebnisoffen die Dimensionen der Kindeserziehung zu verdeutlichen. Zudem muss für jedes Paar individuell geklärt werden, ob und in welcher Form die Betreuung der Paare und die der Kinder gewährleistet werden kann.

Zum Thema »Kinderwunsch« hat es sich bewährt, frühzeitig die Unterstützung von externen Beratungsstellen zu nutzen – sowohl für die Ratsuchenden selbst als auch zur Orientierung der UnterstützerInnen und der Angehörigen. Erfahrungen belegen, dass sich Elternschaft von Menschen mit Lernschwierigkeiten und Kindeswohl keineswegs automatisch ausschließen (AWO 2006; Pixa-Kettner/Bargfrede 2006). Für einige Menschen (mit Lernschwierigkeiten) wäre eine Elternschaft sicherlich eine unzumutbare Überforderung. Gleichzeitig belegen viele gelebte Elternschaften behinderter Menschen aber auch, dass das Ausfüllen der Elternrolle und eine gute familiäre Versorgung – gegebenenfalls mit einer angemessenen Begleitung – gelingen kann.

Verhütung

War Verhütung in der Vergangenheit durch die bis in die 1990er Jahre fast durchgängig praktizierte Sterilisation selten ein Thema, so haben heute UnterstützerInnen, Angehörige und Ärzte/Ärztinnen in enger Absprache mit den Menschen mit Behinderung für eine Verhütung im Falle genitalsexueller Kontakte ohne Kinderwunsch zu sorgen. Eine größtmögliche Entscheidungsfreiheit und Selbstbestimmung der Menschen mit Behinderung sollte dabei oberste Prämisse sein. Das bedeutet, dass die zuverlässige Einnahme oder Anwendung von Verhütungsmitteln zu vermitteln ist, auch wenn dies nicht in jedem Fall kurzfristig gelingt. Diese Praxis ist der oft gängigen Pauschallösung, bei der alle Frauen »vorsorglich« mit sicheren Verhütungsmitteln (Pille, Dreimonatsspritze) versorgt werden, unbedingt vorzuziehen. Viele Menschen mit Behinderung können die Zusammenhänge von Zeugung und Schwangerschaft durch sexualpädagogische Vermittlung gut verstehen und verantwortlich mit dem Thema Verhütung umgehen. Es ist ferner nicht vertretbar, wenn Frauen ihr ganzes Leben lang hormonelle Verhütungsmittel zu sich nehmen, ohne einmal Geschlechtsverkehr zu haben.

Sexuelle Gewalt

Untersuchungen belegen, dass Menschen mit Behinderung häufiger von Übergriffen auf ihre sexuelle Selbstbestimmung betroffen sind als nicht behinderte Menschen (z. B. Zemp 1996). Noch mehr als bei Menschen ohne Behinderung sind die Grenzverletzungen Beziehungstaten; Opfer und Täter kennen sich fast immer. Angehörige, Nachbarn, professionell Tätige aber auch Menschen mit Behinderung selbst gehören zu den TäterInnengruppen. Wie bei Menschen ohne Behinderung sind es überwiegend Männer, die als Täter in Erscheinung treten. Anders als bei Menschen ohne Behinderung jedoch kommen sexualisierte Gewalttaten nicht vorrangig im Kindes- und Jugendalter vor, sondern betreffen auch sehr viele erwachsene Frauen und auch Männer.

Das erhöhte Risiko, Opfer sexueller Ausbeutung und sexueller Gewalt zu werden, ist auch das Ergebnis ihrer Lebenssituation. Menschen mit Behinderung haben häufig erlernt, das zu tun, was andere von ihnen verlangen, da sie existentiell auf das Wohlwollen und die Zuwendung anderer Menschen angewiesen sind. Wenn Menschen mit Behinderung Hilfe bei der Körperpflege benötigen, sind sie Berührungen im Intimbereich gewöhnt, so dass die Unterscheidung zwischen notwendiger Pflege und sexuellem Übergriff schwer fallen kann.

War das Thema noch bis vor einigen Jahren gänzlich tabuisiert, wird inzwischen seine Aktualität und Brisanz im fachlichen Diskurs betont. Vielen UnterstützerInnen sind Fälle von sexueller Gewalt an Menschen mit Behinderung ihrer Einrichtung bekannt und zunehmend werden bei Verhaltensauffälligkeiten Vermutungen über erlebte oder aktuelle sexuelle Gewalterfahrungen geäußert und entsprechende Schritte eingeleitet. Um qualifiziert und professionell handeln zu können, müssen Unterstützerinnen über Aspekte der psychosexuellen Entwicklung informiert sein und sich mit Risikofaktoren und Erscheinungsformen von sexuellen Grenzüberschreitungen auseinandergesetzt haben – möglichst bevor sie mit ihnen konfrontiert werden. Des Weiteren sollten UnterstützerInnen keine Alleingänge wagen und frühzeitig einrichtungsinterne Fachpersonen und externe Fachberatungsstellen einbeziehen. Dazu sollten in jeder Einrichtung konkrete und verbindliche Handlungsanweisungen zum Umgang mit sexueller Gewalt vorliegen.

Als Schutz und Präventionsmaßnahme gegen sexuelle Ausbeutung und sexualisierte Gewalt hat sich eine umfassende sexualpädagogische Aufklärung als sinnvoll erwiesen. Das Wissen über sexuelle Selbstbestimmung trägt dazu bei, sexuelle Übergriffe zu erkennen und zu lernen, sich dagegen zu wehren oder Hilfe zu suchen.

Literatur

Arnade, Sigrid (2009): Sexuelle Rechte behinderter Menschen. In: Lohrenscheit, Claudia (Hg.): Sexuelle Selbstbestimmung als Menschenrecht. Baden Baden, S. 233–250

AWO Bundesverband e.V. (Hg.) (2006): Liebe(r) selbstbestimmt! Praxisleitfaden für die psychosoziale Beratung und sexualpädagogische Arbeit für Menschen mit Behinderung. Bonn

Bronfenbrenner, Urie (1981): Die Ökologie der menschlichen Entwicklung. Stuttgart

Fegert, Jörg M. (Hg.) (2006): Sexuelle Selbstbestimmung und sexuelle Gewalt. Ein Modellprojekt in Wohneinrichtungen für junge Menschen mit geistiger Behinderung. Weinheim und München

Hinz, Andreas (2004): Vom sonderpädagogischen Verständnis der Integration zum integrationspädagogischen Verständnis der Inklusion!? In: Schnell, I., Sander, A. (Hrsg.): Inklusive Pädagogik. Bad Heilbrunn, S. 41–74

Hinz, Andreas, Körner, Ingrid, Niehoff, Ullrich (Hg.) (2008): Von der Integration zur Inklusion. Grundlagen – Perspektiven – Praxis. Marburg

Leue-Käding, Susan (2004): Sexualität und Partnerschaft bei Jugendlichen mit geistiger Behinderung. Probleme und Möglichkeiten einer Enttabuisierung. Heidelberg

Ortland, Barbara (2008): Behinderung und Sexualität. Grundlagen einer behinderungsspezifischen Sexualpädagogik. Stuttgart

Pauser, Norbert; Pinetz, Petra (2009): Diversity und/oder Inklusion – Konzepte zur Qualitätsentwicklung in Organisationen?! In: Jerg, Jo, Merz-Atalik, Kerstin, Tümmler, Ramona; Tiemann, Heike (Hg.): Perspektiven auf Entgrenzung. Erfahrungen und Entwicklungsprozesse im Kontext von Inklusion und Integration. Bad Heilbrunn, S. 247–253

Pixa-Kettner, Ursula (Hg.) (1996): »Dann waren sie sauer auf mich, dass ich das Kind haben wollte ...«. Eine Untersuchung zur Lebenssituation geistigbehinderter Menschen mit Kindern. Baden Baden

Pixa-Kettner, Ursula, Bargfrede, Stefanie (Hg.) (2006): Tabu oder Normalität? Eltern mit geistiger Behinderung und ihre Kinder. Heidelberg

Rittberger, Eva (2000): Zur psychosozialen Sexualentwicklung geistig behinderter Jugendlicher. Eine vergleichende Studie. Linz

Schnell, Irmtraut, Sander, Alfred (Hg.) (2004): Inklusive Pädagogik. Bad Heilbrunn

Specht, Ralf (2008): Sexualität und Behinderung. In: Schmidt, Renate-Berenike, Sielert, Uwe (Hg.): Handbuch Sexualpädagogik und sexuelle Bildung. Weinheim und München, S. 295–308

Theunissen, Georg, Plaute, Wolfgang (2002): Handbuch Empowerment und Heilpädagogik. Freiburg im Breisgau

Thimm, Walter (Hg.) (2008): Das Normalisierungsprinzip, ein Lesebuch zu Geschichte und Gegenwart eines Reformkonzepts. Marburg, 2. Auflage

Walter, Joachim (Hg.) (1983/2005[6]): Sexualität und geistige Behinderung. Heidelberg

Zemp, Aiha (1996): Weil das alles weh tut mit Gewalt. Sexuelle Ausbeutung von Mädchen und Frauen mit Behinderung. Bundesministerium für Frauenangelegenheiten. Wien

Zemp, Aiha (1997): Sexualisierte Gewalt im behinderten Alltag. Jungen und Mädchen mit Behinderung als Opfer und Täter. Bundesministerium für Frauenangelegenheiten und Verbraucherschutz. Wien

Zinsmeister, Julia (2005): Sexuelle Assistenz für Frauen und Männer mit Behinderungen – eine Expertise; im Auftrag der Pro Familia. Frankfurt am Main

Ich kann mich nicht verlieben

Martin, 16 Jahre, geht in die integrative 10. Klasse einer Realschule. Martin ist Asperger-Autist und wohnt zuhause.

Interviewer: Hast du Sehnsucht danach, Freunde zu haben?
Martin: Ich glaube eher nicht. Aber ich glaub, mein größtes Problem ist, dass ich mich immer ablenke mit dem Gedanken, ich kann mich nie verlieben.
Interviewer: Du kannst dich nicht verlieben?
Martin: Ich hab' Schwierigkeiten, Gefühle einzuordnen. Und große Probleme, Gefühle zu zeigen.
Interviewer: Was für Gefühle?
Martin: Liebe, Einfühlsamkeit, Mitgefühl, Mitleid für Andere.
Interviewer: Warum kannst du die nicht zeigen?
Martin: Ich glaube, ich denke zu viel. Ich denke manchmal über zwölf Ecken, obwohl ich nur drei brauche. Ich müsste endlich mal mit einer Frau zusammen kommen, in so eine Situation hineingeraten, spontan.
Interviewer: Hast du dich schon einmal verliebt?
Martin: Eher nicht so. Aber vor 13 Jahren zur Kindergartenzeit, da hatte ich so ein paar Freundinnen, mit denen ich immer gespielt habe. Wir haben uns ganz gut verstanden.
Interviewer: Sehnst du dich nach Liebe?
Martin: Ja.

Interviewer: Von wem?

Martin: Von einer Freundin. Dass eine Freundin sich in mich verliebt.

Interviewer: Wie kommt man mit einem Mädchen zusammen? Was glaubst du, wie könnte das gelingen?

Martin: Indem man es kennenlernt. Indem man etwas mit dem unternimmt. Und indem man nicht immer sofort an *das Eine* denkt.

Interviewer: Was ist »das Eine«?

Martin: Wenn ich zum Beispiel in einem Cafe sitze und ich will irgendeine Frau aufreißen. Dass ich das geschickt mache, ohne zu viel zu erwarten. Und dann sage ich: »Sie haben die schönsten Augen der Welt, sie gefallen mir. Darf ich ihnen den Kaffee ausgeben?« Und dann verdreht sie vielleicht die Augen. Und dann sag ich so: »Ja, sie gefallen mir wirklich, aber eigentlich will ich nur mit Ihnen ins Bett.« Dann handele ich mir vielleicht eine Ohrfeige ein, hab ich auch verdient.

Ich stell mir immer selbst einen Film im Kopf zusammen. Ganz langsam, ganz ruhig, zärtlich, ruhige Musik, gemütliche Atmosphäre und so. Und dann kommt es ganz langsam: Das Ausziehen, dann in den Haaren rumstreicheln. Dann, dass ich die Frau am Hals küsse. Dann das Berühren. Und dass wir dann immer feuchter werden. Und dass es ein göttliches Erlebnis wird.

Interviewer: Was wäre ein göttliches Erlebnis?

Martin: Diese Erregung, hautnah.

Interviewer: Sie zu erregen, oder dich zu erregen?

Martin: Dass sie mich erregt. Und dann kommt der Gegensatz, dann kommt es wieder zurück. Dass man sich gegenseitig erregt, nach und nach. Wie bei einem Kaffeekränzchen. Es kommt dann alles zusammen. Der Eine kocht Kaffee, der Andere deckt den Tisch, der Dritte bringt den Kuchen mit. Und so kommt dann alles irgendwann zum Höhepunkt.

Interviewer: Glaubst du daran, dass das passieren wird in der nächsten Zeit?

Martin: Ja, das könnte passieren.

Interviewer: Wie denn?

Martin: Ich weiß es nicht, ich weiß es noch nicht oder auch nie.

Interviewer: Hast du es noch nie erlebt, dass du geliebt wurdest?

Martin: Ich weiß es nicht. Von den Eltern, glaube ich. Vielleicht lieben die mich ja. Aber ich setzte mich nie mit solchen Sachen auseinander. Ich glaube, ich bin ein sehr interessanter Mensch, ein sehr merkwürdiger.

Interviewer: Was wäre, wenn ein Mädchen dich küssen würde?

Martin: Dann könnte das ganz schön sein. Dann würde ich auch mitmachen.

Interviewer: Du würdest mitmachen?

Martin: Ja, da würde ich auch zurück küssen. Und dann die Hand auch mal bewegen: An die Taille, am Rücken, Schultern, Knie und den Kopf dann in meine Richtung schieben.

Interviewer: Könntest du mit einem Mädchen zärtlich sein?

Martin: Ja, könnte ich bestimmt. Ich kann es nicht ausschließen.

Interviewer: Woran denkst du, wenn du an Liebe denkst?

Martin: Dass sie mir treu bleibt.

Interviewer: Was noch?

Martin: Und dass sie mich nicht ausnutzt, dass ich nicht irgendeine blöde Notlösung bin.

Interviewer: Was erwartest du noch?

Martin: Dass sie mich liebt.

Interviewer: Was ist denn Liebe, Martin?

Martin: Das weiß ich ja nicht, ich hab so was noch nie gekannt. Noch nie! Mit der Betonung auf *noch*.

Interviewer: Was könnte das denn sein?

Martin: Ich weiß es nicht. Wenn ich es wüsste, wäre ich nicht so verzweifelt.

Interviewer: Du bist verzweifelt?

Martin: Ja.

Interviewer: Inwiefern?

Martin: Ich habe einfach das Gefühl, dass es niemals passieren kann. Vielleicht bin ich ja doch behindert und weiß es nur noch nicht.

(Aus dem Film »Armer Ego« von der DVD »Behinderte Liebe 1«)

»Es wurde einfach nicht darüber gesprochen« Sexualerziehung mit Menschen mit Behinderung als notwendiges schulisches Gesamtkonzept

Barbara Ortland

»Es wurde einfach nicht darüber gesprochen, weder in meinem Elternhaus noch in meiner gesamten Schulzeit« (Knorr/Blume 2011, 174). Das ist die retrospektive Aussage eines jungen Erwachsenen mit schwerer motorischer Beeinträchtigung, Lernschwierigkeiten und ohne verständliche Lautsprache zur Bedeutung des Themas Sexualität in seiner Jugendzeit. Diese Aussage lässt viele Assoziationen zu: Es wurde nicht darüber gesprochen, weil

- er das Thema Sexualität leider nicht selber ansprechen konnte,
- der Vater »keine schlafenden Hunde wecken« wollte,
- die Mutter aus religiösen Gründen das Thema vermied,
- alle anderen froh waren, dass sie es anscheinend nicht ansprechen mussten.

Herr Knorr, von dem diese Aussage stammt, hätte sich Menschen um sich gewünscht, die mit ihm trotz der eingeschränkten Möglichkeiten über Sexualität redeten. Er hätte Menschen gebraucht, die ihm sexualerzieherische Angebote machten, um die physischen und psychischen Veränderungen in der Pubertät besser zu verstehen, um seine Fragen stellen zu können und um Freiräume für Erfahrungen zu bekommen.

Mit diesen Erfahrungen fehlender Unterstützung und mangelnder Angebote ist Herr Knorr kein Einzelfall. Sexualpädagogik für Menschen mit Behinderung darf aber kein Zufall, Sonder- oder Glücksfall sein. Die rechtlichen Grundlagen setzen hier auch andere Maßstäbe: Für den schulischen Bereich wird sie schon seit 1968 durch die ›Empfehlungen zur geschlechtlichen Erziehung in der Schule‹ der Kultusministerkonferenz als gemeinsame verpflichtende Aufgabe von Elternhaus und Schule, und hier in fächerüberfgreifender Form, definiert (vgl. BzgA 2004). Weiterhin heißt es in dem Übereinkommen der Vereinten Nationen über die Rechte von Menschen mit Behinderungen in Artikel 23, der »Achtung der Wohnung und der Familie«, dass die Vertragsstaaten gewährleisten, dass »das Recht von Menschen mit Behinderungen auf freie und verantwortungsbewusste Entscheidung über die Anzahl ihrer Kinder und die Geburtenabstände sowie auf Zugang zu altersgemäßer Information sowie Aufklärung über Fortpflanzung und Familienplanung anerkannt wird und ihnen die notwendigen Mittel zur Ausübung dieser Rechte zur Verfügung gestellt werden« (Artikel 23, Absatz b).

In den nachfolgenden Ausführungen zur schulischen Sexualerziehung wird ein Gesamtkonzept vorgestellt und begründet, das dazu dienen kann, gelingende Sexualerziehung nicht dem Zufall engagierter und sprechfähiger BegleiterInnen zu überlassen. Dieses Gesamtkonzept einer »*Kompetenten, integrierenden Sexualpädagogik*« (KiS) setzt auf eine Kompetenzerweiterung aller an der Sexualerziehung von Menschen mit Behinderung Beteiligten sowie auf deren Integration, Vernetzung und Kooperation.

Es ist ein Konzept, das einer *sexualfreundlichen* Sexualpädagogik (vgl. Sielert 1993) zuzuordnen ist. Diese geht davon aus, dass es kein ›richtiges‹ Sexualverhalten gibt, sondern dass jeder Mensch sein für sich und zu sich ›passendes‹ Sexualverhalten finden muss, das seine Grenzen immer bei den Persönlichkeitsrechten anderer Menschen hat. Der Weg zu einer subjektiv befriedigenden Sexualität geht über Erfahrungen sowie – im Rahmen der eigenen kognitiven Möglichkeiten – über deren Bewertung und Reflexion.

Kompetente, integrierende Sexualpädagogik ist auch konzeptioniert als eine *behinderungsspezifische* Sexualpädagogik, da sexuelle Erfahrungen für Menschen mit Behinderungen aus den verschiedensten Gründen häufig verändert sind. Diese Veränderungen der eigenen sexuellen Erfahrungen implizieren keine Be- oder Abwertung der Erfahrungen als ›behinderte Erfahrungen‹. Stattdessen sind diese möglichen behinderungsbedingten Veränderungen der notwendige Ausgangspunkt einer demgemäß behinderungsspezifischen Sexualpädagogik.

Grundlage: Ein weites Verständnis von Sexualität

Wie bereits an anderer Stelle ausführlich dargelegt (Ortland, 2008, 2009, 2011) liegt dem Konzept einer behinderungsspezifischen Sexualpädagogik ein weites Verständnis von Sexualität zugrunde. Sexualität wird als eine unverzichtbare Lebensenergie eines jeden Menschen verstanden, die vielfältige Erfahrungen mit sich selbst und anderen Menschen umfasst. Ihre Grenzen zu anderen Entwicklungsbereichen – wie z. B. der Soziabilität, der Emotionalität oder auch der Motorik – sind fließend. Die Bedeutsamkeit der verschiedenen Erfahrungen für die sexuelle Entwicklung lassen sich in der Gesamtentwicklung eines Menschen nur retrospektiv und individuell bestimmen und nicht von der Gesamtlebenssituation trennen. Dies bedeutet konsequenterweise, dass alle Erfahrungen im Leben eines Menschen förderlich oder hinderlich sein können für die Ausbildung einer subjektiv befriedigenden Sexualität. So wirkt sich z. B. mangelndes Selbstwertgefühl, das seine Ursache in vielen verschiedenen Entwicklungsbereichen haben kann, auch auf die Gestaltung von Begegnungen im sexuellen Bereich aus. Im Rahmen dieses weiten Verständnisses von Sexualität gibt es ausgewählte Inhalte des Unterrichts, die von den entsprechenden Richtlinien zur Sexualerziehung der einzelnen Bundesländer klarer definiert sind. Diese sollen im Folgenden – unter Berücksichtigung der möglichen Veränderungen für Menschen mit Behinderung – inhaltlich leitend für die Ausführungen sein.

Ausgangspunkt: Veränderte sexuelle Erfahrungen

Die nachfolgenden autobiografischen Beispiele von Menschen mit schweren körperlich-motorischen Beeinträchtigungen, zum Teil auch Lernschwierigkeiten und kommunikativen Einschränkungen, verdeutlichen, dass Menschen mit Behinderung aufgrund ihrer veränderten Ausgangssituation in den verschiedenen Entwicklungsbereichen andere Erfahrungen machen als Menschen ohne Behinderung.

> »Es gab keine Bücher, keine Zeitschriften, keine Filme, nichts. Und ich konnte ja auch nicht wie Jugendliche, die nicht so schwer behindert sind wie ich, losgehen und mir solche Dinge kaufen. Ich konnte mich auch nicht mit meinen gleichaltrigen Freunden

über dieses Thema austauschen oder einfach heimlich fernsehen. Als ich in die Pubertät kam, spürte ich natürlich die Veränderungen in meinem Körper und in meinem Gefühlsleben, konnte sie aber nicht definieren. Ich hatte sexuelle Gedanken, ohne das Wort Sexualität zu kennen. Ich hätte schon in meiner Schulzeit gerne eine Freundin gehabt, aber ich war zu behindert, um Eigeninitiative zu ergreifen. Die Menschen, die mich betreuten, gingen auf das, was ich wollte, nicht ein oder ignorierten es. Das ist das schwerste Los, wenn man nicht nur behindert, sondern schwerstbehindert ist. Wenn die Menschen, die mich behüten und versorgen, ein Thema nicht ansprechen wollen oder können, dann habe ich auch keine Chance, mich dazu zu äußern. Und so lebte ich bis zu meinem Auszug aus dem Elternhaus, da war ich bereits 22 Jahre alt, im Zölibat. (...) Ich hatte halt diese Sehnsucht, von der ich nicht wusste, wie die sich nennt«. (Knorr/Blume 2011, 174f)

»Schon sehr früh habe ich kennengelernt, wie es ist, nicht immer zu Hause zu leben. Die Zeit ist aber auch anstrengend, weil ich nicht selber entscheiden kann, wann ich duschen möchte und wann ich nicht duschen möchte. Ich habe mir immer vor Augen geführt, wie es wäre, wenn ich nicht dieses Schicksal hätte, weil die Jugendlichen in meinem Alter auch selber entscheiden können, wann sie duschen und wann nicht. (...) Nichtbehinderte sind klar im Vorteil, weil sie es einfach machen. Sie können ihre eigenen Erfahrungen sammeln, was peinlich ist und was nicht peinlich ist. Ich habe keine Möglichkeit, mein jugendliches Leben auszuleben, weil immer irgendeine Begleitung bei mir ist. Wie zum Beispiel soll ich meine ersten sexuellen Erfahrungen sammeln?«. (Krüger 2011, 14)

»Menschen mit Behinderungen stoßen schnell an Grenzen, wenn sie versuchen, ihre Bedürfnisse nach Liebe und Sexualität zu verwirklichen. Sind wir doch ehrlich – welche Frau oder welcher Mann schläft in der Lebenshilfe mit einem Menschen mit Behinderung? Natürlich ist mir bewusst, falls ich alleine wohnen werde, dass die Frauen sich nicht um mich reißen werden. Aber es wird für mich durch das selbständige Wohnen sicher möglich sein, meine Sexualität freier zu leben«. (Kurt 2007, 62)

Aus den ausgewählten biographischen Texten lassen sich exemplarisch folgende Veränderungen der Erfahrungen fokussieren:

- Eingeschränkte Möglichkeiten, unbeobachtete sexuelle Erfahrungen zu sammeln
- Eingeschränkte Möglichkeiten, an Medien mit sexuellem Inhalt zu gelangen
- Mangelnde sexuelle Erfahrungen durch Abhängigkeit
- Mangelnde Intimsphäre
- Mangelnde Möglichkeiten, über Sexualität zu kommunizieren
- Eingeschränkte Möglichkeiten, eine geeignete Sprache für Sexualität auszubilden, um Wünsche und Erfahrungen mitzuteilen

Diese veränderten Möglichkeiten wirken sich auf die sexuelle Entwicklung aus, indem z. B. weniger unbeobachtete Erfahrungsmöglichkeiten realisiert werden können, die aber wiederum bedeutsam für die Ausbildung einer subjektiv befriedigenden Sexualität sind. Zwar lässt sich kein Kausalzusammenhang zwischen der Fülle der sexuellen Erfahrungen und der Zufriedenheit im Bereich der Sexualität herstellen, dennoch sind vielfältige Erfahrungen für differenziertes Lernen bedeutsam. Ebenso lässt sich – auf den ersten Blick – kein Kausalzusammenhang zwischen behinderungsbedingt veränderten Erfahrungen und der Ausbildung einer subjektiv befriedigenden Sexualität herstellen.

Ein zweiter Blick auf die Behinderungserfahrungen macht jedoch veränderbare Zusammenhänge und damit Optionen für mehr sexualfreundliche Lebensbedingungen sichtbar. Dazu muss analog zur »International Classification of Functioning, Disability and Health« (ICF) zwischen Erfahrungen auf den Ebenen der Körperfunktion, der Aktivität und der Teilhabe unterschieden werden. Zum einen gibt es für Menschen mit Behinderung Erfahrungen, die in der eingeschränkten körperlichen Ausgangssituation begründet sind – das können gestörte sexuelle Funktionen wie z. B. Erektionsfähigkeit, Orgasmus oder Ejakulation bei Männern mit Querschnittlähmung sein (vgl. Fürll-Riede u. a. 2001).

Zum anderen gibt es für Menschen mit Behinderung veränderte Erfahrungen, die auf den Ebenen der Aktivität oder Teilhabe liegen und potentiell Veränderungsmöglichkeiten beinhalten. Ein Mensch, der sich aufgrund einer spastischen Tetraplegie z. B. nicht selbst manuell befriedigen kann (Ebene der Aktivität), könnte z. B. durch ein individuell angepasstes Hilfsmittel durchaus alleine zum Orgasmus kommen.

Auf der Ebene der Teilhabe verdeutlicht das folgende Zitat von Zemp (2008) die strukturelle Bedingtheit negativer Erfahrungen:

> »Dennoch gibt es im aufgeklärten Europa nach wie vor Heime – vor allem für Menschen mit geistiger Behinderung –, in denen Paare nicht zusammen sein dürfen; nach wie vor verbieten Eltern ihren erwachsenen behinderten Töchtern und Söhnen das Ausleben von Sexualität – eine unverschämte Machtdemonstration gegenüber Menschen, die aus irgendeinem Grund abhängig sind. Das hat zur Folge, dass Betroffene Sexualität oft nur auf eine höchst unwürdige Art ausleben können, indem sie es halt schnell auf der Toilette machen, übers Wochenende auf einer Hobelbank in der geschützten Werkstätte oder am Abend im Treibhaus auf dem Weglein zwischen den Blumenbeeten«. (Zemp 2008, 20)

Für die schulische Sexualerziehung ergeben sich daraus verschiedene Ansatzpunkte, die im Rahmen eines schulischen Gesamtkonzeptes betrachtet werden sollten:

- Veränderte Erfahrungen und Erfahrungsmöglichkeiten sollten Inhalte des Unterrichts sein.
- Lernsituationen der Sexualerziehung finden sich im gesamten schulischen Alltag.
- Die Einstellung aller Mitarbeitenden (Lehrkräfte, TherapeutInnen, Pflegekräfte, PraktikantInnen etc.) entscheidet über die sexualfreundliche Gestaltung der Schule.
- Enge Kooperationen mit den Erziehungsberechtigten erweitern die Erfahrungsräume für Kinder und Jugendliche.
- Enge Vernetzungen und Kooperationen mit Beratungsstellen und Fachleuten vor Ort bieten Unterstützung und Entlastung für alle Beteiligten.

Diese fünf Punkte sollen im Folgenden als Bausteine einer behinderungsspezifischen Sexualpädagogik näher erläutert und begründet werden. Das vorzustellende Konzept einer »Kompetenten, integrierenden Sexualerziehung« (KiS) ist auf der Grundlage der Ergebnisse einer umfangreichen Lehrkräftebefragung (Ortland 2005) entstanden und publiziert worden (Ortland 2008). Gleichzeitig wurde es in einem zweijährigen Forschungsprojekt an zwei Förderschulen mit dem Förderschwerpunkt ›Körperliche/motorische Entwicklung‹ in Nordrhein-Westfalen erfolgreich erprobt (Ortland 2009, Ortland/Czerwinski 2009). Beide Schulen hatten eine äußerst heterogene SchülerInnenschaft, die zu großen Teilen neben ihrer motorischen Beeinträchtigung Lernschwierigkeiten hatte.

Veränderte Erfahrungen und Erfahrungsmöglichkeiten sollten Inhalte des Unterrichts sein

Die Thematisierung veränderter sexueller Erfahrungen und oft eingeschränkter Erfahrungsräume ist im Rahmen der Inhalte der Sexualerziehung unverzichtbar. Dadurch werden die SchülerInnen mit ihren Lebensbedingungen ernst genommen und erhalten die Möglichkeit, eigene Veränderungen in den Bereichen ›Aktivität‹ und ›Teilhabe‹ zu erkennen. Veränderungsmöglichkeiten können dabei auf verschiedenen Realisierungsebenen liegen. Sie können zum einen bedeuten, dass ein Lebensbereich als gegebenenfalls nicht mehr so bedeutsam umbewertet wird. Zum anderen kann aktiv versucht werden, Änderungen alleine herbeizuführen oder durch andere herbeiführen zu lassen.

An dem Thema ›Soziale Beziehungen‹ soll verdeutlicht werden, wie ein dementsprechend behinderungsspezifisches Angebot für Jugendliche mit Behinderung realisiert werden kann. Ausgangspunkt der Angebotsplanung sind

vorrangig die konkreten, im Schulalltag beobachtbaren oder durch die SchülerInnen berichteten Erfahrungen in der Gestaltung von Beziehungen. Ver-
tiefend und erweiternd lassen sich aus der Literatur und verschiedenen Erhe-
bungen potentielle Problembereiche für die Jugendlichen mit Behinderung
benennen (vgl. Ortland 2008, 2009).

Für das ausgewählte Beispiel der sozialen Beziehungen wären das folgende
Bereiche: Jugendliche mit Behinderung erleben häufig Ablehnung aufgrund
ihres veränderten Aussehens und machen die Erfahrung, dass sie außerhalb
der Schule nur wenig oder keine Möglichkeiten haben, Kontakte zu schließen. Dies potenziert sich durch den stigmatisierenden Besuch einer Förderschule, die in der Regel als Ganztagsschule konzipiert ist. So verlagern sich
erste Erfahrungen mit Verliebt-Sein und dem Austauschen von Zärtlichkeiten in den Schulalltag. Hier erleben die Jungen und Mädchen jedoch hohe soziale Kontrolle, die unbeobachtete Erfahrungen erschweren. Im Freizeitbe-
reich sind ihre Erfahrungsräume, vor allem bei Mädchen, durch überbehütende
Eltern oder durch ein hohes Maß an Unterstützungsnotwendigkeit erheblich
eingeschränkt (vgl. Bretländer 2007, Leue-Käding 2004). Veränderungen im
kommunikativen Bereich, die sowohl im Angewiesensein auf Unterstützte
Kommunikation, in eingeschränkter Verbalsprache oder in eher körperori-
entierter Kommunikation liegen können, kommen zusätzlich erschwerend in
den Kontakten hinzu. Schließlich resultieren aus den aufgeführten Erschwer-
nissen zum einen mangelnde Möglichkeiten, eine potentielle Freundin oder
einen potentiellen Freund kennen zu lernen und Erfahrungen mit Verliebt-
Sein zu machen. Zum anderen fehlt häufig eine Peer-group, die bei Jugendlichen ohne Behinderung ein wichtiges Forum zum Austausch über erste Erfahrungen, Befürchtungen oder für den Austausch von Wissen ist (vgl. BZgA
2010).

Die dargestellten möglichen Erschwernisse machen deutlich, dass sexualerzieherische Angebote die Lebenssituation der Jugendlichen mit Behinderung für die Thematisierung von Beziehungen, Kontaktwünschen, Gestaltung von Freundschaften etc. im Blick haben sollten.

So kann z. B. mit den Jugendlichen gemeinsam gesammelt werden, wo denn
ihre konkreten Möglichkeiten liegen, jemanden kennen zu lernen, welche Unterstützung sie benötigen oder wünschen, um Verabredungen zu treffen, und
wie diese Möglichkeiten erweitert werden können. Ebenso sollten Rollenspiele
– in denen geübt werden kann, wie man jemanden anspricht – die verschiedenen kommunikativen Möglichkeiten der SchülerInnen im Blick haben. Die
Thematisierung des Ausdrucks von Gefühlen bei veränderten körperlichen
Möglichkeiten kann den SchülerInnen helfen, kommunikative Missverständnisse besser einzuschätzen und neue Reaktionsmöglichkeiten zu erproben.

Weiterhin ist zu überlegen, wann bei einer Kontaktaufnahme über das Internet z. B. die eigene Behinderung thematisiert wird und in welcher Form dies erfolgen kann.

Diese kurz dargestellte behinderungsspezifische Ausrichtung eines Unterrichtsinhaltes sollte sich durch alle Themen der Sexualerziehung ziehen. Dies erfordert ein vom Gesamtkollegium entwickeltes und verlässlich umgesetztes schulspezifisches Spiralcurriculum, in das bereits ab der Primarstufe die für die Sexualerziehung relevanten Themen mit behinderungsspezifischer Ausrichtung aufgenommen werden. Diese Inhalte werden in den verschiedenen Schulstufen mit einer dem Alter der SchülerInnen entsprechende Erweiterung immer wieder aufgenommen, um der für SchülerInnen mit Lernschwierigkeiten notwendigen Wiederholung gerecht zu werden. Ebenso ist eine entsprechende Handlungsorientierung in Verbindung mit dem dargestellten Erfahrungsbezug notwendig, um langfristiges Lernen zu sichern (vgl. Fischer 2008).

Lernsituationen der Sexualerziehung finden sich im gesamten schulischen Alltag

Mit der Grundlage des dargestellten weiten Verständnisses von Sexualität und der erläuterten Anerkennung des Einflusses der Behinderung auf die sexuellen Erfahrungen ist eng verbunden, dass der gesamte Schulalltag ein Lernfeld und damit Aufgabenfeld der Sexualerziehung ist. Die 231 Lehrkräfte von elf Förderschulen mit dem Förderschwerpunkt ›Körperliche/motorische Entwicklung‹, die an einer umfassenden Befragung zur Sexualerziehung teilnahmen (Ortland 2005, 135f), wurden gefragt, ob sie meinen, dass ihnen oder ihrer Schule aus dieser Problemstellung eine besondere Aufgabe oder Verantwortung erwächst.

> »Über 90 % der Lehrerinnen bejahen, dass ihnen persönlich und ihrer Schule aus dieser für die Schülerinnen eher schwierigen sozialen Situation eine besondere Verantwortung erwächst. Sie nehmen jedoch für sich persönlich deutlicher eine Begrenzung durch das Schulrecht (45,5 %) an, als sie das für die Schule (36,4 %) sehen. Unbegrenzte Verantwortung empfinden 45,9 % der Lehrerinnen für sich selbst und 56,5 % für die Schule«. (Ortland 2005, 136)

Realisierte Konzepte und weitere Ideen lagen bei der Befragung in folgenden Bereichen:

- Das »Problem« wird von den Lehrkräften mit den SchülerInnen thematisiert
- Die SchülerInnen bekommen viele Hinweise über außerschulische Freizeitmöglichkeiten

- Das »Problem« wird mit den Eltern thematisiert
- Vermehrter Körperkontakt der SchülerInnen untereinander wird positiv verstärkt
- Kontakte und Treffen mit anderen Klassen von Förderschulen oder Regelschulen werden initiiert bzw. unterstützt (vgl. Ortland 2005, 139).

Auch in anderen Bereichen der Sexualerziehung bietet die Schule über den Unterricht hinaus Lernfelder. Lernangebote können in Bezug auf die Entwicklung der eigenen Geschlechterrolle sehr bewusst gesetzt werden, indem z. B. im freiwilligen Bereich der Arbeitsgemeinschaften attraktive geschlechtshomogene Angebote verankert werden (z. B. Selbstverteidigung, Wellness, Schminkkurse, Werken).

Dies hat besonders für Mädchen eine hohe Relevanz, da an den Förderschulen der Anteil der Jungen dominiert und die Mädchen weniger Möglichkeiten zum gleichgeschlechtlichen Austausch und zur gegenseitigen Stärkung haben. Weiterhin sind sie in ihren Erfahrungsräumen durch besondere Fürsorge deutlicher eingeschränkt (vgl. Leue-Käding 2004, Bretländer 2007) und vermehrt Opfer sexualisierter Gewalt (vgl. Zemp 2011).

Die Bedeutung der Mädchenarbeit liegt darin, sie zu

»bestärken, ihren eigenen Weg zu finden, ihre eigenen Wünsche und Bedürfnisse zu erkennen und mit ihren Ängsten und Unsicherheiten umgehen zu lernen. Sexualpädagogische Mädchenarbeit ist die beste Prävention gegen sexuellen Missbrauch und ein lebendiger Ort der Begegnung und des Austausches mit anderen«. (Bültmann, 2008, 328f)

Die Einstellung aller Mitarbeiter/innen (Lehrkräfte, Therapeut/innen, Pflegekräfte, Praktikant/innen etc.) entscheidet über die sexualfreundliche Gestaltung der Schule

Über den intentionalen sexualerzieherischen Unterricht hinaus erleben die Schüler/innen nicht-intentionale Sexualerziehung in den Kontakten mit den Mitarbeitenden der Schule. Diese nicht-intentionale Sexualerziehung basiert zum einen auf der Grundannahme, dass alle Menschen sexuelle Wesen sind und in den Begegnungen mit anderen immer auch als Mann oder Frau (unbewusst erzieherisch) präsent sind. D.h. konkret, dass mögliche Komplimente des Praktikanten über die hübsche Frisur der Schülerin deutliche Wirkung auf ihr weibliches Selbstverständnis und -bewusstsein haben können. Und umgekehrt, dass die Behandlung der SchülerInnen als geschlechtsneutral – also das Ignorieren ihrer Geschlechtlichkeit – sich negativ auf ihr Empfinden als Junge oder Mädchen auswirken kann.

Zum anderen konstituieren sich sexualerzieherische Situationen außerhalb des Unterrichts durch den häufig körpernahen Unterstützungsbedarf der Schüler/innen, der bis hin zum Bereich der Intimpflege geht. In diesen Pflegesituationen stehen »pflegerische Handlungen durch die Körpernähe immer in einem Spannungsverhältnis zur Sexualität beider Beteiligten« (Ortland 2007, 194). Die Einstellung der pflegenden Person zum Körper und zur Nacktheit der SchülerInnen kommt in dieser körpernahen Situation durch deren Gestaltung zum Tragen. Dies zeigt sich exemplarisch in der verwendeten Sprache für die Pflegehandlung, in der angenehmen oder unangenehmen Gestaltung des Pflegraumes oder in der Achtung der Intimsphäre durch eine geschlossene Tür und durch gleichgeschlechtliche Pflege. Weiterhin erhalten Pflegesituationen eine besondere Bedeutung, da sie für die betroffenen Schüler/innen häufig die einzige Möglichkeit bieten, ihren Genitalbereich aktiv selbst zu erkunden und hier für die sexuelle Entwicklung relevante Körpererfahrungen zu machen.

> »Auch hier besteht für die Pflegekraft die Möglichkeit, etwas nicht zu tun. So muss einem Schüler nicht direkt nach dem Waschen im Intimbereich die Vorlage wieder angelegt werden, sondern die Pflegekraft kann für einen Moment nichts tun und dem Schüler Zeit zur Selbsterkundung im Intimbereich geben«. (Ortland 2009, 90)

Die Schule sollte ein sexualfreundlicher Ort für alle Schüler/innen sein. Das bedeutet, dass Kinder und Jugendliche mit und ohne Behinderung als Menschen in ihrer sexuellen Entwicklung mit der Notwendigkeit sexueller Erfahrungen – im dafür vorgesehenen rechtlichen und von allen sozial akzeptierten Rahmen – anerkannt werden. Sie werden in allen Situationen als Jungen und Mädchen gesehen und wertschätzend behandelt. Dies wird zu einer Aufgabe aller Mitarbeitenden eines Systems, die in dafür vorgesehenen Zeiten und Gremien sowohl die Möglichkeiten und Grenzen ihres Systems ansprechen und diskutieren als auch die persönlichen Möglichkeiten und Grenzen reflektieren und benennen sollten.

Für diese notwendigen Diskussionen im Rahmen der weiteren Schulentwicklung sind Selbstreflexionen aller beteiligten Mitarbeitenden unverzichtbar (vgl. Ortland 2008, 85ff). Sie helfen, die eigene Position in der Sexualerziehung klarer zu erkennen, zu benennen und schließlich im Kollegium lösungsorientiert zu kommunizieren. In diesem Prozess helfen Selbstreflexionsbögen und -anregungen zur Reflexion

- der eigenen sexuellen Biografie,
- der biografischen Bezüge zur Sexualerziehung allgemein und bei Menschen mit Behinderung,

- der Einstellung zur Sexualität von Menschen mit Behinderung und den daraus resultierenden Konsequenzen für deren Sexualerziehung.

Die Arbeit im Team an der Förderschule bedeutet mehr Öffentlichkeit der sexualpädagogischen Arbeit.

»Es werden nicht nur didaktisch-methodische Kompetenzen hier sichtbar, sondern auch eigene Einstellungen, Normen und Werte, favorisierte Themen und solche Inhalte, die eher gemieden werden. Sexualerziehung im Team kann aber gerade durch die Unterschiedlichkeit in der eigenen sexuellen Identität mit den entsprechenden Auswirkungen auf die unterrichtliche Realisierung für alle Beteiligten ein großer Gewinn sein, wenn es gelingt, diese Verschiedenheit transparent zu machen, zu kommunizieren und sich auf ein gemeinsames, gegenseitig respektierendes sowie unterrichtlich ergänzendes Vorgehen zu einigen«. (Ortland 2008, 89)

Enge Kooperationen mit Erziehungsberechtigten erweitern die Erfahrungsräume für die Jugendlichen

Aus den bisherigen Ausführungen ist deutlich geworden, dass neben der gesetzlich verankerten gemeinsamen sexualerzieherischen Verantwortung von Elternhaus und Schule der hier erläuterte sexualpädagogische Ansatz weiter gefasst wird. Sexualerziehung beinhaltet im weitesten Sinne auch Maßnahmen in den Bereichen Kommunikationshilfen, Freizeiterziehung, Mobilitätserweiterung, Selbständigkeitsentwicklung und Auseinandersetzung mit der eigenen Behinderung (vgl. Ortland 2006, 2010). Für diese angrenzenden Aufgabenbereiche sind enge Kooperationen mit Erziehungsberechtigten, aber auch mit Verbänden, Vereinen und Einrichtungen vor Ort unerlässlich, um gemeinsam die Erfahrungsräume für die Kinder und Jugendlichen verantwortlich zu erweitern.

Neben dieser umfassenden Aufgabe gilt es, die besondere Situation der Eltern in der Sexualerziehung im Blick zu haben. Eltern von Jungen und Mädchen mit Behinderung sind oft verunsichert, negieren häufig die Notwendigkeit der Sexualerziehung ihrer Kinder mit Behinderung oder nehmen an, dass eine Körperbehinderung die Sexualität so einschränkt, dass sie als nicht vollwertig betrachtet werden kann (vgl. Diehl 2001, Diehl/Reuber 1995). Leue-Käding (2007, 154) beschreibt eine »gefühlsmäßige Ambivalenz« der Eltern von Kindern mit Lernschwierigkeiten. Sie wollen ihr Kind vor Enttäuschungen schützen (vgl. Diehl 2001).

Die Angst vor sexuellem Missbrauch ist bei den Eltern von Töchtern mit Behinderung ebenfalls groß. Diese Angst ist auf der einen Seite berechtigt (vgl. Zemp 2011), aber auf der anderen Seite ist sie ein großes Hindernis in der Erweiterung von Erfahrungsräumen. Diese Erfahrungsräume sind jedoch nötig, um die Kinder und Jugendlichen bei der Erlangung von mehr Selbstbestimmung zu unterstützen.

»Gerade die Unterstützung der Selbstbestimmung – und hier insbesondere der körperlichen und sexuellen Selbstbestimmung – ist ein ganz wesentlicher Baustein der Prävention von sexuellem Missbrauch«. (Unterstaller 2009, 85)

In dem Ansatz einer »Kompetenten integrierenden Sexualpädagogik« werden schulische Informationsabende und Gesprächsangebote für die Erziehungsberechtigten organisiert. Durch Wissensvermittlung im Bereich der sexuellen Entwicklung bei Menschen mit Behinderung, aber auch im Bereich der Prävention von sexuellem Missbrauch, verbunden mit strukturell verankerten Austauschmöglichkeiten mit anderen Eltern können die Eltern auf der einen Seite entlastet und auf der anderen Seite in ihren Erziehungsverhalten gestärkt werden. So wird versucht, sie mit ins Boot zu holen, um gemeinsam die Lebenssituation ihrer Söhne und Töchter sexualfreundlicher zu gestalten. Die gemeinsame Wahrnehmung der Verantwortung trägt deutlich zum Gelingen der schulischen Sexualerziehung bei.

Die enge Vernetzung und Kooperation mit Beratungsstellen und Fachleuten vor Ort bietet Unterstützung und Entlastung für alle Beteiligten

Die Vernetzung und Kooperation mit Vereinen, Verbänden, Fachleuten und Beratungsstellen vor Ort bietet in vielen bereits genannten Punkten Vorteile für alle Beteiligten. Kontakte zu Selbsthilfeverbänden, wie z. B. dem ›Bundesverband für körper- und mehrfachbehinderte Menschen‹ oder der ›Bundesvereinigung Lebenshilfe für Menschen mit geistiger Behinderung‹, können die Interessensvertretung für Menschen mit Behinderung stärken, den Eltern hilfreiche Unterstützung durch Austauschmöglichkeiten mit anderen Betroffenen bieten und den Jugendlichen neue Möglichkeiten der Freizeitgestaltung und des Aufbaus von Freundeskreisen eröffnen. Kooperationen mit Beratungsstellen für Schwule und Lesben können beispielsweise homosexuellen Jugendlichen Hilfe bei ihrem Coming-out sein (vgl. Ortland 2008, 127 ff). Gleichzeitig werden Beratungsstellen für die Bedarfe der Menschen mit Behinderung sensibilisiert.

Unverzichtbar ist eine langfristig angelegte Kooperation der Schule mit Beratungsstellen vor allem im Bereich des sexuellen Missbrauchs, da Menschen mit Behinderung deutlich häufiger Opfer sexualisierter Gewalt sind (vgl. Göpner 2011, Kruse 2009, Zemp 2011). Durch diese Zusammenarbeit können die Kompetenzen der schulischen Mitarbeitenden im Bereich der Prävention und Intervention deutlich erweitert und ein zügiges Handeln zum Wohle der betroffenen Kinder und Jugendlichen gewährleistet werden.

Dies soll im Folgenden aufgrund der hohen Gefährdung von Menschen mit Behinderung noch differenzierter ausgeführt werden.

»Besondere Risikofaktoren bei Kindern und Jugendlichen mit Beeinträchtigung sind u. a.:

- ihre große Abhängigkeit von anderen Menschen,
- Pflegebedürftigkeit und großer Unterstützungsbedarf im Alltag,
- zum Teil ihre kognitive Unterlegenheit,
- soziale Isolation,
- die oft eingeschränkten Kommunikationsmöglichkeiten, (...)
- der Umstand, dass diese Kinder meist öfter medizinische Untersuchung und Therapien über sich ergehen lassen müssen, was ihnen erschwert, ihren Körper als den eigenen wahrzunehmen und die eigenen Grenzen zu spüren (...),
- das häufige Fehlen einer prozesshaften und individuell angepassten Sexualerziehung und Sexualaufklärung.«. (Zemp 2011, 164f)

Zur Minimierung sexuellen Missbrauchs bei Kindern und Jugendlichen ist die pädagogische Präventionsarbeit mit den SchülerInnen ein bedeutsamer Ansatzpunkt, der sich in Vorhaben, Unterrichtsreihen oder als durchgängige pädagogische Prinzipien realisieren lässt. Dazu gehören z. B. der Aufbau einer positiven Körper- und Selbstwahrnehmung, das Kennenlernen unterschiedlicher Berührungsqualitäten oder auch der Aufbau von Mut, sich zu wehren (vgl. Ortland 2008, 120). Diese Themen (vgl. EigenSinn 2005, 12 ff) sollten fest in einem behinderungsspezifischen Curriculum verankert sein.

Weiterhin sollte sich die gesamte Schule als Organisation weiterentwickeln, um zur Prävention von sexuellem Missbrauch täterunfreundliche Strukturen zu schaffen (vgl. Ortland 2012):

»Eine Einrichtung muss sich in Bezug auf sexuellen Missbrauch kompetent machen und auch nach außen hin kompetent zeigen, auch gegenüber Bewerberinnen und Bewerbern. Sie braucht ein klares Konzept, was den Umgang mit den Jungen und Mädchen betrifft, um einen gemeinsamen fachlichen Bezugsrahmen zu schaffen und unfachliches Verhalten zu erschweren, und sie muss die Verantwortlichkeiten im Hinblick auf den Schutz der Mädchen und Jungen klären«. (Unterstaller 2009, 87)

Auch Lentze (2011) fordert für eine wirksame Arbeit im Bereich der Prävention und Intervention den Ansatzpunkt bei drei Unterstützungsformen: Fachberatung und Fortbildung führt zu einer Kompetenzerweiterung aller Beteiligten, sexualisierter Gewalt vorzubeugen, sie zu erkennen und dann kompetent zu intervenieren. Supervision und Coaching kann zu mehr Verhaltenssicherheit in komplexen Situationen führen und ist in der Begleitung betroffener Menschen ein wichtiger Faktor der Entlastung und der Stütze der Mitarbeitenden. Qualitätsentwicklung und Steuerung sind im Rahmen der Weiterentwicklung der Organisation, an der die Mitarbeitenden verantwortungsvoll mitwirken sollten, unverzichtbar für die notwendige Transparenz und Klarheit. Die notwendigen Schulentwicklungsprozesse sollten durch Fachleute von außerhalb kompetent unterstützt werden.

Zur Umsetzung des Gesamtkonzeptes

Das dargestellte Konzept einer »kompetenten, integrierenden Sexualpädagogik« wurde an zwei Förderschulen mit dem Förderschwerpunkt körperliche/motorische Entwicklung über zwei Jahre erprobt und evaluiert (Ortland/Czerwinski 2009).

Aus den zwei Jahren handlungsorientierter und praxisnaher Arbeit des Forschungsprojektes kann das Fazit gezogen werden, dass die inhaltliche Konzeption einer »kompetenten, integrierenden Sexualpädagogik« ein tragfähiges Gesamtkonzept darstellt, das zur Umsetzung an weiteren Förderschulen im gesamten Bundesgebiet geeignet ist.

Das Gesamtkonzept KiS bietet eine wissenschaftlich fundierte Basis einer behinderungsspezifischen Sexualerziehung und verfügt über die nötige Offenheit für eine schulspezifische Ausdifferenzierung in den Konzeptbereichen ›Erweiterung der MitarbeiterInnen-Kompetenzen‹, ›Kooperation mit den Eltern‹, ›Aufbau und Pflege der Netzwerkarbeit‹, ›behinderungsspezifisches Spiralcurriculum‹, ›differenzierte Unterrichtsmaterialien‹ und ›Unterrichtsgestaltung‹. In der Erprobung an den beiden Projektschulen zeigte sich, dass gerade die schulspezifische Ausdifferenzierung das wesentliche Element der Weiterentwicklung des Konzeptes darstellt.

Das Grundkonzept, wie es an den Projektschulen initiiert wurde, liefert dabei das unverzichtbare Grundgerüst, die Prozesse der Schulentwicklung in Gang zu setzen. Im Fluss gehalten werden diese Entwicklungsprozesse im Wesentlichen durch Selbstinitiierung von neuen Aufgabenstellungen für den Bereich der Sexualerziehung durch die Schulen selbst. Motor dieser Weiterentwicklung bzw. Ausdifferenzierung des Gesamtkonzeptes ist erstens eine interessierte, engagierte und fachkundige Schulleitung, die jederzeit bereit ist, über neue Aktivitäten zu verhandeln und den Mitarbeitenden die benötigten Ressourcen einzuräumen. Zweitens, und dies erscheint auf Grundlage der Projektevaluation noch entscheidender, muss eine Schule über ein interessiertes, engagiertes und für Innovationen offenes schulinternes Gremium für den Bereich ›Sexualerziehung‹ (Arbeitskreis oder Fachkonferenz) verfügen bzw. dieses neu gründen. Idealerweise setzen sich solche Gremien aus

Mitgliedern der unterschiedlichen Professionen, die an der Förderschule arbeiten, zusammen, um eine interdisziplinäre Arbeit und Weiterentwicklung in der Sexualerziehung zu gewährleisten.

Ein wichtiger Aspekt der Umsetzung des Gesamtkonzeptes ist der gemeinsame Diskurs der Lehrkräfte, Therapeut/innen und Pflegekräfte zur Sexualerziehung. Es gilt also, diesen interdisziplinären schulinternen Diskurs zu initiieren und zu fördern. Für die Kontinuität in der weiterführenden Umsetzung ist es unerlässlich, dass ein gut organisiertes und vernetztes ›Gremium Sexualerziehung‹ den Kommunikations- und Informationsfluss über das Erreichte, die Ziele, weitere Entwicklungen und Vorhaben der Konzeptumsetzung im Gesamtkollegium der Schule aufrecht und transparent erhält sowie weitere engagierte KollegInnen für die Übernahme spezifischer Aktivitäten gewinnt.

Die positiven Erfahrungen in der Konzepterprobung an den Förderschulen lassen eine produktive Umsetzung und flexible schulspezifische Ausdifferenzierung in inklusiven schulischen Zusammenhängen sehr realistisch und förderlich für alle Beteiligten erscheinen. Alle Mädchen und Jungen, egal ob mit oder ohne Behinderung, mit oder ohne Migrationshintergrund, profitieren von einer kompetenten, alle Beteiligten integrierenden Sexualpädagogik.

Ausblick

Zum Abschluss soll noch einmal Herr Knorr zu Wort kommen, für den sich seine Lebenssituation in einer Wohneinrichtung für Menschen mit Behinderung, in der es auch eine Arbeitsgruppe ›Behinderung und Sexualität‹ gab, deutlich verbessert hat:

> »In meinem neuen Heim wurde plötzlich ganz offen über ein Tabuthema gesprochen. Dass ich mit behinderten Menschen zusammenlebe, die auch Freunde, Geliebte, Verlobte haben, die sich in aller Öffentlichkeit küssen, die Sex miteinander haben, wurde für mich ganz schnell normal. So erscheint es mir jetzt, obwohl die Mitglieder der Arbeitsgruppe immer sagen, dass es ein langer Weg dorthin war. Ich nahm mir alles, was diese Arbeitsgruppe anzubieten hatte: Gesprächskreise, Singletreffs, Sex-Picknicks (...). Einfach alles, denn ich war durstig nach diesen verbotenen, anrüchigen Dingen, die einem das Leben versüßen, und ich war neugierig und wissbegierig. Und während dieser spannenden Zeit wurde mir klar, dass auch ich ein Recht auf Sexualität habe und auch ich ein Recht darauf habe, ganz offen darüber zu sprechen«. (Knorr/Blume 2011, 176)

201

Literatur

Bretländer, B. (2007): Kraftakte: Lebensalltag und Identitätsarbeit körperbehinderter Mädchen und junger Frauen. Bad Heilbrunn

Bültmann, G. (2008): Sexualpädagogische Mädchenarbeit. In: Schmidt, R.-B.; Sielert, U. (Hrsg.): Handbuch Sexualpädagogik und sexuelle Bildung. Weinheim, 321–330

Bundeszentrale für gesundheitliche Aufklärung (BZgA) (Hrsg.) (2010): Jugendsexualität. Repräsentative Wiederholungsbefragung von 14–17-Jährigen und ihren Eltern – aktueller Schwerpunkt Migration 2010. Köln

Bundeszentrale für gesundheitliche Aufklärung (BZga) (Hrsg.) (2004): Richtlinien und Lehrpläne zur Sexualerziehung. Eine Analyse der Inhalte, Normen, Werte und Methoden zur Sexualaufklärung in den sechzehn Ländern der Bundesrepublik Deutschland. Köln

Diehl, U. (2001): Einstellungen der Eltern zur Sexualität ihres körper- oder mehrfachbehinderten Kindes. In: BzgA (Hrsg.): Sexualität und Behinderung. Forum Sexualaufklärung und Familienplanung. Heft 2/3, 16–19

Diehl, U., Reuber, M. (1995): Die Sexualität behinderter Kinder und Jugendlicher aus Sicht ihrer Eltern. In: Weinwurm-Krause, E.-M. (Hrsg.): Sexualerziehung in der Sonderschule. Marburg, 34–85

EigenSinn – Prävention von sexualisierter Gewalt an Mädchen und Jungen e.V. (Hrsg.) (2005): Lilly und Leo. Mein Körper gehört mir. Begleitende Arbeitsmaterialien. Prävention von sexualisierter Gewalt an Mädchen und Jungen mit besonderem Förderbedarf. Bielefeld

Fischer, E. (2008): Bildung im Förderschwerpunkt geistige Entwicklung. Bad Heilbrunn

Fürll-Riede, C., Hausmann, R., Schneider, W. (2001): Sexualität trotz(t) Handicap. Stuttgart

Göpner, K. (2011): Zugang für alle! – Beratung und Unterstützung für gewaltbetroffene Frauen und Mädchen mit Behinderung. In: Frauenhauskoordinierung e.V. (Hrsg): Newsletter 2, 7–8

Knorr, S.; Blume, U. (2011): Sexualität – Auch ich habe ein Recht darauf. In: Maier-Michalitsch, N.J.; Grunick, G. (Hrsg.): Leben pur – Liebe, Nähe, Sexualität bei Menschen mit schweren und mehrfachen Behinderungen. Düsseldorf, 172–178

Krüger, P. (2011): Ich würde mal gern ausrasten. In: Das Band, Heft 2, 14

Kruse, T. (2009): Präventive Arbeit mit Jungen mit Behinderung: ein Versuch, etwas Licht in ein kaum beleuchtetes Feld zu bringen. In: AMYNA e.V. (Hrsg.): Sexualisierte Gewalt verhindern, Selbstbestimmung ermöglichen. Schutz und Vorbeugung für Mädchen und Jungen mit unterschiedlichen Behinderungen. Norderstedt, 75–84

Kurt, S. (2007): Dialog mit mir. Das Recht auf Intimität. Noderstedt: Books on Demand GmbH

Lentze, A. (2011): Organisationskultur entwickeln – Vertrauen erneuern. Beratungsdienstleistungen zur Unterstützung von Führungskräften und Mitarbeiterinnen und Mitarbeitern. In: Engagement, Zeitschrift für Erziehung und Schule, Heft 1, 26–33

Leue-Käding, S. (2004): Sexualität und Partnerschaft bei Jugendlichen mit einer geistigen Behinderung. Probleme und Möglichkeiten einer Enttabuisierung. Heidelberg: Winter

Leue-Käding, S. (2007): Beratung und Begleitung von Eltern behinderter Kinder als Baustein einer sexualpädagogischen Konzeption in der Schule. In: Sonderpädagogische Förderung Jg 47, Heft 2, 149–160

Ortland, B. (2005): Sexualerziehung an der Schule für Körperbehinderte aus Sicht der Lehrerinnen und Lehrer. Wissenschaftliche Grundlagen, empirische Ergebnisse, pädagogische Konsequenzen. Bad Heilbrunn

Ortland, B. (2006): Die eigene Behinderung im Fokus. Theoretische Fundierungen und Wege der inhaltlichen Auseinandersetzung. Bad Heilbrunn

Ortland, B. (2007): Pflegeabhängigkeit und Sexualität. In: Faßbender, K.-J.; Schlüter, M. (Hrsg.): Pflegabhängigkeit und Körperbehinderung. Theoretische Fundierungen und praktische Erfahrungen. Bad Heilbrunn, 177–196

Ortland, B. (2008): Behinderung und Sexualität. Grundlagen einer behinderungsspezifischen Sexualpädagogik. Stuttgart: Kohlhammer

Ortland, B. (2009): Behinderung als Thema in der Sexualerziehung. Unterrichtsbausteine und -materialien. Buxtehude: Persen-Verlag

Ortland, B., Czerwinski, T. (2009): Realisierung einer behinderungsspezifischen Sexualpädagogik: Erkenntnisse aus dem Forschungsprojekt KiSS. In: Zeitschrift für Heilpädagogik 60.Jg.; Heft 11, 442–450

Ortland, B. (2010): »Behindert oder verhindert in der Lebensgestaltung?« – Sich mit Schülern über Behinderungserfahrungen austauschen. In: Sonderpädagogische Förderung heute Heft 2, 55 Jg., 166–184

Ortland, B. (2011): Verliebt, versorgt, vergessen – Sexualfeindliche Lebenswelten als Hemmnis sexueller Entwicklung und Anlass sexualpädagogischen Handelns. In: Maier-Michalitsch, N.J.; Grunick, G. (Hrsg.): Leben pur – Liebe, Nähe, Sexualität bei Menschen mit schweren und mehrfachen Behinderungen. Düsseldorf, 12–33

Ortland, B. (2012): Die Schulen für die Schüler stark machen! – Prävention sexueller Gewalt an Förderschulen. In: Zeitschrift für Heilpädagogik (in Druck)

Sielert, U. (1993): Sexualpädagogik. Konzeption und didaktische Anregungen. Weinheim

Unterstaller, A. (2009): Wie lässt sich sexuelle Gewalt verhindern? Prävention auf allen Ebenen. In: AMYNA e.V., Institut zur Prävention von sexuellem Missbrauch (Hrsg.): Sexualisierte Gewalt verhindern, Selbstbestimmung ermöglichen, Schutz und Vorbeugung für Mädchen und Jungen mit unterschiedlichen Behinderungen. Norderstedt, 85–100

Zemp, A. (2008): Was behindert denn die Liebe? In: behinderte Menschen. Zeitschrift für gemeinsames Leben, Lernen und Arbeiten. Jg. 31, Heft 6, Seite 19–23

Zemp, A. (2011): Prävention von sexueller Gewalt bei Menschen mit Behinderung. In: Maier-Michalitsch, N.J.; Grunick, G. (Hrsg.): Leben pur – Liebe, Nähe, Sexualität bei Menschen mit schweren und mehrfachen Behinderungen. Düsseldorf, 163–171

Sexuelle Bildung als Menschenrecht
Gedanken über angemessene Sexualitäts-
begleitungen und notwendige Qualifizierungs-
maßnahmen

Beate Martin

Jeder Mensch hat das Recht auf sexuelle Bildung. Dieser Beitrag beschäftigt sich mit den verschiedenen Aspekten von Sexualitätsbegleitung und Qualifizierungsmaßnahmen und skizziert Probleme und offene Fragestellungen, die im Alltag der Behindertenhilfe bislang nur unzureichend gelöst sind.

Was nützt das Recht, wenn es nicht genutzt werden kann?

Die internationale Konferenz für Bevölkerung und Entwicklung verknüpfte schon im Jahre 1994 Gesundheit, Familienplanung und Sexualität mit den allgemeinen Menschenrechten. Ihr Aktionsprogramm, welches von 179 Staaten unterzeichnet wurde, stellte eine erste Maßnahme dar, die sexuellen und reproduktiven Rechte durch entsprechende politische Flankierungen zu schützten. 15 Jahre später wurde insbesondere für Menschen mit einer Beeinträchtigung ein weiterer Meilenstein zur Förderung der Selbstbestimmung auch in Bezug auf Sexualität gesetzt, die UN-Behindertenrechtskonvention. Diese ist seit März 2009 in Deutschland rechtsverbindlich und bietet nun erstmalig die Chance, mit mehr politischem Druck und Verbindlichkeit das (sexuelle) Selbstbestimmungsrecht für Menschen mit einer Beeinträchtigung massiv und im institutionellen Rahmen einzufordern. Auch wenn die sexuellen und reproduktiven Rechte dort nicht explizit genannt werden, ergibt sich zwangsläufig eine logische Verknüpfung zwischen ihnen und den Menschenrechten, so wie die genannte internationale Konferenz es bereits 1994 vorgeschlagen hatte.

Was aber nützen diese Rechte, wenn Menschen mit einer Beeinträchtigung ebenso wie andere gesellschaftlich benachteiligte Personengruppen diese aus verschiedenen Gründen nicht in Anspruch nehmen können? Jeder Mensch hat das Recht auf sexuelle Bildung. »A right is not a right, if it is unknown«, ist ein Zitat von Fred Sai, dem ehemaligen Präsidenten der IPPF (International Planned Parenthood Federation), und bietet das Motto für eine Kampagne »Frei.räume« der Familienplanungsorganisation pro familia, die zurecht darauf hinweist, dass es weltweit, auch in Deutschland, viele Menschen gibt, die ihre Rechte auf Grund von Nichtwissen und unterschiedlichen Handicaps nicht in Anspruch nehmen können. Ein zukünftiges Ziel von Bildungsmaßnahmen muss es deshalb sein, zu prüfen, welcher Bedarf von den verschiedenen Zielgruppen geäußert wird und wie diese Defizite im Bildungswesen ausgeglichen werden können. Das gilt für die Bildung zu sexualitäts- und partnerschaftsbezogenen Themen sowie zu den sexuellen und reproduktiven Rechten, aber auch zu den Grenzbereichen und dem Sexualstrafrecht.

Woher soll beispielsweise ein Mann mit einer kognitiven Beeinträchtigung wissen, dass er bei einer öffentlichen Blasenentleerung im Gebüsch in der Nähe eines Kinderspielplatzes unter ungünstigen Umständen mit einer Anzeige rechnen muss, wenn er es andererseits gewohnt ist, das in seinem Wohnheim die Toilettentür fast immer offen steht? Oder: Wie soll eine 20-jährige Frau, die erst seit kurzer Zeit im Wohnheim lebt und dort einen Partner gefunden hat, es schaffen, sich dem Einfluss der Eltern zu widersetzen, wenn diese bisher über ihr Leben bestimmt haben und mit der Beziehung nicht einverstanden sind?

Aus der Erkenntnis heraus, dass sexuelle Bildungsangebote für alle Menschen vom Kindesalter bis zum Lebensende in unterschiedlicher Weise nützlich sind, präventiv wirken und somit der Gesunderhaltung dienen können, ist es erstaunlich, dass Deutschland bisher im Bereich der Behindertenhilfe nur mit wenigen positiven Beispielen von geglückten, kontinuierlichen Bildungsmaßnahmen aufwarten kann. Rechtsgrundlagen gibt es inzwischen hinreichend. Ergänzend zu den oben genannten soll an dieser Stelle noch das SFHG (Gesetz zur Hilfe für Frauen bei Schwangerschaftsabbrüchen in besonderen Fällen) benannt werden, welches ebenfalls seit 1995 das Recht auf Aufklärung, Verhütung, Familienplanung und Beratung ausdrücklich benennt. Trotz dieser rechtlichen Grundlagen bleibt die Frage interessant, welche Bedingungen dafür verantwortlich sind, dass es in Einrichtungen der Behindertenhilfe nur wenig Angebote von sexueller Bildung gibt?

Vorurteile? Mangelndes Zutrauen? Unwissenheit? Jede Menge Projektionen

Nach wie vor gibt es viele Vorurteile in Bezug auf die sexuellen Wünsche und Bedürfnisse von (erwachsenen) Menschen mit einer Beeinträchtigung. Diese bewegen sich in der Regel in Extremen: Entweder nimmt man an, bei Menschen mit Beeinträchtigungen sei von sexueller Antriebslosigkeit (Lustlosigkeit, kein Interesse an sexuellen Handlungen, übermäßige Scham- und Peinlichkeitsgefühle, massive körperliche Einschränkungen, die sexuelles Erleben unmöglich machen) bis hin zu »gesteigerter Triebhaftigkeit«[1], absoluter Distanzlosigkeit und von »auffälligen sexuellen Handlungen« auszugehen, die mit der Behinderung der Person und nicht mit der Vielfalt sexuellen Lebens in Verbindung gebracht werden. Diese Vorbehalte und Vorurteile, die aus Unwissenheit und Unsicherheit von Seiten der Betreuenden und Angehörigen angenommen und bisweilen auch ausgesprochen werden, paaren sich mit Ängsten (z. B. vor Schwangerschaften oder sexuellen Übergriffen), Projektionen (z. B. ich weiß besser als die Person selber, was gut für sie ist, oder: ich bin verantwortlich und muss sie schützen) und einem drastischen Vermeiden von Sexualerziehung. Inzwischen ist aber hinlänglich bekannt, dass Sexualität gelernt wird und unabhängig vom Alter und dem Intelligenzgrad der Person ist. Jeder Mensch ist lern- und bildungsfähig.

Sexuelle und reproduktive Rechte

Sexuelle und reproduktive Rechte sind Menschenrechte, die sich in Teilbereichen auch im Grundgesetz wieder finden, wie beispielsweise das Recht auf körperliche Unversehrtheit. Sexuelle Selbstbestimmung und die Wahrung sowie die Verbreitung der sexuellen Rechte sind ein Bildungsauftrag, dem sich Einrichtungen der Behindertenhilfe perspektivisch stellen müssen. Die

---

1 Beide Begrifflichkeiten lassen sich nicht eindeutig definieren und variieren nach den Blickwinkeln des Betrachters/der Betrachterin.

Sensibilisierung in Bezug auf diese Themenbereiche dürfen in Veranstaltungen und Beratungen rund um die Themen Sexualität, Körper, Gewalt und Partnerschaft nicht fehlen. Wenn eine Implementierung gelingen soll, ist es notwendig, die Informationen und die Bedeutung dieser Rechte zu sexualitätsbezogenen Themen auf allen institutionellen und persönlichen Ebenen zu thematisieren. Das bedeutet konkret: Bildungsveranstaltungen zu sexuellen und reproduktiven Rechten müssen auf Träger- und Leitungsebene, in Teams, bei Einstellungsgesprächen, in Elternkontakten, in Gruppenveranstaltungen mit Angehörigen, auf Fort- und Weiterbildungen und mit den Kindern, Jugendlichen und Erwachsenen, die einen erhöhten Unterstützungsbedarf aufweisen, thematisiert werden. Selbstverständlich sollte es ebenso sein, dass sich diese im Konzept einer Institution wieder finden und dort z. B. im Sinne von Leitlinien formuliert werden.

Im alltäglichen Leben und in der praktischen Umsetzung bleibt der teilweise auftretende Widerspruch zwischen den Menschenrechten, dem Sexualstrafrecht, der gesellschaftlichen Teilhabe und der Gleichstellung von allen Menschen nach wie vor schwierig. Während die Realisierung eines Kinderwunsches bei einem Paar mit Beeinträchtigung noch ganz gut gelingen kann, besteht mit der Geburt eines Kindes die gesellschaftlich Verpflichtung zu prüfen, ob die Versorgung des Kindes ausreichend gesichert ist. Welchen Unterstützungsbedarf haben die Eltern und das Kind? Ist ein Verweilen in der Familie möglich oder müssen andere Lösungen angestrebt werden? Tendenziell besteht für die Eltern immer die Möglichkeit, dass die bestehenden Hilfsangebote nicht ausreichen und das Kind nach der Geburt oder in späteren Jahren nicht (mehr) bei ihnen leben kann. Diese möglichen Szenarien sind eine Herausforderung für die Beratung und ein Widerspruch in Bezug auf die Wahrung der reproduktiven Rechte.

Ein zweiter Aspekt soll die Schwierigkeiten in der Umsetzung der sexuellen Rechte verdeutlichen. Manche Menschen benötigen konkrete (sexuelle) Hilfestellungen, um Sexualität (befriedigend) leben zu können. Das Sexualstrafrecht regelt strafbare Handlungen und möchte damit einen Schutz vor sexueller Gewalt bieten, trifft aber keine Aussagen, die eindeutige Rückschlüsse auf den Bereich der sexuellen Hilfestellung bei Menschen mit einer Beeinträchtigung zulassen. Je nach Art der Hilfestellung befinden sich die Helfer in einer rechtlichen Grauzone, auch wenn sie auf ausdrücklichen Wunsch der betroffenen Personen handeln. Im Hinblick auf die Verwirklichung der sexuellen Menschenrechte besteht die gesellschaftliche Verpflichtung, sich darum zu kümmern, wie diese Widersprüche in Bezug auf die sexuellen und reproduktiven Rechte aufgelöst werden können.

Braucht Sexualität Bildung?

Ja, weil der Zugang zur Bildung das selbstständige Denken erhöht und es für jeden Menschen möglich wird, ausreichende Informationen zu erhalten, die ihn befähigen, seine Rechte zu kennen und diese in Anspruch nehmen zu können. Die Wahrung der (sexuellen) Menschenrechte ist deshalb ohne Bildung nicht denkbar. Sexuelle Bildung ist aber auch politisch, da sie das Bewusstsein für gesellschaftliche Widersprüche in Bezug auf Gerechtigkeit, Gleichbehandlung, Solidarität und gesellschaftliche Teilhabe schärft. Um sich im Wirrwarr sexueller Vielfalt, den eigenen Gefühlen, Fantasien und in Beziehungen zurecht zu finden, benötigen nicht nur Heranwachsende Unterstützung, um eine Orientierung zu bekommen, sondern bisweilen auch Erwachsene, manchmal kontinuierlich, manchmal nur in einer bestimmten Lebensphase. Sexuelle Bildungsveranstaltungen tragen dazu bei, Wissen zu bestätigen oder zu revidieren, Informationen über Themen zu erlangen, zu denen es bis dato keine Zugangswege gab. Die Vermittlung von Körper- und Sexualwissen hat nach wie vor einen hohen Stellenwert für alle Altersgruppen. Überhaupt ist Bildung kein fertiges und vorgegebenes Ideal, das nur noch zu realisieren wäre, sondern besteht aus einer dauernden Wechselwirkung zwischen dem Ich und der Welt. Dabei geht es – das wissen wir seit Humboldt – nicht um das Erreichen von Glück, sondern vielmehr um die Verwirklichung einer Idee von Bildung, die darauf ausgerichtet ist, dass sich die im Menschen angelegten Möglichkeiten in individueller Weise vervollkommnen und sich der Mensch aus sich selbst, in seiner Eigentümlichkeit entwickelt (vgl. Dörpinghaus/Uphoff 2011, S. 78). Für sexuelle Bildung bedeutet das, Anregungen und Informationen zu sexualitätsbezogenen Themen zu erhalten und sie nach eigenen Gestaltungswünschen und -möglichkeiten umzusetzen. Die Kenntnis von Menschenrechten und strafbaren sexuellen Handlungen tragen dazu bei, das Denken und Fühlen bewusster wahrzunehmen, sich mit anderen auszutauschen, das eigene Handeln zu reflektieren sowie Wünsche zu äußern und Bedürfnisse in angemessener Art einzufordern. Sexuelle Bildung hat auch immer einen präventiven Charakter, indem sie Schutz bietet und Selbstschutz fördert. Ziel ist es, Selbstbewusstsein, Ich-Stärke, ein deutliches Bewusstsein über Ja- und Nein-Gefühle, die Übernahme von Verantwortung sowie angemessene Verhaltensweisen (z. B. in Bezug auf Nähe und Distanz im Körperkontakt mit anderen) zu erlangen. Sexuelle Bildung in Einrichtungen der Behindertenhilfe ist also ein wichtiger Baustein, der in die alltägliche Arbeit integriert sein muss.

Sexualitätsbegleitung konkret

Wenn Sexualitätsbegleitung in Einrichtungen der Behindertenhilfe gelingen und nachhaltig wirken soll, muss auf verschiedenen Ebenen agiert werden, um Veränderungsprozesse anzustoßen.

1. Öffentlichkeitsarbeit

Durch gezielte Kampagnen, mehr persönliche Begegnungen in öffentlichen Räumen sowie die Förderung von Teilhabe am gesellschaftlichen Leben können Prozesse des Umdenkens angeregt werden. Vorurteile können aufgegriffen und abgebaut werden. Dazu gehört beispielsweise auch die barrierefreie Gestaltung von öffentlichen Räumen. Menschen mit einer Beeinträchtigung stoßen vielerorts auf Mobilitäts- und Kommunikationsbarrieren, die sie daran hindern, ihr Recht auf (sexuelle) Selbstbestimmung in Anspruch nehmen zu können. Wenn Barrierefreiheit kein Standard im öffentlichen Leben ist, fällt es schwer, sich als Partner, der auf einen Rollstuhl angewiesen ist, zu einem selbst gewählten Zeitpunkt außerhalb des Wohnheims zu treffen oder (selbstständig) eine Beratungsstelle aufzusuchen, um als Paar professionelle Unterstützung zu erhalten. In der Konsequenz bedeutet das: Stetige Sensibilisierung der gesamten Bevölkerung für diese Zusammenhänge und daraus resultierenden Handicaps, Überprüfung der Barrierefreiheit in öffentlichen Räumen unter Berücksichtigung der verschiedenen Arten von Beeinträchtigungen und kontinuierliche, dem Wissensstand angemessene Schulungen von professionellen und ehrenamtlichen MitarbeiterInnen sowie breit gefächerte Bildungsangebote zu sexualitätsbezogenen Themen. Bei der Umsetzung aller Maßnahmen bleibt die Einbeziehung der Menschen mit einer Beeinträchtigung als ExpertInnen in eigener Sache unerlässlich.

2. Angehörigen- und Elternarbeit

Sexuelle Bildungsangebote beziehen Eltern und Angehörige mit ein. Das kann wesentlich dazu beitragen, dass es den Menschen mit einem erhöhten Unterstützungsbedarf gelingt, sich von der Kernfamilie zu emanzipieren. Da diese zeitweise oder ein Leben lang, teilweise vollständig oder nur in bestimmten Lebensbereichen durch die Beeinträchtigung auf Hilfe angewiesen sind, ist es für sie deutlich schwerer, den »pubertären Ablösungsprozess« zu gestalten, sich zu entfremden, eigene Lebenswege zu beschreiten. Da sie »Fremdbestimmung« gewohnt sind, auch wenn es sich dabei um fürsorgliche oder »gut gemeinte« Unterstützung durch Angehörige oder BetreuerInnen handelt, führt dieses zur Unselbstständigkeit. So erleben es viele Erwachsene dann als eine Überforderung, sich nach dem Einzug in einem Wohnheim selbst zu verorten oder sich deutlich gegen die Meinung der Familienangehörigen zu stellen. In Bezug auf Partnerschaft und Sexualität müssen sie parallel zwei Lernfelder bewältigen, bei gleichzeitig schwierigeren Lebensbedingungen und geringeren persönlichen Ressourcen. Erstens muss sich die betroffene Person mit sich selbst beschäftigen und Ideen entwickeln, wie sie ihre partnerschaftlichen und sexuellen Bedürfnisse realisieren kann. Zweitens muss sie sich gegenüber den Familienangehörigen verstärkt abgrenzen, und das fällt ihr aus den bereits genannten Gründen nicht leicht. Hilfreich ist es, wenn Menschen mit einer Beeinträchtigung Frei- und Lernräume zur Verfügung haben, in denen sie Erfahrungen machen können und gleichzeitig verstehen, dass sie für ihre Handlungen und die Konsequenzen verantwortlich sind. Damit das gelingt, ist ein Umfeld von Nöten, das Projektionen vermeidet, ein gutes Gespür für ein Zuviel oder Zuwenig in Bezug auf Hilfsangebote hat und sich selbst und die eigenen Handlungen reflektiert. Weil sexualitätsbezogene Themen immer noch ein besonders sensibles Vorgehen erfordern, kommen die Institutionen nicht umhin, auch die Angehörigen in ihre sexuellen Bildungsangebote mit einzubeziehen. Es geht um einen Prozess des »Loslassens und der Ablösung«, auch noch im Erwachsenenalter. Mit Hilfe von Angehörigengesprächen, themenzentrierten Gesprächskreisen oder Elternabenden können Informationen und Fachwissen vermittelt und Unterstützung angeboten werden. Selbstverständlich sollte es sein, dass die Rechte von Menschen mit einer Beeinträchtigung dabei gewahrt werden, wie die Einhaltung von Verschwiegenheit oder den Schutz der Intimitäts- bzw. Privatsphäre. Auf Seiten der Angehörigen können so überzogene Verantwortungsgefühle bis hin zu Schuldgefühlen, in einen Prozess des Verstehens, der Kommunikation und mit »den Anderen in Beziehung gehen«, überführt werden. Durch Bildungsangebote zu sexualitäts- und partnerschaftsbezogenen Themen können auch Familienangehörige Begleitung erfahren. Sie werden mit ihren Nöten, Sorgen und Ängsten nicht allein gelassen. Menschen mit einem erhöhten Unterstützungsbedarf profitieren davon, weil sie sich (mehr) auf sich selbst konzentrieren können und nicht zusätzlich noch in eine Konfrontation oder einen Streit mit einer ihnen nahe stehenden Personen gehen müssen.

3. Fort- und Weiterbildungen für Betreuende in Institutionen
Die Sicherstellung von Zeit und professioneller Qualitätssicherung in Einrichtungen der Behindertenhilfe ist auch zu sexualitätsbezogenen Themen notwendig. Das gleiche gilt für alle anderen sozialen Bereiche (z. B. Beratungsstellen), die mutmaßlich als eine Anlaufstelle für Menschen mit erhöhtem Unterstützungsbedarf in Frage kommen könnten.

Fort- und Weiterbildungsangebote für diese Themen, die kontinuierliche Aktualisierung des Fachwissens sowie handlungsorientiertes Lernen (z. B. durch Supervision) müssen die Standards in allen Einrichtungen, die mit Menschen mit einer Beeinträchtigung leben oder arbeiten, sein. Ähnliche Qualitätsstandards müssen auch andere Institutionen, die zu den Versorgungssystemen in gesundheitlichen, sexuellen Bereichen zählen, wie z. B. Beratungsstellen, Gynäkologen oder Urologen, vorweisen können. Ohne spezifisches Wissen über Zusammenhänge von Körper, Sexualität und Behinderungsform sowie über die Verschiedenheit in diesen Personengruppen kann keine gute externe Beratung gelingen. Schulungen, in denen diese Berufsgruppen ihr spezifisches Fachwissen um den jeweils fehlenden Teil ergänzen können, fehlen bislang gänzlich. Die Erfahrungen in Institutionen[2], die sich schon seit langem um eine Gleichstellung und bessere Versorgung für die Personengruppe »Menschen mit einer Beeinträchtigung« bemühen, sowie die wenigen wissenschaftlichen Untersuchungen, die es dazu gibt, belegen die hohe Wirksamkeit der Qualifizierungsmaßnahmen zu sexuellen Themen und den unter anderem in diesem Beitrag skizzierten Angeboten von sexueller Bildung. Die gewünschten Veränderungen im alltäglichen Leben von Menschen mit einer Beeinträchtigung, unabhängig davon, in welchen Lebens- und Arbeitsformen sie sich bewegen, wird dann am besten und wirkungsvollsten erreicht, wenn die Themenauswahl, die Qualität und Quantität der Schulungen besonders hoch und vielfältig sind. Nachhaltigkeit wurde besonders dann erzielt, wenn sich mehrere Personen einer Institution zu sexualitätsbezogenen Themen qualifiziert haben, wenn kommunal eine gute Vernetzungsstruktur mit externen Beratungsstellen besteht, wenn es Mitarbeitende in den Einrichtungen gibt, die eine längerfristige Weiterbildung durchlaufen haben, die Angebote kontinuierlich für alle MitarbeiterInnen durchgeführt werden und/oder ein Konzept mit Leitlinien und verbindlichen Orientierungsmodellen vorhanden ist. Sinnvolle Fort- und Weiterbildungen vermitteln Fachwissen und themenrelevante Informationen, geben Impulse, methodisch-didaktische Tipps für die praktische Umsetzung und regen zur kritischen Auseinandersetzung und Reflexion an. Trotz des Wissens um den Bedarf an sexuellen Bildungsangeboten sind in den meisten Praxisfeldern die Ideen oder konzeptionellen Überlegungen noch nicht umgesetzt. Viele Problembereiche, die schon vor vielen

---

2   Beispielhaft sind hier die pro familia Beratungsstellen zu nennen, deren Ziel es ist, barrierefreie Zugänge zu allen Beratungsstellen zu ermöglichen und spezielle Angebote für Menschen mit einer Beeinträchtigung anbieten oder das ISP Dortmund mit vielen Qualifizierungsmaßnahmen zu diesen Themenbereichen, u. a. wird dort eine zertifizierte Weiterbildung durchgeführt.

211

Jahren angestoßen bzw. von Joachim Walter und vielen anderen AutorInnen beschrieben wurden, bestehen auch heutzutage. Obwohl ein voranschreitender Prozess Normalisierung, Integration und Inklusion von Menschen mit einer Beeinträchtigung zu erkennen ist: Sexualität ist immer noch kein selbstverständlicher Bestandteil ihres Lebens. Das erstrebenswerte Ziel der sexuellen Selbstbestimmung für alle Menschen sowie sexualfreundliche Rahmenbedingungen in Wohnheimen und Werkstätten werden im institutionellen Alltag nur langsam bis gar nicht realisiert. Viele MitarbeiterInnen fühlen sich unter anderem nicht ausreichend auf die komplexen Anforderungen vorbereitet, die für angemessene sexualitätsbezogene Begleitung notwendig ist, besonders dann, wenn es sich um Angebote für erwachsene Menschen handelt (vgl. Martin 2011). Die Vermittlung von Wissen, Handlungskompetenz und praxisnahen Beispielen aus dem beruflichen Alltag mit Hilfe von multisinnlichen Methoden und erlebnisorientierten didaktischen Ansätzen tragen dazu bei, dass Fort- und Weiterbildungen Spaß machen und die Teilnehmenden motivieren, diese Themen aktiv anzugehen. Vor- und Nachbereitung in Eigenarbeit oder im kollegialen Austausch erhöht das Eigenengagement, was auch nötig ist, um Barrieren und Tabus in der Vermittlung von sexualitätsbezogenen Themen abzubauen. Die MitarbeiterInnen werden herausgefordert, sich mit eigenen biografischen Erlebnissen, Werten, Normen und der aktuell gelebten Sexualität auseinanderzusetzen. Nicht nur um bei ihnen Projektionen oder Vermeidung der sexuellen Inhalte zu verhindern, sondern um privates und professionelles Handeln unterscheiden zu können und um einen ihrer Rolle angemessenen Kontakte, in einem guten Nähe-Distanzverhältnis einnehmen zu können. Bei allen Aktivitäten müssen die handlungsleitenden Prinzipien Selbstbestimmung, Respekt und Wertschätzung sowie die Wahrung der sexuellen und reproduktiven Rechte vorrangig beachtet werden.

4. Konzeption

Eine eigenständige oder in die allgemeine Konzeption eingebettete Fassung zum Umgang, zur Haltung und zu rechtlichen Grundlagen zu sexualitäts- und partnerschaftsbezogenen Themen sollte in keiner Einrichtung fehlen. Auch oder gerade weil eine Liberalisierung im Umgang mit Partnerschaft und Sexualität in den Unterstützungssystemen zu erkennen ist, braucht es allgemein gültige Aussagen, um Verbindlichkeit für alle in diese Prozesse eingebunden Personen herzustellen. Konzeptionelle Aussagen helfen und unterstützen, um begründet und geschützt Maßnahmen von sexualitätsbezogener Begleitung aktiv durchführen zu können. Sie bieten einen Handlungsspielraum für die MitarbeiterInnen, fordern aber dazu auf, sich mit dem Thema beschäftigen zu müssen. Nur so kann ein adäquater Umgang im Sinne der

»sexuellen Menschenrechte« und der verschiedenen gesetzlichen Grundlagen gewährleistet werden. Viele Interessen von unterschiedlichen Personen müssen in einem konzeptionellen Prozess vereinigt werden. Dazu zählen die Menschen mit Beeinträchtigung sowie die MitarbeiterInnen, die Angehörigen, Leitungspersonen, der Träger, aber auch die institutionellen Rahmenbedingungen. Es müssen Lösungen für Bedenken, Ambivalenzen und Ängste in Bezug auf den Umgang mit Sexualität und sexueller Hilfestellung gefunden werden. Bisher gibt es nur für wenige Tätigkeitsfelder eine Konzeption, die auf die Themen Partnerschaft und Sexualität eingehen, aber selten sind diese mit Leitlinien oder Regularien verknüpft. Hier ist ein dringender Nachholbedarf anzumahnen. Alle am Prozess beteiligten Personen profitieren von einer Konzeption, die Sicherheit für den Umgang und Handlungsanweisungen gibt. Für die Menschen mit erhöhtem Unterstützungsbedarf eröffnet sich die Chance, Orientierungspunkte zu erhalten, die es ermöglichen, sich für oder gegen eine bestimmte Einrichtung (im Sinne eines selbstbestimmten Lebens) zu entscheiden. Eine gute Konzeption stellt immer nur einen Handlungsrahmen dar, bietet einen für alle verbindlichen so genannten roten Faden, der weder die eigenen Gefühle oder Befindlichkeiten auslöschen möchte, noch danach strebt, Vielfalt in Gleichmacherei umzuwandeln. Verschiedenheit im Umgang mit sexuellen Themen ist für alle nützlich, aber eine grundsätzlich sexualfreundliche Haltung und entsprechend angepasste Rahmenbedingungen sind Pflicht. Wie ein Konzept im Detail gestaltet wird, sollte den einzelnen Institutionen überlassen werden. Ein Grundsatz muss aber unbedingt Beachtung finden: Kein Konzept ohne die Beteilung der NutzerInnen, die das Angebot in Anspruch nehmen.

5. Sexuelle Bildung für Menschen mit einer Beeinträchtigung:
Menschen mit einer Beeinträchtigung benötigen in der Regel keine besondere Art der sexuellen Bildung. All das, was Sexualpädagogik erfolgreich macht, wie erlebnisorientierte Methoden, die Benutzung von haptischen und visuellen Materialien, Zielgruppen-, Prozess-, und Themenorientierung haben sich bereits in der Bildungsarbeit bewährt und können auch in diesen Bereichen zum Einsatz kommen. Aber die Besonderheiten der Beeinträchtigung sollten bei der Planung beachtet werden.

5.1 Wie kann angemessene Sexualitätsbegleitung gelingen?
Grundsätzlich sind die unterschiedlichsten Facetten von Sexualitätsbegleitung gewünscht, vorausgesetzt sie entsprechen den zuvor genannten Standards. Ob es sich dabei um »Tür- und Angel-Gespräche«, Kriseninterventionen, gezielte (Film)Angebote handelt, alle Initiativen, die selbstbestimmt in

Anspruch genommen werden können, sind willkommen. Wichtig ist stets eine gute Vorbereitung. Denn bei allem persönlichen Engagement – sexuelle Bildungsangebote benötigen Zeit und Geld, und sei es nur um ein ansprechendes Aufklärungsbuch anschaffen zu können. Sexuelle Bildung vermittelt Informationen, sorgt aber gleichzeitig dafür, dass diese auch verstanden werden können. Je nach Nachholbedarf oder Art der Beeinträchtigung ist manchmal detektivischer Spürsinn von Nöten, um ein passendes Angebot zu kreieren. Dazu ein Beispiel:

> Eine Klientin, die mehrmals unsere Beratungsstelle aufsuchte, berichtet über die Beziehung zu ihrem Freund, in den sie verliebt sei, mit dem sie auch schon Körperkontakt hatte und mit dem sie demnächst Geschlechtsverkehr ausprobieren möchte. Um zu erfahren, was dabei passiert, kam sie zu uns. Unter Einbeziehung verschiedener Materialien fanden drei Aufklärungsgespräche statt, die von Seiten der Klientin mit Interesse und Nachfragen wahrgenommen wurden. Dennoch beschlich mich das Gefühl, dass ein tatsächliches Verstehen ausblieb. Erst nachdem ich unter der Einbeziehung von Handpuppen, die über Geschlechtsorgane verfügen, mögliche Szenarien in kleinen Rollenspielen (auch den Geschlechtsverkehr mit Einführen des Penis in die Scheide) mit der Klientin gemeinsam durchgespielt hatte, wurde ihr klar, was körperlich dabei geschieht. Zu meinem Erstaunen teilte sie mir nun mit, dass sie wohl doch keinen Geschlechtsverkehr mit ihrem Freund haben könnte. Der Mann, in den sie verliebt war, den sie gestreichelt und geküsst hatte, war eine mannsgroße Abbildung auf einem Plakat.

Ein Beispiel dafür, wie schwierig es sein kann, die Wünsche und den Aufklärungsbedarf zu ermitteln. Ohne Zeit, Geduld und Einfühlungsvermögen gelingt eine Beratung nur selten. Häufig geht es zunächst darum, eine andere, unbekannte Sprache zu übersetzen, um gewinnbringende Informationen verständlich, nachhaltig und sinnstiftend vermitteln zu können. Gelungene Sexualitätsbegleitung begegnet den Menschen mit einer respektvollen und wertschätzenden Haltung, arbeitet unabhängig vom Setting (Einzel-, Paar-, Gruppengespräch) multisinnlich und prozessorientiert und bezieht das Gegenüber in die Interventionen mit ein.

5.2 Handwerkszeug und Hilfsangebote für Menschen mit erhöhtem Unterstützungsbedarf
Eine Vielfalt verschiedener Sinne ansprechenden Materialien sollte für Beratungs- und Aufklärungsgespräche in den Institutionen zur Verfügung stehen. Besonders der Einsatz von Bildmaterial (auch mit dreidimensionalen Modellen) sowie interaktive Methoden (z. B. Rollenspiele) helfen dabei, Zusammenhänge begreifbar zu machen. Aber auch hier gibt es keinen Königsweg. Viele Bildmaterialien sind zu abstrakt oder zu kindlich, andere zu direkt

und können dann grenzüberschreitend wirken. Manche betonen die ästhetische Dimension so stark, dass eine Identifikation unmöglich wird.

Erfolgreich sind die Bildungsangebote dann, wenn sie in kleinen Einheiten durchgeführt und eine Fixierung auf Sprache und Schrift vermieden werden. Die Reaktionen und Verhaltensweisen der beteiligten Personen sind dabei im Auge zu behalten und Kenntnisse über z. B. biografische Erlebnisse, aktuelle Geschehnisse zu berücksichtigen. Die Einbeziehung des Körpers sollte in der Angebotspalette nicht fehlen, da auch hier häufig ein großer Nachholbedarf besteht, weil beispielsweise körperliche Erlebnisse mit Gleichaltrigen in der Kindheit gefehlt haben. Körperwahrnehmungsübungen tragen dazu bei, körperliches Erleben zu erfahren, Gefühle intensiver zu erspüren und neuen Gedanken nachzugehen, entweder im Kontakt mit sich selbst (z. B. Fantasiereisen) oder mit anderen (z. B. Handmassage). Stetige Wiederholungen sind notwendig, um sich an bereits Gelerntes zu erinnern und es in sexuelles Agieren umsetzen zu können. Eigene Erfahrungen helfen, Zutrauen in die eigenen Handlungsfähigkeiten zu erlangen. Ziel ist es dann, das eigene Verhalten zu reflektieren, sich an guten Erlebnissen zu erfreuen und nicht Gelungenes zu verstehen, um ggf. mit dem Partner darüber sprechen zu können. Geeignete Materialien gibt es wenige, diese müssen gezielt ausgesucht, teilweise selber hergestellt werden. In der Praxis hat es sich bewährt, wenn im Anschluss an ein (Gruppen)Gespräch zur Nacharbeit oder Erinnerung Materialien mitgenommen werden können. Kreatives Denken in praktische Handlungen umzusetzen ist nach wie vor erforderlich, um gelungene Sexualitätsbegleitung zu ermöglichen. Selbstverständlich sollte es sein, dass Materialien altersangemessen[3] benutzt und Beschämungen, Grenz- oder Intimitätsüberschreitungen vermieden werden. Die freiwillige Teilnahme hat bei allen Angeboten oberste Priorität haben. Die Auseinandersetzung mit der eigenen Beeinträchtigung, mit den realistischen Möglichkeiten und den zur Verfügung stehenden Ressourcen muss in Beratungen und Bildungsangeboten thematisiert werden.

Zukunftsmusik »sexuelle Bildung für alle« – ein Resümee

Wenn es um die notwendige Sexualitätsbegleitung und die Qualifizierungen in Einrichtungen der Behindertenhilfe geht, dann ist hier ein positiver Trend erkennbar, der aber keinesfalls als ausreichend bezeichnet werden kann. Vie-

---

3   Zum Beispiel keine Kinderbilderbücher für die Aufklärung von Erwachsenen oder pornografisches Material für Jugendliche.

les geschieht gesamtgesellschaftlich betrachtet immer noch unter einem erwachsenzentristischem Blick, der sich auf Kinder und Jugendliche richtet. Sexuelle Bildung wendet sich altersunabhängig an Personen, die Interesse, Wissensdurst, Nachholbedarf oder Probleme in der Partnerschaft und Sexualität haben. Die weitreichendste Verbreitung von sexuellen Inhalten geschieht durch die Institution Schule, die sich ihrem Auftrag gemäß auf Heranwachsende bezieht. Hier ist eine Etablierung von anderen Angeboten, die niederschwellige Zugangswege (in Bezug auf Kosten, Barrierefreiheit) und ein lebenslanges Lernen ermöglichen, dringend von Nöten. Aber es gibt auch heute noch viele Erwachsene, die einen erhöhten Bedarf an sexuellen Bildungsangeboten haben. In Gruppenangeboten und Beratungen kann der Wunsch nach Austausch, Wissen oder Erweiterung der sexuellen Handlungsspielräume eine Motivation sein. Die Grundregeln lebendigen Lernens wie Spaß, Beteiligung und Selbstbestimmung versus Fremdbestimmung, Autoritätshörigkeit oder reiner Informationsvermittlung müssen dabei berücksichtigt werden. Diese Art des Lernens anhand des Themas Sexualität wäre tatsächlich neu und würde nicht nur in Sachen Sexualität, sondern sehr viel weitreichender auch in Bezug auf Handlungsspielräume, Selbstbestimmung und das Genießen von Freiräumen weiterbilden. Dazu wäre ein gesellschaftlicher Prozess des Umdenkens notwendig, denn die gewünschten Bildungsbedarfe sollten von den betroffenen Menschen selbst formuliert und dann aufgegriffen werden.

Zudem findet die Vermittlung von sexuellen Inhalten nicht nur in Bildungsbereichen, sondern ebenso in öffentlichen Räumen statt. Wichtige Präventionsbotschaften (z. B. BZgA) sowie frei zugängliche Informationsmaterialien müssen stets (zusätzlich) in leichter Sprache verfasst werden und allgemein verständlich sein.

Mut, Professionalisierung, Qualifizierung, Kontinuität, die Bewältigung von Herausforderungen und kleinschrittige Interventionen sind wegweisende, erfolgversprechende Aspekte, wenn gelungene Sexualitätsbegleitung für Menschen mit erhöhtem Unterstützungsbedarf keine Zukunftsmusik bleiben soll.

Literatur

Dörpinghaus, A.; Uphoff, I.K. (2011): Grundbegriffe der Pädagogik. Darmstadt
Martin, B. (2011): Braucht Sexualität Bildung? Versuch einer Begriffsklärung. In: pro familia Magazin 39, Heft 2, S. 15–16

Frauen ohne Gebrauchsanweisung

Thomas ist 26 Jahre alt und hat eine leichte geistige Behinderung. Er wohnt im BeWo und arbeitet auf einem Biologischen Bauernhof im Hofladen.

Interviewer: Wie behindert bist du?
Thomas: Ich bezeichne mich nicht als behindert, aber man stempelt mich dazu ab, als ob ich behindert wäre. Ich fühl mich dann natürlich auch so. Wenn man abgestempelt wird von vielen Leuten, fühlt man sich auch so, ne?

Thomas: Als ich mein erstes mal Sex hatte, haben wir uns gut einen gebechert, gut ein bisschen Alkohol getrunken wir beide, waren beide gut drauf. Da hab ich vergessen, im Internat meine Zimmertür abzuschließen. Es kam dann ein Betreuer rein, hat uns erwischt und dann musste ich zur oberen Leiterin hin von diesem Internat. Ich hatte erstmal da ein langes Gespräch von vier Stunden und wäre beinahe geflogen. Dann hat *die* fünf Wochen ihre Tage nicht gekriegt, und ich hab mir schon Sorgen gemacht. Zu 99 % wäre ich Vater geworden. Aber 1 % nicht und da hab ich noch einmal Glück gehabt, dass ich kein Vater geworden bin.
Interviewer: Aber woher wusstest du, wie das geht?
Thomas: Ich wusste es ja gar nicht. Sie musste mir das beibringen.
Interviewer: Wie denn?

Thomas: Ja, wie denn? (*lacht*) Oh Gott, oh Gott, die hat einfach mein Ding steif gemacht und sich dann drauf gesetzt.

Interviewer: Und das war gut?

Thomas: Ja, weiß ich nicht, ich fand's nicht so gut, weil ich besoffen war dabei. Wär' ich nüchtern gewesen, hätte es vielleicht noch mehr Spaß gemacht.

Interviewer: Hat es Spaß gemacht?

Thomas:: Spaß gemacht hat's schon, ja. Aber die Folgen waren verheerend, die waren nicht so schön.

Thomas: Disco Sängerheim in Schwelm. Das ist also 'ne Diskothek für junge Leute und beim Schwelmer Heimatfest, wenn da diese riesen Kirmes ist, dann kommt da auch älteres, gemischtes Publikum. Jung und Alt tanzen dann zusammen. Dann sind da 350 Mann, ausgebucht der Laden. Ich bin ja der Tanzbär vom Sängerheim, so werd ich da genannt. Ich geh da rein, wenn der Chef da ist, weil sonst muss man 'ne halbe Stunde oder länger fürs Bier anstehen. Sag ich: »Tag, Herrmann!« Meint der zu mir: »Heute wieder Schlager, Thomas?« Ich dann so: »Ja.« – »Heute wieder tanzen, Thomas?« – »Ja. Komm mach mal Lala hier.« Und dann macht der Lala. Ja und dann tanzt man da so. Und dann frag ich natürlich, ob man nicht auch mal ein bisschen fummeln darf. Ja und meistens ist die Alkohollaune gut, und dann darf ich auch.

Interviewer: Du fragst?

Thomas: Ja klar! Wieso nicht? Ich mach das doch nicht einfach so. Ich hab einmal in der Diskothek einer an den Busen gefasst, da hatte ich fünf Finger im Gesicht. Seitdem frag ich immer. Na erstmal frag ich, ob sie mit mir tanzen will.

Interviewer: Ja.

Thomas: Und ob wir erstmal, bevor wir tanzen, zusammen einen heben. Dann geb' ich meistens 'ne Runde, und dann gibt sie 'ne Runde. Und dann gehen wir auf die Tanzfläche, und dann frag ich: »Darf ich mit dir tanzen?« – »Ja!«. Dann frag ich: »Darf ich dich anfassen und dann mit dir tanzen?« – »Ja« – dann hör ich meistens »ja« oder »nein«, je nachdem, wie sie halt drauf ist, und dann ist halt gut.

Thomas: Ja und dann war da mal so ein Tag, wo es sehr voll war. Da hab ich ein Mädchen kennengelernt, und dann hab ich mit dem Mädchen zusammen getrunken.

Interviewer: Weißt du noch, wie sie aussah?

Thomas: Ja, blonde Haare.

Interviewer: Sah die gut aus?

Thomas: Ja, aber oben auch gut was dabei. Ja, Holz vor der Hütte!

Interviewer: Großer Busen?

Thomas: Ja ja. Und dann sind wir zu der nach Hause. Sie hat sich ausgezogen und da hab ich Angst gekriegt und bin abgehauen.

Wovor ich Angst gekriegt hab? Gute Frage! Es irgendwie nun mal zu machen, Geschlechtsverkehr zu haben und so. Ich hatte eigentlich Angst, dass ich 'nen Fehler mache. Und deswegen bin ich halt abgehauen. Dass ich als Mensch halt versage oder 'nen Fehler mach, sozusagen.

Thomas: Ich kann gut mit Zunge küssen.

Interviewer: Sagen das die Mädchen oder denkst du das?

Thomas: Nee, das haben sie mir auch schon gesagt. Zungenschlag oder wie das auch immer heißt.

Interviewer: Hast du auch schon mal gedacht: »Das Mädchen sieht aber gut aus, das find ich klasse«?

Thomas: Doch, schon.

Interviewer: Ja und dann?

Thomas: Ja und dann krieg ich's nicht rüber. Krieg ich's nicht auf die Kette, die anzusprechen.

Interviewer: Hat dich ein Mädchen mal angesprochen: »Hey Thomas, sollen wir mal miteinander gehen?«

Thomas: Nee, nee, nee! Noch nie. Dafür seh' ich einfach zu scheiße aus.

Interviewer: Findest du, du siehst scheiße aus?

Thomas: Ja.

Interviewer: Wirklich Thomas?

Thomas: Ja. Zu kurze Haare, so einen Rüssel in der Visage.

Interviewer: Also in harten Zeiten, wenn man kein Mädel hat, dann hilft da eigentlich nur..?

Thomas: ...Porno! Dann guck ich mir halt 'nen Porno an und schlacker' mir darauf einen. Es hilft zwar nicht wirklich, und das sind auch keine realen Bilder, sag ich mal. Aber es hilft halt, dass man seinen Samenstau los wird.

Interviewer: Machst du das allein bei dir im Zimmer?

Thomas: Ja ja, da gibt's mal ein paar Rollen Klopapier und dann geht die Sache schon wieder.

Interviewer: Wie findest du Pornos?

Thomas: Wenn sie richtig gespielt sind und die das echt meinen, find ich sie schon gut. Mit echten Darstellern und Leuten, die das echt meinen und die nicht nur für Geld Geschlechtsverkehr machen.

Interviewer: Wie häufig guckst du Pornos?

Thomas: Zehn mal am Tag oder so.

Thomas: Also ich war bei meinem Vater in der Wohnung. Da hab ich für einen Kollegen und mich 'ne Prostituierte bezahlt. Ich hab da meine Miete verzockt für den Kollegen und für mich.

Interviewer: Und wie ist das dann abgelaufen?

Thomas: Die hat französisch mit uns gemacht. Jeder von uns musste hundert-fünfzig zahlen. Ich war bei meinem Vater auf der Couch, mein Kollege bei meinem Vater im Ehebett im Schlafzimmer. Und das war eigentlich so mittelmäßig. Ich hab da nämlich keinen hochgekriegt, ging nicht. Warum, weiß ich nicht. Ich hab da halt keinen hochgekriegt. Die hat alles gemacht, nur es hat nicht geklappt bei mir: geblasen, sich drauf gesetzt, alles. Nur hat irgendwie nicht geklappt.

Interviewer: Fandest du das sexy?

Thomas: Nee, fand ich nicht sexy, weil es muss auch klappen, sonst ist das irgendwie scheiße. Sonst denkt man hinterher zuviel darüber nach und dann hat man auch nicht viel davon.

Interviewer: Warum glaubst du, hat das nicht geklappt?

Thomas: Ich weiß es nicht.

Interviewer: Fandest du sie erotisch?

Thomas: Ja schon.

Interviewer: Sah sie gut aus? Hatte sie schöne Brüste?

Thomas: Ja klar. Nur, die konnte halt kein Wort Deutsch, vielleicht war es das.

Interviewer: Wenn du dir was wünschen könntest…

Thomas: Ja!

Interviewer:.. Was denn?

Thomas: Ne vernünftige Freundin zu haben, die mich so nimmt und respektiert, wie ich bin, als Mensch und nicht als Arschloch. Die hier oben tickt und mitspielt, körperlich wie auch geistlich, mit der man über alles reden kann. Und Sex bleibt dann erstmal außen vor. Man muss erstmal das andere aufbauen, bevor man sich an Sex dran traut.

Interviewer: Bist du in deiner Sexualität behindert?

Thomas: Ja, glaub ich schon.

Interviewer: Erklär mal!

Thomas: Ich kann da nicht viel erklären, ich fühl mich nur so. Warum und weswegen, weiß ich selbst nicht.

Interviewer: Körperlich, innerlich?

Thomas: Hm ja, mehr geistig gesehen.

Interviewer: Inwiefern?

Thomas: Ja, ich denk immer, das muss schneller gehen, das müsste anders verlaufen.

Interviewer: Was müsste schneller gehen?

Thomas: Ja alles, wie man mit den Frauen umgeht, wie man das macht und all sowas.

Interviewer: Könnte das sein, dass du so was wie eine Gebrauchsanweisung brauchst?

Thomas: Auf jeden Fall! Glaube ich schon. Da muss ich noch 'n bisschen lernen. Da muss ich noch besser mit den Themen umgehen können, klar!

Interviewer: Und was ist deine Vorstellung, wie du an die nächste Frau dran kommst?

Thomas: Weiß ich noch nicht, überraschen lassen!

Interviewer: Okay...

Thomas: Wenn ich 80 bin, dann hab ich eine! (*lacht*)

(Aus dem Film »Wie ein normaler Mensch« von der DVD »Behinderte Liebe 1«)

Welche sexualitätsbezogene Assistenz unterstützt?

Gudrun Jeschonnek

»Das Thema der Sexualassistenz und Sexualitätsbegleitung muss offen und sehr konkret diskutiert werden; und zwar von allen beteiligten Personengruppen, unabhängig davon, ob sie direkt oder indirekt betroffen sind. Allerdings kann und wird sexuelle Assistenz und Sexualitätsbegleitung kein Allheilmittel für ein befriedigendes Sexualleben sein.« (Sonja Stadler, Sexualpädagogin und Rollstuhlfahrerin)

Ein schwieriges Thema

In der fachlichen Diskussion darüber, welche sexuelle Assistenz Menschen mit Behinderung bei ihrer Sexualität unterstützt, erhitzen sich regelmäßig die Gemüter. Persönliche Gefühle spielen sehr schnell eine große Rolle bei der um Klärung bemühten Auseinandersetzung. Genauigkeit und Interesse an Differenzierung fehlen oft, emotionsgeladenes Missverstehen stellt sich schnell ein, das Eigenartige des Sexuellen lässt professionelles Erwägen nicht selten hinter Abwehrmechanismen verschwinden.

Bei sexueller Assistenz kommen sich zwei sexuelle Wesen in ihrem einander fast gänzlich unbekannten, also auch unverstandenen Gewordensein –

zumindest in der Vorstellung – sehr nahe. Das lässt das Herz höher schlagen, aber nicht vor Freude. Das auf geduldiges Papier geschriebene Menschenrecht auf Sexualität wird fleischlich konkret – für die an Assistenz Interessierten wie für die, die zur Assistenz aufgefordert sind.

Was ist also zu tun und natürlich auch zu lassen, um professionelle Sexualitätsbegleitung praktisch hilfreich werden zu lassen?

Nach der von Joachim Walter 2004 herausgegebenen Publikation »Sexualbegleitung und Sexualassistenz bei Menschen mit Behinderung« – ein immer noch hervorragendes Werk zur Orientierung im Thema und zur Wahrnehmung der Diskurs- und Problemlage – ist insgesamt im Fachdiskurs zu diesem unvermindert vibrierenden Detailthema mit dem Ziel selbstbestimmter Sexualität von gehandicapten Menschen etwas Stille eingetreten; die Rechtslage hat sich nicht verändert, Menschen mit Behinderung äußern sich kaum zu diesem intimen, im Wortsinn tiefgreifenden Thema. Man könnte meinen, dass »alles gesagt und geregelt« ist. Bisher jedoch zum Preis einer recht breiten Zurückhaltung in der Unterstützung, Sexualität »in echt« zu leben.[1]

Was macht das Thema so brisant?

Woran liegt es, dass bislang von Seiten der Betreuungspersonen und der Angehörigen nur verhalten reagiert und nicht agiert wird, wenn es um die unterstützende Realisierung sexueller Selbstbestimmung bei den ihnen anvertrauten Menschen mit Behinderung geht?

Zuerst einmal: Fortschritt stellt sich recht langsam ein, gerade auch im Bereich der Verwirklichung sexueller Rechte von Menschen mit Behinderung. Diskriminierung als latenter Zustand ist keineswegs überwunden. Sicher hat sich Liberalität insgesamt in der – nicht nur institutionellen – Behindertenhilfe vermehrt – theoretisch durch den Paradigmenwechsel von der Betreuung zur Assistenz und auf Grund eines gesellschaftlich geringeren Interesses an Bevormundung gegenüber Menschen mit Behinderung. Aber immer noch fehlt es an Konzeptionen und Erklärungen zum Lebensbereich Sexualität in den Einrichtungen der Behindertenhilfe, die tatsächlich die Selbstbestim-

---

1   Aus den vorhandenen Beiträgen zum neueren Diskurs seien hervorgehoben z. B. die Dipl.-Arbeit »Sexualbegleitung für Menschen mit Lernschwierigkeiten« von Mirjam Mirwald (2009), die die Thematik anhand einer Literaturrecherche aufgearbeitet und in einem Film die Problematik und deren kontroverse Aspekte beleuchtet hat; dann die Expertise von Pro Familia (2005), erstellt durch die Rechtsexpertin Julia Zinsmeister, vor allem zu den rechtlichen Gegebenheiten und Schlussfolgerungen. Eine Abfrage auf internationaler/europäischer Ebene vervollständigt die Arbeit (Umfrageergebnisse aus 2005)

mung sichern – von einigen, leuchtenden Ausnahmen abgesehen. Manche konzeptionelle Äußerung zum »Umgang mit Sexualität« spiegelt auch auffallend deutlich das bloße Interesse an Verregelung wieder, damit nichts »aus dem Ruder läuft«. Im Zentrum solcher Erklärungen steht dann auch in erster Linie das sanktionierende Handeln im Falle sexueller Grenzüberschreitungen. Weiterhin kommt Sexualitätsbegleitung noch in Maßnahmen der – präventiven (!) – Sexualaufklärung vor. Zur Gestaltung oder sogar Förderung sexueller Identität jedoch erscheint Sexualbegleitung dann eigentlich nicht mehr oder nur in praktisch kaum fassbaren Spurenelementen.

»Aktive Sexualassistenz« wird tendenziell als für die gängige Behindertenhilfe unprofessionelles Tun abqualifiziert, als potentiell vor allem grenzverletzungsriskant beargwöhnt und am besten gar nicht erwähnt. Im individuellen Denken und Fühlen der BehindertenhelferInnen schnurrt »aktive Sexualassistenz« schließlich meist zum »Handanlegen« bei sexuellen Aktionen zusammen. Und das ist dann vielleicht noch etwas für Nina de Vries – die jedoch nicht überall und jederzeit tätig sein kann …

Sexuelle Assistenz/Sexualitätsbegleitung wird nur vereinzelt in den Einrichtungen verhandelt, keinesfalls überall und schon gar nicht als selbstverständliches Qualitätskriterium der Behindertenhilfe. Meist ist es – hier stimmt das so häufig missverwendete und daher kaum noch aussagekräftige Wort – tatsächlich tabuisiert. Wenn in einem Fachteam der institutionellen Behindertenhilfe dazu verhandelt wird – dann eher nichtöffentlich.

Aber wie lange wissen wir es eigentlich schon, dass aggressives, sexuell übergriffiges Verhalten – gegenüber den Nächsten, womöglich auch gegenüber Betreuungspersonen – seine Ursache in nicht gelebter Sexualität haben kann? Wie soll denn zu dem gesellschaftlich gut gelittenen und beileibe nicht mehr tabuisierten Thema »Sexuelle Gewalt und ihre Prävention« irgendetwas erreicht werden, wenn die lustvolle sexuelle Aktion durch Nichtachtung oder Verweigerung von Unterstützung behindert wird – sollte sie sich nach meist lebenslanger Sozialisation zum asexuellen Wesen dann doch ereignen?

Höchst verständlich ist sicherlich das ängstlich getönte Überforderungsgefühl bei professionellen BehindertenhelferInnen, wenn in ihrer unmittelbaren Nähe Sexuelles quasi hervorbricht, »triebhaft« anscheinend, manchmal grenzüberschreitend und kräftig. Nachvollziehbar ist dann das Bedürfnis, schlafende Hunde nicht zu wecken, die in Waden beißen könnten …

Aber dann lieber die meist stille sexuelle Not und nicht gelebte Sexualität ignorieren und das höchst theoretisch bleibende Thema eher ignorierend bei Seite schieben, da dies einfacher ist, als tatkräftig zu handeln? Bis heute hat das Thema »Sexualassistenz« im Alltag einer systematischen gütegerechten Sexualitätsbegleitung keinen Platz gefunden.

Bis heute konnte in der Sozialen Arbeit eine verstehende, prinzipiell freundliche Annahme auch gerade beschädigter, behinderter sexueller Sozialisationen in der direkten und konkreten Begegnung von Menschen nicht eingeübt werden. Dabei sind die Anforderungen nicht sensationell und auch nicht neu.

Tagtäglich sind professionelle Pflegekräfte und pädagogische Fachkräfte in Intimräumen tätig und unterstützen dort auf persönliche Assistenz angewiesene PflegeempfängerInnen – beim Essen, Trinken, beim An- und Auskleiden, bei der Körperpflege, bei Toilettengängen, bei den Körper berührenden Handreichungen und Mobilität.

Hier ist Intimitätsschutz zu gewährleisten, die vielfältig möglichen inneren Berührungen auf beiden Seiten des Pflegeverhältnisses sind zu reflektieren, es ist individuell und immer wieder situativ herauszufinden, was gut tut. Sensibilität ist unerlässlich. Professionalität ist gefragt, die ohne Verstehen, Freundlichkeit, Herzlichkeit und Respekt, ohne das aufmerksame Austarieren von Nähe und Distanz nicht stattfände.

Warum sollte Sexualitätsbegleitung, die selbstverständlich assistive Anteile hat, wenn sie denn wirksam und hilfreich sein soll, nicht zugemutet werden können? Das ist nicht wirklich begründbar. Allerdings wäre es unfair und auch fahrlässig, die Kompetenz zur Sexualitätsbegleitung von heute auf morgen ohne jegliche Ausbildung abzuverlangen. Ausgebildet jedoch gibt es kein gutes Argument, Sexualassistenz aus dem Anforderungsprofil für die professionelle Behindertenhilfe herauszunehmen und sie in die Verantwortung von SpezialistInnen zu übergeben, die fast nur medial existieren und deren sexualitätsbegleitungsbezogene Professionalität ja auch nicht geprüft ist.[2]

---

2 Persönliche Äußerungen – konkret über das Erleben der Inanspruchnahme von sexueller Assistenz – sind nur von wenigen Menschen mit geistiger Behinderung, z. B. im Film »Die Heide ruft« und einigen körperlich behinderten Menschen (M. Vernaldi, S. Stadler...) zu vernehmen. Dies ist sicher beim intimsten aller Themen auch nicht anders zu erwarten. Selbst im Netz finden sich dazu nur allgemeine, zögerliche Stellungnahmen.
Sexualassistenz gehört als Aufgabe mitten in die Behindertenhilfe. Sie darf nicht in Diskursdokumenten uneingelöst bleiben, dort als Dilemma identifiziert und eigentlich durch das Reklamieren der eigenen Grenzen als BehindertenhelferIn abgewehrt werden. Die Aufgabe erfüllt sich jedoch nicht, indem ein Dekret erlassen wird, das genau so ignorant den sensiblen Aspekten des Themas gegenüber wäre, wie das vorschnelle, harsche Zurückweisen der Anforderung.
Es geht darum, denjenigen, die in der Möglichkeit, Sexualität zu leben, behindert sind, die nötige Unterstützung zur Verfügung zu stellen, die eine Teilhabe an diesem bedeutsamen Lebensbereich besser möglich macht.

Was heißt eigentlich »passiv«?

In der Fachliteratur wird meist zwischen passiver und aktiver Sexualassistenz unterschieden. Trennscharfe Grenzziehung ist jedoch nur theoretisch möglich.

Als passive sexuelle Assistenz werden Maßnahmen bezeichnet, »welche (Rahmen-)Bedingungen schaffen, die es Frauen und Männern mit Behinderungen ermöglichen, ihre sexuellen Bedürfnisse zu befriedigen«. Auch Sexualpädagogik und Sexualberatung werden hinzu gezählt.

Aber was ist mit »passiv« genau gemeint? Das Ziel bei jeglicher sexualpädagogischer Interaktion, mehr oder weniger körpernah, ist es doch wirksam zu sein, und, wenn gewünscht, Sexualität zu ermöglichen. Das ist sehr aktiv.

Sexualitätsbezogenen Unterstützungsmaßnahmen sollte immer eine bewusste Entscheidung vorausgehen: Was will und werde ich tun? Welche Wirksamkeit erwarte ich? Immer sollte sexualitätsbegleitendes Handeln prinzipiell sexualfreundlich sein und Selbstbestimmung zum Ziel haben, was dazu verpflichtet, das Eigene von der Sexualitätsbegleitung des Anderen professionell zu distanzieren.

In der konkreten sexualitätsbegleitenden Handlung, schon gar, wenn sie langfristig angelegt ist, kommen immer zwei (oder mehr) Menschen zusammen. Wenn das Ziel gesetzt ist, die eigenen sexuellen und Beziehungswünsche kennen zu lernen und sexuelle Selbstbestimmung zu stärken, hilft eine Begriffsabgrenzung von Sexualpädagogik, Sexualberatung, Sexualitätsbegleitung, Sexualitätsinformation, aktiver und passiver Sexualassistenz nicht weiter. Die Frage ist vielmehr: Was ist in der realen Menschenbegegnung konkret unterstützend möglich?

Neben Sexualaufklärung *(Sexuelle Aufklärung ist erst gelungen, wenn sexuelles Handeln qualifiziert ist, und nicht durch bloßes Broschürenverteilen)* einschließlich der vielfältig auszugestaltenden »Gedeihräume« für positive Körpererfahrung *(Wie sexuell [wirksam] ist übrigens die gute alte basale Stimulation?)* ist möglicherweise Vieles an sexualitätsbezogener Assistenz hilfreich *(Sollte vielleicht eher nicht von »Assistenz« gesprochen werden? Oder ist die Assistenz allgemein und gar nicht vor allem sexualitätsbezogen hilfreich?):*

- Ermöglichen von sinnlichen Erfahrungen bei der Körperpflege ohne Zeitdruck (beim Waschen, Eincremen oder bei der multisinnlichen Gestaltung des Bade-Zimmers durch Musik, Kerzen, Düfte)
- Unterstützung bei der Kleidungsauswahl und Frisurgestaltung (auch bei der Wahl von Accessoires und beim Schminken)

- Organisation von Tanzveranstaltungen, Festen und Feiern – auch außerhalb der Einrichtung
- Hilfe beim Aufgeben und/oder Beantworten von Kontaktanzeigen – ohne die Wünsche nach Sexualität zu ignorieren
- Üben der verbalen/nonverbalen Kommunikation (Stichwort »Flirtkurse«)
- Unterstützung bei der Kontaktaufnahme zu einem möglichen Partner/einer möglichen Partnerin
- »Unverschämte« Aufklärung zu Möglichkeiten der Selbstbefriedigung, mit und ohne Hilfsmittel
- Beschaffung und Sichtung von Sex-Shop-Angeboten
- Klärung der verfügbaren finanziellen Ressourcen für sexuelle Dienstleistungen oder Sexualität unterstützende Materialien
- Gemeinsamer Einkauf von Sextoys (z. B. künstliche Vagina, Vibrator u. a.) und Erklärung des hilfreichen Gebrauchs
- Ausleihe von Pornos unter Beachtung von Vorlieben und verschiedener sexueller Orientierungen, Besorgen von Zeitschriften, erotischer Literatur, Plakaten und Bildmaterial, möglicherweise Hilfe beim Vorlesen bzw. bei der Zimmergestaltung
- Unterstützung bei der Suche nach Sexualassistenz, wenn gewünscht Unterstützung bei der Kontaktaufnahme
- Begleitung zu Prostituierten/SexualbegleiterInnen
- Schaffen von Freiraum in der Einrichtung für intimes Tun bei Beachtung aller notwendigen Bedingungen für eine ungestörte Privatsphäre

Das alles ist sehr aktiv, es wirkt (hoffentlich) auf das sexuelle (Er-)Leben und ist – in unterschiedlichem Maße – körpernah und ereignet sich gemeinhin auf intimem Terrain, meist in der so genannten Privatsphäre. Es gilt jedoch als passive Assistenz.

Mit aktiver Assistenz ist vorwiegend das eigene Involviertsein in sexuelle Interaktionen mit einem in Obhut gegebenen Menschen gemeint – vor allem bei Geschlechtsverkehr und Masturbation.

Im Sinne der Inklusion sollte das Angebot an sexuellen Dienstleistungen Menschen mit Behinderungen genauso viel und genauso wenig (wenn es z. B. an Geld mangelt) zur Verfügung stehen, wie Menschen ohne Behinderungen. Dafür hätten BehindertenhelferInnen zu sorgen. Sie haben nicht für das sexuelle Glück der ihnen Anvertrauten zu sorgen, sie haben sich um Barrierefreiheit zu kümmern. Eine Barriere wäre die moralische Entscheidung, sexuelle Dienstleistungsmöglichkeiten fernzuhalten von den zu Betreuenden. Eine weitere Barriere wäre, nur »schöne« sexuelle Dienstleistungen zu »gestatten«. Nicht jeder Mensch mit Behinderung legt Wert auf langes Kennenlernen,

Räucherstäbchen und Federn. Diskriminierend ist es auch, wenn einem Menschen mit Behinderung vorab »nur« der Wunsch nach »Kuscheln« oder »zärtlich-sinnlicher Berührung« zugesprochen wird, ohne dass Wahl- und Entwicklungsmöglichkeiten, die sexuelle Aktivitäten aller Art umfassen – auch Küssen und Geschlechtsverkehr – angeboten werden.

Muss die Behindertenhelferin ihren eigenen Körper für sexuelle Erfahrungen anderer zur Verfügung stellen? Nein.

Muss der Behindertenhelfer den erfolgreichen Einsatz eines Vibrators zeigen können, damit das Hilfsmittel erfolgreich angewendet werden kann? Ja. Sollte eine Behindertenhelferin zwei Menschen, die nackt zusammenliegen möchten, das aber aus eigener Kraft nicht schaffen, diese Unterstützung geben, wenn sie gewünscht ist? Ja.

Sollte ein Mensch trainiert werden, sich lustvoll zu masturbieren, wenn solches Training eine Beeinträchtigung überwinden könnte? Ja.

Von wem? Von jemandem, der oder die dazu in der Lage ist.

Sexualitätsbezogene Unterstützungsleistungen sind kein exotischer Luxus. Wenn, wie es oft so schön heißt, »der Mensch im Mittelpunkt« stehen soll, dann darf nicht im Lebensbereich Sexualität plötzlich die (innere) Barriere im Mittelpunkt stehen. Wenn niemand bereit, willens und aktuell in der Lage ist, zu helfen, Barrieren wegzuräumen, dann sollte dieser Missstand abgeschafft werden. Wie auch immer. Aktiv. Und nicht bloß mit dem Verweis auf die Zuständigkeit der Eigentlich-doch-nicht-Prostituierten mit dem selbst ausgestellten Zertifikat in Sinnlichkeit und ethisch fundierter Fachkundigkeit zu allen Belangen behinderten Lebens.

Wie steht es um die Einwilligungsfähigkeit?

Auch wenn im Diskurs zum Thema »Sexualassistenz« sexualpädagogische und ethische Aspekte im Vordergrund stehen, kann selbstverständlich von rechtlichen Fragen nicht abgesehen werden. Zusammenfassend muss dabei leider konstatiert werden: Sexuelle Assistenz ist juristisch nicht klar gefasst bzw. abgegrenzt, in Fachdiskussionen fällt an dieser Stelle meist die Aussage: »Es kommt darauf an!« Gemeint ist: Es kommt auf die konkrete Assistenzsituation, auf die Dimension der Einwilligungsfähigkeit des Menschen mit einer Behinderung und selbstverständlich auf die sensible und gewissenhafte Wahrnehmung der kommunikativen Signale seiner Zustimmung oder Abwehr an. Klar ist: Gerade Menschen mit Behinderung bedürfen des besonderen Schutzes vor sexuellem Missbrauch und sexueller Ausbeutung. Andererseits wird die Möglichkeit sexueller Assistenz oft gar nicht ins Auge gefasst, weil von vornherein bei sehr schwerer geistiger Behinderung Einwilligungsunfähigkeit angenommen wird.

Die Schwierigkeit besteht vor allem darin, dass oft nicht genau zu erkennen und zu decodieren ist, welche Unterstützung gewollt ist. Dies stellt die Mitarbeitenden der Behindertenhilfe gerade an diesem Punkt, aber auch sonst, wenn es um selbstbestimmte Willensbekundungen geht, vor erhebliche Probleme. Widerstand zu leisten und den eigenen Willen zu äußern, wird meist gleichgesetzt mit sprachlicher Kommunikationsfähigkeit. Ist dies nicht gegeben, wird – sehr vorschnell – von Einwilligungsunfähigkeit ausgegangen. Aber was ist mit den Menschen, die keiner bzw. nur einer für andere nicht nachvollziehbaren oder nur schwer verständlichen verbalen Sprache mächtig sind? Es ist wahrscheinlich, dass sie, wenn ihnen die verschiedenen nichtlautsprachlichen Kommunikationsmöglichkeiten nahe gebracht würden, sehr wohl einen eigenen Willen kundtun könnten.

Um in solchen Fällen den eigenen Willen zum Ausdruck zu bringen, ist die entsprechend hilfreiche professionelle Kompetenz der Mitarbeitenden vor Ort nötig. Diese müsste mit den Varianten der Unterstützten Kommunikation (Symbolsysteme, Talker, elektronische Hilfsmittel, Bildkarten, Handzeichen, bei Beeinträchtigung der motorischen Fertigkeiten sogenannte Mund- und Kopfzeiger) wirklich vertraut sein. Auch über Augen- und Kopfbewegungen können Äußerungen zu (sexualitätsbezogenen) Fragen erfolgen. Das Erkennen von Willensäußerungen zu sexuellen Themen und die Decodierung bei Menschen mit schweren Beeinträchtigungen ist unerlässlich, denn auch wenn die Kommunikation nicht ideal ist, durch diese aber der Wille der Person, eine sexuelle Assistenzleistung zu wünschen, erkennbar wird, muss sie berücksichtigt werden.

Unter genauer Beachtung der UN-Behindertenrechtskonvention (Art. 6, 16, 17, 22, 23, 25) und des StGB (vor allem: Straftaten gegen die sexuelle Selbstbestimmung, §§ 174 ff, besonders § 179: Sexueller Missbrauch widerstandsunfähiger Personen) lässt sich zusammenfassend sagen: Bei erkennbaren – und nicht nur vermuteten – Willensbekundungen und dem Wunsch nach sexueller Assistenz ist sexuelle Unterstützung erlaubt. Der Vorwurf des Missbrauchs entfällt, wenn der Wunsch nach Assistenz deutlich gemacht wurde und beide Akteure – Assistenz gebende und Assistenz empfangende Person – in keinem Abhängigkeitsverhältnis zueinander stehen. Aus rechtlicher Sicht ist es dann erwachsenen Menschen mit Behinderung möglich, durch externe Personen, von denen sie »in keiner Form betreut, beaufsichtigt, behandelt oder beraten werden«, eine auf gegenseitigem Einvernehmen beruhende sexuelle Dienstleistung zu erhalten, bzw. es gilt dann diese Handlung als nicht strafbar.

Finanzielle Begrenzung und Interpretationsspielräume

Die den Menschen mit Behinderung zur Verfügung stehenden finanziellen Mittel erlauben meist insgesamt nicht viel an »Freizeitgestaltung und gesellschaftlicher Teilhabe«. Nicht erst bei der Frage »Wer soll Sexualassistenz bezahlen?« bilden mangelhafte finanzielle Ressourcen für institutionell betreute Menschen mit Behinderungen – auch der in Werkstätten für behinderte Menschen Arbeitenden – eine bedeutende Barriere zu gesellschaftlicher Teilhabe. Immerhin ermöglicht die 2008 eingeführte Leistungsform des persönlichen Budgets dem Menschen mit Behinderung, nicht mehr als »Objekt der Fürsorge«, sondern als »Subjekt des Handelns«, als Kunde/als Kundin zu entscheiden, wann welcher Dienst durch welche Person erbracht werden soll. Aber dieses Leistungskonzept wird bislang eher von kognitiv nicht beeinträchtigten Menschen genutzt.

Es ist wünschenswert und wie bei jedem Kaufgeschäft üblich: Die Bezahlung sexueller Assistenz – auch die einer Pornozeitschrift oder eines Vibrators – sollte von den behinderten Kundinnen oder Kunden direkt erfolgen und nicht, mehr oder weniger wohlmeinend, durch die betreuende Person oder mittels Rechnung an eine Betreuungsinstanz.

Wenn die Kosten für eine sexuelle Dienstleistung aus Taschengeld oder privaten Rücklagen nicht erbracht werden können, könnten Fördermöglichkeiten gesucht werden – z. B. als Leistung der Eingliederungshilfe oder über die Krankenkassen. Allerdings wird dieser »Sonderweg« auch kritisch betrachtet. Die Rechtsprofessorin Julia Zinsmeister z. B. hält es für sozialpolitische Willkür, wenn »nur« sexuelle Assistenz und Sexualbegleitung unterstützend finanziert würden – denn alle Maßnahmen, die ein Mindestmaß an Intim- und Privatsphäre, Schutz vor sexueller Gewalt und Selbstbestimmung ermöglichen, seien finanziell unterstützungsnötig.

Eingliederungshilfe wird hauptsächlich für finanzielle Unterstützung der allgemeinen Ausbildung gewährt, aber auch für Hilfe zur Teilnahme am Leben in der Gemeinschaft, wie es Begegnungen mit nicht behinderten Personen sind, für die Teilnahme an »Veranstaltungen oder Einrichtungen, die der Geselligkeit, der Unterhaltung oder kulturellen Zwecken dienen«.

Da nicht definiert wird, was genau »Geselligkeit« und »Unterhaltung« im Sinne der Unterstützungswürdigkeit sein kann und was nicht, kommt es auf die Interpretation der Betreuenden an. Wenn die Maßgabe der Behindertenrechtskonvention »Nichts über uns ohne uns« hier ernst genommen würde, sollten Betreuende ermöglichen, bei »Geselligkeit« und »Unterhaltung« auch an sexuelle Dienstleistung zu denken, denn es wäre Fremdbestimmung, wenn »von außen« definiert würde, was genau »Teilhabe am Leben« (nicht) bedeutet.

Im Ergebnis sollte es ganz selbstverständlich werden, unter bestimmten Bedingungen für sexuelle Assistenz finanzielle Unterstützung zu erfahren – wie durch die kostenlose Wertmarke für den öffentlichen Nahverkehr.

Die Begleitpersonen – überfordert oder gefangen in der eigenen Haltung?

Die Haltung der Mitarbeitenden in den Einrichtungen der Behindertenhilfe wird – ausgesprochen oder unausgesprochen – durch den bislang traditionellen Umgang mit den sexuellen Bedürfnissen von Menschen mit Behinderung in ihren Institutionen geprägt.

Das Thema »Sexuelle Dienstleistung« ist jedenfalls bei sehr vielen Trägern – und bei weitem nicht nur bei den konfessionell ausgerichteten – weitgehend gemieden und in den Verdacht des Zwielichtigen, eigentlich Unangemessenen gestellt, mit dem Einverständnis der einzelnen Fachkraft oder zumindest von ihr hingenommen. In der Regel wird beim Aufscheinen des Themas im Alltag der Behindertenhilfe vorschnell an das körpernahe »Handanlegen« gedacht und im gleichen Atemzug werden die eigenen Grenzen reklamiert – die »keinesfalls zu überschreiten sind«. Die Möglichkeit eines Handelns in professioneller Distanz wird gar nicht erst erwogen. Dazu gesellt sich häufig der Oberflächenbefund, dass zu Betreuende mit Behinderung »lediglich« ein Zärtlichkeitsbedürfnis hätten oder »höchstens« einen Beziehungswunsch; es wäre deshalb verfehlt, Sexualität ins Spiel zu bringen, da dazu kein Interesse erkennbar sei.

Bedingt durch den Generationenwechsel im Personal der Behindertenhilfeeinrichtung, vielleicht auch ein wenig durch das Wirken derjenigen, die sich jahrzehntelang bemühten, »Sexualität und Behinderung« aus der Tabuzone herauszuholen, verändert sich jedoch langsam die traditionelle sexualitätsignorante Haltung der in Einrichtung der Behindertenhilfe Tätigen. Dies zwar zögerlich, aber wahrnehmbar: Wird sexuelles Verhalten beobachtet, wird es nicht mehr rigide abqualifiziert und als »merkwürdige Verhaltensweise« behandelt, der man mit eindeutiger Abwehr und unmissverständlichen Sanktionen begegnen sollte; Optionen für angemessene, unterstützende Begleitung werden erwogen. Was bleibt, ist die Irritation in der »Begegnung« mit unvorhergesehenen – manchmal auch »sonderbaren«- Sexualitätsäußerungen im Alltag. Die innere Unsicherheit im eigenen Verhalten bleibt ebenso und wächst eher, weil nicht mit dem betreuten Menschen kommuniziert wird; auch nicht im Team, nicht in der kollegialen Beratung, nicht in der grundständigen Ausbildung oder in Weiterbildungskontexten.

Dabei ist nichts wirklich neu: Besonders bei der sogenannten »intimen« Köperpflege ist es nicht selten, dass mehr oder weniger auch sexuelle Erregung initiiert werden kann. Das ist meist auffälliger bei männlichen Pflegeempfängern. Frauen spüren durch Berührungen sexuelle Erregung ebenso, vielleicht nicht so deutlich sichtbar; und vielleicht einfach weniger in Betracht gezogen, da bei Frauen Sexualität ohne Einbettung in eine »Liebesbeziehung« eher nicht erwartet wird, bei Frauen mit Behinderungen schon mal gar nicht.

Gar nicht neu ist ebenso, dass besonders die genitalbezogenen Pflegehandlungen von vielfältigen Gefühlen wie Scham, Peinlichkeit, Ekel oder sogar Schuld auf beiden Seiten – der Seite der Pflegeperson und die der Pflegeempfänger – begleitet sein können.

Für eine körperfreundliche, schließlich sexualitätsfreundliche Annahme des komplexen, vielgestaltig anrührenden Pflegealltags hilft es keinesfalls, all diese Ereignismöglichkeiten angeblich professionell zu ignorieren. Sie sollten mit Respekt beachtet, in Ruhe reflektiert und ganzheitlich akzeptiert werden.

In der Fachliteratur werden die Gefühle der Pflegenden immerhin beschrieben, meistens jedoch mit der verkürzten Konsequenz, sie als berechtigt darzustellen. Weniger thematisiert werden die irritierenden, auch aversiven Spontanreaktionen der Betreuenden zu den Körpergeschichten, sexuellen Bedürfnissen von Menschen mit Behinderung, die sich nicht »selbst helfen« können.

Es würde, ließe man dies geschehen, viel Verschiedenes zu Tage treten, jedenfalls nicht nur der kalte Waschlappen gegen die Erektion oder das einsame – und dabei latent aggressiv stimmende – Überstehen einer peinlichen Situation.

In der Nähe zu sein und professionell distanziert zu bleiben ist ein Balancekunststück des Dienstes am Menschen: Nähe soll nicht in rollenunbewusste Totalhingabe an die Bedürfnislage der zu Betreuenden umkippen, Distanz nicht in herzlose kalte Routine bei der Pflegehandlung. Das »Richtige« an Maß und Art zu finden, ist nicht leicht und muss in der reflektierten Alltagsbegegnung immer wieder gefunden werden. Daher wird es auch nicht gelingen – wenn man das denn wollte –, innere Berührungen bei Körperkontakten auszuschließen.

Freundliche Berührung heilt – das wissen wir; Massagen wirken multisinnlich und individuell überraschend. Hilfen bei der Masturbation können beglückend wirken, ohne den Hauch von sexueller Stimulation bei der Assistenz gebenden Person, vor allem auf Grund von Dankbarkeit beim assistierten Menschen wegen des Mutes zur Hilfe, den die unterstützende Person gezeigt hat, obwohl sich beide nicht wohl in diesem ungewollt gemeinsamen Intimraum der sexuellen Assistenzleistung fühlten.

Ohne ein in Ruhe reflektierendes Durchspüren ausdrücklich erlaubter konkreter körper- und sexualitätsnaher Assistenzhandlungen wird die Debatte um Sexualassistenz nicht weiter kommen. Selbst das Dekret, jetzt aber gefälligst professionell Sexualitätsbegleitung zu geben, wäre erfolglos – gnadenlos wäre es ohnehin.

Übend tun dürfen und das, was sich ereignet hat, auswertend – auch unter Supervision – besprechen können mit dem Ziel, menschengerecht sexualitätsbezogene Unterstützungen zu vermehren: Das wäre eine gute, auch eine machbare Perspektive. Dann können konkrete Gefühle, Abneigungen, Zumutungen, ästhetische und sexuelle Berührtheiten, Ambivalenzen, Talente und Distanzen kommuniziert werden.

Aus dem Dilemma, einerseits einen helfenden Beruf auszuüben, andererseits eventuell um Handlungen gebeten zu werden, die Ängste und Ablehnung hervorrufen, führt kein Königsweg heraus, schon gar nicht, wenn es um Sexualität geht. Womöglich können aber bei den Begleitpersonen, die professionell und vorausschauend handeln, unangenehme Gefühle und Empfindungen begrenzt werden.

Meist wissen wir vor dem Versuch nicht, wieweit dehnbar unsere aktuellen Grenzen sind; und immer sollten wir darauf achten, uns selbst, wie den uns Anvertrauten gegenüber nicht anmaßend zu sein. Für eine menschengerechte Sexualitätsbegleitung ist »Zwangsbeglückung« genauso kontraproduktiv wie das Verdonnern von schamerfüllten Berufsanfängerinnen, eine Gruppe erwachsener Männer über die Kondomanwendung aufzuklären..

Um zu verhindern, dass die Fachkräfte der Behindertenhilfe im Kompetenzbereich ›Sexualitätsbegleitung/Sexualassistenz‹ dem eigenen (Lust-) Gewinn – in welcher Ausprägung auch immer – den Vorrang geben oder die je individuellen Gefühle bis hin zur Selbstlosigkeit verleugnen oder sich diesem Fachgebiet einfach nur strikt verweigern, sollten sie gut qualifiziert werden; nicht als Pflicht, sondern als Recht, um den Anforderungen auch nachkommen zu können. Dabei besitzt die Auseinandersetzung mit der eigenen sexuellen Biografie als Basiskompetenz einen hohen Stellenwert. Eine sexualitätsbezogene Nachqualifizierung der Betreuungspersonen ist deshalb für alle Einrichtungen der Behindertenhilfe, nicht nur zum Detailthema der Sexualassistenz, unerlässlich.

Sexualfreundlichkeit versus Missbrauchsgefahr

Gerade auch in der institutionellen Behindertenhilfe wurde und wird Macht missbraucht, wird Abhängigkeit bzw. Widerstandsunfähigkeit ausgenutzt. Sexuelle Gewalt erfahren Menschen mit Behinderung in höherem Maße als Menschen ohne Behinderung.

Auf diesem Hintergrund sitzt ein kräftiges Argument gegen Sexualassistenz: Dass die Gefahr sexuellen Missbrauchs groß sei, wenn Sexualassistenz offensiv befördert würde. Manchmal jedoch scheint die besonders vehemente Verweisung auf diese Gefahr – Grenzüberschreitungen sind übrigens bei jedwedem pflegerischen Handeln möglich – als entschuldigende Rechtfertigung für unterlassenes sexualfreundliches Handeln vorgeschoben.

Tatsache ist: Solange wir bei (einigen) schwerstbehinderten Menschen auf die Decodierung ihrer Willensäußerungen angewiesen sind, ist die Gefahr von Fremdbestimmung und Missbrauch gegeben. Aber ein Irrtum ist es, zu glauben, dass durch das Unterlassen von Sexualassistenz sich Missbrauch weniger ereignen würde. Viel wahrscheinlicher ist das Gegenteil: Je genauer auf sexuelle Selbstbestimmung geachtet wird und je sensibler, umsichtiger und ethisch reflektiert Sexualitätsbegleitung geschieht, desto schwieriger wird sexuelle Grenzüberschreitung; denn sie passiert dann besonders häufig, wenn Sexualität eben nicht thematisiert ist und die Menschen verwirrt werden können, wenn es um die Artikulation ihrer Bedürfnisse geht.

Wenn in der Rechtsprechung sexuelle Handlungen – und also auch Unterstützungsmaßnahmen – als strafwürdig bezeichnet werden, wenn der Wille nicht erkennbar ist, dann liegt es an der qualifizierten Begleitung, diesen Willen zu identifizieren und zum Ausdruck zu bringen. Gegen oder ohne den Willen der zu Betreuenden sexuelle Aktionen zu starten, und seien es auch nur Aufklärungsaktivitäten, ist tatsächlich nur beseelte Verheißung ohne Achtung des Gegenübers. Selbstverständlich hat das zu unterbleiben.

Nicht wenige Menschen leben in Heimeinrichtungen schon seit langem beengt, fremdbestimmt, ihr sexuelles Fühlen wurde nahezu restlos wegsozialisiert. Es wäre nur infam, mit Hinweis auf so gewordenes »sexuelles Desinteresse« vertrauensbildende Angebote zur Kontaktaufnahme mit den energetischen Potentialen sexueller Identitätsentwicklung als fremdbestimmende Manipulation zu denunzieren.

Den Angehörigen Zutrauen und Entlastung vermitteln

Als manchmal recht schwierig wird von den Begleitpersonen in den Einrichtungen der Behindertenhilfe die Kommunikation mit den Angehörigen beschrieben, wenn es um berechtigte sexuelle Erfahrungsmöglichkeiten der ihnen Anvertrauten geht. Die moralischen Haltungen für ihre Zustimmung zu sexuellen Erfahrungen und die oft einfach unrealistischen Wünsche hinsichtlich des sexuellen Erlebens und der Beziehungsgestaltung den Menschen mit Beeinträchtigung gegenüber werden oft als unverrückbar strikt beschrieben. Einerseits sind die Betreuungspersonen durch ihre nachvollziehbare Fürsorge stets am körperlich-seelischen Wohlergehen ihres Anverwandten interessiert und sehen sich herausgefordert, dem sich im Lebenslauf verändernden Sexualverhalten gemäß, das Beste für ihr »Kind« mitzugestalten. Andererseits tragen sie mit ihren eigenen, meist unreflektierten Werten und Normen nicht immer zu sexueller Selbstbestimmung bei.

Das Verständnis dafür, dass die Angehörigen keine Verfügung über die Ausgestaltung des sexuellen Lebens des *anderen* Menschen mit Behinderung haben, bedarf durch geduldige und eindrücklich-überzeugende Diskurse bei einigen noch der Förderung. Umfassende Teilhabe und Chancengleichheit sind ja nicht erst seit der Behindertenrechtskonvention auch für die Angehörigen keine Fremdworte mehr. Was das für sexuelles Leben bedeutet, sollte schon deshalb ausdauernd und nachhaltig mit ihnen kommuniziert werden, weil ihre emotionale Macht eine hohe Barriere in der Annahme von Sexualitätsbegleitung bzw. Sexualassistenz darstellen kann.

Verlieben verhindern?

Nicht nur von den Angehörigen wird die Sorge benannt, dass im Zusammenhang mit realisierter und angenommener Sexualassistenz die Möglichkeit besteht, dass sich Assistenznehmende in ihre SexualitätsbegleiterInnen verlieben. Die Chance auf die Entstehung von Liebesgefühlen kann zwar durch gute Aufklärung, was von einer Sexualbegleitung/-assistenz erwartet werden kann und was nicht, minimiert werden, dass Zuneigung und Verliebtsein entstehen, ist, wie sonst im Leben auch, jedoch nie ganz auszuschließen.

Bei Licht besehen ist die Sorge darum seltsam, denn ein in jedem sozialen Kontakt mögliches sich Verlieben ist ja per se keineswegs problematisch. Der Umgang mit Gefühlen, möglicherweise Trauer, Eifersucht, Ablehnung und Enttäuschungen gehört zur Identitätsentwicklung jedes Menschen. Menschen mit Behinderungen davor bewahren zu wollen, ist diskriminierend. Zudem ist keineswegs ausgemacht, dass sich Verlieben nicht auch möglicherweise positive Energien frei setzt; zudem kann auch unerwidertes sich Verlieben beglücken.

Jemanden gern zu haben, der bei der Entwicklung sexuellen Lebens assistiert, ist schließlich vor allem wünschenswert. Liebe und Verliebtsein auseinander zu halten und zu spüren, was der Unterschied von beidem zu Sexualität ist, gehört zur Gesamtheit der Lebenserfahrungen, die nicht gemacht werden können, wenn aus Angst vor »negativen« Gefühlen Fühlen oder gar Sexualität überhaupt erspart wird.

Wer Sexualität freundlich, eventuell liebevoll haben will, kann nicht im Ernst verlangen, dass Sexualitätsassistierende alles dafür tun, damit bloß keine

Zuneigung aufkommt. Qualifizierte SexualassistentInnen werden sicher dafür sorgen, dass durch ihr Verhalten Missverständnisse nicht vergrößert werden, sie werden Liebeserfahrungen nicht versprechen, wenn Sexualitätsassistenz angeboten ist.

Die Heimeinrichtung als Diskussions- und Entwicklungsort

Niemand verlangt blitzblanke, widerspruchsfreie Klarheit, ab morgen als unmissverständliche Handlungsgrundlage für alle in der Behindertenhilfe Tätigen, behindertenkonventionsgerecht bis ins Detail, wenn es um das Thema ›Sexualassistenz‹ geht. Wünschenswert wäre jedoch qualitativer Fortschritt in der Befassung mit dem Thema und den daraus folgenden Handlungen. Solcher Fortschritt könnte sich durch die Befassung mit (unter anderen) folgenden Fragen einstellen:

* Wer hat welche praktischen Erfahrungen mit Sexualassistenz gemacht?
* Welche Einrichtung hat sich dieses Themas offensiv und progressiv angenommen und was ist an positiven und negativen Erfahrungen zu berichten?
* Was wurde erwogen und getan, wenn trotz Wunsch und Bemühung keine Sexualpartnerin/kein Sexualpartner gewonnen werden konnte, wenn keine professionellen Dienste der Sexualassistenz oder -begleitung verfügbar waren?
* Konnte eine bei Sexualität gütegerecht helfende/assistierende Behindertenhilfefachkraft durch die Leitung und das Team bestärkt und gegen misstrauische, argwöhnische Ressentiments in Obhut genommen werden, insbesondere dann, wenn nach Teamberatung und Beauftragung auf Wunsch des zu betreuenden Menschen oder Paares körpernahe Unterstützung bei sexuellen Aktionen gegeben wurde?
* (Wie) gelingt es auf Assistenz angewiesenen Menschen, im Lebensbereich Sexualität Grenzerweiterung durch professionelles Handeln zu erfahren und sich dennoch intimitätsgeschützt zu fühlen?
* Wie viel an (Intimitäts-)Schutz der Privatsphäre einerseits und Transparenz andererseits ist gegenüber Angehörigen, gesetzlichen BetreuerInnen, SponsorInnen und der Öffentlichkeit gegenüber nötig und herstellbar, wenn »Sexualassistenz« zur Realisierung ansteht?

Fortschritt bei der Realisierung von Sexualassistenz wird sich nicht einstellen, wenn die theoretische Diskussion lang gezogen wird – denn das Spektrum der spannenden Detailthemen ist klar. Praxis muss sich vermehren, danach stehen deren Diskussion und Auswertung an.

Natürlich ist für sexualassistentes Handeln Einzelner eine strukturelle Positionierung der jeweiligen Einrichtungsleitung nicht nur als »Absicherung« stützend, sondern in Form einer konzeptionellen Äußerung zu gütegerechter Sexualitätsbegleitung könnte für die in der Einrichtung lebenden Menschen mit Behinderung ein Signal gesetzt werden, dass ihre Wünsche nach gelebter Sexualität nicht ignoriert und abgewehrt werden.

Es könnte durch konzeptionell unterstützte Praxis Sexualitätsbegleitung sich dann auch den schwierig bleibenden Themen zuwenden, z. B. der Frage, wie es gelingen kann, dauerhaft nicht einwilligungsfähige Menschen mit Behinderung in Ihren sexuellen Wünschen nicht allein zu lassen.

Wie geht es weiter?

Es bleiben Fragen offen – wie immer bei derart emotional geführten Diskursen. Eigentlich steht auch die Hauptfrage weiter zur – hoffentlich vielfältigen – Beantwortung: »Wie geht Sexualassistenz (gut) – also unterstützend?«. Strikte, karge gesetzliche Vorgaben bzw. ein juristisches Vakuum dürfen nicht verhindern, dass die Durchsetzung des Menschenrechts in bloßer Proklamation endet.

Auch das Ignorieren des Themas in Einrichtungen der Behindertenhilfe oder in der Öffentlichkeit sowie die Art, mit »gewichtigen« Gegenargumenten jeden Ansatz in Richtung Verbesserung der »sexuellen Lage« der Menschen mit Behinderung im Keim zu ersticken, hemmt die Wahrnehmung des Menschenrechts auf Sexualität.

Akademische Diskurse über Begriffe sind ebenfalls wenig hilfreich: Sexuelle Assistenz in der weiten Bedeutung des Begriffs bedeutet dem in intensiver Abhängigkeit und mit vielfältigen Behinderungserfahrungen lebenden, aber erkennbar nach Unterstützung strebenden Menschen mit Beeinträchtigung nicht zuerst »Hand anlegen«, sondern sexualfreundliches Zuwenden und Handeln.

Mehr hinsehen, hinhören, sich um Verstehen bemühen und Gefühle achten, das ist die eigentlich recht schlichte Anforderung an diejenigen, die Menschen mit Beeinträchtigung auch als sexuelle Wesen begleiten.

Dann wäre das notwendige sexualitätsbegleitende Tun gut qualifiziert. Es ist so einfach und so viel – sorgen wir für unterstützende Sexualassistenz.

Literatur

Krenner, Monika (2003): Sexualbegleitung bei Menschen mit geistiger Behinderung. Marburg: Tectum Verlag.

Mirwald, Mirjam (2009): Sexualbegleitung für Menschen mit Lernschwierigkeiten, Diskursanalyse und Dokumentarfilm: Die Heide ruft, Aachen: Shaker-Verlag.

Plattform Sexuelle Bildung (Hrsg.): Newsletter März 2010

Pro Familia: Expertise »Sexuelle Assistenz für Frauen und Männer mit Behinderung«. Frankfurt am Main 2005

Walter, Joachim (Hrsg.) (2004): Sexualbegleitung und Sexualassistenz bei Menschen mit Behinderungen. Heidelberg: Universitätsverlag Winter.

Sexualpädagogische Konzeptionen in Einrichtungen der Behindertenhilfe: Entwickeln – leben – fortschreiben

Rosemarie Czarski

Viele Einrichtungen der Behindertenhilfe haben Leitbilder und pädagogische Konzeptionen erarbeitet. Wenn sich in diesen Leitlinien überhaupt sexualitätsbezogene Äußerungen finden, sind sie in der Regel zu vage formuliert.

Eine sexualfreundliche Begleitung von Menschen mit geistiger Behinderung stellt hohe Anforderungen an die pädagogischen Mitarbeitenden von Behindertenhilfeeinrichtungen, deren Leitungen und an die Angehörigen.

Weit mehr, als es bei Menschen ohne sogenannte Behinderung der Fall ist, müssen sexuelle Themen konkretisiert, veranschaulicht und intensiv wiederholt werden, wenn nachhaltige Informationsvermittlung und hilfreiche Handlungsunterstützung das Ziel ist; oft ist lebenslange Sexualitätsbegleitung notwendig.

Da immer die eigene Haltung zur Sexualität, die eigenen Grenzen und Werte das pädagogische, betreuende Handeln der verantwortlichen Fachkräfte prägen, treffen in professionellen Teams der Behindertenhilfe sehr unterschiedliche Wahrnehmungen und Deutungen zu sexuell konnotierten Situationen aufeinander.

Warum ist eine sexualpädagogisches Konzeption wichtig?

Die sexualpädagogische Konzeption stellt die Haltung der Institution, des Trägers, der Leitung und der Mitarbeitenden dar. Als gemeinsam festgeschriebener Handlungsrahmen kann sie allen Involvierten größere Handlungssicherheit geben. Sie soll die Möglichkeiten und Grenzen der Unterstützung des Sexuallebens der Menschen mit Behinderung beschreiben, die in der Einrichtung leben (Wüllenweber, 2004).

Es wird nicht gut gelingen, eine sexualpädagogische Konzeption einfach zu »verordnen«. Sie sollte, wenn sie stabile Wirkung erzielen will, in einer gemeinschaftlichen Auseinandersetzung entstehen. Auf diesem Weg gilt es, mehr Handlungskompetenz und Handlungssicherheit zu bilden, pädagogische und persönliche Haltungen zu erkennen und zu reflektieren. Durch solche prozessbewusste konzeptionelle Arbeit wird das Thema ›Sexualität‹ in der Institution präsenter und vor allem für die pädagogisch Verantwortlichen »besprechbarer«.

Was macht die Qualität einer sexualitätsbezogenen Konzeption aus? Eine sexualpädagogische Konzeption muss, wie jede Konzeption, die Handeln nicht verhindern, sondern qualifizieren will, umsetzbar und realisierbar sein. Ihre Qualität zeigt sich in dieser Anwendbarkeit im pädagogischen Alltag, mit dem Ziel, die möglichst selbstbestimmte Sexualität von Menschen mit Behinderung zu unterstützen.

Eine Konzeption ermöglicht es zudem, die Qualität der bisherigen, aktuellen und zukünftigen Sexualitätsbegleitung zu überprüfen. Pädagogische Mitarbeitende können sich darauf beziehen, wenn Hilflosigkeit und Konflikte auftauchen (Bosch 2004).

Qualität hat eine sexualpädagogische Konzeption, wenn sie...

* ... die Sexualität der Menschen mit Behinderung als etwas Natürliches und in ihrer Verschiedenheit und Eigenartigkeit Normales betrachtet (Wüllenweber 2004, Kowoll 2007);
* ... im Geiste der UN-Behindertenrechtskonvention Menschen mit Behinderung dabei unterstützt, ihre sexuellen Bedürfnisse und Wünsche möglichst selbstbestimmt zu leben. Das von der Konzeption geleitete sexualitätsbegleitende Handeln sollte die Berechtigung und Verwirklichung der individuellen Interessen und Bedürfnisse der Menschen mit Behinderung als Maxime haben;

- ... den Fachkräften größere Handlungssicherheit in der sexualfreundlichen Begleitung verschafft;
- ... die Willkür des begleitenden Handelns begrenzt;
- ... sexualitätsbezogenen Themen und Umgangsprobleme in der Einrichtung leichter besprechbar macht und zu einer offeneren und bewussteren sexualitätsbegleitenden Arbeit führt.

Eine sexualpädagogische (oder sexualitätsbegleitende) Konzeption sollte schließlich als Handlungsrahmen und -anweisung und nicht nur als Empfehlung verstanden werden, der man beliebig folgen oder nicht folgen kann (Kowoll 2007). Sie hat die Aufgabe, einen fachlichen Rahmen für das begleitende Handeln der professionellen Fachkräfte verbindlich zu sichern, und verwirklicht die Werte einer Einrichtung.

Eine sexualpädagogische Konzeption entsteht in einem Prozess

Der Ruf nach sexualpädagogischen Leitlinien entsteht oft, wenn Situationen des Behindertenhilfealltags, in denen es um Sexualität geht, Fragen und Unsicherheiten bei den pädagogischen, betreuenden Mitarbeitenden aufwerfen. Aber auch eine gemeinsame Fortbildung zum Thema »Sexualität und Behinderung« kann Auftakt für die Erarbeitung einer sexualpädagogischen Konzeption sein.

Konzeptionelle Arbeit stößt, wenn sie ideal verläuft, einen Prozess der Auseinandersetzung an: Die eigene Haltung zu sexuellen Themen wird reflektiert, die Haltungen anderer können wahrgenommen und, auch wenn sie nicht den eigenen entsprechen, toleriert werden (Wanzeck-Sielert 2008). Nur in kleinen Einrichtungen ist es möglich, alle Menschen, für die die sexualpädagogische Konzeption Auswirkungen hat, an der Konzeptionsentwicklung zu beteiligen. In größeren Institutionen ist es nötig, eine Projektgruppe mit VertreterInnen der verschiedenen Bereiche zu bilden. Teilnehmen sollten sowohl die Fachkräfte, die direkt mit Menschen mit Behinderung arbeiten, als auch Mitarbeitende der Leitungsebenen.

Die Beteiligung von SprecherInnen des Bewohner-, Werkstattbeirats, von Angehörigen, VertreterInnen des Trägers oder der Geschäftsführung ist zu erwägen. Deren Teilnahme an jedem Konzeptionsentwicklungsschritt ist nicht empfehlenswert. Der Forderung der Behindertenrechtskonvention »Nicht über uns ohne uns!« folgend sollten BewohnerInnen, Beschäftigte und SchülerInnen der Einrichtung auf jeden Fall mitwirken. Es muss jedoch dafür Sorge getragen werden, dass das Fachpersonal die Möglichkeit erhält, unter sich und ungehemmt sexualitätsbezogene Standpunkte auszutauschen. Angehörigen ein Mitgestaltungsrecht bei der Formulierung von Gütekriterien sexualitätsbezogener Begleitung einzuräumen, könnte den Interessen der Menschen mit Behinderung zuwiderlaufen.

Günstig für eine effektive Konzeptionsentwicklungsarbeit ist eine von einem sachverständigen Mitarbeiter geleitete Arbeitsgruppe aus Mitarbeitenden der verschiedenen Einrichtungsebenen, die im Laufe des Prozesses immer wieder Entwürfe mit externen ExpertInnen bespricht und auch in regelmäßigen Abständen Bewohner- und Werkstattbeiräte einbezieht (Kowoll 2007).

Den Eltern oder anderen betreuungsverpflichteten Personen sollte bei der Konzeptionsentwicklung keine gleichberechtigte Mitwirkung angeboten werden, da es um ein souveränes Institutionsthema geht. Sie sollten sicherlich über den Prozess(verlauf) informiert werden – insbesondere in Einrichtungen der Kinder- und Jugendhilfe. Angehörige von Erwachsenen mit geistiger Behinderung sollten im Sinne des Rechts auf Selbstbestimmung sicher nicht einbezogen werden.

Vorschlag für Inhalte und Themen einer sexualpädagogischen Konzeption

Inhalte und Themen einer sexualpädagogischen Konzeption bestimmen sich durch das spezielle Profil der Einrichtungen und durch die Erfordernisse des je konkret angeforderten begleitenden, pädagogischen Handelns. Ein Musterplan kann nur der Orientierung dienen.

Die nachfolgende Vorstellung einer Konzeptionsskizze hat als Grundlage die Empfehlungen von Pro Familia und der Lebenshilfe Niedersachsen (1995) und die sexualpädagogische Konzeption des Heilpädagogischen Centrums Augustinum aus München (2006):

1. *Einleitung: Das Leitbild der Einrichtung als Kontext konzeptionierter Sexualitätsbegleitung*
2. *Definition von Sexualität; Bedeutung von Sexualität im Lebensverlauf unter besonderer Berücksichtigung der in der Einrichtung vertretenen Altersgruppen*
3. *Das Spektrum der begleitungswürdigen sexualpädagogischen Themen und die Grundsätze der angestrebten Sexualitätsbegleitung*
4. *Die Vielfalt gelebter Sexualität (Selbstbefriedigung, Homosexualität, Pornografie, ...)*
5. *Sexualität und Beziehungen*
6. *Sexuelle Bildung und sexualitätsbezogene Beratung*
7. *Kinderwunsch, Empfängnisverhütung, Schwangerschaftsabbruch*

8. *Schwangerschaft und Elternschaft*
9. *Sexualassistenz*
10. *Sexuelle Gewalt*
    a. *Prävention*
    b. *Intervention*
11. *Aufgaben der Fachkräfte der Behindertenhilfe*
    a. *Haltung, Selbstreflexion, Aufgaben*
    b. *Teamarbeit*
    c. *Fortbildung*
12. *Aufgaben der Leitung*
13. *Zusammenarbeit mit Angehörigen*
    a. *Juristische Hintergründe*
    b. *Literatur*
    c. *Adressen Hilfenetz*

Die Phasen der Konzeptionserstellung

Nach einer Anfangsphase in der Arbeitsgruppe, die mit der Konzeptionserstellung beauftragt ist, in der das Kennenlernen der Haltungen der Gruppenmitglieder zu den verschiedenen sexuellen und Sexualitätsbegleitungsthemen im Vordergrund steht, werden zunächst die in der Konzeption zu behandelnden Themen festgelegt, die sich aus den Fragen und typischen Problemen der sexualitätsbezogenen Alltagspraxis und dem Leitbild der Einrichtung herleiten.

Die Inhalte sind in der Regel leichter im Gespräch zu bearbeiten als konzeptionsangemessen auszuformulieren. Gemeinsam festgelegte Konzeptionsdetailthemen sollten einzelnen Mitgliedern der Arbeitsgruppe in Entwicklungsverantwortung gegeben werden. Sie sollten die diskutierten Leitausagen zu den Einzelthemen verfassen und sie dann wieder zur Diskussion über Inhalt und Formulierung in die Gruppe zurückbringen. Fachliteratur kann bei der Konzeptionsformulierung zu Grunde gelegt werden; bei Bedarf können ExpertInnenmeinungen von außen oder auch Stellungnahmen weiterer Mitarbeitenden eingeholt werden.

Wird das fertige Konzeptionsmanuskript der Leitung, der Geschäftsführung oder dem Vorstand einer Einrichtung vorgelegt und genehmigt, stellt die Konzeption eine verbindliche Handlungsgrundlage für *alle* Personen innerhalb der Institution dar.

Erfahrungsentsprechend sollte sich die Arbeitsgruppe in 14-tägigem Abstand treffen und anstreben, in wenigen Monaten die Konzeption zu erstellen (Schwarte und Oberste-Ufer 2001). In der Arbeitsrealität der Einrichtungen der Behindertenhilfe wird es voraussichtlich zu größeren Abständen zwischen den Sitzungen kommen, eventuell gelingt eine Fertigstellung nicht in der angestrebten kurzen Zeit. Bis zur endgültigen Fertigstellung können – wie im Heilpädagogischen Centrum Augustinum München – auch mehrere Jahre vergehen, was nicht unbedingt die Güte der Konzeption oder des Konzeptionserstellungsprozesses mindern muss. Wird die Konzeptionsentwicklung von einem auswärtigen Experten geleitet, verläuft sie erfahrungsgemäß schneller, als wenn sie einrichtungsintern geführt wird.

Durch Bebilderung und sorgfältige Grafik kann die Druckversion der erarbeiteten Konzeption ansprechend gestaltet werden, damit sie gerne zur Hand genommen wird. Empfehlenswert ist, die Konzeption als Druckschrift so zu binden, dass sie jederzeit ergänzt, also weiterentwickelt werden kann, ohne sie als Ganzes völlig neu herstellen zu müssen.

Die sexualpädagogische Konzeption im Praxiseinsatz

Für die Implementierung der Konzeption sind vorrangig die Einrichtungsleitungen und die pädagogischen Mitarbeiter zuständig.

Mit der Genehmigung der sexualpädagogischen Konzeption durch Leitung und/oder Vorstand ist sie nicht nur eine verbindliche Vorlage für die in der Einrichtung tätigen Fachkräfte, sie verpflichtet auch Leitung und Geschäftsführung selbst zur Umsetzung der festgeschriebenen Inhalte. Schließlich vor allem: Die Menschen mit Behinderung, die in der Einrichtung leben, können die in der Konzeption formulierten Rechte einfordern.

Die Konzeption sollte nach Fertigstellung und Freigabe allen Mitarbeitenden, möglichst allen Menschen mit Behinderung, die in der Einrichtung leben und dann auch deren Angehörigen vorgestellt werden. Dazu bieten sich die üblichen Veranstaltungsarten an – Konferenzen, Teamsitzungen, Elternabende, Informationsforen wie aktuelle Stunden u.ä. –, in denen es nur um dieses Thema geht.

In diesen Veranstaltungen können mit geeigneten Methoden der Erwachsenenbildung die Inhalte der Konzeption situations- und teilnehmendenorientiert dargestellt und diskutiert werden. Auch große Personenkreise können mit Methoden wie »World Café« und »Open Space« mit der neuen sexualpädagogischen Konzeption in Kontakt gebracht werden. Für Menschen mit Lernschwierigkeiten ist eine Übersetzung des Konzeptionstextes in leichte Sprache unerlässlich.

Die Rolle der Leitung ist bei der Verwirklichung der in der Konzeption verankerten Zielbestimmungen und Umsetzungsmaßnahmen besonders wichtig (vgl. Kowoll 2007). Sie sind dafür zuständig ...

- ... Ansprechpersonen und/oder Beauftragte für Sexualpädagogik/Sexualitätsbegleitung einzusetzen,
- ... eventuell zusätzlich eine Ansprechperson für das Thema ›Sexuelle Gewalt‹ zu beauftragen,
- ... themenbezogene Fortbildungen und Supervisionen für Mitarbeitende anzubieten,
- ... die für sexuelle Selbstbestimmung relevanten strukturellen Rahmenbedingungen zu verbessern (Personalschlüssel, Räumlichkeiten),
- ... die Konzeption neu einzustellender Mitarbeitenden als Handlungsmaßgabe zu übergeben,
- ... die Konzeption InteressentInnen für einen Wohn-, Arbeits- oder Ausbildungsplatz und ihren Angehörigen bekannt zu machen.

Die Mitarbeitenden sind gefordert, bei sexualitätsbegleitenden/sexualpädagogischen Fragestellungen im Alltag ihres professionellen Tuns aufmerksam zu sein und individuell angemessen Unterstützung zu bieten; Selbstreflexion ist wie regelmäßiger kollegialer Austausch für das angemessene sexualitätsbegleitende Handeln notwendig, um Sexualitätsbegleitung gütegerecht zu verfestigen und die Konzeptionsaussagen lebendig werden zu lassen. Um Sexualität selbstbestimmt leben zu können, sind die Menschen mit Behinderung vor allem ausreichend zu informieren, was durch verschiedene adressatInnengerechte Bildungsformate gewährleistet werden muss.

Konzeptionsarbeit ist nie abgeschlossen. Es empfiehlt sich, die sexualpädagogische Konzeption spätestens nach einigen Jahren wieder auf ihre Gültigkeit und Angemessenheit zu prüfen. Im Idealfall wird sie periodisch überarbeitet, um sie den sich verändernden Bedingungen und Anforderungen des Handlungsalltags immer wieder anzupassen.

Allgemein sexualitätsbezogene Konzeptionsarbeit kann auch Nachfolgen haben: Es könnte ein Verhaltenskodex für den Umgang mit Nähe und Distanz entwickelt werden, es könnte ein Leitfaden für den Umgang mit sexueller Gewalt entstehen – zum Beispiel.

Chancen und Grenzen sexualpädagogischer Konzeptionen

Wie jede Einrichtungskonzeption entsteht und lebt auch die sexualpädagogische durch das Engagement der Mitarbeitenden. Deshalb kann es im Entwicklungsprozess von Konzeptionen auch zu Verzögerungen, Pausen und sogar zu (zeitweiligem) Stillstand kommen, wenn Mitarbeitende zu wenig Kapazität für die konzeptionelle Arbeit haben oder wenn diejenigen, die den Prozess vorangebracht haben, die Einrichtung verlassen.

245

Eine sexualpädagogische Konzeption kann in keinem Fall die Vielfalt von Sexualität bis in jede Einzelheit erfassen und regeln; sie sollte es auch nicht versuchen. Eine Konzeption drückt immer die Grundhaltung der Institution zu einem Themenbereich. Geht sie zu sehr ins Detail, besteht die Gefahr, sexuelles Erleben in der Einrichtung so zu bestimmen, dass die Vielfalt des Lebens in ein Korsett gepresst wird.

Eine sexualpädagogische Konzeption kann aber mit Kraft anweisen, jedem Menschen (mit Behinderung) zur Verwirklichung seines Rechtes zu verhelfen, seine Sexualität nach seinen individuellen Wünschen zu gestalten und zu leben, wenn dabei das gleiche Recht des Anderen gewährleistet ist. So ist die sexualpädagogische Konzeption eine Richtlinie, auf die jede Fachkraft der Behindertenhilfe und jeder Mensch mit Behinderung verweisen kann, wenn sexuelles Erleben nicht ausreichend und individuell unterstützt wird.

Eine aktive Fachgruppe für Sexualitätsbegleitung, die regelmäßig Impulse in die Einrichtung gibt, ist für die Sicherung sexualitätsbezogener Unterstützung für die in der Einrichtung lebenden Menschen mit Behinderung gut und nötig. Eine Konzeption jedoch kann sie nicht ersetzen, da nur diese eine verbindliche Basis bietet, auf die sich alle Beteiligten bei Unklarheiten und Konflikten beziehen können. Ortland (2010) meint sogar, sexualfreundliche Lebenswelten könnten nur auf der Basis einer umfassenden Konzeption entstehen.

Tatsächlich geben Einrichtungen der Behindertenhilfe, die ohne oder mit nur minimalen konzeptionellen Aussagen zur Sexualität der betreuten Menschen arbeiten, Sexualität auch im Lebensalltag der Menschen mit Behinderung tendenziell eher weniger Platz. Es ist dann bloß ein Glücksfall für den Menschen mit Behinderung, wenn er von einem aufgeschlossenen Mitarbeiter bzw. einer Mitarbeiterin bei der Verwirklichung der eigenen sexuellen Bedürfnisse unterstützt wird – aber kein verbrieftes Recht, dessen Realisierung er als Qualitätsmerkmal seiner Betreuung erwarten kann.

Menschen mit Behinderungen, die in Einrichtungen der Behindertenhilfe leben, haben ein Recht auf Sexualität. Sie haben ein Recht auf die konzeptionelle Festlegung dieses Rechts. Es sollte überall in der institutionellen Behindertenhilfe verwirklicht werden.

Literatur:

Betschart, Markus (2001): Sexualpädagogisches Konzept, Heilpädagogisches Zentrum Hagendorn

Betschart, Markus (2008): Der Weg hin zu einem wirksamen Konzept, Heilpädagogisches Zentrum Hagendorn

Bosch, Erik (2004): Sexualität und Beziehungen bei Menschen mit einer geistigen Behinderung. Tübingen

Gesundheits- und Fürsorgedirektion des Kanton Bern (2010): Sexualpädagogisches Konzept, Schulheim Schloss Erlach. Bern

Heilpädagogisches Centrum Augustinum (2007): Sexualpädagogische Konzeption. München

Heimverband Bern (2004): Nähe – Intimität – Sexualität, Informationen und Leitfaden. Bern

Kowoll, Paula (2007): Sexualpädagogische Konzeptionen in der Behindertenhilfe. Saarbrücken

Ortland, Barbara (2010): Verliebt, versorgt, vergessen? – Sexualfeindliche Lebenswelten als Hemmnis sexueller Entwicklung und Anlass sexualpädagogischen Handelns, Vortrag, Liebe – Nähe – Sexualität bei Menschen mit schweren und mehrfachen Behinderungen, Tagung Leben pur. München

Pro Familia Landesverband Niedersachsen e.V. und Lebenshilfe für Menschen mit Behinderung Landesverband Niedersachsen e.V. (2000): Sexualität und geistige Behinderung, Empfehlungen zur Sexualpädagogischen Konzeptionfür den Umgang mit Sexualität in Einrichtungen für Menschen mit geistiger Behinderung. Hannover

Schwarte, Norbert, Oberste-Ufer, Ralf (2001): Lebensqualität in Wohnstätten für erwachsene Menschen mit geistiger Behinderung. Ein Instrument für fachliches Qualitätsmanagement. Marburg

Siebert, Horst (2010): Methoden für die Bildungsarbeit. Bielefeld

UN-Konvention über die Rechte von Menschen mit Behinderungen (BRK), New York 2006

Wanzeck-Sielert, Christa (2008): Das sexualpädagogische Konzept. In: Schmidt, Renate-Berenike, Sielert, Uwe (Hrsg.): Handbuch für Sexualpädagogik und sexuelle Bildung. Weinheim

Wüllenweber, Ernst (Hrsg.) (2004): Soziale Probleme von Menschen mit geistiger Behinderung. Fremdbestimmung, Benachteiligung, Ausgrenzung und soziale Abwertung. Stuttgart

Kapitel 5

Partnerschaft – Kinderwunsch
– Elternschaft

Elternschaft von Menschen mit Behinderung – Entdiskriminierung und Ermutigung

Ursula Pixa-Kettner & Christiane Rischer

Rückblick

Eltern mit Behinderung wurden lange Zeit von der Öffentlichkeit nicht wahrgenommen und spielten auch in der wissenschaftlichen Diskussion kaum eine Rolle. Während nichtbehinderte Frauen trotz sinkender Geburtenzahlen nach wie vor mit der gesellschaftlichen Erwartung konfrontiert sind, Kinder zu haben, gilt dies für Frauen mit Behinderung nicht. Im Gegenteil werden Schwangerschaft und Mutterschaft von Frauen mit Behinderung immer noch als Bruch gesellschaftlicher Normalitätserwartungen betrachtet. Dass Personen, die aufgrund einer Behinderung in verschiedenen Lebensbereichen eventuell selbst Hilfe benötigen, für ein Kind sorgen und es erziehen, erscheint vielen schwer vorstellbar. Tatsächlich gibt es aber keine wissenschaftlich gesicherten Belege dafür, dass die Fähigkeit, eine gute Mutter oder ein guter Vater zu sein, mit kognitiven oder körperlichen Fähigkeiten in einem direkten Zusammenhang steht. Die Tatsache, dass behinderten Eltern dennoch überdurchschnittlich häufig ihre Kinder weggenommen werden, lässt darauf schließen, dass behinderten Menschen die Teilhabe gemäß der UN-Behindertenrechtskonvention an dem Bereich der Elternschaft noch immer vorenthalten oder zumindest erschwert wird.

Für Menschen mit Lernschwierigkeiten[1] gilt, dass sie bis Anfang der 1990er Jahre ohne gesetzliche Grundlage oft noch als Minderjährige sterilisiert wurden. 1992 fand im Rahmen des Betreuungsgesetzes eine Neuregelung der Sterilisation statt. Seither ist die Sterilisation Minderjähriger grundsätzlich verboten, die Sterilisation Volljähriger ist auch ohne deren Einwilligung unter bestimmten Bedingungen erlaubt.

Im Zuge der sexuellen Liberalisierung in den 1970er Jahren und mit der Ausbreitung der Normalisierungsbewegung wurden die sexuellen Persönlichkeitsrechte auch von behinderten Menschen »entdeckt«. 1977 gaben Kluge & Sparty ein Fachbuch mit dem aus heutiger Sicht befremdlichen Titel »Sollen, können, dürfen Behinderte heiraten?« heraus. Fast einhellig vertraten Fachleute aus Medizin, Theologie, Psychologie und Pädagogik dort die Auffassung, dass behinderten Menschen zwar das Recht auf Sexualität nicht (länger) vorenthalten werden könne, dass aber Nachwuchs in der Regel zu verhindern sei. Das Recht auf Selbstbestimmung spielte in der Argumentation noch keine Rolle.

Erst der durch die sogenannte »Krüppelbewegung« in den 1980er und 1990er Jahren eingeleitete Paradigmenwechsel weg von fremdbestimmender Fachlichkeit hin zum Prinzip der Selbstbestimmung richtete den Blick stärker auf die Lebenswirklichkeiten und Lebenspläne von behinderten Menschen. Menschen mit Handicaps wurden als Individuen wahrgenommen, nicht mehr als Objekte der Fürsorge. Damit konnte auch ein eventuell vorhandener Kinderwunsch nicht länger einfach ignoriert werden.

Jüngere gesellschaftspolitische Entwicklung

Ein weiterer Meilenstein in der politischen Behindertenbewegung war die Gleichstellung behinderter Menschen im Grundgesetz im Jahr 1994 durch den ergänzenden Satz: »Niemand darf wegen seiner Behinderung benachtei-

---

1   In diesem Beitrag wird die Bezeichnung »Menschen mit Lernschwierigkeiten« verwendet, da der im Deutschen noch weithin gebräuchliche Begriff der »geistigen Behinderung« sich auf ein traditionelles Verständnis von Behinderung bezieht, das modernen Entwicklungsauffassungen nicht genügt und von vielen Betroffenen als diskriminierend empfunden wird. Sofern auf englischsprachige Literatur Bezug genommen wird, wird die dort gewählte Begrifflichkeit beibehalten.

ligt werden« (Grundgesetz Artikel 3). Das Inkrafttreten des Sozialgesetzbuches (SGB) IX im Jahr 2001 stellt einen weiteren wesentlichen Schritt des Paradigmenwechsels dar. In diesem Gesetz werden Teilhabe und Selbstbestimmung in den Mittelpunkt gestellt. Auch die Bedarfe behinderter und chronisch kranker Eltern werden im SGB IX erstmalig berücksichtigt.

Dass der Paradigmenwechsel nicht nur in Deutschland, sondern auch auf internationaler Ebene vollzogen wurde, zeigt das Inkrafttreten der Behindertenrechtskonvention (BRK) im Jahr 2008 (in Deutschland 2009). Die BRK fordert in Artikel 23 explizit die Beseitigung von Diskriminierung und die Gleichberechtigung in Fragen der Elternschaft. Ausdrücklich untersagt sie die Trennung des Kindes von seinen leiblichen Eltern wegen einer Behinderung.

Doch die gesellschaftliche Realität ist in Deutschland noch weit von der Umsetzung der BRK entfernt, was sich u. a. an der Nichtberücksichtigung ihres Unterstützungsbedarfes in den entsprechenden Gesetzesbüchern trotz bestehender Vorgaben im SGB IX zeigt. Dies bewirkt Streitigkeiten zwischen den Behörden bezüglich ihrer Zuständigkeit (siehe auch den Gesetzespunkt »Leistungsgewährung«). Hierdurch entstehen, zusätzlich zu dem Mehraufwand der Bewältigung der eigenen Behinderung, Nachteile und Unterversorgung.

Zur besseren Wahrnehmung der Interessen behinderter Eltern wurde Anfang der 1990er Jahre die bundesweit erste Tagung für Eltern mit Behinderung des Bildungs- und Forschungsinstituts zum selbstbestimmten Leben Behinderter (bifos) durchgeführt. Diese Veranstaltung war der Beginn der Selbsthilfebewegung von Eltern mit Behinderung, die im Jahr 1999 zur Gründung des Bundesverbandes behinderter und chronisch kranker Eltern (bbe e.V.) führte. Ziel des Vereins ist:

- Die Sammlung und Vermittlung von Informationen über die Themen »Zeugung«, »Schwangerschaft«, »Geburt« und »Elternschaft« bei behinderten und chronisch kranken Menschen
- Die Vermittlung von Kontakten zu behinderten Eltern und regionalen Angeboten
- Das Durchführen von Seminaren zum Erfahrungsaustausch für Betroffene, Partner und Kinder
- Die Vermittlung von Informationen über entsprechend kompetente Fachmenschen (z. B. Hebammen, Ärztinnen und Ärzte) und Dienstleistungen (wie Elternkurse), die eine Elternschaft behinderter und chronisch kranker Menschen unterstützen
- Das Bereitstellen von Informationen für interessierte Fachmenschen zu deren Weiterbildung auf den Gebieten »Zeugung«, »Schwangerschaft«,

»Geburt« und »Elternschaft« von Menschen mit Behinderungen und chronischen Krankheiten.

Der bbe e. V. hat in den 10 Jahren seines Bestehens auf verschiedenen Ebenen auf die Lebenssituation behinderter Eltern in Deutschland aufmerksam gemacht und ist durch seine Mitgliedschaft im Interessenverband Selbstbestimmt Leben in Deutschland e.V. (ISL) ein wichtiger Gesprächspartner auf der bundespolitischen Ebene geworden (vgl. http://www.behinderte-eltern. de/Papoo_CMS/).

Elternschaft behinderter Menschen in der deutschsprachigen Fachliteratur

Eine Fachdiskussion über die Elternschaft von Menschen mit Behinderung wird in Deutschland erst seit 10 bis 15 Jahren geführt. In den ersten Publikationen dazu (Pixa-Kettner et al. 1996, Hermes 1998) wurde deutlich, dass Eltern mit Behinderung noch immer mit massiven Vorurteilen und Befürchtungen konfrontiert waren. Diese treffen sowohl Eltern mit Lernschwierigkeiten als auch Eltern mit körperlichen Behinderungen und Sinnesschädigungen. Nach Hermes (2004, 33–34) lassen sich diese Auffassungen für die Gruppe der Eltern mit körperlichen Behinderungen und Sinnesschädigungen in vier Kategorien zusammenfassen:

- »Behinderte Mütter können keine Verantwortung übernehmen.«
- »Kinder leiden unter der Behinderung der Eltern.«
- »Behinderte Mütter verursachen zusätzliche Kosten.«
- »Eine behinderte Frau wird ein ebenfalls behindertes Kind zur Welt bringen.«

Bei Eltern mit Lernschwierigkeiten wird insbesondere die Frage ihrer elterlichen Kompetenzen diskutiert, wobei hier interessanter Weise vielfach Standards angelegt werden, die auch von nicht behinderten Eltern nur selten erfüllt werden.

Anfang der 1990er Jahre wurde eine erste bundesweite Fragebogenerhebung über die Lebenssituation von Eltern mit Lernschwierigkeiten und ihren Kindern durchgeführt, in der knapp 1000 Elternschaften in Deutschland zahlenmäßig dokumentiert wurden. In ca. 30 Interviews mit Betroffenen wurden außerdem deren Sichtweisen und Lebensverläufe erhoben (Pixa-Kettner et al. 1996). 2005 folgte eine zweite quantitative Fragebogenerhebung, die einige Trends aufzeigte – z. B. eine Zunahme an Elternschaften von Menschen mit Lernschwierigkeiten in Höhe von 45 % seit 1993. Außerdem lebten im

254

Vergleich zur Studie von 1993 im Jahr 2005 mehr Kinder mit ihren leiblichen Eltern zusammen, nämlich 57 %, während es 1993 erst 40 % waren (Pixa-Kettner 2007).

Über Frauen mit körperlichen Behinderungen und Sinnesschädigungen liegt seit 2000 die »LIVE«-Studie des Bundesministeriums für Familie, Senioren, Frauen und Jugend (BMFSFJ) vor, die allerdings keine Repräsentativität beansprucht. In dieser Studie liegt der Anteil der Mütter bei 70 %, was unter anderem darauf zurückgeführt wird, dass zu dieser Gruppe viele spätbehinderte Frauen gehören, die möglicherweise schon Kinder hatten, bevor bei ihnen eine Behinderung auftrat (vgl. Hermes 2004, 40; BMFSFJ 2000, 88). Vermutlich dürften aber auch restriktive Maßnahmen gegenüber Frauen mit körperlichen und Sinnesbeeinträchtigungen weniger verbreitet und durchsetzbar sein als gegenüber Frauen mit Lernschwierigkeiten.

Hinsichtlich der Situation und Entwicklung der Kinder ist die Forschungslage noch recht lückenhaft (vgl. Prangenberg 2002, Sanders 2008; zu Kindern psychisch kranker Eltern vgl. z. B. Wiegand-Grefe u. a. 2010).

Internationale Forschung und Praxis

Im englischsprachigen Raum begann die Fachdiskussion um Elternschaft von Menschen mit Lernschwierigkeiten einige Jahre früher als in Deutschland. Ausgangspunkt der Forschung der 1980er Jahre war vielfach die Entwicklung von Unterstützungsmöglichkeiten bzw. Trainingsprogrammen für diese Eltern, um dem Mythos entgegen zu wirken, sie seien nicht in der Lage, angemessenes Elternverhalten auszuüben bzw. zu erlernen. In diesem Zusammenhang entstanden Trainingsprogramme für Eltern mit Lernschwierigkeiten (z. B. Feldman 1992), Modelle elterlicher Kompetenzen (vgl. McGaw & Sturmey 1994) und Instrumente zu deren Erfassung (z. B. McGaw et al. 1998). Später folgten Studien zur rechtlichen Situation der Eltern und ihren sozialen Netzwerken (vgl. z. B. Llewellyn & McConnell 2002, Booth et al. 2005) und professionellen Hilfsangeboten (siehe dazu den Abschnitt »Begleitete Elternschaft« am Ende des Artikels). Untersuchungen über die Kinder behinderter Eltern sind aufgrund spezifischer Zugangsprobleme auch im internationalen Raum relativ selten und vermitteln ein uneinheitliches Bild (vgl. Faureholm 2010).

In Australien wurde in den letzten Jahren mit dem Programm *Healthy Start: A National Strategy for Parents with Intellectual Disabilities and Their Children* ein Modell entwickelt, das flächendeckend die Kapazitäten des sozialen Systems entwickeln soll, indem es sich einerseits an PraktikerInnen wendet und ihnen Wissen und Fertigkeiten zur Verfügung stellt, andererseits

Ressourcen zur Elternbildung und zur Gemeindeentwicklung anbietet, um Eltern mit Lernschwierigkeiten zu unterstützen (vgl. McConnell u. a. 2008). Das Modell umfasst u. a. die Etablierung von lokalen Leitungen und von Fachkräfte-Netzwerken (http://www.healthystart.net.au/).

Organisationen von körper- und sinnesbeeinträchtigten Eltern, die sich aus der »Selbstbestimmt Leben«-Bewegung entwickelt haben, sind in den USA und Großbritannien schon in den 1980er Jahren entstanden. Der Schwerpunkt ihrer Arbeit besteht in Unterstützungsangeboten. Die 1982 in Berkeley in Kalifornien gegründete US-amerikanische Organisation *Through the Looking Glass* (TLG), die 1998 zum ersten *National Center for Parents with Disabilities* in den USA wurde, geht für das Jahr 2007 von 9 Millionen US-amerikanischen Eltern mit Behinderungen aus, was 15 % aller Eltern entsprechen würde. TLG verfolgt das Ziel des Empowerment von behinderten Eltern und Verwandten, soweit sie in die Betreuung von Kindern eingebunden sind, sowie von Eltern mit behinderten Kindern. Das Hauptelement der Arbeit besteht in der Vermittlung von Informationen zur Lebenssituation und von Unterstützungsmöglichkeiten für behinderte Eltern, Angehörige und Kinder. Zielgruppen der Informationsveranstaltungen und Lehrgänge sind – neben den Eltern selbst – Fachleute aus der Behinderten- und Jugendarbeit, Rechtsanwälte und -anwältinnen, MedizinerInnen, TherapeutInnen, Hebammen etc. TLG hat selbst Forschungsprojekte durchgeführt und eigene Trainingsprogramme zur Unterstützung von Eltern mit unterschiedlichen Beeinträchtigungen entwickelt. Persönliche oder telefonische Beratung nach dem Peer-Counseling-Prinzip gehört ebenso zu den Angeboten wie die Vermittlung einer behindertengerechten Ausstattung für Säuglings- und Kindesversorgung. TLG fördert auch die Kinder von behinderten Eltern, etwa durch Stipendien. Nach eigenen Angaben hat TLG seit 1982 mehr als 70.000 Eltern, Beistände (*advocates*) und Fachkräfte fortgebildet. Seit 1990 wird ein spezielles Programm für Eltern mit intellektuellen Beeinträchtigungen angeboten (vgl. www.lookingglass.org).

Ähnliche Ziele werden in Großbritannien mit der Organisation und der gleichnamigen Fachzeitschrift *Disability, Pregnancy & Parenthood international* (http://www.dppi.org.uk/journal/index.html) verfolgt, an der behinderte Eltern maßgeblich beteiligt sind. 2006 erschien in Großbritannien der Bericht *Supporting disabled parents with additional support needs* von Jenny Morris und Michele Wates. Dort wird von 12 % behinderten Eltern in Großbritannien ausgegangen. In dieser breit angelegten Studie werden die Unterstützungsangebote einer kritischen Würdigung unterzogen. Zahlreiche Mängel und Defizite werden aufgezeigt und Verbesserungen gefordert. Dabei ist ausdrücklich sowohl ein Zugang zu den regulären Angeboten für Eltern als auch – bei Bedarf – ein zusätzliches, spezialisiertes Angebot für behinderte Eltern vorgesehen.

Elterliche Kompetenzen

Bislang scheint gesellschaftlicher Konsens darüber zu herrschen, dass Menschen, die ein Kind haben, auch über die erforderlichen elterlichen Kompetenzen verfügen. Nur bei Eltern mit Behinderung wird dies häufig ohne jeden Anlass angezweifelt, wie zahlreiche Vorbehalte gegenüber diesen Eltern, aber auch erzwungene Fremdplatzierungen von Kindern behinderter Eltern zeigen.

Ganz allgemein geht es bei elterlichen Kompetenzen um Fähigkeiten und Fertigkeiten von Eltern, die erforderlich sind, um Kinder groß zu ziehen (vgl. Hoghughi 2004, 5). Etwas genauer umreißen es Pachter & Dumont-Mathieu (2004, 89) in ihrem Beitrag über *Parenting in Culturally Divergent Settings*. Sie gehen davon aus, dass universell, also kulturübergreifend, ›parenting‹ mit drei Zielen verbunden ist:

1. Das physikalische Überleben und die Gesundheit des Kindes müssen gesichert sein.
2. Dem Kind muss eine Umgebung bereitgestellt werden, die es ihm ermöglicht, erfolgreich die Entwicklungsstufen zum mündigen Erwachsenen zu durchlaufen.
3. Dem Kind müssen die normativen kulturellen und gesellschaftlichen Werte vermittelt bzw. sie müssen bei ihm entwickelt werden.

So einig man sich weltweit über diese allgemeinen Ziele sein mag, so sehr unterscheiden sich die Ziele im Einzelnen und die Praktiken, mit denen diese Ziele erreicht werden sollen – auch in Zeiten der Globalisierung. Selbst innerhalb unserer Gesellschaft gehen die Vorstellungen über Erziehungspraktiken weit auseinander.

In jüngerer Zeit entspann sich z. B. eine Diskussion um die Erziehungspraktiken der Juraprofessorin und amerikanisch-chinesischen sog. »Tigermutter« Amy Chua, über die berichtet wurde:

> »Amy Chuas Töchter sollen beste Musikerinnen werden: Sophia als Pianistin, Lulu als Geigerin. Und weil das der Wunsch ihrer Mutter ist, wird jeden Tag stundenlang geübt. Erst wenn das Stück wirklich sitzt, wird aufgehört. Wird rebelliert, dann müssen die Töchter schon mal im Schnee stehen – Lulu ist drei -, dürfen nichts trinken oder zur Toilette gehen. Ihrer vierjährigen Tochter Sophia sagt sie: »Oh mein Gott, du wirst immer nur schlechter und schlechter. Ich zähle jetzt bis drei, dann erwarte ich

Musikalität! Wenn das beim nächsten Mal nicht PERFEKT ist, NEHME ICH DIR SÄMTLICHE STOFFTIERE WEG UND VERBRENNE SIE.« (http://www.dradio.de/dkultur/sendungen/kritik/1375363/)

Soweit bekannt, gab es in dieser Familie keine Interventionen von Seiten eines Jugendamtes oder einer anderen Kinderschutzinstitution. Denn im Allgemeinen ist zumindest in westlich geprägten Kulturen die Toleranz hinsichtlich elterlicher Erziehungspraktiken (mit Ausnahme massiver körperlicher oder sexueller Gewalt) recht breit. Gegenüber Eltern mit Behinderungen ist eine solche Toleranz gelegentlich zu vermissen.

Gesellschaftliche Isolation und soziale Netzwerke

Ein lange unterschätzter Faktor für das Realisieren elterlicher Kompetenzen und das Gelingen von Elternschaft sind die sozialen Ressourcen und die Unterstützung, über die Eltern verfügen.

> »Supportive people surrounding the parents are a significant source of empowerment. Parents who are visible to and integrated with benevolent social networks have, in general, much better child outcomes than those, who are not, as happens in ›socially excluded‹ families«. *(Hoghughi 2004, 13)*

Dieser Zusammenhang ist durch zahlreiche Studien für Eltern im Allgemeinen gut belegt; das heißt, *alle* Eltern sind auf soziale Netzwerke angewiesen und *alle* Eltern bzw. alle Menschen leiden, wenn sie sozial isoliert sind, keinen Freundeskreis haben, wenn es niemanden gibt, der sie wertschätzt und mit dem sie sich austauschen oder etwas zusammen unternehmen können. Eltern, die in sozialer Isolation leben, haben es schwerer, elterliche Kompetenzen zu verwirklichen als sozial gut integrierte Eltern. Für Eltern mit Lernschwierigkeiten ist die Tatsache, dass sie sehr häufig zu den *socially excluded families* gehören und über besonders dürftige soziale Netzwerke verfügen, gut belegt (vgl. z. B. McConnell u. a. 2008, Mirfin-Veitch 2010). Für diese Eltern scheint es besonders schwierig zu sein, am Gemeinwesen teilzuhaben, private Netzwerke zu knüpfen, diese aufrecht zu erhalten und zu nutzen.

Auch Eltern mit Sinnes- und Körperbehinderungen erfahren häufig soziale Isolation, bedingt durch bestehende Barrieren und fehlende personelle Unterstützung im Alltag. Die baulichen Barrieren, die sie schon ohne Kinder an der Teilhabe am Leben in der Gemeinschaft hindern und die sie oftmals zu umgehen gelernt haben, werden durch die Bedürfnisse der Kinder erneut zu einer emotionalen und praktischen Herausforderung. Der Spielplatz, die Spielgruppe, die kulturelle Veranstaltung an einem nicht barrierefreien Ort oder die gemeinsamen Unternehmungen von Eltern mit Kindern gleichen Alters werden aufgrund von baulichen, kommunikativen oder auch einstellungsbezogenen Barrieren schwierig bis unmöglich gemacht. Hier bedarf es der Unterstützung, beispielsweise der Mobilität durch die Versorgung mit einem PKW oder einer Assistenz. Aus der Beratungspraxis ist bekannt, dass behinderte Mütter sich aus dem besonderen Anspruch heraus, eine gute Mutter zu sein, in der Regel vor der Realisierung ihres Kinderwunsches der Unterstützung ihres sozialen Umfeldes vergewissern (vgl. auch Hermes 2004). Das wird insbesondere deutlich in der schon frühzeitig geplanten Rollenaufteilung mit ihrem Partner bezüglich der Kinderbetreuung und gegebenenfalls des veränderten oder zusätzlich zu planenden Einsatzes von Assistenz. Wird diese Unterstützung in großem Umfang ehrenamtlich vom sozialen Umfeld geleistet, ist sie abhängig von den aktuellen Lebenssituationen wie Krankheit oder beruflicher Veränderung und kann jederzeit in sich zusammenbrechen; eine Erfahrung, die viele behinderte Eltern machen.

Obwohl also Eltern mit Behinderung oft weniger Unterstützung aus ihrem persönlichen Umfeld bzw. aus dem Gemeinwesen erhalten als nichtbehinderte Eltern, werden sie andererseits mit besonders hohen Erwartungen konfrontiert und oftmals engmaschig kontrolliert. Auftretende Probleme werden für gewöhnlich ihnen persönlich bzw. ihrer Behinderung zugeschrieben, die ungünstigen psychosozialen Rahmenbedingungen werden oftmals ignoriert. Hinzu kommt als psychologischer Faktor vor allem bei Frauen mit körperlichen und Sinnesbehinderungen

> »ein besonders starker Druck zu beweisen, dass die existierenden Vorurteile gegenüber ihren Mutter(un)fähigkeiten nicht stimmen. Die Befürchtung, Vorurteile zu bestätigen, kann behinderte Mütter dazu veranlassen, Hilfsangebote abzulehnen und sich selbst zu überfordern«. (Hermes 2004, 42)

Unterstützung für Eltern mit Behinderung

Grundsätzlich gibt es für den Personenkreis der behinderten Eltern unterschiedliche Unterstützungsbedarfe, die je nach Situation einzeln oder auch in Kombination benötigt werden.

Hilfsmittel

Viele der benötigten Hilfsmittel sind Eigenkonstruktionen, etwa das unterfahrbare Kinderbett oder andere Transporthilfen für das Kind. Bislang sind Hilfsmittel zur Versorgung insbesondere von Babys und Kleinkindern nicht von der Krankenkasse als Hilfsmittel anerkannt. Sie können aber unter Wahrung der entsprechenden Einkommensgrenzen im Rahmen der Eingliederungshilfe gewährt werden.

Elternassistenz
Elternassistenz als personelle Unterstützung ermöglicht es dem behinderten Elternteil, selbstbestimmt mit dem Kind umzugehen und mit ihm weitestgehend am gesellschaftlichen Leben teilzunehmen. Der Begriff »Elternassistenz« leitet sich ab vom Modell der Persönlichen Assistenz, das von der »Selbstbestimmtleben«-Bewegung aus der Kritik an den starren und einschränkenden Strukturen ambulanter Dienste entwickelt wurde. Grundannahme ist, dass behinderte Eltern Expert/innen in eigener Sache sind, die ihren Alltag inklusive ihres individuellen Hilfebedarfes selbst organisieren können. Mithilfe des Modells der Persönlichen Assistenz lösen sie sich von institutionellen fremdbestimmenden Strukturen und werden selbst zu Arbeitgebern ihrer Assistenzkräfte. Dabei entscheiden sie selbst, wer sie wann, wie und wo unterstützt. Die Umsetzung der auch als Arbeitgebermodell bezeichneten Unterstützungsform erfordert allerdings von der assistenznutzenden Person die Übernahme der Arbeitgeberkompetenzen. Dies sind

- *Personalkompetenz*
  Die Assistenznehmenden entscheiden selbst, wer ihnen die Hilfe erbringt; sie schließen Arbeitsverträge, die gemäß den gesetzlichen Vorgaben (z. B. hinsichtlich Kündigung, Urlaub, Lohnfortzahlung im Krankheitsfall) zu gestalten sind.
- *Organisationskompetenz*
  Die Assistenznehmenden entscheiden, wann die Hilfe erbracht wird. Sie erstellen Dienstpläne und sind auch für die Organisation einer Vertretung im Krankheitsfall zuständig.
- *Anleitungskompetenz*
  Die Assistenznehmenden leiten ihre Assistenzkräfte an und übernehmen die Verantwortung für deren Handeln.
- *Finanzkompetenz*
  Die Assistenznehmenden beantragen die erforderlichen Gelder bei den zuständigen Behörden und sorgen dafür, dass alle erforderlichen Abgaben und Nachweise ordnungsgemäß abgewickelt werden.
  (vgl. MOBILE 2001)

Persönliche Assistenz kann in allen Lebensbereichen – Pflege, Haushalt, Freizeit und Arbeit – eingesetzt werden. Der Unterstützungsbedarf behinderter Eltern ist in der Regel nicht langfristig planbar, es sei denn, die Eltern haben einen sehr hohen Hilfebedarf. Daher ist die Nutzung eines ambulanten Dienstes mit entsprechender Personalplanungsvorlaufzeit nicht unbedingt zielführend. Der Unterstützungsbedarf verändert sich analog zu der Entwicklung des Kindes/der Kinder, der sozialen Gesamtsituation – etwa der Rollenverteilung innerhalb der Familie – und der Verfügbarkeit des sozialen Netzwerkes sowie der gesundheitlichen Situation des behinderten Elternteils.

Leistungsgewährung

Die Gewährung einer bedarfsgerechten Unterstützung seitens der öffentlichen Hand gestaltet sich schwierig, da sich der Jugendhilfeträger und der Sozialhilfeträger gegenseitig in der Verantwortung sehen. Erstere argumentieren, es gehe nicht um das Kindeswohl, da ein Kind naturgemäß auf die Versorgung durch seine Eltern angewiesen sei und der Hilfebedarf auf Seiten des behinderten Elternteiles liege, für den nun mal der Sozialhilfeträger im Rahmen der Eingliederungshilfe zuständig sei. Der Sozialhilfeträger seinerseits argumentiert, es handele sich um den Unterstützungsbedarf von Eltern bei der Erziehungsarbeit und daher sei die Jugendhilfe zuständig. In einem Gerichtsurteil des OV Minden (6 K 1776/09) hat das Gericht den Sozialhilfeträger zur Finanzierung von Elternassistenz verurteilt, da es den Unterstützungsbedarf eindeutig bei der behinderten Mutter und nicht bei dem Kind sah.

Nachteilig für die Einordnung der Zuständigkeit von Elternassistenz beim Sozialhilfeträger ist die Abhängigkeit von Einkommens- und Vermögensgrenzen. Die betroffenen Familien sind gezwungen, das die Einkommensgrenze übersteigende Einkommen anteilig in die Unterstützungsleistung zu investieren (Armutsgebot).

Alles in allem ist es für Eltern mit Assistenzbedarf immer noch mit sehr vielen Hürden verbunden, ihren Bedarf durchzusetzen.

Begleitete Elternschaft

Begleitete Elternschaft ist insbesondere für Eltern mit Lernschwierigkeiten oder psychischer Beeinträchtigung von Bedeutung, wobei es mittlerweile in Deutschland sowohl ambulante als auch stationäre Begleitungsangebote gibt (vgl. http://www.begleitete-elternschaft.de/). Anders als bei der Elternassistenz stellen diese Angebote Dienstleistungen sozialer Träger dar, die die Eltern oftmals annehmen müssen, wenn sie nicht Gefahr laufen wollen, dass ihre Kinder fremdplatziert werden. Gerade Eltern mit Lernschwierigkeiten fühlen sich dadurch bisweilen gezwungen, ihren persönlichen Lebens- und Erziehungsstil zugunsten relativ normierter Vorstellungen eines mittelschichtorientierten professionellen Hilfesystems aufzugeben. Daraus resul-

261

tierende Belastungen sowie die permanente Bedrohung durch einen Sorgerechtsentzug können negative Auswirkungen auf die Familien haben. Auf diese Weise kann das professionelle Hilfesystem sogar zum Risikofaktor im Leben von Kindern behinderter Eltern werden (vgl. Sanders 2008, Faureholm 2010).

Umso wichtiger erscheint es, die Unterstützungsangebote so zu gestalten, dass die Eltern sie annehmen können, ohne dass die Familien sich fremdbestimmt und gedemütigt fühlen. Dafür ist ein akzeptierender und respektierender Umgang der Fachkräfte mit den Eltern Voraussetzung. Konkretisiert finden sich solche Haltungen auf einer Liste von ›Dos‹ und ›Don'ts‹ – also was zu tun und was zu unterlassen ist – von McGaw (2004, 232), z. B.:

- »Take time to ask and listen to what parents want.«
- »Build on and emphasize parents' strengths rather than their weaknesses.«

Unter den ›Don'ts‹ wird als zu vermeidendes Verhalten u. a. benannt:

- »Do not make parents responsible for the failure of your teaching programme.«
- »Do not assume poor parent motivation. Disengagement with services may result from poor staff attitudes, environmental stress or lack of emotional or practical support.«

Leider sind solche eigentlich selbstverständlichen Prinzipien der professionellen Arbeit in der Praxis noch immer keine Selbstverständlichkeit.

Nach McConnel u. a. (2008) wurde in den letzten 10 Jahren bei den Interventionen verstärkt der Faktor der sozialen Isolation der Eltern berücksichtigt, was in den Studien zu positiven Ergebnissen geführt hat. Dennoch fokussieren die meisten Interventionsstudien ausschließlich auf elterliches Wissen und Fertigkeiten und auf die individuelle Ebene von Eltern oder Kind, während die sozialen Netzwerke und die institutionellen und organisatorischen Rahmenbedingungen des Gemeinwesens trotz ihrer enormen Bedeutung außen vor bleiben. Dies dürfte leider auch in der Praxis der Begleiteten Elternschaft sowohl international als auch speziell in Deutschland nicht anders sein.

Ausblick

Kinderwunsch und Elternschaft werden im Zuge von Inklusion, Normalisierung und Selbstbestimmung die Lebensentwürfe behinderter Menschen in

Zukunft noch stärker prägen, als es bislang der Fall war. Dies muss zu einer stärkeren Sensibilisierung der Gesellschaft für die Belange behinderter Eltern führen. Insbesondere dürfen an Eltern mit Behinderung keine höheren Anforderungen gestellt werden als an andere Eltern. Daneben ist ein Netz von professionellen Unterstützungsangeboten für behinderte Eltern mit spezifischem Unterstützungsbedarf und für deren Kinder erforderlich, das regional organisiert ist. Die Unterstützungskonzepte sollten sich an den hohen Standards messen lassen, wie sie in der internationalen Fachliteratur zu finden sind. Wesentliche Elemente sind die Ermutigung der Eltern und die Stärkung in ihrer Elternrolle, die Förderung ihrer sozialen Netzwerke, die Betonung ihrer Bürgerrechte einschließlich der Hilfe bei der Wahrnehmung der allgemeinen Hilfsangebote in den Kommunen.

Außerdem wird ein inklusives Gemeinwesen gebraucht, das offen für die Teilhabe aller Familien ist und Barrieren abbaut, insbesondere im Bereich der Anlaufstellen für Familien. Ziel muss im Sinne des Artikel 23 der BRK der Abbau von Diskriminierung und die gleichberechtigte Teilhabe vom Menschen mit Behinderung an dem gesellschaftlichen Bereich der Elternschaft sein.

Literatur

Booth, Tim, Booth, Wendy & Connell, David (2005): Care Proceedings and Parents with Learning Difficulties: Comparative Prevalence and Outcomes in an English and Australian Court Sample. In: Child & Family Social Work, 10, 353–360

Bundesarbeitsgemeinschaft Begleitete Elternschaft (2008): http://www.begleitete-elternschaft.de/index.php?mainId=11

Bundesministerium für Familie, Senioren, Frauen und Jugend (BMFSFJ) (Hg.) (2000): (erstellt von: Nicole Eiermann, Monika Häußler, Cornelia Helfferich): Live, Leben und Interessen vertreten – Frauen mit Behinderung: Lebenssituation, Bedarfslagen und Interessenvertretung von Frauen mit Körper- und Sinnesbehinderungen. Stuttgart

Bundesverband behinderter Eltern e.V. (bbe e.V.) (2011): http://www.behinderte-eltern.de/Papoo_CMS/ (Zugriff am 24.8.2011)

Deutschlandradio Kultur (2011): Stofftiere ins Feuer und Pinkelverbot, http://www.dradio.de/dkultur/sendungen/kritik/1375363/ (Zugriff am 21.2.2011)

Disability, Pregnancy & Parenthood international (2011): http://www.dppi.org.uk/journal/index.html (Zugriff am 24.8.2011)

Faureholm, Jytte (2010): Children and Their Life Experiences. In: Llewellyn, G., Traustadóttir, R., McConnell, D. & Sigurjónsdóttir, H. B. (Hrsg.): Parents with Intellectual Disabilities. Past, Present and Futures. Chichister, 63–78

Feldman, Maurice A., (1992): Teaching child-care skills to mothers with developmental disabilities. In: Journal of Applied Behaviour Analysis (25), 205–215

Hermes, Gisela (Hrsg.) (1998): Krücken, Babys und Barrieren. Zur Situation behinderter Eltern in der Bundesrepublik. Kassel

Hermes, Gisela (2004): Behinderung und Elternschaft leben – Kein Widerspruch! Neu-Ulm

Hoghughi, Masud (2004): Parenting – An Introduction. In: Hoghughi, M. & Long, N. (Hrsg.): Handbook of Parenting. Theory and research for practice. London, 1–18

Kluge, K.-J. & L. Sparty, Leo (Hrsg.) (1977): »Sollen, können, dürfen Behinderte heiraten?« Bonn-Bad Godesberg

Llewellyn, Gwynnyth & McConnell, David (2002): Mothers with learning difficulties and their support networks. In: Journal of Intellectual Disability Research, 46, 17–34

McConnell, David, Matthews, Jan, Llewellyn, Gwynnyth, Mildon, Robin & Hindmarsh, Gabrielle (2008): »Healthy Start.« A National Strategy for Parents with Intellectual Disabilities and Their Children. In: Journal of Policy and Practice in Intellectual Disabilities, 5, 194–202

McGaw, Susan (2004): Parenting Exceptional Children. In: Hoghughi, M. & Long, N. (Hrsg.): Handbook of Parenting. Theory and research for practice. London, 213–236

McGaw, Susan, Beckley, Kerry, Connolly Nicola & Ball, Katherine (1998): Parent Assessment Manual, Truro (Cornwall/Grossbritannien): Trecare NHS Trust

McGaw, Susan & Sturmey, Peter (1994): Assessing Parents with Learning Disabilities: The Parental Skills Model. In: Child Abuse Review 3, 36–51

Mirfin-Veitch, Birgit (2010): Citizenship and Community Participation. In: Llewellyn, G., Traustadóttir, R., McConnell, D. & Sigurjónsdóttir, H. B. (Hrsg.): Parents with Intellectual Disabilities. Past, Present and Futures. Chichister, 95–106

MOBILE – Selbstbestimmtes Leben Behinderter e. V. (Hrsg.) (2001): Handbuch Selbstbestimmt Leben mit Persönlicher Assistenz. Ein Schulungskonzept für AssistenznehmerInnen, Band A, Neu-Ulm

Morris, Jenny & Wates, Michele (2006): Supporting disabled parents and parents with additional support needs, London, http://www.scie.org.uk/publications/knowledgereviews/kr11.pdf

Pachter, Lee M. & Dumont-Mathieu, Thyde (2004): Parenting in Culturally Divergent Settings. In: Hoghughi, M. & Long, N. (Hrsg.): Handbook of Parenting. Theory and research for practice. London, 88–97

Parenting Research Centre (2010): Healthy Start, Practitioners supporting parents with learning difficulties and their children, http://www.healthystart.net.au/ (Zugriff am 24.8.2011)

Pixa-Kettner, Ursula (2007): Elternschaften von Menschen mit geistiger Behinderung in Deutschland: Ergebnisse einer zweiten bundesweiten Fragebogenerhebung. In: Geistige Behinderung 46, 4

Pixa-Kettner, Ursula (Hrsg.) (2008): Tabu oder Normalität? Eltern mit geistiger Behinderung und ihre Kinder. Heidelberg, 2. Aufl.

Pixa-Kettner, Ursula, Bargfrede, Stefanie & Blanken, Ingrid (1996): »Dann waren sie sauer auf mich, daß ich das Kind haben wollte...«. Eine Untersuchung zur Lebenssituation geistigbehinderter Menschen mit Kindern in der BRD. Baden-Baden

Prangenberg, Magnus (2002): Zur Lebenssituation von Kindern, deren Eltern als geistig behindert gelten. Eine Exploration der Lebens- und Entwicklungsrealität anhand biographischer Interviews und Erörterung der internationalen Fachliteratur. Dissertation Universität Bremen

Sanders, Dietke (2008): Risiko- und Schutzfaktoren im Leben der Kinder von Eltern mit geistiger Behinderung. In: Pixa-Kettner, U. (Hrsg.): Tabu oder Normalität? Eltern mit geistiger Behinderung und ihre Kinder. Heidelberg, 161–193, 2. Aufl.

Through the Looking Glass (TLG) (2011): http://www.lookingglass.org/home (Zugriff am 19.8.2011)

Wiegand-Grefe, Silke, Mattejat, Fritz & Lenz, Albert (Hrsg.) (2010): Kinder mit psychisch kranken Eltern: Klinik und Forschung Göttingen

Vielleicht bist du schwanger

Melanie, 22 Jahre, und Michael, 23 Jahre, sind ein Paar, welches in derselben WfbB arbeitet. Sie wohnen in verschiedenen Einrichtungen und haben beide eine leichte geistige Behinderung.

Melanie: Als wir am Anfang zusammen gekommen sind, hatte ich so ein Problem mit dem Sex. Am zweiten Tag, wo ich da war, wollte er direkt mit mir schlafen. Da hab' ich gesagt: »Nein!«. Ja, und da ist er ausgeflippt.
Michael: ›Ausgeflippt!‹ – Ausgeflippt ist was anderes.
Melanie: Nee, da bist du ausgeflippt.
Michael: Nee.
Melanie: Da hab' ich ihm gesagt: »Wenn du unbedingt 'ne Freundin haben willst, die mit dir direkt am zweiten Tag Sex machen muss, musst du dir 'ne andere suchen. Mit mir kannst du das nicht abziehen.« Und dann war er sauer, deswegen bin ich dann aus der Tür raus gerannt. Da meint er zu mir: »Warum gehst du denn jetzt direkt?« Da hab' ich ihm gesagt: »Frag' doch nicht so blöd.«

Melanie: Bei mir darf der keine Sexfilme gucken, wenn ich da bin.
Michael: Warum denn?
Melanie: Weil ich so was nicht so gerne gucke. Das find' ich ekelhaft.
Michael: Das ist doch was natürliches.
Melanie: Warum ich das ekelhaft finde? Weil das Schweinerei ist.

Michael: Aber wenn du das doch selber machst? Das ist doch genau dasselbe, ob du das jetzt guckst oder selber machst.

Melanie: Das ist aber peinlich, wenn du so einen Film guckst, wo das andere machen und andere gucken zu.

Michael: Och, die sehen das doch gar nicht, dass du bei denen zuguckst. Das ist doch so gemacht, dass du das gucken kannst.

Melanie: Er redet immer von verschiedenen Stellungen.

Michael: Ja, die gibt's doch.

Melanie: Da hat er zu mir gesagt: »Wenn du mal alleine wohnst oder wenn ich mal alleine wohne, dann probieren wir die verschiedenen Stellungen.« Er kann das verstehen, dass mir das peinlich ist, dass ich mich schäme wegen den anderen Mitbewohnern. Er kann das gut verstehen.

Michael: Ja, aber wenn wir unter uns sind, dann kriegt das doch keiner mit, dann sieht uns doch keiner.

Melanie: Ich hab' ein Problem: Wir hatten miteinander vor 'nem Monat Sex gehabt und ich krieg seit vier Wochen meine Tage nicht. Er meint zu mir: »Vielleicht bist du schwanger«.

Michael: Kann möglich sein. Die hat ja auch hier schon zugelegt. (zeigt auf Melanies Bauch)

Frage: Wie wäre es denn, wenn du schwanger wärst?

Michael: Abtreiben ist zu spät.

Melanie: Ja, Abtreiben wäre dann zu spät.

Michael: Und meine ältere Schwester ist schon sauer geworden, wie die dann gesagt hat, sie will das dann weg machen lassen. Kondome hab' ich keinen Bock drauf.

Frage: Wieso nicht?

Michael: Musste immer kaufen und dann anziehen. Ohne ist schöner. Außerdem hab' ich ja keine Kondome mehr, alle weg. Ne?

Melanie: Ja.

Michael: Müssen wir gucken. – Wenn die Melanie jetzt tatsächlich was in der Röhre hat, ob wir zusammen ziehen. Das hat die Mutter auch gesagt. Sonst lebt der eine da, der andere da, das ist doch Schwachsinn.

Frage: Was meinst du mit: »In der Röhre hat?«

Michael: Ja, wenn sie schwanger ist...

Melanie: Wenn es so ist, hab' ich Pech gehabt.

Michael: Wieso Pech gehabt? Ich find' es gut.

Melanie: Ich aber nicht.

Michael: Wie: ›Ich aber nicht‹? Ja klar, du auch.

Melanie: Was soll ich machen, dann muss ich ein Kind groß ziehen.

Michael: Ja und dann muss sie arbeiten gehen. Aber es wird auch nicht abgetrieben und nicht woanders hin gegeben. Kann sie sich knicken.

Frage: Wie fandest du das denn Melanie, dass der Michael nicht verhüten will?

Melanie: Nicht so gut.

Frage: Und Pille?

Melanie: Pille ist mir zu teuer geworden, die kostet zehn Euro jetzt. Früher war ja nur fünf.

Frage: Wie teuer sind denn Kondome?

Melanie: Weiß ich nicht, keine Ahnung. Musst du ihn fragen.

Michael: Ich geh' ja nie welche kaufen. Weiß ich nicht. Aber es bringt nichts, abzutreiben. Man bringt kein Lebewesen um!

Melanie: Aber wenn das so 'nen kleines Ei und noch kein zweiter Monat ist, kann man das noch. Das hat meine Mutter mir selber gesagt.

Michael: Ach, was deine Mutter sagt…

Melanie: Nein, dann kann man das noch. Solange das noch so 'nen kleines Kücken ist, dann kann man das.

Michael: Man bringt trotzdem kein Kind um. Also dafür bin ich nicht, mein Kind umbringen.

Melanie: Ich geh morgen zum Frauenarzt. Gucken, was das ist, warum ich meine Tage nicht kriege.

Michael: Die hat aber wirklich zugenommen!

Melanie: Ja ja.

Michael: Ja guck mal, die hat vorhin 'ne Jeans gehabt, die war vorher wabbelig (zeigt auf Melanies Hüfte) und jetzt ist sie voll eng. Aber die ist ja auch 'ne dicke Frau – seine Hormone spielen auch bekloppt.

Melanie: Ja, aber der hört da was an meinem Bauch.

Frage: Was tust du?

Michael: Ja, wie vom Fruchtwasser, das sprudelt da.

Melanie: Hahaha, ich lach mich kaputt.

Michael: Ja da hör ich aber was – hier! (zeigt auf Melanies Bauch). Also ich hör ein gutes Geräusch, ja ein sehr gutes!

(Aus dem Film »Seine Hormone spielen auch bekloppt« von der DVD »Behinderte Liebe 1«)

Dann müssen wir deine Mutter noch ein bisschen überreden

Udo, 39, und Sonja, 41, sind ein Paar, welches in der gleichen WfbB arbeitet. Beide wohnen getrennt im BeWo und haben leichte geistige Behinderungen.

Udo: Wir haben uns kennengelernt in der Werkstatt für Behinderte hier in Ratingen-West. Durch einen ganz dummen Zufall. Sie hat im Wohnheim gewohnt und ich bin hinter ihr her, wusste aber jetzt nicht in welcher Etage.
Sonja: Und ich so: »Wer rennt mir denn die ganze Zeit hinterher?«
Udo: Da bin ich also hoch in die Gruppe, hab bei ihr an die Tür geklopft und meinte nur zu der Gruppenleiterin da, ob Sonja da wäre. Und die so: »Sonja, da ist ein Mann für dich, den kenn ich nicht.«
Sonja: Und ich: »Hä?«
Udo: ›Wie kann das sein, ich kenn doch keinen.‹
Sonja: Aber echt! Ich so: »Wie bitte?« – »Ja hier, da steht ein junger Mann für dich!« Ich so: »Alles klar.«
Udo: ›Wer ist denn das? Kenn ich den? Hab ich den schon mal gesehen?‹
Sonja: Ja und danach meint die so: »Will der etwa was von dir?« Ich so: »Ja ja, der will was von mir.«
Udo: Ich will immer noch was von dir, hallo?
Sonja: Ja ja! (*lacht*)

Udo: Nicht nur seit gestern, seit vorgestern und vorvorgestern – seit längerem schon.
Sonja: Ja.
Udo: Seit acht Jahren will ich was von dir!
Sonja: Acht Jahre. Acht Jahre sind wir zusammen.
Udo: Und immer noch heiß verliebt…
Sonja (*bekommt Tränen in den Augen*): Ja genau.
Udo: Schnuckimaus! Hör auf zu heulen, es sieht scheiße aus, wenn du heulst! Brauchst ein Taschentuch? Was denn? Oh, du musst nicht heulen. Heulen sieht doof aus, Schatzi.

Sonja: Ich bin ja die ganze Woche jetzt hier, weil es bei mir zuhause ein bisschen langweilig ist.
Udo: Also sehen tun wir uns eigentlich die komplette Woche von morgens bis abends.
Sonja: Ja.
Udo: Gut, zwischendurch mal anderthalb oder zwei Stunden Pause. Weil sie hat ja auch 'ne gesetzliche Betreuung und sie hat ein betreutes Wohnen. Die kommen ab und zu in ihre Wohnung rein und wundern sich immer, dass da nichts los ist.
Sonja: Ja. (*lacht*)
Udo: Wir möchten gerne zusammen ziehen. Das Problem ist ganz einfach nur, Sonjas Mutter sagt immer: »Nee!« Egal, was sie fragt: »Nein!«
Sonja: Ja.
Udo: Ich weiß auch nicht warum. Vielleicht hat sie Angst um dich, dass du's nicht schaffen würdest.
Sonja: Ja.

Sonja: Wir streiten uns ganz selten, aber wir sprechen uns dann direkt wieder aus. Und dann ist das ja in Ordnung.
Udo: Ich glaube, in jeder Beziehung gibt's irgendwann mal Stress, wenn einem was auf den Keks geht. Wenn es irgendwie ein Problem geben sollte, merken wir das direkt und fangen an, darüber zu diskutieren. Und wenn's nicht mehr hilft – Wir haben jeder 'ne Betreuung…
Sonja: Ja.
Udo: … die uns da weiterhelfen kann, die wir auch fragen können.
Sonja: Ja genau.
Udo: Schlafen wir 'ne Nacht halt mal getrennt. Und am nächsten Morgen kommt sie dann heulend an und sagt: »Entschuldige, war nicht so gemeint.« – Ich denk so: »Hä, was willst denn du jetzt von mir? War da irgendwas?«

Udo: Wenn's Probleme gibt bei irgendwelchen Sachen, fragen wir sogar unsere Betreuer, ob sie ein paar neue Stellungen kennen... (*lacht*)
Sonja: Ja.
Udo: Aber das Problem an der Sache bei uns ist einfach: Beweglichkeit bei beiden ist nicht so ganz vorhanden. Gut, sie kann keinen Spagat, ich kann keinen Spagat – wir können nicht so das Kamasutra rauf und runter, das geht nicht bei uns, so gelenkig sind wir beide nicht.
Sonja: Ne!

Sonja: Also ich krieg die Drei-Monate-Spritze.
Udo: Und ich nehm' ein Gummi! Kann ja mal sein, dass bei Sonja irgendwas unten dran ist, ein Scheidenpilz oder was weiß ich, was sie noch so unten dran hat. Oder bei mir ist irgendwas, kann ja auch mal beim Mann was sein. Und deswegen ist Verhütung immer besser, auch wenn man sich kennt, auch wenn man acht Jahre zusammen ist. Wir machen's auch mal ohne, weil wir uns ja schon so gut kennen. Aber meistens machen wir's mit, weil's einfach sicherer ist. Und es hinterlässt keine Spuren im Bett.
Sonja: Ja, das stimmt. Ich wollte dann auch ein Kind haben. Und dann meinte meine Mutter: »Nee, guck mal, du arbeitest ja für total wenig Geld.« Und dann hab ich gedacht: »Ist okay.« Aber ich hab das nicht so richtig überlegt. Dann sagt meine Mutter: »Überleg dir das mal ganz gut!« Ja, dann hab ich das noch mal überlegt und gedacht: »Nee, Kind dann doch nicht.«
Udo: Meine Eltern haben gesagt: »Mach, was du willst.« Als ich 18 geworden bin, haben meine Eltern zu mir gesagt: »Du lebst jetzt dein Leben, wie du möchtest und nicht mehr, wie wir wollen. Was du machst, ist uns egal. Nur frag nicht nach Geld, das kriegst du nicht.«

Udo: Mit 150 Leuten in der Färberei [Kulturzentrum für Behinderte] in Wuppertal, da hab ich ihr 'nen Heiratsantrag gemacht.
Sonja: Ja.
Udo: Ich dachte, nach zwei Jahren waren wir schon so zusammen. Und wir haben schon so die Ringe besorgt gehabt. Ich hab dann erstmal in der Werkstatt zu ihr gesagt: »Ich hab ein Geschenk für dich, möchtest du ewig bei mir sein?« Meinte sie: »Ja, warum nicht?« Da hab ich ihr schon mal die Ringe gegeben. Dann war aber das Problem, dass ich einfach ein bisschen zu früh gefragt hab. Ich hatte ihre Eltern noch nicht gefragt. Meine Eltern interessiert es sowieso nicht, aber ich hab ihre Eltern nicht gefragt, ob ich sie heiraten darf, und dann kam sie auf einmal: »Ja, wir haben einen Fehler gemacht«. Und ich hab gemerkt welchen.
Sonja: Ja.

271

Udo: Und jetzt fragen wir erstmal nach, ob wir zusammen ziehen dürfen. Und wenn wir dann zusammen gezogen sind, dann warten wir so ein, zwei Jahre ab, ob wir uns dann überhaupt noch zusammen riechen können, wenn man wirklich jeden Tag zusammen beginnt. Und dann wollen wir mit dem Heiraten loslegen. Wenn's funktioniert! Das ist ja noch die große Frage. Also möchten, möchten wir gerne, am besten gestern.

Sonja: Ja.

Udo: Nur ob's funktioniert…

Sonja: … das wissen wir noch nicht!

Udo: Dann müssen wir deine Mutter noch ein bisschen überreden.

Sonja: Ja genau!

(Aus dem Film »Schatzi, wir haben eine eigene Wohnung« von der DVD »Behinderte Liebe 2«)

Sexualität und Elternschaft bei Frauen mit psychischen Erkrankungen

Silvia Krumm

Die Konstruktion »abweichender« Sexualität psychisch Kranker

Die Psychiatrie hat sich stets mit Fragen zur Sexualität beschäftigt – wenn auch mit einem besonderen Blick auf jene Erscheinungsformen sexuellen Verhaltens, die sie als »pathologisch« klassifizierte. Zu erwähnen sind hier vor allem die Arbeiten des Psychiaters und Rechtsmediziners Richard von Krafft-Ebing, der in seinem 1886 veröffentlichten, viel gelesenen Werk »Psychopathia Sexualis« eine umfangreiche Einteilung sexuell abweichenden Verhaltens vorstellte. Zwar war es sein Anliegen, abweichende Formen von Sexualität mit psychiatrischen und psychopathologischen Auffälligkeiten zu erklären, um dadurch die betroffenen Personen von (moralischer) Schuld zu entlasten. Die psychiatrische Rahmung sexuell abweichendes Verhalten bildete aber zugleich den Grundstein für eine umfassende Pathologisierung der Sexualität psychisch Kranker. Enge Verknüpfungen von psychischer Erkrankung und gestörter Sexualität findet sich auch in der Freudschen Sexualtheorie, bei der das Verdrängen sexueller Triebe und Wünsche als Hauptursache für die Entstehung von Neurosen gesehen wird. Auch ist die Ansicht Freuds überliefert, wonach psychisch Kranke notwendigerweise auch in ihrem Sexualleben gestört seien (vgl. Strauß, 1985).

Der weiblichen Sexualität in ihrem Zusammenhang mit psychischen Erkrankungen wurde – vor allem über den Begriff der »Hysterie« – im Geschlechterdiskurs des 19. Jahrhunderts eine besondere Beachtung zuteil (Lamott, 2001). Während bis in das 18. Jahrhundert hinein eine angebliche Überlegenheit des Mannes auf die »natürliche Physis« zurückgeführt wurde, gewann im 19. Jahrhundert zunehmend das »sexuell Pathologische« als entscheidendes Kriterium an Bedeutung. Die Erforschung des weiblichen Wahns ging dabei Hand in Hand mit der zunehmenden Erforschung der weiblichen Geschlechtsorgane und des Menstruationszyklus vor dem Hintergrund der aufstrebenden Gynäkologie. Die Pathologisierung der weiblichen Sexualität setzte dort an, wo sie über die eigentlichen Reproduktionsfunktionen hinausging und mit den moralischen Vorstellungen jener Zeit kollidierte. Tatsächlich finden sich in den Krankenakten von Patientinnen, die im 19. Jahrhundert im Wiener »Narrenturm« behandelt wurden, mit Hinweisen auf eine »exzessiv gelebte Sexualität« zahlreiche Belege für die Sonderstellung des weiblichen Wahnsinns im Zusammenhang mit abweichender Sexualität (Mixa, 1996: 112).

Psychiatrische Geschlechtsachse und Sexualitätsdiskurs

In den psychiatrischen Anstalten selbst wurden die Insassen strikt nach Geschlecht getrennt. Diese Geschlechtertrennung ist einerseits durchaus als fortschrittliches Element – im Sinne eines humaneren Umgangs mit psychisch Kranken – einzuordnen.[1] Andererseits stellte sie ein grundlegendes Ordnungsprinzip psychiatrischer Anstalten und diente – durchaus als ein Merkmal und Instrument »totaler Institutionen« im Sinne Goffmans – der Reglementierung und Kontrolle der Insassen. Mit der Liberalisierung tradi-

---

1 Um die Mitte des 19. Jahrhunderts forderte etwa ein US-amerikanischer Psychiater: »And here we do not hesitate to express an opinion that the Asylum on *Blackwell's Island* will never be what it should be until separate establishments for the sexes are built« (White, 1849, 136). Kraepelin zitiert aus einem Untersuchungsbericht aus dem Jahr 1842, in dem die fehlende Geschlechtertrennung als eine von vielen inhumanen Anstaltsbedingungen kritisiert wird: »Nackt auf schmutzigem Stroh in verpesteter Luft, nicht selten mit Ketten gefesselt (...) Männer und Frauen durcheinander« (Kraepelin, 1918, 3).

tioneller Moralvorstellungen setzte in den 1960er Jahren ein Prozess ein, der auch den Umgang mit Sexualität in der Psychiatrie beeinflusste. Das psychiatrische Interesse an den sexuellen Devianzen unter moralischen Aspekten nahm ab, es verstärkte sich die Thematisierung sexueller Funktionsstörungen psychisch kranker Menschen (Herzog, 1996). Auch wurde unter dem Eindruck reformerischer Konzeptionen vereinzelt damit begonnen, die strikte Geschlechtertrennung zu hinterfragen. Wesentliche Impulse gingen von dem bereits in den 1940er Jahren von Maxwell Jones in England entwickelten Konzept der »Therapeutischen Gemeinschaft« und den vielfältigen, hierauf aufbauenden milieutherapeutischen Behandlungsformen aus, die sich von den 1950er Jahren an auf breiterer Ebene durchzusetzen begannen. Zentrales Prinzip dieses Ansatzes ist eine an den »normalen« Lebensbedingungen orientierte Gestaltung des psychiatrischen Alltags (Schott & Tölle, 2006). Die ersten gemischtgeschlechtlichen psychiatrischen Versorgungsformen dienten auch der Ausbildung einer gesellschaftlich normierten Geschlechterrolle mit dem Ziel der sozialen Wiedereingliederung (Kretz, 1969).

Der Aspekt der Sexualität spielte jedoch, von wenigen Ausnahmen abgesehen, eine eher untergeordnete Rolle. Tatsächlich wurde bis in die 1980er Jahre hinein die Bedeutung von Sexualität in der psychiatrischen Versorgung nur wenig thematisiert. Noch 1988 heißt es in einer der ersten deutschsprachigen Publikationen zum Umgang mit Sexualität in der Psychiatrie: »Der Diskurs über die Sexualität psychiatrischer Patienten ist spärlich, wird zumindest nicht offen geführt, vielmehr verschwiegen und vom Thema her tabuisiert: Sie findet einfach nicht statt« (Kobbé, 1988). Der restriktive Umgang mit dem Thema der Sexualität wird dabei vor allem mit den negativen Einstellungen der Beschäftigten in den psychiatrischer Institutionen verknüpft (Kobbé, 1988; Modestin, 1993; Strauß, 1985; Strauß & Gross, 1986). Mitte der 1990er Jahre erscheint mit »Störfall Sexualität. Intimitäten in der Psychiatrie« erstmals ein Sammelband, der aus sozialpsychiatrischer Sicht die vielfältigen Facetten des Zusammenhangs von Sexualität und Psychiatrie beleuchtet, angefangen von der Tabuisierung von Sexualität über die Analyse des Sexualitätsdiskurses bis hin zu den Auswirkungen sexueller Gewalt und geschlechts- und altersspezifischen Fragen (Herzog & Tergeist, 1996). Aids und die damit verbundenen Auswirkungen verstärkten gegen Ende der 1980er Jahre die Thematisierung sexueller Aspekte. Im Vordergrund standen Fragen zum spezifischen Ansteckungsrisiko psychisch Kranker sowie die Erarbeitung von Maßnahmen zum Schutz psychiatrischer Patienten vor sexuell übertragbaren Krankheiten.

Sexuelle Gewalterfahrungen

Psychisch kranke Frauen berichten vielfach über sexuelle Gewalterfahrungen (Alvarez et al 2011). Das Risiko, im Erwachsenenalter an einer Angststörung zu erkranken, steigt bei Männern und Frauen mit sexuellen Gewalterfahrungen um das etwa 3-Fache an; das Risiko für eine depressive Erkrankung ist um das 2,6-Fache erhöht (Chen et al. 2010). Das Wissen um die Häufigkeit sexueller Gewalterfahrungen kann ebenso wie der sensible Umgang mit sexuell traumatisierten Menschen für den Erfolg einer psychiatrischen Behandlung von Bedeutung sein. Allerdings deuten vorliegende Befunde darauf hin, dass psychiatrische Patientinnen und Patienten meist nur unzureichend nach sexuellen Missbrauchserfahrungen gefragt werden (Agar & Read, 2002). Für die stationäre psychiatrische Versorgung ist darüber hinaus relevant, dass gemischtgeschlechtlich geschlossene Versorgungsformen das Risiko einer Re-Traumatisierung bergen (Doob, 1992). In der Tat scheint die Beeinträchtigung der Privat- und insbesondere der Intimsphäre der Patientinnen und Patienten auf psychiatrischen Stationen ein relativ häufiges Problem darzustellen (Spießl, Frick, Kovatsits & Klein, 2003).

Während in Deutschland bislang keine nennenswerte Auseinandersetzung mit dem Thema der sexuellen Gewalt im Rahmen stationär psychiatrischer Behandlung stattgefunden hat, kam es in England bereits in den 1990er Jahren in Folge des Bekanntwerdens sexueller Übergriffe in psychiatrischen Einrichtungen zu einer Debatte über die Sicherheit in psychiatrischen Einrichtungen und über das Risiko sexueller Übergriffe in geschlechtergemischten Stationen (Cohen, 1992; Fleischmann, 2000; Gallop et al., 1999; Tonks, 1992). Die Forderungen zum Schutz von Patientinnen mit Gewalterfahrungen vor Re-Traumatisierungen wurden in Richtlinien zur Reduzierung gemischtgeschlechtlicher psychiatrischer Versorgungsformen überführt (National Health Service Executive, 2000). In einem 2008 publizierten Rahmenplan zur medizinischen Versorgungsgestaltung in England wurde diese Forderung erneuert und unter Ankündigung von Sanktionen dazu aufgefordert, konkrete Pläne zur Abschaffung aller geschlechtergemischten Sanitär- und Schlafbereiche zu erarbeiten (Department of Health, 2008).

Krankheitssymptome und medikamentöse Nebenwirkungen

Nicht selten ist die Sexualität aufgrund einer zugrunde liegenden psychischen Erkrankung eingeschränkt. Insbesondere Personen, die von einer Depression betroffen sind, leiden häufig an einem Interessensverlust an sexuellen Aktivitäten. Hinzu kommt, dass sexuelle Störungen durch Gedankenkreisen, Interessensminderung, Freudlosigkeit, Beziehungskonflikte und sozialen Rückzug verstärkt werden, so dass sich hier ein Teufelskreis von Depression und sexueller Funktionsstörung ausbilden kann (Assem-Hilger & Kasper, 2005). Lourenco et al. (2011) konnten anhand einer Stichprobe von 89 depressiv erkrankten Patienten und Patientinnen einen negativen Zusammenhang zwischen Erkrankungsschwere und sexuellem Verlangen belegen (Lourenco, Azevedo & Gouveia, 2011). Neben krankheitsspezifischen Beeinträchtigungen der Sexualität ist insbesondere auch auf das Problem der medikamentösen Nebenwirkungen hinzuweisen. Während dieses Phänomen lange Zeit kaum beachtet wurde, stehen medikamentöse Nebenwirkungen in Form sexueller Beeinträchtigungen vor allem aufgrund der damit einhergehenden mangelnden Compliance, d.h. der Nicht-Befolgung der ärztlichen Therapieempfehlung im Blickfeld. Tatsächlich zählen die medikamentösen Nebenwirkungen zu den wichtigsten Gründen für ein Absetzen der verordneten Medikamente. Sicher ist, dass Psychopharmaka aufgrund ihres Einflusses auf das Hormonsystem zu einer Verminderung der Libido führen können (Assem-Hilger & Kasper, 2005). Die Forschungsbefunde zu den (medikamentenbedingten) Sexualstörungen psychisch kranker Menschen sind allerdings aufgrund methodischer Mängel bei der Datenerhebung häufig nur eingeschränkt aussagefähig. Insbesondere besteht hier ein Bedarf an geschlechtersensiblen Untersuchungen. Die Situation von Frauen, die psychopharmakologisch behandelt werden, ist im Vergleich zu einer mittlerweile recht guten Befundlage zu männlichen Sexualstörungen weit weniger gut erforscht (Assem-Hilger & Kasper, 2005; Segraves, 2002).

Verhinderte Elternschaft

Dass das Thema der Sexualität aufs engste mit jenem der Elternschaft verknüpft ist, liegt auf der Hand. Die strikte Geschlechtertrennung in den Anstalten diente über die verhinderte Sexualität psychisch kranker Menschen vornehmlich auch dem Ziel einer unbedingten Verhinderung von Elternschaft. Die Wurzeln hierfür sind bereits im 18. Jahrhundert mit der aufkommenden Degenerationshypothese angelegt. Diese beinhaltete die Annahme einer Ausbreitung krankhafter Abweichungen bis hin zum Untergang der zivilisierten Kulturvölker. Diese kultur- und zivilisationskritische Strömung erhielt durch die im 19. Jahrhundert aufkommenden Bewegungen der Eugenik und des Darwinismus auch von wissenschaftlicher Seite Unterstützung. Die Psychiatrie nahm in der Bearbeitung von Fragen zur Vererbbarkeit abweichenden Verhaltens freilich eine besondere Rolle ein. Der einflussreiche französische Psychiater Benedict A. Morel (1809–1873) formulierte im Jahr 1857 eine unter dem Begriff des »Morelschen Gesetzes« bekannt gewordene These, wonach sich ein einzelnes krankhaftes Merkmal von Generation zu Generation verschlimmere und unvermeidlich zum Untergang führe (Weingart, Kroll & Bayertz, 1992). In dieser pessimistisch-determinierenden Betrachtung wurden nicht nur der psychisch kranke Mensch als Individuum entwertet, sondern auch die Angst vor einer Degeneration des gesamten Volkes verstärkt (Ackerknecht, 1985). Seine praktische Wirkung zeigte dieser Diskurs alsbald in Form von Forderungen nach Eheverboten und Zwangssterilisationen. Mit dem am 1.1.1934 in Kraft getretenen Gesetz zur Verhütung erbkranken Nachwuchses (GzVeN) wurden Zwangssterilisationen gesetzlich legitimiert. Zwischen 1934 und 1945 wurden bis zu 400.000 Menschen, die als erbkrank galten, zwangssterilisiert.[2] Ein 1935 eingefügter Kommentar zum GzVeN ermöglichte darüber hinaus die zwangsweise Durchführung von Schwangerschaftsabbrüchen aus eugenischen Gründen. Gisela Bock (1986) nennt für das gesamte deutsche Reich eine Zahl von 30.000 eugenischen Schwangerschaftsabbrüchen. Zahlreiche Menschen starben an den Operationsfolgen, in der überwiegenden Mehrzahl (ca. 90 %) waren dies Frauen (Bock, 1986).

Mit dem Ende der nationalsozialistischen Herrschaft waren Zwangssterilisationen und Zwangsschwangerschaftsabbrüche zwar rechtlich nicht mehr legitimiert. Allerdings setzte bereits 1947 eine Diskussion zur Frage der Sinnhaftigkeit von Sterilisationen ein, die vor allem durch Hinweise auf die Sterilisationsgesetzgebung in anderen, demokratisch regierten Ländern betont wurde (Link, 1999). Gleichzeitig gibt es Hinweise darauf, dass Zwangssterilisationen von Menschen mit geistigen und seelischen Erkrankungen noch bis lange nach 1945 gängige Praxis waren. Bekannt wurde z. B., dass psychisch kranke und geistig behinderte Menschen – teils ohne ihr Wissen – im Berliner Universitätsklinikum Steglitz sterilisiert wurden (Köbsell, 1987). Auch Horn (1983) geht in einer Stellungnahme, in der er auf die Strafbarkeit von Zwangssterilisationen, die er als Sterilisationen ohne Einwilligung der Patientin definiert, davon aus, dass diese häufig in psychiatrischen Kliniken vorgenommen wurden (Horn, 1983). Mit dem 1992 in Kraft getretenen Betreuungsgesetzes wurde erstmals dezidiert auf die Sterilisationsfrage eingegangen und eine Sterilisation ohne ausdrücklichen Willen der betroffenen Person eindeutig als gesetzeswidrig eingeordnet (Arnade, 2003).

---

2   Zu den so genannten Erbkrankheiten zählten »angeborener Schwachsinn«, »Schizophrenie«, »manisch-depressives Irresein«, »erbliche Fallsucht« (Epilepsie), »erblicher Veitstanz« (Chorea Huntington), »erbliche Blindheit«, »erbliche Taubheit«, »schwere erbliche körperliche Missbildung« sowie »schwerer Alkoholismus« (Schott & Tölle, 2006: 168).

Über die Frage, ob und in welcher Weise diese juristische Klärung auch die Einstellungen zu Kinderwunsch und Elternschaft bei psychisch kranken Menschen beeinflusst hat, kann freilich nur spekuliert werden. Studien zur subjektiven Sicht betroffener Frauen und Berichte von Betroffenen deuten jedenfalls auf eine Stigmatisierung von Schwangerschaft und Mutterschaft bei psychischer Erkrankung im privaten wie im professionellen Bereich hin (McNeil, Kaij & Malmquist-Larsson, 1983; Nicholson, Sweeney & Geller, 1998; Sachse, 2000). Eine Studie wies nach, dass Frauen mit psychischen Erkrankungen von ihren behandelnden Ärzten häufig von einer Schwangerschaft abgeraten wurde (Viguera, et al. 2002). Die Psychotherapeutin Lilly Sachse stellte aufgrund ihrer langjährigen Erfahrung in der Betreuung psychotischer Frauen und Mütter fest: »Heutzutage gibt es keine Zwangssterilisationen mehr, es ergehen auch keine Sterilisationsempfehlungen mehr an psychisch kranke Frauen. Anstelle gewalttätiger Übergriffe in diesem Bereich ist die Strategie der Entmutigung getreten« (Sachse, 2000). Tatsächlich ist nur wenig darüber bekannt, wie die Professionellen in der Psychiatrie mit dem Thema Kinderwunsch und damit assoziierten Aspekten (z. B. Familienplanung, humangenetische Beratung, Schwangerschaft, Schwangerschaftsabbruch, Elternschaft) umgehen.

Kinderwunsch und psychische Erkrankung

Frauen mit psychischen Erkrankungen müssen im Umgang mit der Kinderfrage spezielle Probleme und Konflikte bewältigen. Schwangerschaft, Geburt und Wochenbett gehen in vielen Fällen mit einem erhöhten Risiko für die psychische Stabilität der betroffenen Frauen einher (Rohde & Schaefer, 2010). Zugleich besteht das Risiko der gesundheitlichen und/oder psychosozialen Gefährdung der Kinder (Remschmidt, H, Mattejat & F, 1994). Die vereinzelt vorliegenden Publikationen zum Kinderwunsch widmen sich vor allem den psychiatrischen bzw. psychopharmakologischen Aspekten. Wie dagegen die betroffenen Frauen mit Konflikten im Zusammenhang mit ihrem Kinderwunsch umgehen und ob hier ein Hilfe- und Unterstützungsbedarf besteht, ist bislang nicht untersucht worden. Diese Forschungslücke bildete den Ausgangspunkt für eine eigene, qualitative Studie zum Thema Familienplanung aus der subjektiven Sicht von Frauen mit schweren psychischen Erkrankungen an der Klinik für Psychiatrie II der Universität Ulm (Krumm, Kilian & Becker, 2010; Krumm, Kilian & Becker, 2011). Die Studie widmete sich vor allem der Frage, in welcher Weise (noch) kinderlose Frauen mit einer schweren psychischen Erkrankung einen (vorhandenen oder nicht vorhandenen)

Kinderwunsch mit ihrer psychischen Erkrankung verknüpften.[3] Darüber hinaus wurde anhand eines einzelfallübergreifenden Vergleichs von fünf ausgewählten biografischen Erzählungen der Zusammenhang zwischen Biografie, Kinderwunsch und psychischer Erkrankung untersucht (Krumm, 2010). Wenn es auch im Rahmen dieses Aufsatzes nicht möglich ist, die Ergebnisse der Studie erschöpfend zu referieren, so soll doch anhand einiger Ergebnisse auf ein bestimmendes *Motiv des Ausschlusses* eines Kinderwunschs bei einer psychischen Erkrankung eingegangen und im Spiegel vorliegender Befunde zu Mutterschaft und psychischer Erkrankung diskutiert werden.

Ein erster Hinweis auf das Vorliegen eines Ausschlussmotivs ergab sich aus dem Befund, dass der Kinderwunsch im Hinblick auf die eigene psychische Erkrankung von nahezu allen Teilnehmerinnen der Studie problematisiert wurde. Sorge bereitete das Risiko der Psychopharmakabehandlung während der Schwangerschaft sowie mögliche Beeinträchtigungen in der Übernahme der Mutterrolle. Zudem wurden Befürchtungen hinsichtlich der Weitergabe der psychischen Erkrankung an das Kind geäußert. Oft wurden die genannten Probleme als Dilemma erlebt, bei der das Wohl der Mutter zulasten des Wohls des Kindes gehen könnte – wie auch umgekehrt das Kindswohl gegen jenes der Mutter. Der individuelle Nutzen von Psychopharmaka stand dem Risiko (z. B. vor Fehlbildungen) dabei ebenso gegenüber wie die eigenen, krankheitsbedingten Bedürfnisse den kindlichen Bedürfnissen nach Zuwendung und Aufmerksamkeit. Äußerungen zu den Voraussetzungen für einen Kinderwunsch zeigten das Motiv des Ausschlusses: So wurde die Entstehung bzw. die Realisierung eines Kinderwunsches neben allgemeinen Faktoren wie einer finanziellen oder beruflichen Sicherheit häufig auch an das Erreichen eines stabilen Gesundheitszustands oder zumindest an eine deutliche Reduktion der psychopharmakologischen Dosierung geknüpft. Gleichzeitig äußerten sich einige Teilnehmerinnen besorgt darüber, ob und vor allem wann sich dieser Zustand einstellen würde. Tatsächlich ist eine mittel- oder langfristige Planung der reproduktiven Biografie aufgrund des generell nur eingeschränkt vorhersehbaren Verlaufs psychischer Erkrankung erschwert. Hinzu kommt, dass häufige, krankheitsbedingte Ausfälle und Arbeitsplatzwechsel den Aufbau einer beruflichen Stabilität behindern. Wird aus dem Bemühen, entspre-

---

3   Insgesamt wurden 17 narrativ-biografische Interviews mit (noch) kinderlosen psychisch kranken Frauen im Alter von 27 bis 42 Jahren durchgeführt, die mindestens zweimalig stationär psychiatrisch behandelt wurden und ein Ersterkrankungsalter von unter 30 Jahren aufwiesen. Zwei Interviews mussten aufgrund fehlender Einschlusskriterien von der weiteren Analyse ausgeschlossen werden; 15 Interviews gingen in die Analyse ein.

chende Voraussetzungen zu schaffen, der Kinderwunsch kontinuierlich nach hinten verschoben, kann dies eine unintendierte Kinderlosigkeit nach sich ziehen, die sich als zusätzlicher Stressor negativ auf den weiteren Krankheitsverlauf auswirken kann.

Im einzelfallübergreifenden Vergleich der fünf ausgewählten biografischen Erzählungen trat das Ausschlussmotiv in besonderer Weise hervor – und zwar unabhängig davon, ob ein Kinderwunsch bestand oder nicht. Frauen, die keinen Kinderwunsch hatten, schlossen einen solchen vor allem *aufgrund* der psychischen Erkrankung aus. In den Begründungen wurde hier etwa auf mangelnde Fähigkeiten zur Übernahme der Mutterrolle, auf eine mögliche Überforderung sowie auf die damit zusammenhängenden Aspekte des Kindswohls verwiesen. Interessanterweise trennten aber auch jene Frauen, die einen Kinderwunsch äußerten, einen solchen von ihrer psychischen Erkrankung ab; zum Beispiel indem sie den Kinderwunsch auf einen Zeitpunkt aufschoben, zu dem die psychische Erkrankung weitgehend überwunden ist, indem die Bedeutung der psychischen Erkrankung für die derzeitige Lebensphase relativiert wurde oder indem sie die Symptome der psychischen Erkrankung durch einen ausgeprägt selbstreflexiven Bewältigungsstil kontrollierten. Alle diese Strategien waren darauf gerichtet, den Kinderwunsch *trotz* einer psychischen Erkrankung zu legitimieren.

Diese Befunde stehen in Einklang mit den Ergebnissen qualitativer Studien, die ebenfalls darauf hinweisen, dass psychisch kranke Mütter sich oft einer widersprüchlichen Anforderung ausgesetzt sehen. Sie müssen einerseits die Aufgaben der Mutterrolle übernehmen, während sie sich gleichzeitig der Stabilisierung ihres eigenen psychischen Gesundheitszustand widmen sollen (Montgomery, Forchuk, French & Tompkins, 2006; Savvidou, Vasilis, Hatzigeleki & Karavatos, 2003; Ueno & Kamibeppu, 2008). Davies & Allen konnten zeigen, dass sich betroffene Mütter in ihren Äußerungen zur Mutterrolle häufig auf die Norm der ›guten Mutter‹ bezogen, sich aber gleichzeitig aufgrund ihrer psychischen Erkrankung von diesem Ideal abgrenzten und ihre eigenen Fähigkeiten zur adäquaten Ausübung der Mutterrolle massiv in Frage stellten. Die Mutterrolle und die psychische Erkrankung wurden als zwei sich widersprechende Identitätsaspekte wahrgenommen (Davies & Allen, 2007).

Die subjektive Wahrnehmung einer Dilemmasituation kann nicht nur zu einer zusätzlichen psychischen Belastung führen, sondern auch zu irrationalen Reaktionen wie einem riskanten, eigenmächtigen Absetzen der Medikamente im Falle einer Schwangerschaft oder dem Vermeiden von Hilfeinanspruchnahme und damit zu einer Gefährdung des ungeborenen Kindes führen. Sinnvoll wäre die frühestmögliche Thematisierung eines Kinderwunsches, bei der die Risiken, aber auch die heute deutlich fortgeschrittenen Behandlungsmöglichkeiten in enger Zusammenarbeit zwischen betroffener und behandelnder Person bearbeitet und um weitere Angebote aus dem Bereich der Familienhilfe ergänzt werden. Allerdings deuten die Ergebnisse unserer Studie auch darauf hin, dass ein Kinderwunsch im Rahmen der psychiatrischen Behandlung aus Sicht der Teilnehmerinnen eher selten thematisiert wird. Wenn über reproduktive Themen gesprochen wird, dann beschränkt sich dies meist auf die Frage der sicheren Schwangerschaftsverhütung. Zwar wurde keiner der Teilnehmerinnen unserer Studie von einer Mutterschaft abgeraten; gleichwohl berichteten einige von der Empfehlung ihres behandelnden Arztes, den Kinderwunsch – wenn auch vorerst – zurück zu stellen. Eingedenk der genannten Schwierigkeiten bei der Herstellung optimaler biografischer Voraussetzungen greift die Empfehlung, den Kinderwunsch aufzuschieben, sicher bei vielen Betroffenen zu kurz. Allerdings scheint die umfassende Thematisierung eines Kinderwunschs im Rahmen der psychiatrischen Behandlung auch nicht von allen Frauen gewünscht zu werden: Während sich in unserer Studie eine Gruppe von Frauen dafür aussprach, den Kinderwunsch im Rahmen einer psychiatrischen Behandlung zu thematisieren, äußerten sich einige Frauen hier zurückhaltender. Offenbar stand hier der Wunsch im Vordergrund, den Kinderwunsch als Teil des privaten Lebens nicht im psychiatrischen Kontext zu thematisieren (vgl. Krumm et al., 2011).

Herausforderungen

Im Laufe der letzten Jahrzehnte haben sich die Möglichkeiten von Menschen mit einer psychischen Erkrankung für eine weitgehend eigenverantwortliche und autonome Gestaltung der Biografie stark ausgeweitet. Dies gilt auch für den Bereich der Sexualität: Facetten der Sexualität psychisch Kranker werden längst nicht mehr unter moralischen Aspekten diskutiert, sondern spielen allenfalls dort eine Rolle, wo es um krankheits- und medikamentenbedingte, sexuelle Funktionsstörungen geht – auch wenn diese Beschäftigung häufig aus den Befürchtungen um einen damit einhergehenden negativen Einfluss auf die Compliance resultiert. Insgesamt zeichnet sich der heutige psychiatrische Sexualitätsdiskurs durch eine weitgehende Respektierung sexueller Präferenzen und Ausdrucksweisen und den Schutz verletzlicher Personen aus (Steinberg, Rittner, Dormann & Spengler-Katerndahl, 2011). Leider werden die Möglichkeiten und Chancen einer geschlechtersensiblen psychiatrischen Versorgung, z. B. in Form spezifischer Frauen- bzw. Männerstationen oder geschlechtsspezifischer Therapieangebote, nur ansatzweise umgesetzt (Rohde & Marneros, 2006; Wagner-Link, 2010). Hier besteht erheblicher Nachholbedarf. Der Nutzen einer reinen Frauenstation wird zwar durchaus kontrovers diskutiert (Moldzio, Steinert & Gebhardt, 2010). Sinnvoll erscheint aber, denjenigen Patientinnen eine getrennt geschlechtliche Behandlung anzubieten, die ein solches Angebot bevorzugen. Erste Befunde deuten jedenfalls darauf hin, dass eine frauenspezifische Versorgung tendenziell zu besseren Ergebnissen im Bereich psychiatrischer Symptome und zu einer höheren Zufriedenheit führt. Insgesamt ist sie jedenfalls nicht weniger wirksam und kosteneffektiv als traditionelle Versorgungsformen (Howard, Flach, Leese, Byford, Killaspy, Cole et al. 2010).

Auch im Bereich der reproduktiven Biografie psychisch kranker Menschen ist ein wesentlicher Zuwachs an Gestaltungsmöglichkeiten festzustellen. Menschen mit psychischen Erkrankungen haben heute das gleiche Recht, Kinder zu bekommen wie Menschen ohne psychische Erkrankungen. Allerdings geht eine Elternschaft mit einer Reihe an Risiken sowohl für die Mutter wie für das (ungeborene) Kind einher. Hinzu kommen Kontextfaktoren wie z. B. die krankheitsbedingt eingeschränkte biografische Planbarkeit und Stigmatisierungsphänomene, die eine Unvereinbarkeit von Mutterschaft und psychischer Krankheit beinhalten. Zu bedenken ist dabei, dass es sich auch für die an der psychiatrischen Behandlung beteiligten Professionellen sehr schwierig gestalten kann, den Kinderwunsch und weitere reproduktive Themen in angemessener Weise im Rahmen der Behandlung aufzugreifen. Besteht auf der einen Seite die Gefahr der »Tabuisierung« eines subjektiv relevanten Lebensbereichs, so kann das Ansprechen auf einen Kinderwunsch andererseits auch als ein unberechtigtes Einmischen in einen privaten Lebensbereich wahrgenommen werden und sich unter Umständen negativ auf das therapeutische Verhältnis auswirken.

Fraglos beinhaltet der Anspruch an eine zeitgemäße psychiatrische Versorgung die größtmögliche Respektierung einer weitgehend selbst bestimmten Biografiegestaltung. Neben dem Prinzip der Autonomie gilt es aber auch, das Fürsorgeprinzip zu berücksichtigen. Gerade in der Psychiatrie führt dies nicht selten zu ethischen Dilemmasituationen. Die Perinatalpsychiatrie, die sich mit psychischen Erkrankungen im Zusammenhang mit Schwangerschaft und Geburt beschäftigt, ist darüber hinaus dadurch ausgezeichnet, dass neben den Interessen der von einer psychischen Erkrankung betroffenen Person auch jene des Kindes zu berücksichtigen sind. Hier kommt erschwerend die bislang ungelöste Frage hinzu, von welchem Stadium an einem ungeborenen Kind ein Recht auf den Schutz des Lebens zuerkannt werden soll. Letztlich werden die ethischen Dilemmata nicht aufzulösen sein. Aus der Perspektive einer relationalen Ethik wird dafür plädiert, das Wohl der Mutter nicht jenem des Kindes gegenüber zu stellen, sondern die beidseitige Verflochtenheit anzuerkennen (Miller, 2009). In der Tat besteht in der Praxis die Herausforderung darin, die betroffenen Frauen in ihren Entscheidungen nach bestem Wissen und unter Berücksichtigung ihrer gesamten Lebenssituation zu unterstützen, ohne das Wohl des Kindes aus dem Blick zu verlieren.

Literatur

Ackerknecht, E. (1985): Kurze Geschichte der Psychiatrie. Stuttgart

Agar, K. & Read, J. (2002): What happens when people disclose sexual or physical abuse to staff at a community mental health centre? *International Journal of Mental Health Nursing, 11*(2), 70–79

Alvarez, M., Roura, P., Oses,A., Foquet, Q., Sola, J. & Arrufat, F. (2011): Prevalence and clinical impact of childhood trauma in patients with severe mental disorders. *Journal of Nervous and Mental Disease, 199*(3), 156–161

Arnade, S. (2003): Zwischen Anerkennung und Abwertung behinderte Frauen und Männer im bioethischen Zeitalter. *Aus Politik und Zeitgeschichte: Beilage zur Wochenzeitung Das Parlament, B8,* 3–6

Assem-Hilger, E. & Kasper, S. (2005): Psychopharmaka und sexuelle Dysfunktion. *Journal für Neurologie, Neurochirurgie und Psychiatrie, 2*(30), 36

Bock, G. (1986): Zwangssterilisation im Nationalsozialismus. Studien zur Rassenpolitik und Frauenpolitik. Opladen

Chen, L., Murad, M., Paras, M., Colbenson, K., Sattler, A., Goranson, E., Elamin, M., Seime, R., Shinozaki, G., Prokop, L. & Zirakzadeh, A. (2010): Sexual abuse and lifetime diagnosis of psychiatric disorders: systematic review and meta-analysis. *Mayo Clinic Proceedings, 85*(7), 618–629

Cohen, P. (1992): High Risk Mix. *Social Work Today, April* 10

Davies, B. & Allen, D. (2007): Integrating ›mental illness‹ and ›motherhood‹: The positive use of surveillance by health professionals. A qualitative study. *International Journal of Nursing Studies, 44,* 365–376

Department of Health (2008): The operating framework for the NHS in England 2009/2010. High quality care for all

Doob, D. (1992): Female sexual abuse survivors as patients: avoiding retraumatization. *Archives of Psychiatric Nursing, 6*(4), 245–251

Eder, F. (1996): »Durchtränktsein mit Geschlechtlichkeit«. Zur Konstruktion der bürgerlichen Geschlechterdifferenz im wissenschaftlichen Diskurs über die Sexualität (18.–19. Jahrhundert). In: M. Friedrich & P. Urbanitsch (Hg.), Von Bürgern und ihren Frauen (S. 25–45). Wien

Fleischmann, P. (2000): Separating the sexes. *Nursing Standard, 14,* 20–21

Gallop, R., Engels, S., Dinunzio, R. & Napravnik, S. (1999): Abused Women's Concerns about Safety and the Therapeutic Environment during Psychiatric Hospitalization. *Canadian Journal of Nursing Research, 31*(2), 53–70

Herzog, G. (1996): Zwischen Neugier, Grauen und Hilfe. Die psychiatrische Darstellung des Sexuellen. In: G. Herzog & G. Tergeist (Hg.): Störfall Sexualität. Intimitäten in der Psychiatrie (S. 60–68). Bonn: Psychiatrie-Verlag

Herzog, G. & Tergeist, G. (1996): Störfall Sexualität. Intimitäten in der Psychiatrie. Bonn

Horn, E. (1983): Strafbarkeit der Zwangssterilisationen. *Zeitschrift für Rechtspolitik, 16,* 265–288

Howard, L., Flach, C., Leese, M., Byford, S., Killaspy, H., Cole, L., Lawlor, C., Betts, J., Cutting, P., McNicholas, S., Sharac, J. & Johnson, S. (2010): The effectiveness and cost effectiveness of admissions to women's crisis houses compared with traditional psychiatric wards – a pilot patient preference randomized controlled trial. *British Journal of Psychiatry, 197,* 32–40

James, L., Paton, C., Lelliott, P., Barnes, T. & Taylor, D. (2009): Mood stabilizers and teratogenicity – prescribing practice and awareness amongst practising psychiatrists. *Journal of mental Health, 28,* 137–143

Kobbé, U. (1988): Über die »Sexualatrophie« psychiatrischer Patienten – Ein essayistischer Überblick. *Psychiatrische Praxis, 15,* 192–201

Köbsell, S. (1987): Eingriffe. Zwangssterilisationen geistig behinderter Frauen. München

Kraepelin, E. (1918): Hundert Jahre Psychiatrie. Berlin

Kretz, H. (1969): Sozialpsychiatrische Einrichtungen mit oder ohne Trennung der Geschlechter? *Der Nervenarzt, 40,* 176–183

Krumm, S. (2010): Biografie und Kinderwunsch bei Frauen mit schweren psychischen Erkrankungen. Eine soziologische und sozialpsychiatrische Untersuchung. Mit einem Vorwort von Anke Rohde. Bonn

Krumm, S., Kilian, R. & Becker, T. (2010): »Ein Kind wäre schon ein Wunsch...« – Psychische Erkrankung und Kinderwunsch aus der subjektiven Sicht betroffener Frauen – Eine qualitative Untersuchung. *Psychiatrische Praxis, 37,* 134–141

Krumm, S., Kilian, R. & Becker, T. (2011): »Ich werde sie sicherlich nicht einfach so in die Welt setzen ...«. Der soziale Kontext des Kinderwunschs aus der Sicht von Frauen mit psychischen Erkrankungen. *Psychiatrische Praxis, 1*

Lamott, F. (2001): Die vermessene Frau. Hysterien um 1900. München

Link, G. (1999): Eugenische Zwangssterilisationen und Schwangerschaftsabbrüche im Nationalsozialismus. Dargestellt am Beispiel der Universitätsfrauenklinik Freiburg. Frankfurt a.M.

Lourenco, M., Azevedo, L. & Gouveia, J. (2011): Depression and Sexual Desire. *Journal of Sex & Marital Therapy, 37,* 32–44

McNeil, T., Kaij, L. & Malmquist-Larsson, A. (1983): Pregnant women with nonorganic psychosis: life situation and experience of pregnancy. *Acta Psychiatrica Scandinavica, 68,* 445–457

Miller, L. (2009): Ethical Issues in Perinatal Mental Health. *Psychiatr Clin Am, 32,* 259–270

Mixa, E. (1996): ›Tolle, tobende Weiber‹ Die ersten Irren-Anstalten und das andere Geschlecht. In: E. Mixa, E. Malleier, M. Springer-Kremser & I. Birkhan (Hg.): Körper – Geschlecht – Geschichte. Historische und aktuelle Debatten in der Medizin (S. 96–115). Innsbruck – Wien

Modestin, J. (1993): Zur Sexualität auf psychiatrischen Akutabteilungen. *Psychiatrische Praxis, 20,* 51–55

Moldzio, A., Steinert, T. & Gebhardt, R.-P. (2010): Reine Frauenstationen in Psychiatrie und Psychotherapie. *Pschyiatrische Praxis, 7,* 319–321

Montgomery, P., Forchuk, C., French, S. & Tompkins, C. (2006): Keeping close: mothering wiht serious mental illness. *Journal of advanced nursing, 54/1,* 20–28

National Health Service Executive (2000): Safety, Privacy and Dignity in Mental Health Units. Guidance on Mixed Sex Accommodation for Mental Health Services

Nicholson, J., Sweeney, E. & Geller, J. (1998): Mothers With Mental Illness: I. The Competing Demands of Parenting and Living With Mental Illness. *Psychiatric Services, 49*(5), 635–642

Remschmidt, H, Mattejat & F (1994): Kinder psychotischer Eltern. Mit einer Anleitung zur Beratung von Eltern mit einer psychotischen Erkrankung. Göttingen

Rohde, A. & Marneros, A. (2006): Geschlechtsspezifische Psychiatrie und Psychotherapie: Ein Handbuch. Stuttgart

Rohde, A. & Schaefer, C. (2010): Psychopharmakotherapie in Schwangerschaft und Stillzeit. Arzneisicherheit, Beratung, Entscheidungsfindung. Stuttgart

Romero, S., Birmaher, B., Axelson, D., Goldstein, D., Goldstein, B., Gill, M., Iosif, A., Strober, M., Hunt, J., Esposito-Smythers, C., Ryan, N., Leonard, H. & Keller, M. (2009): Prevalence and correlates of physical and sexual abuse in children and adolescents with bipolar disorder. *Journal of Affective Disorders, 112*(1–3), 144–150

Sachse, L. (2000): »Ich bin ganz und richtig« Therapeutische Begleitung durch Psychose und Mutterschaft. Neumünster

Savvidou, I., Vasilis, F., Hatzigeleki, S. & Karavatos, A. (2003): Narratives about their children by mothers hospitalized on a psychiatric unit. *Family Process, 42*(3), 391–402

Schott, H. & Tölle, R. (2006): Geschichte der Psychiatrie. Krankheitslehren, Irrwege, Behandlungsformen. München

Segraves, R. (2002): Female Sexual Disorders: Psychiatric Aspects. *Canadian Journal of Psychiatry, 47*(5), 419–425

Spießl, H., Frick, U., Kovatsits, v.U. & Klein, H. (2003): Getrennt- oder gemischtgeschlechtliche Behandlung in der psychiatrischen Klinik – was bevorzugen Patienten? *Psychiatrische Praxis, 30* (Supplement 2), 151–153

Steinberg, R., Rittner, C., Dormann, S. & Spengler-Katerndahl, D. (2011): Verantwortlicher Umgang mit Sexualität – Empfehlungen in einer klinischen Einrichtung. *Der Nervenarzt 1–7*

Strauß, B. (1985): Psychische Erkrankung und Sexualität. In: Berufsverband Deutscher Psychologen (Ed.), Psychologische Hilfen für Behinderte Weinsberg

Strauß, B. & Gross, J. (1986): Empirische Untersuchungen zum Sexualverhalten psychotischer Patienten – ein Überblick. *Fortschritte in der Neurologie, Psychiatrie, 54,* 248–258

Tonks, A. (1992): Women patients vulnerable in mixed psychiatric wards. *British Medical Journal, 304* (23), 1331

Ueno, R. & Kamibeppu, K. (2008): Narratives by Japanes Mothers with chronic mental illness in the tokyo Metropolitan. *The Journal of nervous and mental disease, 196/7,* 522–530

Viguera, A., Cohen, L., Bouffard, S., Hatch Witfield, T. & Baldessarini, R. (2002): Reproductive decisions by women with bipolar disorder after pregnancy psychiatric consultation. *American Journal of Psychiatry, 159* (12), 2102–2104

Wagner-Link, A. (2010): Frauen und Männer: Gender in der Psychotherapie. München

Weingart, P., Kroll, J. & Bayertz, K. (1992): Rasse, Blut und Gene. Geschichte der Eugenik und Rassenhygiene in Deutschland. Frankfurt a.M.

White, G. (1849): On the importance of establishing separate Institutions for the different sexes of the Insane. *Journal of Insanity*, 2(2), 136–140

Kapitel 6

Perspektiven

Südsee-Tattoos, rote Ringe und andere Lichtblicke
Offene Fragen und Impulse zum besseren Verständnis der sexuellen Wirklichkeiten von Menschen mit Behinderung

Jens Clausen

Seine Erkundungen und kartografischen Erforschungen der Südsee machten den britischen Seefahrer James Cook einst weltberühmt. Ein kleines Mitbringsel, das ihm vor fast 250 Jahren auf Tahiti ins Auge stach und im Ohr nachklang, ist jedoch trotz enormer Nachhaltigkeit selten mit seinem Namen in Verbindung gebracht worden: das Wort »Tattoo«. James Cook erwähnte den Begriff »tattau« erstmals 1769, führte ihn in die englische Sprache ein und gab seinen Zeitgenossen zu verstehen, was auf Tahiti damit gemeint war: »eine Zeichnung in der Haut« (Adatto 1993). Als Spuren auf dem Körper sollten dort die ewigen Narben, die in schmerzhaften Zeremonien rituell erworben werden mussten, Initiationsprozesse markieren, die Aufnahme in die Gemeinschaft symbolisieren (Zbinden 1998). Während das Tattoo auf Tahiti also als Signatur sozialer Inklusion verstanden wurde, weil es Zugehörigkeit und Teilhaberecht veranschaulichte, mutierte es zu anderen Zeiten, an anderen Orten bzw. in anderen kulturellen Kontexten zum Merkmal von Exklusionsvorgängen: Vor allem Kriegsgefangene, Sklaven, Verbrecher, Prostituierte, sozial Geächtete, im Nazi-Deutschland schließlich KZ-Häftlinge wurden mit Symbolen oder Zahlen »gebrandmarkt«, um sie dauerhaft als »Ausgeschlossene« zu (be-)zeichnen (Rohr 2008).

Als Rebellion der Ausgeschlossenen, zumindest als Protestsymbol derer, die ihr Ausgeschlossen-Sein drastisch zu inszenieren versuchten, um »der Gesellschaft« deren engstirnige Selbstgefälligkeit vor Augen zu halten, fanden Tätowierungen und Piercings über die Punk-Musik der 1970er Jahre wieder Eingang in die westliche Jugendkultur (Zbinden 1998). Zunächst galten sie als Chiffren adoleszenten Aufbegehrens, abstoßend, befremdlich, exotisch. Mit zunehmender Aneignung dieses provokativen Flairs durch die Musik- und die Modeindustrie entwickelten sich die Tattoos und Piercings im Kontext neuer Körperkulturen dann jedoch vom Schock zum Schmuck. Sie eröffneten immer weiteren Kreisen den Wunsch nach Körpermodifikation, Selbstgestaltung und individueller Erotik. Doch nach und nach wich die Aura des Provokativen, des Eigenwilligen, Schrillen, des sozialen Außenseitertums, der Ambivalenz von Anziehung und Abweisung. Und im Rausch der Vermarktung konnte auch der letzte Hauch ursprünglicher tahitianischer Rituale, wie Cook sie kannte, nur noch verdampfen (Stirn 2003).

Was blieb, war und ist die eigentümliche Korrespondenz zwischen dem bemalten Körper einerseits und dem makellosen Körper andererseits. Kosmetische Chirurgen, Mode-Magazine, Musik-Clips raunen uns zu: Tattoos? Gern flächendeckend! Piercings? Möglichst kurios und intim! Schlaffe Haut und Falten? Schleunigst straffen, liften! Fettpolster? Aber bitte absaugen! Körperhaare? Wie lästig! Wie eklig! Wie schrecklich unerotisch! Selten war z. B. das Image der Körperbehaarung so schlecht wie heute; das zeigen nicht nur Interviews des Unimagazins »Unikum« (2003) oder die »Dr. Sommer-Studie« der Zeitschrift »Bravo« (2006), sondern auch repräsentative Umfragen der Gesellschaft für Konsumforschung (GfK) mit immerhin knapp 2000 befragten Personen (2007). Mehrheitlich wird in diesen Erkundungen (vgl. Borkenhagen; Brähler 2008) die naturbelassene Behaarung beiderlei Geschlechts als sehr störend und unattraktiv geschildert und die Notwendigkeit eigener oder professioneller Epilierung als selbstverständliche Notwendigkeit verstanden (wenn auch nicht jede Bürgerin oder jeder Bürger gleich weiß, was sich hinter dem Namen »Epi-Zentrum« des neuen Ladenlokals in ihrem/seinem Stadtteil verbirgt…).

Die Zeitschrift »Ohrenkuss« ist kein Blatt für Piercings und Tattoos, auch wenn Mode und Moderne, Ästhetik und gute Fotografie in jedem neuen Heft beeindrucken. Der »Ohrenkuss« ist ein regelmäßig erscheinendes Magazin, das zu diversen Themen, so auch zu Liebe, Lust, Leidenschaft, Abenteuer und Körperlichkeit assoziativ und bisweilen poetisch Stellung bezieht. Da das Team der Autorinnen und Autoren ausschließlich aus Menschen mit Down-Syndrom besteht, sind die Beiträge meist knapp und prägnant. Sie zeichnen sich nicht zuletzt dadurch aus, dass in ihnen die Trisomie 21 kaum eine Rolle spielt. Nicht, dass das Syndrom verleugnet würde – es tut nur der Schönheit bzw. der selbstbewussten Eigenwahrnehmung keinen Abbruch. So findet man im Ohrenkuss Nr. 20 (2008) zum Stichwort »Spiegelbild« beispielsweise folgende Aussagen:

»Ich finde toll, dass ich so schwarze Haare habe und noch nicht grau. Und schwarze Augen hab ich auch und schöne Augenbraue da beneiden mich vile drum. Und Augen wie ein Chinese. Das find ich auch schön.« (Hermine Fraas)

»Ich bin Mann. Na, ich! Augen/Augenbrauen/Nase/Mund/ohne Bart. Und meine Arme/und meine Beine/und meine Füße./Und mein Ohr/und Haare/ und meine Hände. Ich bin Mann.« (Moritz Höhne, diktiert)

»Ich finde mein Gesicht, und meine Figur, und meine Behinderung ganz toll. Am liebsten mag ich meine Augen, und meinen Mund an mir.« (Verena Elisabeth Turin)

»Mich z. B. sehe ich mit meinen braunen Haaren und meinem Zopf und meinem Aussehen! Ich finde mich hübsch und lebhaft wie eben ein Mensch mit Down Syndrom aussieht.« (Anna Maria Schomburg)

Bisweilen werden Unsicherheiten, Fragen, Brüche in der Selbstwahrnehmung formuliert. Von Ismehan Dhahri stammt die Aussage: »Ist eine schöne Frau. Ich bin glücklich. Liebe ist warm. Mein Lachen, schöne Mund, schöne Nase, schöne Augen. Mein Gesicht. Mein Leben ist leer, durcheinander. Ich sehe mich. Ist hart. Schmetterlinge auf der Bauch. Mein Haare ist schön. I love you. Mein Aussehen. Liebe. Schöne Bauch. Nette Dame!«

Oder es wird klar ausgesprochen, wem die Liebe zukünftig gehören soll; für Mirko Kuball ist das eindeutig: »Ich möchte auch heiraten. Romanze. Zärtlichkeit. Einen Mann zu haben, der mich liebt. Wenn ich mein Mann heiraten würde, der soll für immer und ewig bei mir bleiben ohne dass er einen anderen Mann hat, sonst werde ich wieder traurig und falle auf die Nase. Er muss gut tanzen können, er könnte auch Ringe kaufen und zwar rot! Rote Ringe, die muss man natürlich kaufen. Er muss charmant sein. Ehrlichkeit und treu sein. Und die Liebe erwidern. Guten Anzug haben…«.

Kaum ein Thema wird im Team der Autorinnen und Autoren so facettenreich und kontrovers besprochen und beschrieben wie das des Heiratens.

Auch wenn sich nicht alle für Ehe und Hochzeit begeistern können: »Die Ehe schließe ich aus/das könnte ich nicht/die feier ist so lang« (Achim Reinhardt), so gibt es neben detaillierten Ideen zur Hochzeitsparty (»Nobelhotel!« »Jazz-Musik!« »Hochzeitssuppe!«»Himbeer-Mascarpone-Torte!«) auch sehr klassische Vorstellungen vom Heiraten an sich: »Menschen heiraten, weil sie sich lieben und Kinder möchten« (Markus Langens) (alle zitierten Texte aus: Ohrenkuss 20, 2008).

Eine so konventionelle Aussage sorgt, wenn sie sich auf Menschen mit Lernschwierigkeiten bezieht, sogleich für Diskussionsstoff. Denn nicht überall stoßen die neuen, persönlichen Zukunftsplanungen und individuellen Lebensentwürfe von Menschen mit kognitiven Beeinträchtigungen, die im Grunde das gesellschaftlich Selbstverständliche nun auch für sich reklamieren, auf ungeteilte Zustimmung, gerade dann nicht, wenn sie sich an den kollektiven Tendenzen ihrer Zeit orientieren. Zu irritierend ist für manch Außenstehenden offenbar bereits der Schritt, dass Menschen, die wir lange Zeit als »geistig behindert« bezeichnet haben, nun über die eigene Biografie und die Ausgestaltung ihrer Potenziale selbst verfügen wollen und können. Schließlich waren die Muster ihres Alltags über Jahrzehnte von Anstalts- bzw. Heimstrukturen, von Förderkonzepten in Sondereinrichtungen und Fürsorgesystemen geprägt oder mit elterlichen Inobhutnahmen verknüpft (vgl. Römisch 2011). Doch das könnte sich jetzt ändern, auch und gerade in Bezug auf intime Beziehungen, Kinderwünsche und Elternschaften.

Denn das grundsätzliche Menschenrecht auf Privatheit und eigene Familiengründung wird in der UN-Behindertenrechtskonvention mehr als deutlich formuliert. Auch wenn aktuelle Inklusionsdebatten in der Fachöffentlichkeit und der Sozialpolitik häufig den Artikel 24 (Recht auf Bildung) umkreisen und sich fragen, wie eine wirklich inklusive Schulform, eine differenzierte Unterrichtsgestaltung bzw. Inklusionsdidaktik oder die fragliche Zukunft der Förderschulen aussehen könnte, verlangt der Wortlaut der UN-BRK doch in sehr vielfältiger Weise neue Orientierungen, beispielsweise in Bezug auf

- den Schutz vor grausamer, unmenschlicher und erniedrigender Behandlung (Art. 15), wozu auch die Zusicherung gehört, dass niemand ohne seine freiwillige Zustimmung medizinischen oder wissenschaftlichen Versuchen unterworfen werden darf;
- den Schutz vor Ausbeutung, Gewalt und Missbrauch (Art. 16) einschließlich ihrer geschlechtsspezifischen Aspekte;
- den Schutz der Unversehrtheit der Person (Art. 17), wobei sowohl die körperliche als auch die seelische Unversehrtheit betont wird;

- das Recht auf Freizügigkeit (Art. 18), was sich sowohl auf die Staatsange-hörigkeit als auch auf die freie Wahl des Aufenthaltsortes bezieht;
- das Recht auf unabhängige Lebensführung und Einbeziehung in die Ge-sellschaft (Art. 19), was konkretisiert wird durch die Zusicherung, dass Menschen mit Behinderungen nun ganz selbstverständlich die Möglich-keit haben, frei zu entscheiden, wo und mit wem sie leben wollen, und kei-nesfalls verpflichtet sind, in besonderen Wohnformen zu leben;
- das Recht auf persönliche Mobilität (Art. 20), um größtmögliche Unabhän-gigkeit zu gewährleisten und geeignete Hilfen, Geräte und Technologien für den Zugang zum Leben in der Gemeinschaft zu erschwinglichen Kos-ten bereit gestellt zu bekommen;
- das Recht auf freie Meinungsäußerung und Zugang zu Informationen (Art. 21), was bedeutet, dass auf vielen Ebenen geeignete Kommunikati-onsformen und Hilfen der unterstützten Kommunikation berücksichtigt und angeboten werden müssen;
- das Recht auf Achtung der Privatsphäre (Art. 22) unabhängig von ihrem Aufenthaltsort und der spezifischen Wohnform, in der sie leben, so dass weder die Angehörigen noch das Fachpersonal willkürliche Eingriffe in das Privatleben oder den Schriftverkehr vornehmen dürfen;
- das Recht auf Achtung der Wohnung und der Privatsphäre (Art. 23), was besonders Fragen der Ehe, Familie, Elternschaft und Partnerschaft betrifft.

Es lohnt sich, diesen zuletzt genannten Artikel 23 näher zu beleuchten, auch wenn er, wie erwähnt, im bisherigen Diskurs eher eine marginale Rolle spielt, weil er keine unmittelbaren legislativen Herausforderungen in Bezug auf die nationale Implementierung der UN-BRK in das geltende Recht von Bund und Ländern in sich zu bergen scheint (vgl. Degener 2009; Aichele 2010). So sucht man in den Überlegungen der Parteien, Verbände und Leistungsträger zur Ausgestaltung der UN-Behindertenrechtskonvention Überlegungen zur Klä-rung anstehender Aufgaben in Bezug auf diesen Artikels meist vergeblich: Im Positionspapier der SPD-Bundestagsfraktion zur Umsetzung der Behinder-tenrechtskonvention heißt es lediglich: »Eine gleichberechtigte Familienpla-nung für Menschen mit Behinderung ist zu ermöglichen« (www.spdbundes-tagsfraktion.de), ohne dass eine Konkretisierung der Unterstützungsformen (gerade an der oft so schwierigen Schnittstelle zwischen Eingliederungshilfe und Jugendhilfe) zu erkennen wäre. Und im »Nationalen Aktionsplan der Bundesregierung zur Umsetzung der UN-Behindertenrechtskonvention« (BfAS, Berlin 2011) finden sich ebenfalls keine konstruktiven, zukunftswei-senden Ideen, keine sozialpolitischen Impulse zu dieser Thematik. Das Bun-desministerium für Arbeit und Soziales, das hier federführend wirkt, scheint den Komplex Ehe – Partnerschaft – Sexualität offenbar nur mit spitzen Fingern angefasst zu haben: Zahlreiche Fragen und Hindernisse, die sich bereits heute im Alltag der Behindertenhilfe in diesem Bereich auftun, rücken gar nicht in den Blick. Zum grundsätzlichen Recht auf Sexualität und Partnerschaft nimmt der Aktionsplan ebenfalls nicht dezidiert Stellung, sondern belässt es bei der Erwähnung der Aussagen der UN-BRK. Beim Thema Ehe wird, anstatt die Thematik in irgendeiner Weise positiv zu besetzen, rasch auf die alte deutsche BGB-Einschränkung dieses Rechts im Falle der Geschäftsunfähigkeit verwiesen. Und das war's dann – zweifellos zu wenig, um Menschen mit Beeinträchtigungen auch faktisch in die Lage zu versetzen, ihre menschenrechtlich gesicherten Wünsche und Zukunftspläne tatsächlich zu verwirklichen.

Betrachtet man den Artikel 23 der UN-BRK besonders unter der Prämisse der möglichen Elternschaft von Menschen mit Lernschwierigkeiten/geistiger Behinderung, dann tauchen eine Reihe von Fragen auf, z. B.: Ist die fast durchgängige Zurückhaltung in Bezug auf die wirkliche Ausgestaltung dieses Artikels dem alten Vorurteil geschuldet, Menschen mit kognitiven Beeinträchtigungen sollten besser keine Kinder bekommen, da sie keine guten Eltern sein könnten? Setzt sich an dieser Stelle auf politischer Ebene fort, was einst das private und institutionelle Denken prägte, nämlich die absurde Annahme, sexuelles Begehren gerate quasi von außen erst dann in das Leben eines Menschen mit Handicap, wenn ein anderer die Lawine losgetreten habe, die dann keinen Halt mehr fände? Oder sieht man einfach eine Welle an Unterstützungsbedarf auf sich zukommen, weil man befürchtet, dass Partnerschaft, Ehe und Familiengründung zunehmend zur angestrebten Lebensform von Menschen mit Beeinträchtigungen und besonderem Hilfebedarf werden könnten? Fürchtet man einen Anstieg der Kindeswohlgefährdung und eine dramatische Zunahme des Unterstützungsbedarfs im Sinne einer flächendeckenden Begleitenden Elternschaft?

Es ist das alte Lied, das immer wieder erklingt, in Elternversammlungen und Teamgesprächen, in Jugendämtern und Heilpädagogik-Seminaren, und das meisten mit den Worten beginnt: »Findest Du das denn... (gut? richtig? verantwortungsvoll?...). Was wir finden bzw. empfinden, ist nicht entscheidend. Was die gesetzlichen Grundlagen vorsehen, ist entschieden bedeutsamer. Und dazu finden sich eigentlich schon in unserem Grundgesetz ausreichend viele Passagen, die verdeutlichen, dass das Recht auf Selbstbestimmung ebenso wie der Anspruch auf Schutz und Fürsorge der Eltern und der Familie für alle Bürgerinnen und Bürger gilt und – auch auf diesem Gebiet – schon lange niemand wegen einer Behinderung benachteiligt werden darf. Allerdings hat dieser Rechtsanspruch in den letzten Jahren nicht verhindert, dass

Eltern mit Lernschwierigkeiten häufig das Sorgerecht verloren und ihre Kinder in familiäre oder institutionelle Obhut abgeben mussten (Pixa-Kettner 2008; 2010; Graumann 2011). Dabei weiß man schon seit geraumer Zeit, dass sie den Anforderungen der Pflege, Versorgung, Beaufsichtigung und Förderung in vielen Fällen durchaus gerecht werden, besonders dann, wenn sie angemessene und rechtzeitige Assistenzleistungen erhalten und in ihrer Erziehungskompetenz und Feinfühligkeit nicht diskreditiert, sondern unterstützt und bestärkt werden (Sparrenberg 2001; Zinsmeister 2006). Sicher wird – auch im Kontext der Begleiteten Elternschaft – von Fällen der Vernachlässigung der Kinder von Eltern mit Lernschwierigkeiten berichtet. Doch diese resultieren weitgehend aus Unwissenheit der Eltern. Seelische und körperliche Misshandlungen hingegen kommen bei diesen Eltern, wie neuere Studien zeigen, im Vergleich zur so genannten Normalbevölkerung keineswegs häufiger vor (Lenz et al. 2010). Einzelfallberichte und einige wenige Studien geben schließlich darüber Auskunft, dass die Kinder von Eltern mit kognitiven Beeinträchtigungen rückblickend ihre Kindheit als recht akzeptabel bis gut erlebten und sich nur in wenigen Fällen einen anderen Verlauf der Kindheit gewünscht hätten (vgl. Booth & Booth 1998; Prangenberg 2002; 2008).

Das sind die einen, die selbst den Alltag eines Kindes mit beeinträchtigten Eltern erlebt haben Wer aber spricht mit den anderen, die getrennt wurden? Wer befragt sie nach ihrem Selbstkonzept, nach ihrem Kontakt zu den leiblichen Eltern, zu möglichen Geschwistern, von denen sie kaum etwas wissen? Wer erforscht Bindungsphänomene und Identitätsprozesse nicht nur in diesen Familien, in denen Eltern mit kognitiven Beeinträchtigungen leben und Verantwortung tragen, sondern auch in Kontrollgruppen, um einigermaßen gesicherte Aussagen treffen zu können? Wer überprüft die aktuellen Konzepte und Erfahrungen der Begleiteten Elternschaft in ambulanten und stationären Settings? Lässt sich dabei erkunden, ob viele Hilfen wirklich viel helfen oder ob sie die Spirale der erlernten Hilflosigkeit nur um einige neue Umdrehungen verstärken? Wer entwickelt Konzepte, die der Notwendigkeit interdisziplinärer Vernetzung auf diesem Gebiet Rechnung tragen? Wer sorgt dafür, dass Hebammen und Kinderärzte, Psychologinnen und Sozialarbeiter, Lehrerinnen und Heilpädagoginnen ihre Arbeit mit den Familien untereinander abstimmen, damit nicht Kräfte vergeudet und Informationen vergessen werden?

Für die Weiterentwicklung der Assistenzleistungen wäre es dringend notwendig, quantitativ und qualitativ zu ergründen, wann welche Hilfen in welchem Umfang notwendig und angemessen sind – und wann gegebenenfalls über den Einsatz von Bildungsprozessen Unterstützungsleistungen zurück gefahren werden könnten, weil Kompetenzen sich entwickeln oder längst vorhanden sind. Noch dringender erscheint es, in den Aktionsplänen des Bundes und der Länder Fachgremien zur (kommunalen) Weiterentwicklung der Finanzierungsgrundlagen zu installieren, die im Augenblick unzureichend oder undurchschaubar erscheinen: Zahlreiche Hilfen können nicht vor Ort, sondern nur mit Verlust des sozialen Netzwerkes erreicht werden, so dass der Gewinn an Betreuung mit dem Verlust an Vertrautheit bezahlt werden muss. Manchmal bleiben die Väter unberücksichtigt, weil einige Modelle nur auf alleinerziehende Mütter zugeschnitten sind. Bisweilen müssen die Kinder erst als »seelisch behindert« diagnostiziert werden, um Leistungen der Eingliederung – wie ihre Eltern – zu erlangen und nicht in einem gänzlich anderen »Topf« zu landen. Nicht selten klappen Absprachen zwischen den Leistungserbringern nicht, wenn SGB VIII und SBG XII an der Wohnungstür der Familie zusammen treffen und in Verstrickungen der Verantwortung und der tatsächlichen Betreuungsleistungen geraten.

Lenkt man den Blick ein wenig über den Artikel 23 der UN-BRK hinaus, dann stellen sich weitere (mögliche) Fragen, die im familiären und kommunalen Zusammenleben mindestens so relevant sein könnten wie im Kontext von Forschung und Lehre, beispielsweise

- Welche Lebensentwürfe lassen sich gegenwärtig bei jungen Menschen mit und ohne Behinderung erkennen? Unterscheiden sie sich gravierend – nach Geschlecht, nach sozialer Herkunft, nach dem Grad der Behinderung? Oder überwiegen die kollektiven, kulturell verbindlichen Lebensentwürfe der Gegenwart und gelten somit ganz identisch auch für Menschen mit Lernschwierigkeiten?
- Ist es wirklich vorbei mit der geschlechtsneutralen Behindertenhilfe? Haben sich Genderaspekte spürbar durchgesetzt? Welchen Einfluss haben körperliche, sensorische, kognitive oder psychische Handicaps auf das Körpererleben – als Frau bzw. als Mann?
- Wie wirken sich die ersten intimen Erfahrungen von Teenagern mit und ohne Behinderung auf ihr Selbstbild, ihr Wohlbefinden, ihre Ängste und Verunsicherungen aus? Ist die Wahrnehmung des eigenen Handicaps überhaupt so gravierend, wie Außenstehende es vermuten?
- Was behindert möglicherweise die Identitätsarbeit und welche Schritte, Konzepte und methodischen Vorüberlegungen sind notwendig, um die Erkundung der anstehenden Fragen mehr und mehr im Sinne der Disability Studies zu gestalten?
- Welche Rolle spielen die neuen »Märkte der Möglichkeiten«, die Kontaktanzeigen und virtuellen Begegnungen für Menschen mit Beeinträchtigungen? Erleichtern die modernen Informationstechnologien den Austausch,

die Beziehungspflege oder stellen sie eine weitere Hürde, eine Barriere der Kommunikation und Teilhabe dar, weil sie nicht von jedem souverän beherrscht werden können?

- Erhöht das größere Maß an Freiheit und Selbstbestimmung von Menschen mit kognitiven Beeinträchtigungen eventuell auch deren Gefährdung, Opfer sexualisierter Gewalt zu werden, wenn z. B. die Ambulantisierung in Sozialräume hinein erfolgt, die nicht frei von heftigen Stigmatisierungen, Ausgrenzungen und Aggressionen sind?

Am Ende ihrer letzten Veröffentlichung zum Thema Prävention von sexueller Gewalt bei Menschen mit Behinderungen mit dem Titel »Ich bestimme selbst!« schrieb Aiha Zemp, Psychotherapeutin und langjährige Leiterin der Fachstelle Behinderung und Sexualität (fabs) in Basel:

> »Das Recht, die eigene Sexualität auszuleben, ist Bestandteil des Grundrechts der persönlichen Freiheit und gilt auch für Menschen mit Behinderung. Zu den Grundrechten im Zusammenhang mit Sexualität gehören daher: das Recht auf Intimsphäre/das Recht auf Unversehrtheit/das Recht auf Sexualaufklärung/das Recht auf sexuelle Dienstleistungen/das Recht auf eigene Kinder/das Recht auf Eigensinn«. (Zemp 2010, 30)

Damit brachte Aiha Zemp auf prägnante Weise genau die Themen auf den Punkt, die auch heute noch den Diskurs um die vielfältigen Fragen zur selbst bestimmten Sexualität trotz und mit Behinderung prägen. Sie spannte den Bogen dieser Thematik weit, indem sie nachhaltig auf die Selbstbestimmungsrechte behinderter Menschen und gleichzeitig auf die Gefahren sexueller Übergriffe und Verletzungen hinwies. Sie pochte darauf, dass Sexualität (auch in den vorsichtigsten Phasen der Annäherung) sichere Räume braucht, in denen die Erkundung des Selbst und des Anderen geschützt ist. So wie in vielen Haushalten die Eltern und Geschwister lernen müssen, das Private eines jeden zu respektieren und nicht mit dem Keksteller in der Zimmertür ihrer Tochter oder ihres Sohnes zu erscheinen, wenn dort gerade Intimes erkundet wird; so muss auch das Personal in den Einrichtungen der Behindertenhilfe sich abgewöhnen, die Räume der Wohn- und Werkstätten als eigene Domäne anzusehen und die Kontrolle aller Vorgänge und Handlungen dort als ihre Aufgabe zu begreifen. In dieser Hinsicht kann gar nicht deutlich genug der Artikel 22 der UN-BRK ins Feld geführt werden, der Menschen mit Behinderungen vor willkürlichen und rechtswidrigen Eingriffen in die Privatsphäre schützt.

Um überhaupt ein selbstbestimmtes Privatleben zu gewährleisten, muss die Behindertenhilfe verstehen, dass auch die Verpflichtung zur Sexualaufklärung nicht in einem einmaligen Akt der Vermittlung von Basiswissen abzuhandeln ist. Liebe will gelernt sein. Je größer Unwissenheit und Unsicherheit, desto höher die Gefahr, in irritierende Situationen zu geraten und tiefe Kränkungen zu erleiden, für die es keine Worte zu geben scheint. Auch jenen Menschen mit Behinderungen, denen es nicht leicht fällt, Erlebnisse und Gefühle zu äußern, oder die nicht verbalsprachlich kommunizieren können, müssen angemessene Formen der Beratung und der Begleitung auf diesem Gebiet, gegebenenfalls durch Unterstützte Kommunikation, angeboten werden. Wer Formen des Ausdrucks für seine inneren Prozesse findet, weist erfahrungsgemäß entschieden weniger Momente herausfordernden Verhaltens auf. Nicht alle können Autorinnen oder Autoren im »Ohrenkuss« werden; aber sie können, zusammen mit Fachkräften und kreativen Köpfen, andere Projekte der selbstbestimmten, kreativen Entfaltung ihrer Potenziale gründen.

In ihrer »Fachstelle Sexualität und Behinderung« (fabs) in Basel wirkte Aiha Zemp mit Kolleginnen und Kollegen schließlich auch darauf hin, den erforderlichen Schutz vor sexueller Gewalt, vor Ausbeutung und Grenzverletzungen eben nicht in der Untersagung von Sexualität schlechthin zu sehen, sondern gerade in der Prävention, der Aufklärung und der Stärkung der Selbstbestimmungs- und Selbstvertretungskompetenzen. Weil sexualisierte Gewalt immer gegen die Selbstbestimmung des Opfers verstößt, entstanden Beratungsangebote zu den Aspekten: Entfaltung und Schutz, Beratung und Aufklärung, Wahrung der Intimsphäre. Gleichzeitig lieferte die »fabs« fundierte Information über Möglichkeiten des angstfreien, vorurteilsfreien sexuellen Erlebens – ein Zusammenhang, den so überzeugend wohl nur Aiha Zemp herstellen konnte (Zemp 2010, 30).

Davon ist der Alltag der Behindertenhilfe in Deutschland – auch Jahrzehnte nach Joachim Walters ersten Veröffentlichungen zu dieser Thematik – noch weit entfernt. Nicht einmal die Erkenntnis, dass die Potenziale der Sexualität die Persönlichkeitsentwicklung eines jeden Menschen, ob er gehandicapt ist oder nicht, entscheidend prägen, hat alle Akteure – die Menschen mit Beeinträchtigungen selbst, ihre Angehörigen, die Fachkräfte in den (heil-) pädagogischen Einrichtungen, in Forschung, Lehre und Praxis – wirklich erreicht. Gewiss ist die sexuelle Bildung von Kindern, Jugendlichen und Erwachsenen mit Handicaps sowie die Weiterbildung von Fachkräften der Behindertenhilfe in diesem Themenfeld in den letzten 20 Jahren sehr viel selbstverständlicher geworden. Auch Beratungsstellen haben ihr Angebot in grundsätzlichen und spezifischen Fragen der Sexualität von behinderten Menschen erweitert und sich gerade in diesem Zusammenhang vorgenommen, noch barrierefreier zu werden. Doch die Implikationen der Erkenntnis, dass

Bewohnerinnen und Bewohner von Einrichtungen der Eingliederungshilfe in erster Linie Frau bzw. Mann und nicht »Behinderte« an sich sind, haben noch längst nicht überall zu wirklichen Veränderungen in den Einstellungen und besonders in den strukturellen Gegebenheiten der Institutionen geführt.

Die große Leistung der UN-Behindertenrechtskonvention besteht zweifellos darin, den Wandel von der traditionellen Fürsorge zum Prinzip der Selbstbestimmung eingeleitet und durch die juristische Präzisierung und politische Ratifizierung differenzierter Grundrechte endlich den Schritt zur verbindlichen Anerkennung der vollen Rechte behinderter Menschen vollzogen zu haben. So enthält die UN-BRK mehr als nur die Chance, Menschen mit Beeinträchtigungen in ihrem Bewusstsein der uneingeschränkten Zugehörigkeit zur Gemeinschaft der Bürgerinnen und Bürger zu stärken. Sie macht deutlich, dass Barrieren der Teilhabe nicht den betroffenen Menschen selbst und ihrem Handicap geschuldet sind, sondern als gesellschaftliche Hindernisse die Entwicklung einer wirklich humanen Gesellschaft blockieren. Daher belässt es die Konvention auch nicht bei guten Worten und unverbindlichen Appellen, sondern hält den Unterzeichnerstaaten in regelmäßigen Abständen den Spiegel vor Augen, wie es denn mit konkreten Maßnahmen der Umsetzung der unterschiedlichen Rechtsgrundlagen und Aspekte im jeweiligen Land aussieht. Es liegt an uns, den Impuls der UN-Konvention in Bezug auf Sexualität und Partnerschaft aufzugreifen und zu nutzen und Bedingungen dafür zu schaffen, dass selbstverständliches Lieben und Erleben eines jeden Menschen mit und ohne Behinderung, mit und ohne Tattoos oder Piercings grundsätzliche Akzeptanz findet.

Literatur

Adatto, M. (1993): Lebendige Haut. Schmucktätowierungen und Dermatologie. Basel

Aichele, V. (2010): Behinderung und Menschenrechte: Die UN-Konvention über die Rechte von Menschen mit Behinderungen. In: Aus Politik und Zeitgeschichte (APuZ) 23

Booth, T.; Booth, W. (1998): Growing up with parents who have learning difficulties. London

Borkenhagen, A.; Brähler, E. (2008): Die nackte Scham. In: Psychosozial 112, S. 7–11

Degener, T. (2009): Welche legislativen Herausforderungen bestehen in Bezug auf die nationale Implementierung der UN-Behindertenrechtskonvention in Bund und Ländern? In: Behindertenrecht 2, S. 34–51

Dobslav, G.; Meir, S. (2010): Kinderwunsch und Elternschaft von Menschen mit geistiger Behinderung. Bielefeld

Graumman, S. (2011): Assistierte Freiheit. Von einer Behindertenpolitik der Wohltätigkeit zu einer Politik der Menschenrechte. Frankfurt/New York

Lenz, A.; Riesberg, U.; Rothenberrg, B.; Sprung, C. (2010): Familie Leben trotz intellektueller Beeinträchtigung. Begleitete Elternschaft in der Praxis. Freiburg im Breisgau

Pixa-Kettner, U. (2008): Tabu oder Normalität? Eltern mit geistiger Behinderung und ihre Kinder. Heidelberg

Pixa-Kettner, U. (2010): Zur Normalität der Elternschaft von Menschen mit Lernschwierigkeiten. In: Dobslav, G.; Meir, S. (Hrsg.): Kinderwunsch und Elternschaft von Menschen mit geistiger Behinderung. Bielefeld

Prangenberg, M. (2002): Zur Lebenssituation von Kindern, deren Eltern als geistig behindert gelten. Eine Exploration der Lebens- und Entwicklungsrealität anhand biografischer Interviews und Erörterung der internationalen Fachliteratur. Bremen: Universität Bremen, Dissertation

Prangenberg, M. (2008): Zur Geschichte der internationalen Fachdiskussion über Elternschaft von Menschen mit einer geistigen Behinderung. In: Pixa-Kettner, U. (Hrsg.): Tabu oder Normalität? Eltern mit geistiger Behinderung und ihre Kinder. Heidelberg

Römisch, K. (2011): Entwicklungen weiblicher Lebensentwürfe unter Bedingungen geistiger Behinderung. Bad Heilbrunn

Rohr, Elisabeth (2008): Körpermanipulationen in der weiblichen Adoleszenz. In: Psychosozial Nr. 112, S. 13–22

Stirn, A. (2003): Körperkunst und Körpermodifikation: Interkulturelle Zusammenhänge eines weltweiten Phänomens. In: Psychosozial 94, S. 7–11

Vlasak, A. (2008): Rechtliche Fragen im Zusammenhang der Elternschaft von Menschen mit geistiger Behinderung. In: Pixa-Kettner, U. (Hrsg.): Tabu oder Normalität? Eltern mit geistiger Behinderung und ihre Kinder. Heidelberg

Walter, J. (2005): Sexualität und geistige Behinderung. Heidelberg

Wohlgensinger, C. (2007): Unerhörter Kinderwunsch. Die Elternschaft von Menschen mit geistiger Behinderung: Eine Betrachtung aus sonderpädagogisch-ethischer Perspektive. Luzern

Zbinden, V. (1998): Piercing. Archaische Riten und modernes Leben. Arun

Zemp, A. (2010): »Ich bestimme selbst!« Prävention von sexueller Gewalt bei Menschen mit einer Behinderung. In: Forum – Sexualaufklärung und Familienplanung. Köln: Bundeszentrale für gesundheitliche Aufklärung, S. 27–31

Zinsmeister, J. (2006): Staatliche Unterstützung behinderter Mütter und Väter bei der Erfüllung ihres Erziehungsauftrages. Rechtsgutachten im Auftrag des Netzwerks behinderter Frauen Berlin e.V. mit Unterstützung der Aktion Mensch. Köln

Verliebtsein – Ein super geiles Gefühl

Gisa und Nadja sind ein lesbisches Paar und wohnen zusammen. Gisa hat auf Grund einer Contergan-Schädigung u. a. verkürzte Arme, Nadja hat keine Behinderung.

Gisa: Nadja ist meine erste Liebe mit einer Frau und es war für mich was ganz Neues. Es ist ein tiefes Gefühl, dieses Verliebtsein. Es war also nicht die Liebe auf den ersten Blick, sondern einfach überschattet von der Neugier, der Faszination, sie kennenzulernen. Es war ein Eintauchen quasi in die Liebe mit ihr, und das war für mich neu, schön und auch richtig gut.
Das ist schon eine Umstellung gewesen. Es war aber auch erst einmal nicht so einfach, die Hilfe von der Nadja anzunehmen. Weil, das ist ein Intimbereich, ja? Ich glaube, das war auch so 'ne Sache, die einfach Zeit gebraucht hat. Und jetzt ist es so, dass wir eingespielt sind, und das ist so nicht mehr im Vordergrund.

Nadja: Also kennen tun wir uns schon so seit 4 bis 5 Jahren, aber wir leben erst seit zwei Jahren zusammen. Es gab dazwischen eine Zeitspanne, wo wir uns nicht gesehen haben. Als wir uns wieder trafen, ging das eigentlich sehr schnell. Und da habe ich gemerkt, dass dieses Gefühl von Verknalltheit oder von Schwärmen so umschlägt in Verliebtheit, und dass das auch immer wächst und wächst. Manchmal denke ich, das ist schon fast beängstigend. Weil ich

303

immer merke, umso länger wir zusammen sind, umso reiner, umso sanfter, umso achtsamer ist das Gefühl. Das ist ein Grund, warum ich die Gisa so sehr liebe, glaube ich.

Gisa: Dass du mir immer alles wegessen kannst?

Nadja: Quatsch, dass ich einfach das Schöne mit ihr genießen kann und dass wir das einfach teilen. Einfach so der Sinn für das Schöne. Dass wir das Leben genießen können, das finde ich schön. Und wenn das hier kein Genuss ist, dann weiß ich auch nicht.

Gisa: Also, bei uns ist kein Tag wie der andere, es gibt keine Wiederholung irgendwo. Es ist immer wieder anders und es ist insgesamt sehr lebendig. Das ist das Schöne, dass da so 'ne Dynamik drin ist, Bewegung und einfach frisch. Das ist etwas, wo wir uns ziemlich ähnlich sind, weil wir das brauchen. Also wenn neben mir so eine Schnarchnase wäre, dann käme ich auch nicht auf Touren. Das wär' langweilig und würd' dann ziemlich ätzend sein. Dann würd' ich sagen, irgendwas stimmt nicht. Aber hier haben wir so ein bisschen Würze drin, ein bisschen Romantik, ein bisschen Liebe, ein bisschen davon genie-ßen: Das Leben, das Essen und die Abenteuerlust. Und jetzt hab ich da so eine wunderhübsche Frau, die ja auch total *Frau* ist. Das ist ja auch das, was ich noch lerne. Das macht mich auch ganz stolz. Ganz am Anfang, als wir uns näher kennengelernt haben, und als wir dann auch festgestellt haben, dass wir Gefühle für einander empfinden – auch sie für mich –, da hat mich meine Behinderung insofern eingeschränkt, dass ich gedacht habe: »Na gut, ich hab jetzt ein Ohr, was mir fehlt. Aber fühlt sie genauso mit mir, wie mit einer Frau, die eben ganz normale Arme hat?« Ja, und das Umgreifen, das konnte ich nicht bei ihr. Also, ich kann das nur bis zu einem bestimmten Radius. Ich komm gar nicht so rum, weil die Arme so verkürzt sind. Dann war es die Frage für mich, »Fehlt ihr vielleicht, dass ich nicht ganz drum herum komme?« Und dass ich bestimmte Verbeugungen nicht machen kann. Und man denkt dann schon, ob das ein Problem sein könnte. Oder man überlegt auch, dass, wenn sie mit mir zusammen kommt und wir uns in der Öffentlichkeit zeigen und als Paar unterwegs sind: Wie fasst sie das auf? Wenn wir unterwegs sind, dann kann sie in die Rolle einer Pflegerin kommen. Wenn uns jemand nicht kennt, dann denken die, da ist eine behinderte Frau und eine Pflegerin oder eine Assistenz dabei. Und das ist so eine Rolle, die wir gar nicht wollen, weil wir leben ja als Paar und nicht in dieser Position.

Nadja: Das passiert uns auch manchmal bei meinen Freunden, wo ich die Gisela einführe sozusagen, und die dann so um sie rum springen und tau-sendmal das Glas nachfüllen müssen und den ganzen Abend um den Tisch kreisen. Und dann wird die Frage gestellt: »Braucht sie 'nen Strohhalm?«. Das ist sehr anstrengend, weil ich selbst auch für mich schauen muss, dass ich nicht da rein gezogen werde.

Und dann gibt es die Diskriminierung, die mir auch ohne sie begegnet. Das ist zum Beispiel die Diskriminierung, dass ich nicht ernst genommen werde in meiner Liebe und in meiner Beziehung zu ihr. Also, das sind ganz offene Sachen auch, das findet nicht im Verborgenen statt, dass mir Menschen sagen: »Sag mal, was willst du denn von der? Du bist doch so … –, aktiv und so fit und so lebensfroh. Was willst denn du von jemanden ohne oder mit kurzen Armen, die nicht richtig laufen kann?« Und da diskutiere ich nicht, da bin ich ganz konsequent – Da gibt's einen Cut. Und da ist es mir auch wurscht, wie lange ich die schon kenne. Also da gibt es einfach so Regeln in meinem Leben, die sind mir ganz wichtig.

Nadja: Also ich liebe auch ganz besonders ihren Körper. Und ich kann sie total gut riechen, das ist was, was für mich ganz wichtig ist. Ich liebe ihren Mund, der gefällt mir total gut.

Gisa: Und mit ihr ist es so, dass es ganz vielschichtig ist. Also, wenn wir uns lieben, wenn wir zusammenkommen, wenn wir miteinander witzeln und uns annähern und schöne Blicke zuwerfen. Das ist vielleicht wie ein Film, kann das sein? Und wir werden dann richtig warm oder heiß oder leidenschaftlich. Manchmal kommen wir rein und fallen über uns im Flur her und denken, ob uns einer hört? Aber auf jeden Fall spielt dann meine Behinderung keine Rolle mehr, da ist alles ausgeblendet. Aber das hat auch was mit ihr zu tun. Das ist ihre Art, wie sie eingestellt ist. Ich finde das ganz klasse, ich finde das toll. Es tut mir persönlich gut und es gibt mir ein super geiles Gefühl. Und ich bin schon ganz gespannt, wie wir noch unser Leben gestalten werden.

Die Wärme, die sie ausstrahlt, und die Liebe, die wir austauschen, die Sexualität, aber auch der Umgang miteinander, das ist ein sehr großes Glücksgefühl für mich. Und ich liebe sie ganz arg.

(Aus dem Film »Es hat sich eine Welt geöffnet« von der DVD »Behinderte Liebe 3«)

Die Autorinnen und Autoren

Ilse Achilles ist Journalistin und Fachautorin auf dem Gebiet der Sexualpädagogik für Menschen mit Behinderungen. Seit ihrem Bucherfolg »Was macht ihr Sohn denn da?« ist sie gefragte Fachreferentin zu dieser Thematik und lebt in München.

Sigrid Arnade ist Tierärztin, Geschäftsführerin der Interessenvertretung Selbstbestimmt Leben (ISL) und nahm für den Deutschen Behindertenrat (DBR) an den Verhandlungen zur UN-BRK in New York teil. Sie lebt in Berlin.

Jens Clausen ist Erziehungswissenschaftler und Professor für Heilpädagogik an der Katholischen Hochschule Freiburg mit dem Schwerpunkt »Bildung und Assistenz von Menschen mit Behinderungen und psychischen Erkrankungen«. Er lebt in Freiburg.

Rosemarie Czarski ist Sozialpädagogin im Heilpädagogischen Centrum Augustinum in München und ist dort als Referentin für die Themenbereiche »Sexualpädagogik«, »Mädchen- und Frauenarbeit bei Menschen mit geistiger Behinderung und Autismus« und in der Fort- und Weiterbildung tätig. Sie lebt in München.

Dunja Fuhrmann ist Diplom-Sozialarbeiterin und Sozialpädagogin, als Kontaktstellenleiterin für den Bundesverband Selbsthilfe Körperbehinderter (BSK e.V.) und als kommunale Behindertenbeauftragte ehrenamtlich tätig. Sie lebt in Saarbrücken.

Stefan Göthling ist Geschäftsführer vom »Mensch zuerst«-Netzwerk People First Deutschland e.V. Davor hat er 10 Jahre in einer Werkstatt für behinderte Menschen gearbeitet. Er lebt in Thüringen.

Frank Herrath ist Gründer des Instituts für Sexualpädagogik, in der Evangelischen Stiftung Volmarstein verantwortlich für die Bereiche »Bildung« und »Personalentwicklung« und leitet dort die Fachgruppe »Sexualitätsbegleitung«. Er lebt in Dortmund.

Andreas von Hören ist Medienpädagoge, Filmemacher, Referent und Publizist und als Gründer und Geschäftsführer des »Medienprojekts Wuppertal« in der Produktion, Präsentation und im Vertrieb zahlreicher Videos zu vielfältigen Themen aus Jugendhilfe und Behindertenhilfe engagiert. Er lebt in Wuppertal.

Gudrun Jeschonnek ist Diplom- und Sexualpädagogin, im deutschsprachigen Raum als Erwachsenenbildnerin zu »Sexualität, Partnerschaft und Behinderung« langjährig tätig und Dozentin am Institut für Sexualpädagogik. Sie lebt in Berlin.

Swantje Köbsell ist Behindertenpädagogin mit den Schwerpunkten: Disability Studies, Eugenik/Bioethik sowie Gender und Behinderung; sie lehrt am Fachbereich Behindertenpädagogik/Inklusive Pädagogik der Universität Bremen.

Anita Kühnel ist Expertin in eigener Sache. Sie arbeitet seit 2004 beim »Mensch zuerst«-Netzwerk People First Deutschland e.V. Ihre Aufgabenbereiche sind dort die Mitarbeit bei verschiedenen Projekten, ›Leichte Sprache‹ und »Frauen und Sexualität«. Sie lebt in der Nähe von Kassel.

Silvia Krumm ist Soziologin und Mitarbeiterin in der Versorgungsforschung der Klinik für Psychiatrie und Psychotherapie II der Universität Ulm und forscht insbesondere zum Thema »Elternschaft und psychische Erkrankung« promoviert. Sie lebt in Ulm.

Beate Martin ist Diplompädagogin, Gesprächspsycho- und Sexualtherapeutin bei pro familia und Dozentin am Institut für Sexualpädagogik. Sie arbeitet in ihrer sexualpädagogischen und beraterischen Tätigkeit mit Kindern, Jugendlichen und Erwachsenen mit und ohne Behinderung. Sie lebt in Münster.

Ursula Pixa-Kettner ist Psychologin und seit 1982 Professorin an der Universität Bremen mit dem Schwerpunkt »Allgemeine Behindertenpädagogik/Psychologie in der Behindertenpädagogik«. Ihre Forschungen zum Thema »Elternschaft und Behinderung« sind seit vielen Jahren wegweisend. Sie lebt in der Nähe von Bremen.

Martina Puschke ist Projektleiterin in der politischen Interessenvertretung behinderter Frauen des Weibernetzes e.V. und arbeitet zu den Schwerpunkten »Gewalt gegen Frauen mit Behinderung«, »UN-BRK«, »Antidiskriminierung. Sie lebt in Kassel.«

Christiane Rischer ist Psychologin, Mitglied im Bundesverband behinderter und chronisch kranker Eltern e.V. sowie im Landesverband von Eltern mit Beeinträchtigung und chronischer Erkrankungen. Sie arbeitet bei Mobile – Selbstbestimmt leben Behinderter e.V. in verschiedenen Projekten. Sie lebt in Dortmund.

Martin Rothaug ist Psychologe und psych. Psychotherapeut und arbeitet in der Spastikerhilfe Berlin eG. Dort ist er langjähriger Mitarbeiter der Arbeitsgruppe »Behinderung & Sexualität«. Er lebt in Potsdam.

Barbara Ortland ist Sonderpädagogin und Professorin für Heilpädagogik an der Katholischen Hochschule NRW, Abteilung Münster mit den inhaltlichen Schwerpunkten »Behinderungsspezifische Sexualpädagogik« sowie »Unterstützung der Identitätsentwicklung bei Menschen mit Behinderung«. Sie lebt in Nottuln bei Münster.

Ralf Specht ist Diplom- und Sexualpädagoge, langjähriger Mitarbeiter in Einrichtungen der Behindertenhilfe und Dozent am Institut für Sexualpädagogik. Er lebt in Hamburg.

Joachim Walter ist Psychologe und Theologe, Professor für Sozialpsychologie und langjähriger Rektor der Evangelischen Fachhochschule Freiburg. Er ist der Pionier im Themengebiet »Sexualität und geistige Behinderung« und lebt in Gottenheim bei Freiburg.

Julia Zinsmeister ist Juristin und Professorin für Zivil- und Sozialrecht an der Fachhochschule Köln mit den Themenschwerpunkten »Rechte behinderter Menschen«, »Recht der Geschlechterverhältnisse«, »Rechtsschutz gegen Gewalt« und »Antidiskriminierungsrecht«. Sie lebt in Köln.

Die DVD-Reihe

Behinderte Liebe 1 – 3

Filme von und über junge Behinderte zum Thema Liebe und Sexualität

In der Filmreihe „Behinderte Liebe" beschreiben Menschen im Alter zwischen 14 und 40 Jahren mit unterschiedlichen Behinderungen offen ihre positiven und negativen Erfahrungen, ihre Wünsche und Ängste zu Liebe und Sexualität.

Die **10- bis 30minütigen** Dokumentationen sollen als Bildungsmittel der Aufklärung und Sensibilisierung für behinderte und nicht-behinderte Menschen dienen.

Die **Themen** sind u.a.:

- Kennenlernen
- Partnersuche
- Leben als Paar
- Verhältnis von Liebe und Sexualität
- Geschlechtsrolle und sexuelle Identität
- Homosexualität

- das Erste Mal
- Partnervermittlung
- Lust und Selbstbefriedigung
- Beziehungslosigkeit und Einsamkeit
- sexuelle Hilfen durch Sexualbegleitung und Prostitution
- Verhütung und Kinderwunsch
- Vorurteile und Diskriminierungen

Die Filme zeigen, wie ähnlich die **Wünsche und Ängste** und wie unterschiedlich das sexuelle Erleben (auch) bei jungen Behinderten ist und stellen die Frage, wie stark sie sexuell und beziehungsmäßig behindert sind oder werden.

Das *Medienprojekt Wuppertal* ist die größte Videoproduktion für Jugendliche und junge Erwachsene in Deutschland. Die angebotenen Videos entstammen verschiedenen medienpädagogischen Modellprojekten. Sie zeichnen sich durch eine besonders hohe und authentische inhaltliche Dichte und ästhetische Qualität aus. Einige der Videos wurden be-

reits im Fernsehen gesendet und auf Festivals preisgekürt.
Mit dem Kauf bzw. der Ausleihe der DVDs erhalten Sie die Erlaubnis zum nicht gewerblichen Verleih und zur öffentlichen Aufführung (V+Ö-Rechte).

Das Medienprojekt Wuppertal wurde in den letzten Jahren u.a. **ausgezeichnet**
beim Wettbewerb »Aktiv für Demokratie und Toleranz« 2008,
Bundesjugendvideopreis 2010/ 2008/ 2007/ 2006/ 2005/ 2003/ 2002/ 2001/
1998/ 1997/ 1996/ 1995/ 1994/ 1993/ 1992/ 1991,
Deutscher Nachwuchsfilmpreis 2007,
Europaratspreis »Young active Citizens« 2007,
Video der Generationen 2009/ 2008/ 2007,
Deutscher Menschenrechts-Filmpreis 2006,
Erasmus-EuroMedia-Siegel 2006,
Initiativenpreis 2005 »Gegen die Wand«,
Jugendkulturpreis NRW 2004,
Medienpädagogischer Dieter-Baacke-Preis 2003,
Kasseler Dokumentarfilm-Videofest 2003,
Auf den Spuren der Kulturen 2002,
Europäischer CIVIS-Preis 2000.

Die DVD-Reihe besteht aus **3 Doppel-DVDs** (Behinderte Liebe 1, Behinderte Liebe 2, Behinderte Liebe 3). Auf jeder Doppel-DVD sind zwischen **7 und 13 Filme** in einer Länge von **ca. 200 Minuten.** Alle Filme sind von der FSK freigegeben ab 12 Jahren. Die professionell gestalteten und unter Anleitung von Filmemachern produzierten Dokumentationen wurden 2008 und 2009 mit jungen geistig und körperlich Behinderten über ihre Erfahrungen, Ängste und Wünsche in Bezug auf Liebe und Sexualität produziert. Die authentischen und persönlichen Filme wurden produziert für andere Behinderte und deren Umfeld zur sexuellen Aufklärung, zur Ausbildung und Schulung von Mitarbeiter/innen in der Behindertenarbeit, zur Information, Sensibilisierung und zum Abbau von Vorurteilen für Nicht-Behinderte.

Die Doppel-DVDs mit allen Filmen kosten zum Kauf **je 40,-** , zur Ausleihe 15,- . Auf Anfrage schicken wir Ihnen gerne kostenlos unseren Gesamtkatalog.

Mehr Informationen und Filmbestellung unter
http://www.medienprojekt-wuppertal.de.